東京大都市圏の
空間形成とコミュニティ

玉野和志・浅川達人編

古今書院

本書は「財団法人　住宅総合研究財団」の 2008 年度助成を得て出版されたものである。

はしがき

　本書のもとになったのは，編者の一人である玉野が2003年から2005年にかけて受けた科学研究費補助金による調査研究である．当初は京浜地区のコミュニティ・スタディを行うにとどまるものであったが，この期間中に発刊されたもう一人の編者である浅川を中心とした『新編　東京圏の社会地図』の成果を生かすことで，それを広く東京大都市圏の空間形成との関連で位置づけることが可能になった．そもそも玉野がコミュニティ・スタディの対象として京浜地区を選んだ背景には，前著『東京のローカル・コミュニティ』との関連があった．そこで紹介された女性たちの運動のモデルを提供したのが，京浜地区――まさに本書が対象とする菅生地区の運動だったのである．この意味で，本書はいわば浅川の『新編　東京圏の社会地図』と玉野の『東京のローカル・コミュニティ』の成果を融合する試みである．

　ちなみに，都市社会学を専攻しながら，住民生活には関心があっても，都市にはあまり関心のもてなかった玉野は，先輩の特権を悪用して，社会地区分析にいそしむ浅川を長い間嘲弄し続けていた．そのせいで今でも酒席のたびに，そのことをなじられるのであるが，それでもお互いの成果を相互に関連づけることが重要であることに，同じように気づき，認め合うことができたことは幸運であった．二人の関係が単に個人的な事情に基づくものではなく，都市社会学や地域社会学をめぐる一定の学問的な背景をもつものだとすれば，本書がその状況を打開する一歩となることを念願したい．

　それにしても，調査のために鶴見や菅生，あざみ野の住民の方々や関係者にお世話をかけて，早5年近くの年月が流れてしまっている．学問的にはけっして怠惰とはいえないペースであるとは思っているが，世間的にはあまりにも遅きに失したものであろう．その背景には，このような純粋に学術的な形式での出版物が，おいそれとは発刊できないという事情がある．本書はあくまで都市社会学という限られた専門領域での方法的な課題を解決しようとする形式をとってはいるが，

その成果は広く都市政策，建築学，地理学，東京論，郊外論，社会運動論，NPO論などに生かせるものである．そのことを認め，本書に出版助成を与えてくれた住宅総合研究財団に感謝したい．また助成申請のたびに煩雑な書類づくりに応じていただき，たとえ助成を受けても十分とはいえない事情のもとで，それでも出版を引き受けてくれた古今書院の橋本寿資社長と編集部の長田信男氏にも感謝の意を表したい．

  2009 年 4 月   編者を代表して 玉野和志

目　次

はしがき……………………………………………………玉野和志　i

序章　本研究の意義と課題
　　　──近代都市「東京」の成立と変遷………………玉野和志　1
　1．都市社会学の根本問題……………………………………………1
　2．本書の構成と内容…………………………………………………12

第Ⅰ部　空間形成の論理とコミュニティ……………………………17

第1章　都市空間形成の原理………………………下村恭広　19
　1．都市の空間構造に関する研究の展開……………………………19
　2．都市空間構造の形成要因…………………………………………27
　3．都市空間形成分析への視点………………………………………29

第2章　東京大都市圏の形成過程…………………浅川達人　33
　1．産業の空間構成……………………………………………………33
　2．住宅地の空間構成…………………………………………………41
　3．京浜地区の位置づけ………………………………………………47

第3章　都市の空間構造とコミュニティの社会的形成……玉野和志　55
　1．コミュニティ形成の理論…………………………………………55
　2．都市空間編成の原理とその内容…………………………………64
　3．研究の方法と知見…………………………………………………71

第Ⅱ部　産業拠点の形成とコミュニティ
——京浜工業地帯の移り変わり……………………………………81

第4章　東京圏の「先端」地域形成
——戦前の鉄道建設を中心に………………松林秀樹　83

1. 「民」による都市空間形成……………………………………………83
2. 産業を支えた鉄道（1）——横浜鉄道と横浜商人………………85
3. 産業を支えた鉄道（2）——南武鉄道と浅野総一郎………………89
4. 都市間鉄道（1）——京浜電鉄と立川勇次郎………………………94
5. 都市間鉄道（2）——東横電鉄と五島慶太…………………………97
6. 京浜地区臨海部の変遷…………………………………………………100
7. 先端地域をつくりだした「民」の力
   ——「近代化」を成し遂げた功罪……………………………………104

第5章　産業開発と排除される漁業者……………………武田尚子　117

1. 臨海部の改造と漁業者…………………………………………………117
2. 飛鳥田市政と都市空間の改造…………………………………………118
3. 横浜臨海部の改造………………………………………………………121
4. 子安浜地区と漁業………………………………………………………127
5. 職業移動と社会的分化…………………………………………………135
6. 行政の対応………………………………………………………………141
7. 都市空間の機能分化と社会的分化……………………………………142

第6章　産業配置の変化と近年の動向……………………玉野和志　145

1. 産業拠点としての発展と衰退…………………………………………145
2. 産業配置の変化…………………………………………………………147
3. 産業拠点としての転換と連続性………………………………………154

第 7 章　労働者たちの流入と定着……………………………**高木竜輔**　157

　1．工業地域としての鶴見の形成……………………………………………157
　2．ハマとヤマ——工場労働者の鶴見・ホワイトカラー労働者の鶴見…161
　3．産業配置の変化とコミュニティとしての鶴見の変容…………………166
　4．都市構造の変容と鶴見というコミュニティのゆくえ…………………168

第 8 章　流入労働者たちの系譜——沖縄出身者，在日コリアン，
　　　　日系ラテンアメリカ人の集住地域としての鶴見………**福田友子**　171

　1．「東口側」の流入労働者たち……………………………………………171
　2．鶴見区居住者の出身地域…………………………………………………173
　3．沖縄出身者の流入とコミュニティ形成…………………………………176
　4．在日コリアンの流入とコミュニティ形成………………………………180
　5．日系ラテンアメリカ人の流入とコミュニティ形成……………………184
　6．考察——流入労働者たちの系譜…………………………………………189

第Ⅲ部　郊外の形成とコミュニティのジェンダー的編成
　　　　——東急の住宅地開発をめぐって……………………………………195

　第 9 章　不動産資本による郊外地区の空間形成……………**下村恭広**　197

　　1．東京大都市圏の空間構造………………………………………………197
　　2．東急の開発の特徴と地域特性との関係………………………………202

　第 10 章　住宅地開発と地域形成………………………………**玉野和志**　207

　　1．多摩田園都市の形成……………………………………………………207
　　2．郊外住宅地の社会地区分析……………………………………………210
　　3．不動産資本とコミュニティの社会的形成……………………………223

　第 11 章　東京圏の都市化と郊外地区の形成………………**玉野和志**　225

　　1．高度経済成長と「東京」の都市化過程………………………………225

2. 郊外の形成と女性の地域移動……………………………227
　　3. 郊外の世代的な構成と地域活動の変遷…………………230

　第12章　郊外地区における地域移動と地域形成………浅川達人　235
　　1. 地域移動パターンの析出…………………………………235
　　2. 生活実態と地域移動パターンとの関連…………………238
　　3. 地域移動と地域形成………………………………………243

　第13章　郊外地区の形成と女性の地域活動の変遷………玉野和志　245
　　1. 都市郊外における地域女性の教育文化運動の展開……245
　　2. 菅生あざみ野地区における女性の集団参加経験………248
　　3. 東京大都市圏の発展と郊外の社会的形成過程…………254

第Ⅳ部　郊外に生きる女性たち──「生活者」のゆくえ…………265

　第14章　郊外地区における女性の地域活動の現在
　　　　　──住民参加型在宅福祉サービス団体の形成と展開…原田　謙　267
　　1. 集団参加からみた地域活動の現状………………………267
　　2. 集団参加クラスターの諸特性……………………………270
　　3. 生活クラブ生協神奈川と住民参加型在宅福祉サービス団体
　　　 の形成・展開………………………………………………273

　第15章　女性の市民活動と行政との「距離」──集団参加経験を通じて
　　　　　　形成された感覚・態度をめぐって……………小山雄一郎　283
　　1. 問題設定……………………………………………………283
　　2. サーベイ調査の結果から…………………………………284
　　3. 聞き取り調査の結果から…………………………………291
　　4. 知見のまとめと論議………………………………………297

第16章　女性の職業経験と地域活動
　　　　　——郊外後続世代に注目して……………………三橋弘次　303

1. 問題の所在……………………………………………………303
2. サーベイ調査からみる「主婦」の職業労働経験の世代差と
　地域活動の特徴………………………………………………306
3. 事例でみる後続世代の「主婦」の職業経験と地域活動の特徴……311
4. 後続世代の「主婦」たちの職業経験と地域活動に関する考察……313

第17章　後続世代の女性たちと「地域の国際化」——菅生・あざみ野
　　　　　における外国人支援活動参加者の社会的背景………福田友子　319

1. 横浜市・川崎市の「地域の国際化」…………………………319
2. 「地域の国際化」を支える女性たち…………………………320
3. 外国人との接触経験と「地域の国際化」……………………323
4. 郊外住宅地の「地域の国際化」………………………………330
5. 考察——後続世代の女性たちと「地域の国際化」…………333

第18章　都市郊外の子育て活動
　　　　　——郊外第二世代に注目して……………………中西泰子　339

1. 郊外の変容と子育て活動……………………………………339
2. 菅生・あざみ野地区における郊外第二世代…………………341
3. 郊外第二世代の子育て活動参加………………………………342
4. なぜ参加するのか………………………………………………343
5. 郊外地域における子育て活動の現在…………………………350
6. 子育て活動の地域文化的背景…………………………………352

第19章　女性の政治意識と政治参加………………………高木竜輔　355

1. 郊外開発と女性による活動……………………………………356
2. 郊外女性の政治意識と政治行動………………………………360
3. 女性の地域活動と都市空間のジェンダー的編成……………364

終章　大都市圏研究の課題……………………………………浅川達人　369
　1．都市空間の形成とコミュニティの社会的編成………………………369
　2．ヴァーチャル・コミュニティとローカル・コミュニティ…………372

付録 1．鶴見調査の調査票と単純集計結果………………………………377
　　2．菅生あざみ野調査の調査票と単純集計結果………………………381

序章　本研究の意義と課題
——近代都市「東京」の成立と変遷

玉野和志

　本書は，近代都市「東京」の成立と変遷を，その初期の推進力となった産業拠点としての川崎・横浜臨海部と，やはり初期の大規模な郊外的発展の場となった東急田園都市沿線を中心に，社会学的なコミュニティ・スタディの成果をふまえて，描き出そうとしたものである．それは東京大都市圏の近代以降の空間的な発展と，それが生みだしたさまざまなローカル・コミュニティに暮らす人々の社会的実践の具体的な断片であると同時に，大都市地域の空間形成とコミュニティの社会生活をトータルにとらえるという，都市社会学の基本的な課題に答えようとしたものである．したがって，本書は東京大都市圏の全体的な動向を知るうえでも，京浜地区臨海部の変遷を知るうえでも，また，東京の代表的な郊外住宅地としての東急田園都市沿線の成り立ちとそこに展開してきた女性たちの市民活動を知るうえでも，非常に有益なものである．同時に，都市の空間的な構成とそこに成立するコミュニティと市民生活のダイナミックな関連を知るという意味では，都市計画・都市政策・都市行政における基本的な知識を提供するものである．

　以下，その都市社会学研究としての位置づけと意義について詳述したうえで，本書の構成と内容について簡単に紹介していく．

1. 都市社会学の根本問題

1.1　2つの研究系譜——社会地区分析とコミュニティ・スタディ

　20世紀初頭のシカゴから始まったとされる都市社会学は，その当初から2つの基本的な方法に依拠してきた．ひとつはさまざまな社会指標を地図のうえに描く社会地図の作成を通して，都市全体の動向を明らかにしようとする方法である．これは主としてE. W. バージェスによって先導され，有名な同心円地帯論を導くことになった（Burgess 1925）．もうひとつは，この社会地図によって区分され

たそれぞれの地区に，個々の研究者が入り込み，深くかかわることで，さまざまなデータを取得し，ローカルな世界の詳細なモノグラフを描きだすというコミュニティ・スタディの方法である．このような方針はシカゴ学派の総帥 R.E. パークの有名な論文によって提案され，推進されていった（Park 1925）．

シカゴ学派において，この2つの方法は「人間生態学（human ecology）」という独特の理論によって統合されていたが，その後，それぞれの系譜をもって別々に展開していくことになる．

社会地図を用いた都市空間構造の議論は，その後，バージェスの同心円地帯論の批判ないし展開として，H. ホイトの扇状地帯論（Hoyt 1939）や C. D. ハリスと E. L. ウルマンの多核心理論（Harris and Ullman 1945）などを経て，やがて E. シェヴキー，W. ベル，M. ウィリアムスらの社会地区分析（Social Area Analysis）（Shevky and Bell 1955, Shevky and Williams 1949）へと精緻化されていく．

他方，シカゴ・モノグラフの伝統は，L. W. ウォーナーのヤンキーシティ研究（Warner et al. 1941-59）やリンド夫妻の『ミドルタウン』（Lynd and Lynd 1929）など人類学者による地域研究などの系譜とも重なりながら，W. H. ホワイトの『ストリート・コーナー・ソサエティ』（Whyte 1943）をはじめとしたコミュニティ・スタディの方法として受け継がれていく．

その後，シカゴ学派の都市社会学自体は，多くの傑作を生み出したシカゴ・モノグラフの達成を理論的に要約するという意味での L. ワースのアーバニズム論をその集大成とすることになる（Wirth 1938）．

日本の都市社会学研究は，ある時期までは都市社会構造論として独自の展開を示すが，やがてこのワースのアーバニズム論を中心とした都市化や市民意識に関する研究が多くを占めるようになる（玉野 1996）．他方，人間生態学に基づく都市空間構造の研究は，奥井復太郎・矢崎武夫・近江哲男らの先駆的な試みはあったが（奥井 1940, 矢崎 1954, 近江 1955），この時期の都市化や市民意識の研究と結びつけられることはなかった．その後の倉沢進を中心としたグループによる社会地区分析の試みも（倉沢編 1986），きわめて早い時期の注目すべき達成ではあったが，やはり同時期の日本の都市社会学における社会的ネットワーク論やコミュニティ論と結びつけられることはなかった．

以上のように，都市全体の空間的な構造をとらえるという社会地区分析の方法

と，都市内部のローカルな世界をとらえるコミュニティ・スタディの方法は，いずれも都市社会学研究の基本的な方法として，それぞれの系譜を培ってきた．しかしながら，人間生態学としてその両者が素朴に結びつけられていた初期シカゴ学派の時代をのぞいて，両者が有機的に結びつけられることはなかったといえる．ローカルな世界の具体的な社会構造をより広い文脈での政治経済学的な構造との関連で位置づけるという課題は，いわば社会学そのものの課題でもあるが，その一分野を形成してきた都市社会学においても，都市空間の形成とコミュニティの社会的編成との関連をとらえることは，その根本問題といえる．それは同時に，シカゴ学派都市社会学への批判として展開した新都市社会学の問題提起に対して答えることでもある．さらに，それはまた広域行政の対象としての大都市地域の発展と，個々の自治体政策のあり方を考えるうえでも，基礎的な情報を提供するものである．

それでは，この2つの研究系譜をつなぐためには，いったい何が必要なのだろうか．

1.2 求められる空間の社会学理論

シカゴ学派の都市社会学が都市に暮らす人々の生活に，主としてコミュニティ・スタディの観点から注目していったのに対して，都市全体の発展を国家やグローバルに展開する資本主義の世界システムとの関連でとらえるべきことを強調したのが，マルクス主義の都市研究（島崎・北川 1962，宮本 1980）やニュー・アーバン・ソシオロジー（新都市社会学派）（Castells 1977，奥田・広田 1983，Pickvance 1977）であった．

他方，社会地区分析の方法は，都市全体の動きをとらえるのに適した方法ではあるが，新都市社会学の研究系譜において活用されることはあまりなかった．しかし，近年この方法はインフォメーション・テクノロジーの発展と普及によって，いわゆる GIS（Geographic Information System：地理情報システム）として地理学を中心にその整備が飛躍的に進められた．現在では大変容易にさまざまなデータを地図上に表示することが可能になっている．しかしながら，それゆえにかえってそのようなデータの配列を明らかにするという記述的な研究から，そのような空間構成をもたらした背景を明らかにする説明的な研究が求められるようになっ

ている．これまでの，さまざまなデータの分布によって都市の発展やその構成を明らかにしようとした研究から，ひるがえってそれらのデータの分布を統一的に説明する，都市全体の空間形成の論理を解明する研究が求められているのである（玉野 2007）．

われわれは，この社会地区分析に今求められている都市空間形成の説明論理を提供してくれる理論は，都市社会学におけるもうひとつの系譜としてのマルクス主義の都市研究や新都市社会学の空間論の蓄積の中にあると考えている．本書では，この意味での都市空間形成の社会学理論を提示してみたい．

マルクス主義の都市研究は，資本主義世界システムの地理的な展開として，都市の空間形成を説明しようとする．都市はまず資本の自己増殖過程を維持・増進するための資本＝企業の立地と労働力の調達を基礎的な原動力として展開する．しかしながら，それは民間資本の個別の努力と適応に任されるのではなく，多くの場合，国家や地方自治体の政策的な対応によって促進されたり，誘導されたり，ときには制約を課される場合もある．すなわち，都市空間は資本主義の世界システムとしての経済的な構造と，それに規定されながらも独自の影響力をもつ政治行政的なシステムによって，管理・再編・整備されることを通じて形成されると一般的には考えることができる．このような大まかな枠組みについては，すでに M. カステルや D. ハーヴェイによってある程度整備されてきたといってよいだろう（Castells 1977, Harvey 1982, 1985）．

しかしながら，すでに GIS によってかなり詳細な社会経済的なデータを表示することが可能になった段階では，このような大まかな枠組みだけでは実際的な用をなさないのが現状である．そこで，まずもう少し具体的なレベルでの主要な要因の整理と分析の枠組みを整える必要がある．たとえば，経済的な構造として具体的な事業所の種類やその立地からなる「産業組織」の側面や，それぞれの産業分野が必要とする労働力の確保とその再生産という「労働力編成」の側面，さらには都市空間の具体的な編成と直結する物理的なメディアとしての「交通体系」，それと密接に関連して展開する「不動産資本」の動きや「不動産市場」の側面，それらすべてについての直接の実施・介入主体であったり，あるいは誘導・管理・規制の主体となる政治行政システムとしての「地方自治体」や「国家」の都市計画・都市政策など，諸要因のより詳細な検討と整理が求められる．本書で

はまずこのような意味での具体的な都市空間形成の理論枠組みを整備することに努めたい．

しかし，それだけなら都市空間の経済学的研究や地理学的な研究として，これまでにもそれなりの蓄積があった各分野の諸研究を，相互に位置づけることができるようになるというだけの意味しかない．ここで求められている都市空間形成の理論は，その意味でそれらを全体的に位置づける一般的な枠組みを用意するというだけではなく，社会学的な空間理論として，経済学的な研究や地理学的な研究とは異なる独自の性格が必要とされるはずである．そして，それこそが都市社会学のもうひとつの研究の系譜であるコミュニティ・スタディとの接合を可能にするものなのである．

本書では，そのような意味での都市空間形成の社会学理論の提案を行うと同時に，その実証的な検討を試みたい．そして，ここでわれわれが提起したいのは，「空間」と不可分なものとして存在する「時間」の概念である．もちろん，ここでいう時間は，時計によって一律に刻まれる標準時間のことではない．特定の産業組織が集積し，稼働し，やがて撤退していく産業蓄積の時間や，不動産資本による土地の買収から宅地の整備・開発・販売までの時間，交通体系の整備と開通までの時間など，都市空間の物理的な形状の変更や利用形態の変化によって生みだされる独特のリズムのことである．そのようないくつかの時間が重なり合って，都市全体や大都市地域そのものの発展のリズムと時間的な区分が生み出されていく．都市空間形成が必然的に生み出すことになる，そのような複数の「時間的な秩序」に注目したいのである．

それはなぜかというと，そのような都市空間の生み出す時間的な秩序の中で，特定のコミュニティに暮らす住民の生活が位置づけられ，それらの具体的な空間が彼ら彼女らによって生きられるからである．そして，このローカル・コミュニティのレベルでの空間の生きられ方こそが，シカゴ学派都市社会学がとらえようとしてきた都市の社会学的な側面であり，コミュニティ・スタディの対象となる社会的世界なのである．そして，そこにもやはり人間が特定のローカル・コミュニティに定着し，生活することにともなう独自の時間的な秩序が形成される．都市全体の空間形成との関連で，ある時期に，あるタイプの人々が，ある地区に引き寄せられ，世帯をなし，家族を形成し，子どもを育て，やがて老いていくとい

う人間の一生という意味での再生産の時間が存在するのである．それが，その地区に形成されるローカル・コミュニティの時間的秩序を生み出し，それがまた大都市地域のさまざまな時間的秩序との関係でダイナミックに揺れ動いていくのである．

　以上のように，都市全体の空間形成とローカル・コミュニティの社会的な世界は連動し，絡み合っている．都市空間形成の社会学理論は，このようにしてその両者の関連を実証的に位置づけ，明らかにしていくものでなければならない．そのような意味での空間の社会学理論が求められるのであり，それは都市社会学における2つの方法と2つの研究系譜をそれぞれ結びつけるものなのである．

1.3　都市とローカル・コミュニティの統一的把握

　本書の具体的な検討の対象となる「東京」に関する研究について概観する前に，もう少し都市全体の空間形成とその中での特定のローカル・コミュニティにおける空間の生きられ方，すなわち住民生活における社会的世界の展開との関連について，説明を加えておきたい．

　すでに指摘したように，近代都市は資本主義の世界システムの展開の中で，その地理的空間的な表現として，究極的には形成されてきた．そこには資本そのものの集積としての産業組織や，それにともなって必要とされる労働力の移動や再生産を実現するための交通体系や住宅地の整備，それらの実現や規制を意図した国家や自治体による都市政策などの具体的で歴史的な経緯の中で，それぞれ独自の事情と背景のもとに具体的な都市空間形成がなされるのである．一般に都市は都心部を中心に同心円状に発展するといわれる．

　また，その同心円状の発展は，必ずしもすべての方向に同じように進むのではなく，西部ないし東部など，一定の方向性をもってセクター状に進展するともいわれる．前者がバージェスの同心円地帯論であり，後者がホイトの扇状地帯論である．そのいずれにおいても，都市発展の原動力は都心部にあるとされるが，ここではこの都心の機能を2つに分けて考えておきたい．ひとつは中枢管理機能としての「中枢性」であり，もうひとつはそのときどきに主導的な役割を果たす事業所の集積機能としての「先端性」である．

　近代以降の都市発展の過程で，この2つは必ずしも重なるわけではなく，微妙

な位置関係にあった．たとえば，製造業を中心とした近代都市の初期の発展においては，ロンドンやシカゴのように，中枢管理機能をつかさどる中心ビジネス街（「シティ・オブ・ロンドン」，「ダウンタウン」）と製造業の事業所が集積する産業拠点（「イーストエンド」，「サウス・サイド」）は，隣接しつつも別の地区としてそれぞれ都心部の一画を占めることになった．そのことが初期における産業拠点に連なる労働者住宅街からなるインナーエリアと専門管理職のホワイトカラーを中心とした郊外住宅地のセクター的な分布をもたらしたといえる．

ところが，製造業を中心とした産業構造から，脱工業化段階における金融・情報・サービス業を中心とした産業構造へと転換するにつれて，とりわけグローバルな意味での中枢管理機能を集積させた世界都市においては，都心部における製造業の拠点地区をもはや必要ではなくなり，従来までの産業拠点や労働者住宅地区は再開発によって改めて新しい産業分野の技術者やホワイトカラーの住宅地として生まれ変わることになる．その結果，セクター的な分布から同心円状の分布へとその様相を変えはじめている．

すなわち，近代都市の歴史的な発展過程において，都心部は中枢管理機能をつかさどるオフィス街としての都心とは別に，そのときどきに主導的な意味をもった産業の集積地としての産業拠点を，都市発展の主導地区として有していた．そして，この2つの中心が必要とした管理専門職のホワイトカラーや労働者・技術者の集住する住宅地をその郊外や周辺部にそのつど確保していく必要があったのである．その際，人や物資を運ぶ交通体系のあり方がその空間的な展開において重大な影響を与え，不動産資本や国家・自治体の政策がそれらを方向づけていくことになった．

さて，ここで重要なのは，このような都市全体の発展過程，とりわけ主導地区としての2つの拠点が要請する労働力編成への対応としてなされていく交通体系の整備や不動産資本の開発によって形成される住宅地に，それらに応じた特定の社会的背景をもった人々が，そのつど集住していくということである．そして，ここでもその時間的な秩序が重要である．ある時期に，ある年齢と，ある職業と，ある学歴と，ある出身地や民族性をもった人々が引き寄せられることで，ある独特の性格をもった人々によって社会的に構成された人口が，ある地区に定着する．たとえば，集団就職で上京した年代が結婚して住居を必要とする時期に合わせて

開発された郊外住宅地では，同じような年代の，同じような家族周期段階にある，同じような階層の人々が集住することになる．

　このように，都市全体の発展のリズムに応じて，特定の地区に特定の社会的カテゴリーに属する人々が時間的に相前後して移動・定着していくことで，やがて独特の性格と課題をもった地域社会ができあがることを，ローカル・コミュニティの「社会的形成過程」と呼ぶことにしよう．そして，このコミュニティの社会的形成過程において，都市全体の発展のリズムとは異なった，独特の時間的秩序が作用するのである．それこそが家族を単位とした人々の世代的な再生産のリズムであり，子どもとして生まれ育ち，大人として暮らしを立て，年寄りとして死んでいくという人生の時間的な流れである．

　都市とローカル・コミュニティの関連は，このような都市全体の発展の時間と人々の世代的な再生産の時間が，ローカル・コミュニティの社会的形成過程を介して連動しあうところで分析可能となる．そして，それはつねにその両者の基盤をなす空間の管理・再編・整備と，その利用＝空間の生きられ方を，その同じ空間を対象に分析することで実現する（玉野 1996）．かりにその方法的な手順を理念的に描くならば，次のようになるだろう．

　都市全体の発展の時間的なリズムとその具体的な様相は，社会地区分析によってある程度描き出すことができる．このレベルでは先に述べた分析枠組みに基づき，都市空間形成そのもののダイナミクスの分析が課題となる．他方，そのような分析を前提に，特定の地区が置かれてきた位置づけやその時間的な経緯によって，その地区の人口がどのように構成されてきたかということが分析可能である．そして，そのような想定は特定地区のより細かな社会地区分析によってある程度検証できると同時に，現地でのコミュニティ・スタディによってより明確に実証することができる．ここでのコミュニティ・スタディにおいては，既存統計資料の分析や現地での聞き取り調査に加えて，サーベイ調査を活用することで，その地区のローカル・コミュニティとしての社会的な形成過程をより詳細にあとづけることができる．そこから都市全体の発展のリズムに規定されて成立した特定のローカル・コミュニティが，その社会的な形成過程のゆえにどのような課題を抱え，どのような対応の努力を行い，その結果，どのような歴史的な時間と空間を生み出してきたのか，そしてその時間が都市全体の発展のリズムとどのように相

即し，また相克してきたかが明らかにできるはずである．

このような分析が可能になるならば，大都市地域における個々の自治体がそれぞれのローカル・コミュニティにどのような政策を用意すべきか，それらを全体として調整するためにより広域な政策主体はどのような課題を克服すべきかが明らかになることだろう．それらはまさに都市計画と都市政策の立案にかかわることなのである．

1.4 「東京」研究の展開

さて，本書がその直接の対象とするのは，東京大都市圏である．いうまでもなく東京は日本の代表的な都市であり，日本の都市社会学もその当初から東京を主要な研究対象のひとつとしてきた．しかしながら，東京を全体としてのひとつの都市として把握する研究や，大都市地域として全体的にとらえる研究は意外なほどなされてこなかった．東京の研究は，つねに「東京」という大都市の一部の地区の研究として行われてきたところがある．それは，「東京」という都市の影響力があまりにも大きかったために，その範囲をどのようにとればよいかで，まずは非常に困難な問題に直面することになったからである．かつて「行政都市」と「自然都市」という議論が行われたり，都市が行政的な区域を越えて広がっていることは確かであるが，自治体政策との対応を考えるうえでは，とりあえず行政的な範囲で都市を確定しておくのが方法論的には適当であるという議論がなされたりしたが（島崎 1969，鈴木 1959），東京の場合，その他の都市とは異なり，東京都という行政区画で考えるには，あまりにも実態との乖離が激しかったのである．そのために大都市東京というよりも，東京大都市地域における特定地区の研究と自らを限定せざるをえなかったのだと考えられる．奥井復太郎，矢崎武夫，近江哲男などの先駆的な業績がいずれも東京の中心部の一区域を対象としていたことにそれはよく表れている．

同時に，「東京」という大都市地域の全体を視野に収めるためには，技術的に困難な事情も存在していた．それは社会地区分析の進展を考えるならば明白である．倉沢進がパーソナル・コンピュータがようやく普及し始める 1980 年代において，東京 23 区を 500 メートル・メッシュに区分し，それぞれに濃淡をつけた模様を印刷しようと考えたとき，その構想につきあってくれたメーカーは一部の

弱小パソコンメーカーに過ぎず，しばらくはフォートランではなくそのメーカーの独自のプログラムですべてを構築しなければならなかった．さらに，彼らは町丁目単位で集計されていた統計指標を500メートル・メッシュに独自に変換するという気の遠くなる作業に大変な時間を費やさなければならなかった．それゆえ「東京」の実態とは遠く離れていることは重々承知のうえで，その分析の範囲を東京23区に限定せざるをえなかったのである．それでも1986年に出版された倉沢進編『東京の社会地図』は，多くの地理学者に驚愕の念で迎えられることになる（倉沢編 1986）．

しかしながら，やはりそれは東京23区という，今となってはいったい何を示しているのかわからないような範域の分析にとどまっていたために，「東京」の全体像を示す研究としての，その方法論的な意義を示すには至らなかった（玉野 2007）．

こうして，日本の都市社会学は『東京の社会地図』という先駆的な業績を生み出しながらも，一部の例外を除いて，東京大都市圏の全体像へとその分析の視野を広げることなく，しばらくは郊外住宅地におけるコミュニティの形成や古くからの工業地帯の衰退，さらには都心部の再開発や臨海副都心の開発など，それぞれの区域の問題を相互に関連させることなく別々に探求していくことになる．

ところが，21世紀に入ってGISによるメッシュデータの整備や社会地区分析に関するソフト開発が進むことで，ようやくその可能性が改めて認識されていく．そのことを端的に示したのが，やはり倉沢進・浅川達人編『新編　東京圏の社会地図』であった（倉沢・浅川編 2004）．『新編　東京圏の社会地図』では，『東京の社会地図』とは異なり，その分析の範囲を東京50 km圏まで広げることが可能になった．そして，そのことによって東京23区だけの分析では決して明らかにならなかった大都市「東京」の全体像が，初めてくっきりと浮かび上がってきたのである．同じ時期，牛島千尋らのグループも同様の分析を行い，やはりはっきりとしたまとまりをもった都市の全体像を示すことに成功する（牛島 2004）．

たとえば，近代都市「東京」の初期の発展の原動力となった京浜地区は，1960年代中頃以降，衰退が激しいことが指摘されてきたが（島崎・安原編 1987），これとちょうど相殺するかたちで，京葉地区の発展があり，かつ北関東の発展があることが改めて明らかになった．大都市「東京」を関東圏まで広げてみると，全

体としては製造業が衰退したとはまったくいえないことがわかる．東京は情報産業や金融部門に特化したニューヨークやロンドンのようなタイプの世界都市ではなく，相変わらず製造業を中心とした生産都市として存立しているのである（町村 1995）．視野をここまで広げてみて初めて，北関東と京浜地区を直結する外環自動車道の建設が，今さらのように都政の課題として争点化されてくる理由もよくわかってくる．

　さらに，『新編 東京圏の社会地図』が鮮やかに描きだした現実は，東京全体が山手と下町というセクター的な区分を弱め，都心からの距離という同心円状の分布に改めて一元化されてきているという傾向である．それは，これまでの東京の各ローカル・コミュニティが豊かに湛えてきた歴史的な蓄積を洗い流していくような傾向である．そして，その背景にはこれまで「東京」の主導地区のひとつとして産業拠点を形成していた京浜地区から，製造業が京葉地区や北関東に分散していくことで，近代都市「東京」の初期の発展を支えたこの地区の推進力が失われ，中枢管理的な都心のもつ中心性への一元化が進んだことがあると考えられる．「東京」はより広域に製造業を分散させながらも，なおそれらをその内部に豊かに抱えたまま，中枢管理的な都心の中心性を高めるというかたちで，相変わらずの発展を続けていたのである．東京50km圏まで社会地区分析の範囲を拡げることで，そのことが改めて明らかにされることになった．

　こうして，大都市地域の研究として東京大都市圏が改めてその対象となりうることになった．本書はこのような「東京」研究の成果と現状に基づき，とりわけその初期の発展の原動力となった京浜地区とこれに隣接し，やはり比較的早い時期に「東京」の郊外として典型的な展開を示した東急田園都市沿線の地域を対象に，大都市地域の空間形成とコミュニティの社会的形成過程を実証的に明らかにしようとしたものである．

　本書がこのような地域をおもな対象にすることには，かつて主導地区としてあった産業拠点の変質が，東京大都市圏の空間構成にどのような影響を与えたかを明らかにできるという理由からだけではない．同時に，そこに隣接する地域が東京の郊外として早くから新しいタイプの市民活動を生み出し，とりわけ子育てに関する母親たちの活動や生活者ネットによる代理人運動，最近では高齢者介護にかかわる活動などによって全国的な注目を集めてきたという事実がある．すな

わち，女性の市民活動が非常にさかんな地域でもあったのである．この点からも，まずはこの地域から東京大都市圏の空間形成とローカル・コミュニティの社会的形成過程との関連について，実証的な検討を始めようと考えたのである．

2. 本書の構成と内容

2.1 全体の構成

最後に，本書の構成と内容について簡単に紹介しておきたい．本書は大きく分けて3つの部分からなる．第Ⅰ部は理論的・方法論的な検討を中心に東京大都市圏全体を扱っている．第Ⅱ部は産業拠点としての京浜地区臨海部を，第Ⅲ部と第Ⅳ部は「東京」の郊外として京浜地区内陸部を，それぞれ対象にしている．第Ⅲ部が社会地区分析とサーベイ調査の結果から，この地区の全体としての成立過程を分析しているのに対して，第Ⅳ部はこの地区に特徴的に展開した市民活動を支えた女性たちの生き方を主たる分析の対象としている．

2.2 第Ⅰ部　理論と方法

第1章は，都市空間形成の基本的な分析枠組みを明らかにしている．すでに簡単にふれたように，ここでは「産業組織」，「労働力編成」，「不動産市場」，「国家・自治体」，「交通体系」などの要素を区分すると同時に，その時間的・空間的な秩序に関する社会学的な空間理論が提起される．

第2章は，東京大都市圏全体を対象とした社会地区分析の結果から，近代都市「東京」の形成過程を概観すると同時に，本書の主たる対象となる京浜地区の位置づけについて明らかにしている．

第3章は，社会地区分析による都市空間の形成過程の分析とコミュニティ・スタディによるローカル・コミュニティの社会的形成過程の分析を，どのように結びつけるかについての方法論的な検討と，本書での具体的な調査研究の対象と方法について紹介し，おもな知見について概観する．

2.3 第Ⅱ部　産業拠点の形成

第4章は，近代都市「東京」の初期の発展を支えた主導地区としての京浜地区臨海部を対象に，交通体系の整備を中心としたその産業拠点としての形成過程を明らかにする．

第5章は，京浜地区臨海部の産業拠点としての開発の過程で，国家・自治体の政策によって排除されていった漁民生活が，一部のローカル・コミュニティにおいて残存し，やがて復活していく過程が描かれる．

第6章は，横浜市鶴見区と港北区を対象とした社会地区分析の結果から，近年における産業組織の変化とそれにともなう空間構成の変動について明らかにする．

第7章は，同じく産業拠点としての開発の過程で，労働力編成の一環として流入・定着してきた住民たちの概要と，その近年における動向について問題にする．

第8章は，流入・定着してきた労働者たちの出身地を中心とした社会的背景の分析を行っている．

2.4 第Ⅲ部 郊外の形成

第9章は，東急を中心とする民間の不動産資本によって「東京」の代表的な郊外住宅地として開発・整備されてきた京浜地区内陸部の歴史的な形成過程について分析する．

第10章は，社会地区分析によって田園都市沿線の郊外住宅地としての形成過程とその内部でのそれぞれのローカル・コミュニティの成立過程を分析している．

第11章は，ローカル・コミュニティのレベルでのサーベイ調査データの分析から，改めて東京圏の都市化と郊外の形成過程との関連を確認・分析している．

第12章は，同じくサーベイ調査のデータ分析から，女性の地域移動パターンと地域形成の動向について分析している．

第13章では，以上の分析をふまえて，東京圏の都市化と女性の地域移動における時間的なリズムによって，いくつかの年代で特定のローカル・コミュニティにおける課題が時期ごとに異なるようになり，その結果，女性の市民活動の内容が変化していったことが明らかにされる．

2.5 第Ⅳ部 郊外の女性たち

第14章は，そのような女性の地域活動の変遷をふまえて，現段階での女性の集団参加の諸相をサーベイ調査のデータから明らかにする．

第15章は，郊外住宅地としての開発の最初の段階に東京からこの地域に移り住んだ郊外第一世代とでもいうべき女性たちの地域活動の特色を，サーベイ調査のデータ分析と若干の事例研究によって明らかにする．

第16章は，郊外第一世代よりも若干年下の女性たちの間に広がっていった仕事への志向を，やはりサーベイ調査のデータと若干の事例研究によって明らかにしている．

第17章は，同様に後続世代にみられる第一世代とは若干異なった市民活動の動向のひとつとして，国際交流に関するボランティア活動を取り上げる．

第18章は，さらに年少の郊外第二世代ともいえる年代の地元出身女性たちの子育てと地域活動のあり方を対象とする．

第19章は，以上のような各年代の女性たちの活動の詳細な検討をふまえて，かつてこの地域で「生活者」として注目を集めた女性たちの運動が，どのような意味をもち，実際にその後どのように推移していったのかを明らかにしている．

最後に，終章では本研究で明らかになった成果と，東京大都市圏の研究として残された課題について論じておきたい．

【文献】

Burgess, E. W., 1925, "The Growth of the City : An Introdution to a Research Project". In Park,R. E., E. W. Burgess and R. D. McKenzie, *The City*, University of Chicago Press. （大道安次郎・倉田和四生共訳『都市――人間生態学とコミュニティ論』鹿島出版会，1972.）

Catells, M., 1977, *La Question Urbaine*, F. Maspero. （山田操訳『都市問題』恒星社厚生閣，1984.）

Harris, C. D. and E. L. Ullman, 1945, "The Nature of Cities". In Hatt, P. K. and A. J. Reiss Jr. eds., 1957, *Cities and Society*, The Free Press.

Harvey, D., 1982, *The Limits to Capital*, Oxford. （松石勝彦・水岡不二雄ほか訳『空間編成の経済理論――資本の限界』（上・下）大明堂，1989・90.）

Harvey, D., 1985, *The Urbanization of Capital: Studies in the History and Theory of Capitalist Urbanization*, Basil Blackwell. （水岡不二雄監訳『都市の資本論』青木書店）

Hoyt, H., 1939, *The Structure and Growth of Residential Neighborhoods in American Cities*, Federal Housing Administration.
倉沢進編, 1986, 『東京の社会地図』東京大学出版会.
倉沢進・浅川達人編, 2004, 『新編　東京圏の社会地図 1975-90』, 東京大学出版会.
Lynd, R.S. and H. M. Lynd, 1929, *Middletown*. (中村八朗訳『ミドゥルタウン』青木書店, 1990.)
町村敬志, 1995, 『「世界都市」東京の構造転換』東京大学出版会.
宮本憲一, 1980, 『都市経済論』筑摩書房.
近江哲男, 1955, 「都市の範域」, 『フィロソフィア』28. (近江哲男『都市と地域社会』早稲田大学出版会, 193-221, 1984.)
奥田道大・広田康生編訳, 1983, 『都市の理論のために』多賀出版.
奥井復太郎, 1940, 『現代大都市論』有斐閣.
Park, R. E., 1925, "The City: Suggestions for the Investigation of Human Behavior in the Urban Environment". In Park, R. E., E. W. Burgess and R. D. McKenzie, *The City*, University of Chicago Press. (大道安次郎・倉田和四生共訳『都市——人間生態学とコミュニティ論』鹿島出版会, 1972.)
Pickvance, C. G., 1977, *Urban Sociology*. (山田操・吉原直樹・鯵坂学訳『都市社会学——新しい理論的展望』恒星社厚生閣, 1982.)
Shevky, E. and W. Bell, 1955, *The Social Area Analysis*, Stanford.
Shevky, E. and M. Williams, 1949, *The Social Areas of Los Angeles*, Berkeley.
島崎稔, 1969, 「都市社会研究の方法」, 島崎稔・北川隆吉編『現代日本の都市社会』三一書房, 15-47.
島崎稔・北川隆吉, 1962, 『現代日本の都市社会』筑摩書房.
島崎稔・安原茂編, 1987, 『重化学工業都市の構造分析』東京大学出版会.
鈴木広, 1959, 「都市研究における中範囲理論の試み」, 鈴木広『都市的世界』誠信書房, 1970.
玉野和志, 1996, 「都市社会構造論再考」, 『日本都市社会学会年報』14, 75-91.
玉野和志, 2007, 「都市の空間構造と都市社会学の役割」, 『日本都市社会学会年報』25, 49-51.
牛島千尋編, 2004, 『大都市郊外の歴史的変遷と地域変容の実証的研究』, 平成 13〜15 年度科学研究費補助金研究成果報告書.
Warner, L. W. *et al.*, 1941-59, *Yankee City series V. 1-5*, Greenwood Press.

Whyte, W. F., 1943, *Street Corner Society*.（奥田道大・有里典三訳『ストリート・コーナー・ソサイエティ』有斐閣.）

Wirth, L., 1938, "Urbanism as a Way of Life". *American Journal of Sociology*, 44, 3-24.（高橋勇悦訳「生活様式としてのアーバニズム」, 鈴木広編『都市化の社会学［増補］』誠信書房, 127-147, 1978.）

矢崎武夫, 1954, 「東京の生態的形態（上）・（下）」,『都市問題』45(4), 23-38；45(5), 123-151.

第Ⅰ部　空間形成の論理とコミュニティ

第1章　都市空間形成の原理

下村恭広

　本章では都市空間の形成過程について，複数の異なる時間軸ではたらく諸要因の複合的な結果として捉えるという新しい観点を提起したい．そのために，まず都市空間構造に着目した近年の研究の展開と成果をふりかえるとともに，その到達点と残された課題について確認する．そのうえで，都市空間を形成する要因を5つに整理し，それぞれに個別に内在する固有の時間的リズムと空間的配置の論理に注目することで，都市空間形成分析の新しい視点を提起してみたいと思う．

1．都市の空間構造に関する研究の展開

1.1　都市の空間構造の把握はなぜ必要か

　都市における一定の地理的範囲から見出される事実には，それより広い地理的範囲で見出される事実をコンテクストにしないかぎり理解できない数多くの要素を含んでいる．たとえば地域社会の階層構成や高齢化率といった指標をとってみても，取り上げている地域が都市の中でどのような位置づけにあるのか，それがどのような歴史的経緯をたどって現在のようになったのか，こうした地理的・歴史的条件を背景にどのような人々がいつごろからその地域に定住して生活を営み始めたのかということを無視しては，地域社会の社会学的研究にとって意味のある情報を読み取ることはできない（玉野　2005：18-20）．

　このように，いかなる範囲の中にあるどの単位での出来事を対象にしているのかを逐一明確にしておくことが求められるのは，都市の地域社会を研究する場合に固有の要請である．村落の地域社会を対象とする場合は，生産の社会的単位がほぼ生活の社会的単位に重なりあって明確な地域的限界をもっているため，集落によって分析対象とすることができた．それに対して都市の地域社会は，何らかの地理的範囲を選択することがそのまま一定の意味のある社会的単位を選択する

ことにはならない．都市ではさまざまな事物や施設がそれぞれ別個に固有のパターンに従って空間的に配置され，それらが人々の生活の営みや経済活動と互いに切り離すことのできない複合的な関係をつくりあげている．なかでも重要な点は，生産活動と消費生活が空間的・社会的に分離していることであり，生産活動が一定の空間的単位を構成する論理と消費生活が一定の空間的単位を構成する論理とが，相互に関連しあいながらも別々にはたらいて諸事物の空間的配置を形成していることである．

都市空間をつくりあげるこうしたさまざまな論理が，地域社会においてどのように結びついて現れるのかは一義的に述べられるものではなく，当該の地域社会が広域の地理的範囲においていかなる位置を占めているのかによって異なるといわねばならない．こうした認識は「郊外／都心」「下町／山の手」といった，地域類型を立てて地域社会の性格をいいあらわすような作業にすでにみられるものだ．都市の特定の地域社会の分析は，事前に検討するにせよ事後的に見出されるにせよ，より広域の地理的範囲において観察できる諸事物の空間的配置のパターンが形成される論理と，その中でその地域社会がいかなる位置にあるのかをあわせて理解する必要がある．

こうした，広域の空間秩序とその中での一定の地理的範囲で見出される事実とを照らし合わせていく手続きがシカゴ学派都市社会学にさかのぼるのはいうまでもない．シカゴ学派における民族誌的研究は，急速な市街地の拡大を続ける都市の生態学的秩序の把握――いわゆる同心円地帯モデル――をベースに，さまざまな社会的指標を地図上にプロットしながら特徴ある地域の位置づけを明らかにするとともに，対象となるエスニック・コミュニティや社会現象に内在的に接近することを特徴としていた．

しかし，現代日本の都市・地域社会を対象とした実証研究をふりかえると，地域社会研究に十分に寄与しうるような，都市の空間構造に関する知見が積み重ねられてきたとはいいがたい（松本 2001：229）．より広域的な空間秩序と特定の地域空間における社会的世界とをつなぐ社会学的な説明が欠けていることは，従来の研究において一方で都市社会構造論が地域社会の社会的世界に対する分析や都市の空間構造の分析とあまり交わることなく行財政過程を中心とする制度論に収斂していったことと，他方で個別地域社会の住民生活の実態把握をめざす研究

が都市の政治経済的再編過程とも空間構造の変動とも切り離された問題関心に限定されているという分断状況を深めるものとなっている．こうした問題関心の乖離を具体的な研究対象に即してどのように橋渡ししていくべきなのか．この作業を進めていくうえではさまざまな論点が出てくるであろうが，地域社会研究にとって有意義な都市の空間構造を把握するための条件を明らかにすることは，そのなかでも重要な論点となることは間違いない．

　現代日本の都市の空間構造をめぐる議論が，地域社会研究に十分に寄与する内実を得るには，どのような条件を満たす必要があるだろうか．以下ではとりあえず本研究が対象とする東京圏を念頭において，現時点で条件として考えられるものを挙げておきたい．まず，そこでの空間構造が，地域の社会的世界で起きている変動のコンテクストとして適切な地理的範囲を確定するものであるべきという前提がある．これはえてして行政区画に従って，《特定の地域社会-基礎自治体-広域自治体》という行政機構の空間的単位間の入れ子構造によって代理される．しかし，本来であればある地域社会の理解のコンテクストとなる地理的範囲が，行政の上部機構の管轄範囲というだけで決められるものではなく，研究の目的によって導かれるべきである．

　では，一定の広域的な地理的範囲がコンテクストとして適切であると判断される条件は何か．それには，より広域の地理的範囲で見出された諸事物の空間的配置のパターンが，同時代の社会的・経済的過程と結びつけて理解できるようなものである必要がある（松本 1999：115）．しかし，社会的・経済的過程と結びついた空間的パターンと一言でいっても，国家や自治体の公共政策や開発計画の論理，不動産資本の論理，生産過程の情報化やグローバル化が進む中での産業立地の論理など，それぞれを理解するうえで適切な地理的範囲は異なるはずである．この場合，実際に研究対象となる地域社会の理解において最も決定的な意味をもつ要因を絞る必要がでてくる．

　これらの点を踏まえた限りの推測では，東京を対象とする従来の研究において，結果的に都市の空間構造に関する知見の蓄積をむずかしくしていた理由として，以下の2つが考えられる．第一に高度成長期以降の都市形成過程のなかで，同時代の社会的・経済的過程と結びつけて理解できるような適切な地理的範囲を見失ってしまったことであり，第二には，その結果としてその地理的範囲において

見出される空間的パターンを，社会的・経済的過程と結びつける社会学的な説明を提供することができなくなっていたことである．

　以上のような，地域社会研究にとって意味のある都市の空間構造を把握するうえで克服すべき課題に対して，今後どのような筋道で取り組むべきか．これを考えていくうえで参照すべき重要な研究成果が，近年東京を対象に社会地区分析を試みている複数の研究者によって公刊されている．続いてその成果の中でとくに関連する事項について検討したい．

1.2　広域的な東京圏の社会地図から何が見出されたか

　東京圏を対象にした社会地区分析はいくつかあるが，対象を既存の行政区画から広げ，南関東地域全体を対象とした2つの研究成果（倉沢・浅川 2004，牛嶋 2004）に着目し，そこで東京圏の空間構造についてどのような指摘がなされたのかについて確認しておこう．そこで提示された議論はさまざまな論点にわたるのであるが，ここでは先に指摘しておいた課題に沿って次の2点に絞ってみてみたい．第一に，従来の社会地区分析よりも対象の地理的範囲をより広範囲に広げた結果，どのような空間的パターンを見出すことができたのだろうか．そして第二に，そこで見出された空間的パターンは，同時代の社会的・経済的過程とどのように結びついているといえるのだろうか．

　倉沢進は，1975年と1990年における東京圏の社会地図の比較を通じて，この間に東京の都市機能がその周囲の県を組み入れてはたらくようになり，その地理的範囲が拡張したと指摘している（倉沢 2004 : 24）．そのうえで，この間に空間構造に生じた重要な変化として挙げているのが「同心円構造の明確化」である．「かつては歴史的・社会文化的に形成された地域特性を強く持った各地域が，その特性を少なくとも相対的に弱め，東京都心部からの距離帯ごとに同質的な同心円構造を形作るようになった」（倉沢 2004 : 23-24）．これを踏まえ，倉沢は人間生態学でいうところの同心円仮説とセクター仮説について，前者が土地利用の規定要因として経済的生態学的要因を重視するもの，後者については社会文化的要因を重視するものの対立であると整理し，そのうえで1990年の東京における同心円構造の明確化については，「高度成長からバブル経済を経てグローバル化と世界都市化に至る過程で，徹底的な経済合理性追求の結果，土地利用の機能的側面か

らは巨大な同心円構造を持つ東京圏を生み出すに至った」と総括している（倉沢 2004：24-25）．

　ここで指摘されているような「経済合理性追求」は，どのようにして特定の空間的過程——つまり都市機能の地理的範囲の拡大と同心円構造の明確化——をともなって展開したのだろうか．これについては，高度成長が終焉した1970年代半ばから80年代にかけての東京における産業構造の転換が，どのような論理を媒介して都市空間の再編に結びついているのかについて，さらに詳しい要因を取り出さない限り理解できない．

　この点について同じ研究グループの西澤晃彦は，ブルーカラー労働者の占める割合の高い地域の地理的分布の動向に着目することを促している（西澤 2004）．このような《ブルーカラーゾーン》の地理的分布については，①埼玉県北部および北西部の山間地域，古河市，鹿嶋市を中核とする茨城県南部県境地域，君津市・市原市など房総半島中部，神奈川県の横須賀市や丹沢山間部，県央の寒川町・綾瀬市など郊外周縁部，②荒川・墨田・足立・葛飾の各区およびそこから東武伊勢崎線に沿って北方にくさび状に伸びたベルト地帯とそれに隣接する鳩ヶ谷市，戸田市などの埼玉県南部の工業地域，③川崎市の湾岸部，という3つの地域が指摘されている（西澤 2004：164）．

　なかでも注目したいのは，①の東京圏周縁部に形成された地域である．これは，倉沢が指摘した同心円構造の明確化という動向のひとつの重要な側面を明らかにしている．すなわち，居住者の職業による地理的分布という観点からみると，拡大した東京圏の空間構造とは，ブルーカラーおよび農林漁業従事者比率の高い地域を外縁とし，その内側にホワイトカラーを中核とする郊外住宅地，さらにその内側に都区部という構造をなしているといえる（西澤 2004：171）．

　《ブルーカラーゾーン》の形成のもつ意味は，それが1975年から90年にかけて顕在化したということとあわせて考えねばならない．ホワイトカラー居住者の地理的分布の論理は，それが鉄道沿いの住宅地開発の外延化とかかわっているがゆえに，それ以前の高度成長期における郊外化の延長線上に捉えることができる．これに対して，職住近接を好むブルーカラー居住者の地理的分布については，その空間分布に生じた変化が，同時代の産業構造の転換がいかなる空間的過程をともなうものであったのかを推測させるものである．この点こそ，東京圏における

都市空間の外延的拡大と同心円構造の明確化という2つの変化が，同時代の社会的経済的な変化といかなる関係にあるといえるのかを検討するにあたって説明すべきひとつの重要な要因である．

　西澤の指摘にしたがえば，ここで問われるべきことは以下の2点である．まず，このようなブルーカラー労働者の周縁部への集積が，「脱産業化」や「グローバル化」といった語でいいあらわされる社会過程といかなる点で結びついているといえるのだろうか．さらに，この15年間に顕在化した変化は，果たしてそれ以前の都市形成過程の論理とどの点で連続しており，どの点で断絶していると捉えるべきだろうか（西澤 2004：174）．市街地の外延的拡大という空間的現象それ自体は，以前から進んでいる動向の延長のようにしかみえない．しかし，そこにはこの時期の産業構造の転換との関係を具体的に明らかにしなければ理解できないような，都市形成過程の論理の断絶面が存在する．この点について「脱産業化」や「グローバル化」といった語によって括ってしまう前に，同じ事態をまた別な観点から照らし出した議論を確認しておこう．

　同じ事態をめぐって武田尚子は，産業の業種別にみた就業者の地理的分布のちがいに着目する必要を強調している（武田 2004）．経済地理学や地域経済学でも繰り返し論じられてきたように，事業所の立地選択とその結果としての地域的分布の論理は，産業の業種によって相当に異なる．この点について確認するために武田は，東京60km圏内において，業種別の就業者の居住分布がどの程度特定の地域に偏って集住する傾向があるのか，そしてそれが時代によってどのように変遷してきたのかを，産業別・市区町村別の特化係数に着目しながらまとめている（武田 2004：97）．

　1955年から2000年にかけての東京60km圏内における居住者分布の偏りの度合いとその変遷を建設業，製造業，運輸通信業，卸売・小売業，金融・保険・不動産業に分けてみていくと，卸売・小売業，金融・保険・不動産業の就業者の居住分布の偏りが少なくなり平準化していく傾向にあるのに対して，建設業，製造業，運輸通信業の就業者の居住分布はそれぞれ特徴あるパターンをともなって特定の市区町村に凝集する傾向がみられた．このことは，産業構造の転換と都市の空間構造の関係といっても，東京圏における産業構成の変化と，業種ごとの立地パターンの特性とをあわせてみていくことなく説明することはできないというこ

とを示すものである.

　建設業,製造業,運輸通信業で比べてみると,建設業と運輸通信業の就業者の居住分布の変化を追っていくと,その時々に実施された都市基盤整備の事業と深く関連していることが明らかとなった.とりわけ近年は,高速道路整備との関連が深い.それに対して製造業就業者の分布の特徴は,1975年までは東京23区内からそこに接する郊外地域へ移動していく《離心化》の傾向が強く,85年を境としてさらにその外側の都心から40～60km圏に特化する傾向が明確化し,《外延化》していくという,《離心化・外延化》の2段階を経ていることが指摘されている(武田 2004:104).

　これらの知見に加えて武田はさらに,東京60km圏内における職業別就業者の居住分布の特化係数の変遷についても検討している.その結果,とりわけ特徴ある空間的パターンを示しているのがブルーカラー労働者の居住分布である.1955年からの45年間の間に,ブルーカラー労働者の居住分布は,東京都内に特化している状況から,1975年までの《離心化》と85年以降の《外延化》という,製造業就業者の居住分布の変化と類似した2段階のパターンをみせて変化した(武田 2004:127).このことから,東京圏外周部における「ブルーカラーゾーン」形成を重要な契機とする同心円構造の明確化が,東京の産業構造の転換とどのようにかかわっているのかを説明するには,製造業の事業所の立地展開に生じた論理の変化が重要なポイントであると考えられるのである.

　以上のことから,東京を対象とする社会地図の作成・分析から得られた知見より,次の2点を取り出してみることができる.第一に,従来都市として捉えられてきたよりも広域となる「地域region」に分析対象の地理的範囲を広げることで,同時代の社会的・経済的過程と何らかの関係を有すると考えられるような空間的パターンとその変化を発見し,取り出してみせたことである.これにより,これまで国土構造における中枢管理機能の「東京一極集中」として表現されることの多いこの時期の空間構造の変動が,「広域的な東京圏の形成」という過程と並んで進んでいたことの意味について考えさせる結果となった.

　そして第二に重要な点は,以上のような地理的範囲において1975年から90年にかけて顕在化した「《ブルーカラーゾーン》の形成を契機とする同心円構造の明確化」という事実が,おもに同時代の産業の空間的配置の論理,とくに製造業

の立地展開の論理において生じた変化を無視しては理解できないことである．都心部の変貌だけをみていると「脱工業化」の進展としてみえるこの時期の東京の変化も，都市機能のより広域化された再編過程の中に置いてみると，文字どおりの「脱工業化」は起きていなかったことが改めて確認されたといえる．

1.3 都市空間をつくりだす複数の論理

　都市空間構造の理解は，コミュニティ研究において不可欠である．そこでは観察される事象について，地域というフレームを通じて現れる意味を解読するが，そのフレームをマクロ社会・経済的変化と関連づけるには，当該都市の空間構造の変化とその中での個別地域社会の位置づけの変化を踏まえる必要がある．

　地方の工業都市（夕張，室蘭，川崎，倉敷などの企業城下町）を研究対象とする場合は，とりあえず空間構造については背景程度に確認して議論することができる．このような工業都市は空間構造的には単核的であり，地域社会形成史が生産現場の状況とほぼ一致するため，生産領域と再生産領域との時間的・空間的な結合が深い農村を対象とした研究とほぼ同様で，家族と職場の生活史を追うことが地域社会形成史を追うことになる．対象の構造やその変動をみていくうえで，小数の論理に還元して把握することが容易なのである．

　しかし，東京のような大都市圏を対象とする場合，単一の産業や単一の論理に還元して議論することはできない．東京圏は業種や企業規模においてさまざまな事業所が立地し，きわめて多様な職業人口の構成をつくりあげており，また多様な消費生活が可能で，高度に発達した交通網によってさまざまな生活圏・通勤圏が交錯し，市街地が複数の自治体にまたがって連担している．確かに東京圏は中枢管理機能の集中にその特徴があるが，たとえば首都としての機能の変遷だけで論じることはできないし，グローバルシティとしての性格だけに還元することもできない．工業都市としての性格も保有している．そのため東京圏のどこを取り上げてみていくかによって，これらの複合的な諸要素の組み合わせがどのような地域的帰結をもたらしているのかがまったく異なるのであり，それによって家族，労働，地域社会の関係の具体的なありようも異なってくるのである．

　そのため，大都市圏における家族生活，労働生活，地域生活の有機的なつながりを理解しようとするならば，個別の地域社会に絞って，その形成過程を知る必

要がある.その地域が社宅なのか,下町なのか,団地なのか,誰によっていつ開発され,どのような世代が中心に住んでいるのかを理解しなければならない.そして,そのような地域社会の変動は,地域社会だけをみていれば理解できるというものではない.その地域社会がおかれている大都市圏の構造とその変動の論理を踏まえなければ理解できないのである.

2. 都市空間構造の形成要因

2.1 産業組織と労働力編成

　近代以降の都市形成過程を特徴づけてきたのは,工業生産活動の拠点の集中とそれにともなう労働力人口の集住であった.今日の都市はもはや工業生産だけで論じることはできないのは当然であるとはいえ,産業組織とそこで必要とされる労働力編成のあり方が,個々の都市のありようを特徴づける主軸にあることに変わりはない.

　産業組織は,それが製造業であれサービス産業であれ,分業の組織化とその空間的配置を通じて,事業所の立地という地理的な帰結を生む.他方,労働力人口は生活の単位としての世帯を形成しながら,事業所に通える範囲での定住という地理的帰結を生む.労働力編成は産業組織によって規定されるので,これらの地理的帰結としての職場と住宅は相互に関連している.本研究の主要なテーマとして,戦後の東京圏のひとつの特徴にもなっているジェンダー的に編成された郊外空間の形成は,性別役割分業に基づく産業組織の確立によるものであり,地域社会形成の従来までの担い手の,近年におけるありようの変質は,性別役割分業の変質と連動している.

　とはいうものの,この職住関係を単純な一対一の因果関係に還元することはできない.職住関係は,事業所の業種,規模,世帯主の従業上の地位などに応じてさまざまな形態が考えられるからだ.そして,事業所の立地選択と労働者の居住選択とは異なる論理をもち,また異なる時間軸のなかで成り立っている.さらに,それぞれの立地選択は次に紹介する少なくとも3つの媒介要因を経ることなしには実現しないため,実際にはより複雑な過程となっている.

　そして,職場と世帯の2つを核とした通勤圏として都市範囲を考えることがで

きる東京圏の場合，中心が巨大かつ複数の核をもつ点にその大きな特徴がある．

2.2 不動産市場，自治体・国家，交通体系

　事業所の立地選択と労働者の居住選択とは，不動産市場を媒介して具体的な都市空間構造に帰結する．不動産市場は単純に土地利用における需要と供給によってのみ説明することはできなくなっている．近年ではとくに，土地の金融商品としての一面がいっそう際立ちながら，資産市場としての自律性が強まりつつあり，それが土地利用の転換を加速させている．

　とはいえ，このような不動産市場の動向は完全に自律的ではなく，自治体や国家がさまざまな水準で土地利用の規制を設けたりあるいはその規制を緩めたりすることによって左右されている．ここで検討すべき自治体や国家とは，地域社会がおかれている政治構造を理解するために従来から重視されてきた項目だが，都市空間構造に関連する場合は，土地利用上の計画や規制を加える主体として想定される．

　最後に，近代以降の都市形成過程における骨格としての交通体系を挙げておきたい．都市空間構造およびその変質は，輸送手段の技術上の諸条件（機械装置や情報処理技術の水準），さらにはその輸送手段の組織化や経営体制によって規定されている．第4章で詳しく触れられるように，とりわけ東京圏の空間構造，とくに居住分布をみていく場合，不動産資本としての性格が濃い鉄道資本の路線経営とその住宅開発の動きを無視することはできない．

2.3 過去と現在との重層性——複数の時間

　地域社会の変化を理解するうえでは，たとえばさまざまな事件が直線状に並んで生起していくというような，抽象化された単一の時間軸を前提とすることは現実的ではない．少なくとも次に挙げられるような互いに異なる時間軸を検討する必要がある．ひとつは，当該地域社会が都市空間構造の変化の中で，その占める位置を変えていく過程である．この過程が進む時間的リズムは，都市形成を規定する異なる時間軸で動く諸要因の複合的な結果であり，これが当該地域社会に流入する人口の増減の波を規定する．ここで流入する人口は世帯を形成して定着していくが，その定着過程は家族のライフサイクルに由来するリズムに基づいてい

る．地域社会で何らかの問題が世帯を横断して共有され取り組まれるべき課題として認識されたり，それを経て社会集団が形成されていく過程は，こうした複数の時間軸が交叉する中で生じている．

すなわち，あえて単純化して表現するならば，都市発展の時間的リズム（都市の時間），ローカル・コミュニティへの人口の流入と定着の時間的リズム（コミュニティの時間），そこでの家族や世帯を単位とした生活の再生産の時間的リズム（家族の時間），さらにはそこでのあるひとりの人間の人生の過程（個人の時間）などである．それらが互いに絡まり合いながら都市空間は展開し，そこでのコミュニティと人々の生活が，それぞれ固有の時間を刻みながら進んでいくのである．

3. 都市空間形成分析への視点

以上の検討を踏まえて，東京大都市圏における特定の地域社会の変化を，都市空間構造の動態と結びつけて理解していくために，都市空間構造を規定する諸要因を，空間的配置の論理と時間的リズムとを異にする5つの要因——「産業組織」，「労働力編成」，「不動産市場」，「国家・自治体」，「交通体系」——に整理し，それらの相互連関に注目する視点を提起したい．

都市空間の形成過程を，このような5つの要因に注目して分析していくことの有効性については，本書全体の具体的な分析によって示されるべきことなので，ここではごく簡単にそれぞれの位置づけを整理しておくに留めたい．

都市そのものの空間形成を促す原動力といってよいものが，産業組織である．近代の都市発展は先端産業としての製造業を中心に展開してきた．したがって，近代都市はつねに河川や湖沼，海岸線沿いに展開することが多かった．都心部には中枢管理機能をもつビジネス街と並んで，先端産業としての製造業を中心とした拠点地区が発達した．この中枢性と先端性という2つの都心機能を中心に産業組織が配置され，展開していく．と同時に，産業組織はそれに労働力が接合されて初めて機能するので，この労働力の再生産を可能とする住宅地の確保が必要となる．ここでは労働力をめぐるこれらすべての過程を労働力編成と呼んでおきたい．そして，この労働力編成の重要性ゆえに，都市空間編成において特別の配慮を必要とする分野に，不動産資本と不動産市場の領域がある．なぜなら労働力編

成の主要な舞台が住宅の確保と住宅地の整備にあるからである．さらに，産業組織と労働力編成の接合を条件づけるものとして交通体系が存在している．それゆえ交通機関の整備を実現しうる電鉄会社などの資本が，新しい不動産市場を創出し，自ら不動産資本としての機能も果たしていくことが，戦略的に重要な側面となるのである．そして，それらすべての要因が相互に絡み合って展開するうえで，重要な役割を果たすのが，国家や地方自治体による都市計画や都市政策の実施なのである．

そして，ここでとくに強調しておきたいのは，それぞれの観点のもとで単なる空間的な形状の変化や整備が進んでいくだけではなく，それにともない，それぞれのレベルで，異なった時間的なリズムが刻まれていくという，空間だけではなく，時間という側面にも注目していくという新しい視点である．それらはきわめて複雑に絡み合っているが，大きくいえば都市全体の発展のリズムとしての「都市の時間」と，それにともなってやはり独自の時間的リズムをもって生み出されるローカル・コミュニティの社会的な形成過程に基づいた「コミュニティの時間」の存在である．

このような意味で，産業組織，労働力編成，不動産市場，国家・自治体，交通体系という5つの要因に注目しつつ，東京大都市圏の空間的・時間的な形成過程について考えていきたい．ここでは，その中でも近代都市東京の初期の発展を支えた先端的な産業拠点としての京浜地区臨海部と，東急電鉄と東急不動産による先駆的な開発に基づき，東京の典型的な郊外住宅地としての発展をみた東急田園都市沿線のいわゆる多摩田園都市の地域を，とくに検討の対象としている．この2つの地域を対象として社会地区分析とコミュニティ・スタディを実施することによって，本章で展開した観点の有効性を確認していきたいと思う．

【文献】

倉沢進，2004，「東京圏の空間構造とその変動 1975-90」，倉沢進・浅川達人編『新編　東京圏の社会地図 1975-90』東京大学出版会．

倉沢進・浅川達人編，2004，『新編　東京圏の社会地図 1975-90』東京大学出版会．

松本康，1999，「都市社会の構造変容」，奥田道大編『講座社会学4　都市』東京大学出版会．

松本康，2001，「都市化・郊外化・再都市化」，金子勇・森岡清志編『都市化とコミュニ

ティの社会学』ミネルヴァ書房.

西澤晃彦,2004,「職業階層からみた東京圏」,倉沢進・浅川達人編『新編　東京圏の社会地図 1975-90』東京大学出版会.

武田尚子,2004,「産業別・職業別就業者の居住分布とその変遷」,牛島千尋編『大都市郊外の歴史的変遷と地域変容の実証的研究』,平成 13 〜 15 年度科学研究費補助金研究成果報告書.

玉野和志,2005,『東京のローカル・コミュニティ——ある町の物語 一九〇〇 - 八〇』東京大学出版会.

牛島千尋編,2004,『大都市郊外の歴史的変遷と地域変容の実証的研究』,平成 13 〜 15 年度科学研究費補助金研究成果報告書.

第2章　東京大都市圏の形成過程

浅川達人

　江戸を端緒に，明治期以来の工業化と脱工業化という大きな社会変動のもとで発展を遂げた東京大都市圏．その形成過程を，経済的発展をもたらした産業の空間構成と，就業・就学などの機会を求めて流入した人々が求めた住宅地の空間構成に着目して描き出す．それが本章の目的である．

　戦後の復興期から高度経済成長期を経て，東京大都市圏は工業型都市として発展した．産業拠点には，機能的・空間的に結合することによって発展した産業集団の集積がみられ，それが工業化を牽引した．工業化に必要な労働力は集団就職や団塊の世代の流入によって賄われた．流入した人々は，生活の再生産の時間秩序と連動して居住地を選択する．その過程で住宅地の郊外化が進行した．

　1980年代以降，経済のグローバル化の進展とあいまって，製造業を中心とした産業構造から金融・情報・サービス業を中心とした産業構造への変化，すなわち脱工業化が進んだ．その過程において，産業の空間構成も組み替えられていった．と同時に，住宅地の空間構成もまた再編され，都心を再利用する形で再都市化が開始された．

　本章では，東京大都市圏を現在の姿に導いた，産業と住宅地の空間構成の再編過程を，主として『新編　東京圏の社会地図』で提示された社会地図（図 2.1 ～ 図 2.26）を用いて描き出し，東京大都市圏の形成過程を概観する（倉沢・浅川編 2004）．そのうえで，本書の主たる対象となる京浜地区の位置づけについて検討する．

1. 産業の空間構成

1.1　工業型社会の空間構成

　経済の高度な成長が終わり低成長期に入った 1970 年代半ば，東京大都市圏は工業型社会として定常期を迎えた．その当時の東京大都市圏の空間構成を『新編

34　第2章　東京大都市圏の形成過程

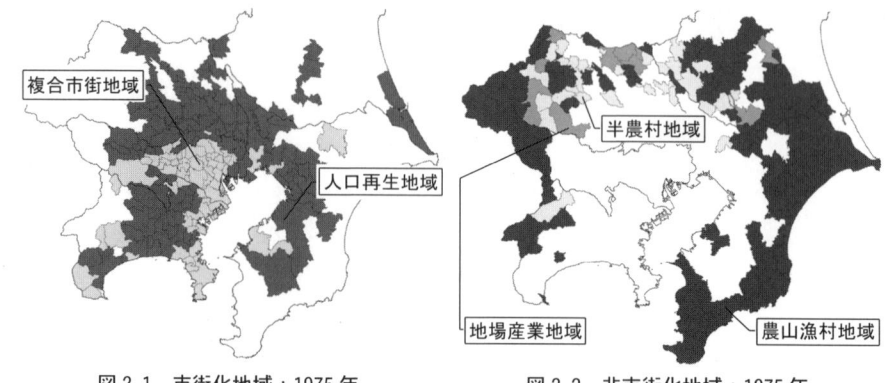

図 2.1　市街化地域：1975 年

図 2.2　非市街化地域：1975 年

東京圏の社会地図』が描き出している．1都3県に茨城県南部を加えた範囲を対象とし，市区町村を分析単位として行われたクラスター分析の結果は，カラー図としてまとめられている．そのカラー図を，市街化地域と非市街化地域とに分けて示したのが図 2.1 と図 2.2 として引用した地図である．

　市街化地域は，複合市街地域と人口再生産地域より構成されている．複合市街地とは，若年単身世帯と高齢単身世帯を同時に含み，商業機能やオフィス機能も有するといった，都市的要素が複合的に含まれ市街地として成熟した地区を指す．それは都心3区を中心として，23区西部から八王子市にかけての地域と，京浜地区へと広がっている．それを包み込むように出産・子育てを行う核家族が多い住宅地域である人口再生産地域が広がっている．一方，非市街化地域は，農山漁村地域，半農村地域，地場産業地域により構成されており，それらは関東平野の周縁部を厚く包摂している．

　東京23区を対象として4次メッシュを分析単位として行われたクラスター分析の結果から，中心業務地区，卸商業地区，ブルーカラー既成住宅地，ホワイトカラー既成住宅地を判別しやすいように抜き出した地図を，図 2.3 から図 2.6 として引用した．

　皇居を取り囲む形で官庁・オフィス街があり，それを東側から取り囲む形で千代田区と中央区に典型的繁華街が続き，これらが CBD すなわち中心業務地区を形成している（図 2.3）．CBD を東から取り囲む形で，台東区・中央区・港区に

1. 産業の空間構成　35

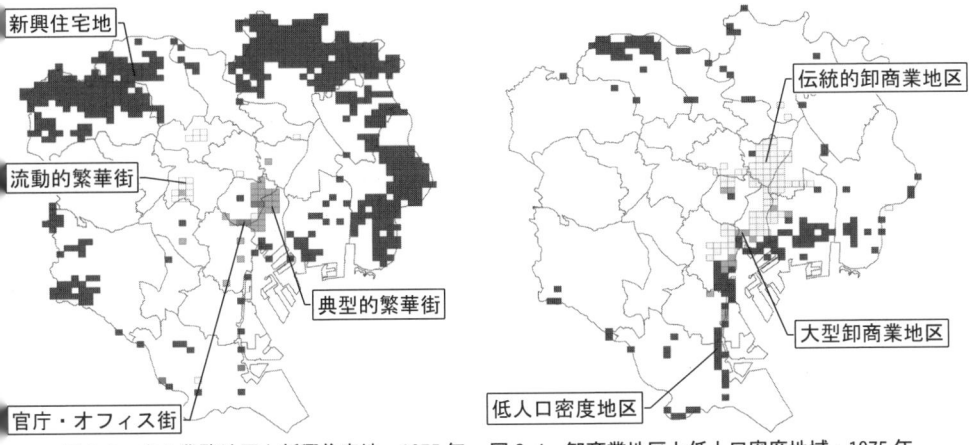

図2.3　中心業務地区と新興住宅地：1975年

図2.4　卸商業地区と低人口密度地域：1975年

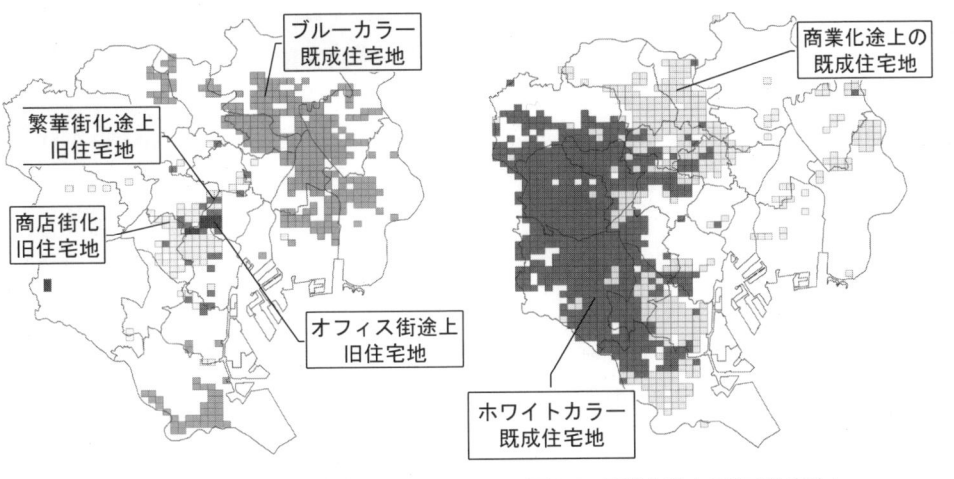

図2.5　商業化された旧住宅地と
　　　　ブルーカラー住宅地：1975年

図2.6　商業化途上の既成住宅地と
　　　　ホワイトカラー住宅地：1975年

かけて伝統的卸商業地区が連なっている（図2.4）．その北東側に接する形でブルーカラー既成住宅地が広がっている（図2.5）．すなわち，皇居を中心として北東方向へと，CBD，卸商業地区，ブルーカラー住宅地が扇型に連なるという空間構成を示している．これは東京大都市圏の工業化を支えた産業集団の集積によるが，詳しくは後述する．

ブルーカラー住宅地は城東地区に加えて，城南地区および城北地区にも広がっている．しかしながら，23区西部にはほぼみられない．そこはホワイトカラー既成住宅地によって占められている（図2.6）．

1.2 工業化を支えた産業集団の集積

1886（明治19）年の銀本位制を契機として，日本では鉄道，紡績などを中心に企業勃興が起こり，産業革命が始まった．東京でも紡績・織布生産などが伸び，これが機械，器具，金属加工工業と並んで東京大都市圏の産業構成のおもな部分をなした．1901年の東京市で工場数が最も多かったのは京橋区で，本所，日本橋，深川，芝の各区が続いた（源川 2007：29）．本所，深川の両区は，江戸時代から鍛冶，鋳物，鍍金職人などの在来技術者が集住しており，明治期に機械・金属工業に参入することとなった地域である．また，京橋，芝の両区は明治期に官民の先駆的機械工場から独立した零細工場が多く集まった地域である（板倉ほか 1973）．

1923（大正12）年の関東大震災，そして約20年後の東京大空襲により，東京区部は二度，焦土と化した．関東大震災は周辺5郡（荏原，豊多摩，北豊島，南足立，南葛飾の各郡）の町村の人口増加を促進し，郊外化を通して東京の拡大を促進した．東京大空襲（1944,45年）では，おもに工場地帯を含む密集住居地域が焼き払われた．戦災地区の残土・瓦礫は都心部に江戸時代から存在した河川や濠に投棄され，東京駅八重洲口前の外濠や銀座にあった三十間堀川などが埋め立てられた（源川 2007：214）．

戦後の日本経済は朝鮮戦争特需によって持ち直し，鉱工業生産は1950年代初めに戦前の水準を回復した．高度経済成長期を経て東京には経済管理機能が集中する一方で，耐久消費財生産を主とする機械工業と日用消費財生産を主とする軽工業がともに発達し，親工場－下請工場－内職，卸問屋－製造卸－加工業－内職と機能的に結合している産業集団の集積がみられた（板倉ほか 1973）．

東京，大阪で生産された日用消費財は日本全国の市場に出荷され，消費された．そのためには，各種製品の製造を担当する零細規模の加工業者と，卸問屋や製造卸などの流通部門が機能的にも空間配置的にも結合し重なり合って発展することが不可欠であった．たとえば，婦人服の製造卸業者は浅草橋から神田岩本町

にかけて分布していたが，加工業者は台東，文京，北，豊島の各区に配置されていた．また，袋物の製造卸業者も浅草橋を要として扇状に分布していたが，加工業者はさらに外側に扇状に配置されていった．このようにして，東神田・日本橋一帯の卸問屋コンプレックス・エリアを要として，各種の加工業が折り重なった状態で北東方向に扇形に拡がる配置が形成されていった．そのためここでは，転業ないし産業間移動が容易であり，異業種の組み合わせによって新機軸を開くことができ，多種・小単位で高級な製品を生産することが可能となった．図2.3から2.5でみた，皇居を中心として北東方向へと，CBD，卸商業地区，ブルーカラー住宅地が扇型に連なるという空間構成はこのようにして形成されたのである．

一方，機械・金属工業については，機械工業の全部門が集まる城南地域，光学機械中心の城北地域，日用消費財生産に関連する機械部門の集積する城東地区を中心に発達した．これらの地域は，工業用水の得やすさ，輸送の利便性などの条件から，いずれも港湾や河川に面していたことに特徴がある．

1.3 製造業の分散

製造業は高度経済成長の牽引車としての役割を果たした．高度成長期初期にあたる1960年の製造業事業所比率を示したのが図2.7である．埼玉県，神奈川県，東京都で高指標値地域が多く，茨城・千葉の両県では高指標値地域が少ない．東京都では前述したとおり城東・城北・城南地域に，神奈川県では京浜地区に高指標値地域が広がっている．埼玉県北部地域は地場産業が集中する地域であり，秩

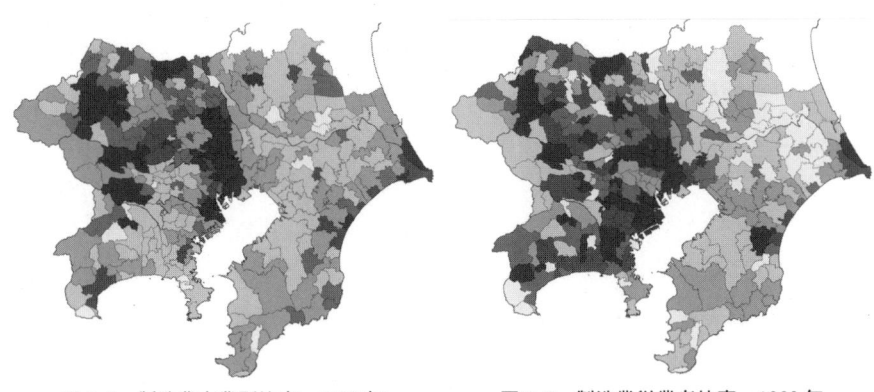

図2.7 製造業事業所比率：1960年　　図2.8 製造業従業者比率：1960年

図2.9　製造業事業所比率：1991年　　　　図2.10　製造業従業者比率：1991年

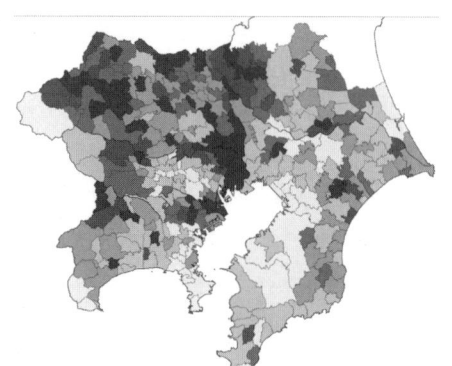

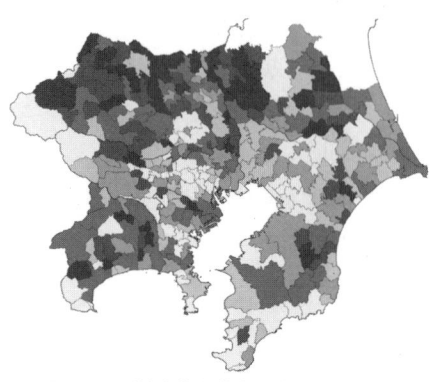

父市は武蔵正絹，行田・羽生・加須の各市は縫製の地場産業があった．製造業従業者比率を示した図2.8では，事業所比率で高指標値を示した地域において高指標値を示しており，それに加えて京浜地区から横浜内陸部にかけて高指標値を示していた．

　1980年代以降，製造業を中心とした産業構造から金融・情報・サービス業を中心とした産業構造へと大きく構造が変化した．脱工業化の進展である．そのような産業構造の変化を経験した1991年の製造業事業所比率（図2.9）からは，茨城県での高指標値地域の増加が著しいことがわかる．また，1991年の製造業従業者比率（図2.10）では，城東・城北地区，城南・京浜地区では高指標値を示さなくなり，一方茨城県南部に高指標値を示す地域が多くなった．このような変化は，広い敷地面積と安価で大量な労働力を必要とする量産工場などは，城南地区からは神奈川方面へ，城東地区からは埼玉東部と千葉方面へと展開していったことによってもたらされた．ただし，そのような動きは，大規模機械メーカーと直結している一部の企業，および量産可能な単品部品を生産する中規模以上の企業でみられたのであり，零細規模の下請工場や研究開発部門である母工場は東京都区部に残存していた（関1987）．

　このようにして，城東・城北地区を基部として埼玉県東部を北へと延びるブルーカラーベルト，城南地区から京浜工業地域へとつらなる機械工業地域，そして，埼玉，茨城，千葉の各県のうち東京の郊外地域をとりまく外延部にあたる地

域に製造業集積地が形成された．脱工業化という産業構造の変化は，東京大都市圏内部のより広域に製造業を分散させながらも，なお豊かに抱えたまま発展を続けているといえる．

1.4 脱工業化都市の空間構成

1980年代以降，脱工業化，サービス経済化の進展，バブル景気の浮沈など，東京大都市圏は大きな社会変動を経験した．なかでも，製造業を中心とした産業構造から，金融・情報・サービス業を中心とした産業構造への変化は東京大都市圏の空間構成の再編を促した．バブル期のクラスター図を通して，脱工業化の渦中にある都市の空間構成を検討する．

東京大都市圏を対象として市街地化地域と非市街地化地域を描き分けた図2.11と図2.12をみると，1975年では西南に膨らんでいた市街地化地域が90年には東方・北方にも広がり，非市街地化地域が東京大都市圏周縁部におしつけられる形で，同心円構造が明確化したことがわかる．

東京23区についてみよう．中心業務地区の変化を図2.13と図2.14より検討する．1975年では，典型的繁華街は新宿・渋谷・赤坂見附・品川などの主要駅周辺に点在するほかは，神田駿河台・大手町・日本橋・銀座など皇居の東に狭く集中していた．ところが90年になるとオフィス性の強い繁華街地区Bクラスターが皇居を取り囲んで西および南西に広がり新宿，渋谷へと連なり，さらにそのすき間をオフィス・マンション地区クラスターが埋める形で，中心業務地区が面的

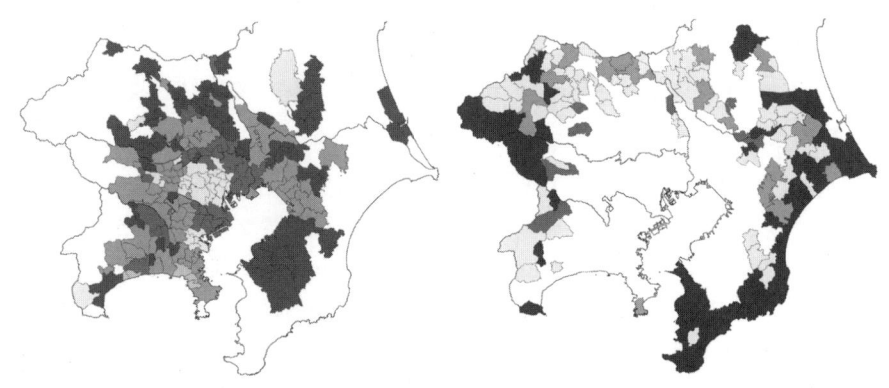

図2.11　市街地化地域：1990年　　図2.12　非市街地化地域：1990年

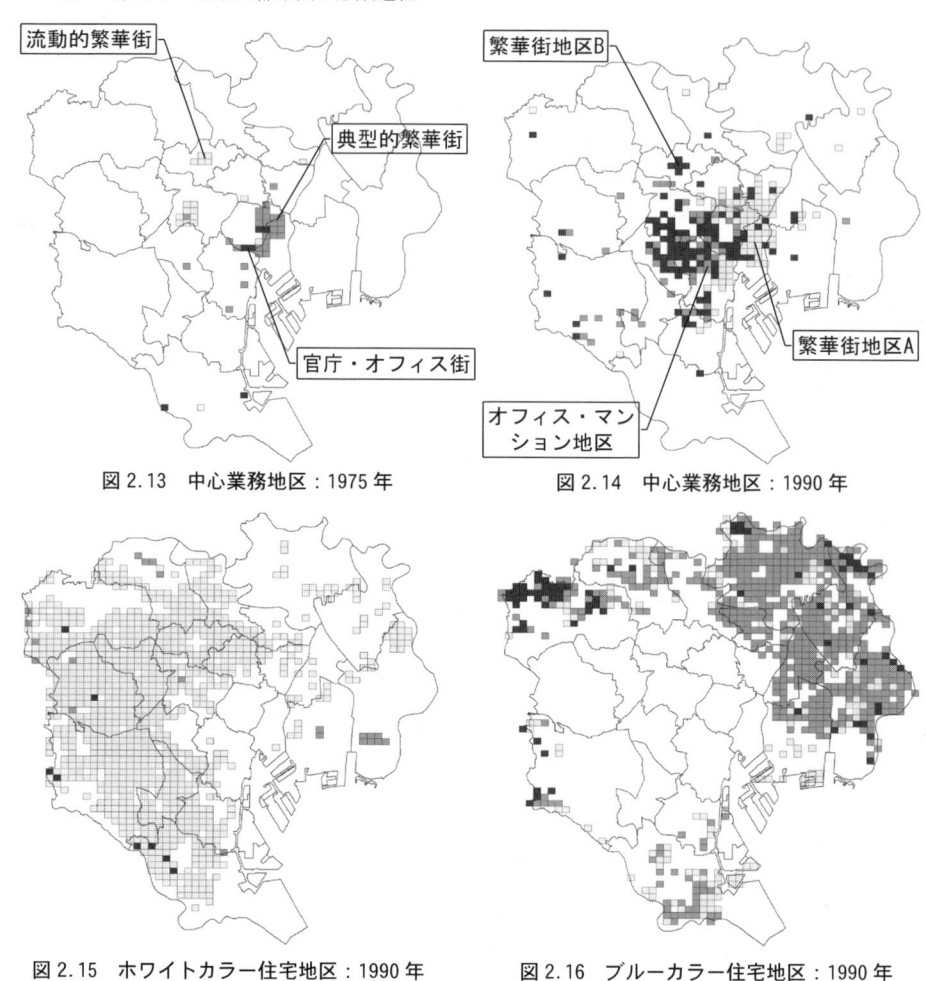

図 2.13　中心業務地区：1975 年

図 2.14　中心業務地区：1990 年

図 2.15　ホワイトカラー住宅地区：1990 年

図 2.16　ブルーカラー住宅地区：1990 年

に拡大した．都心の中心性はますます高まったといえる．

　ホワイトカラー住宅地区とブルーカラー住宅地区を抜き出した図 2.15 と図 2.16 をみる．1975 年には，東京 23 区東部はブルーカラー住宅地区で占有されていたものの，90 年になるとホワイトカラー住宅地区へ変化したメッシュが散見される．このような変化がどのような要因によって引き起こされたのか，次節で検討する．

2. 住宅地の空間構成

2.1 東京への流入と東京からの流出

　東京大都市圏における産業の空間構成の変化は，産業活動の担い手である労働市場を再編し，流入してくる人々が生活を展開する空間を規定する．東京大都市圏にやってきた人々の足跡をたどるためにまず，松本（2004）に基づいて，東京都への転入数と転出数，および社会増減（転入数から転出数を引いた数）について検討してみよう．東京都は戦後の復興期から高度経済成長期までは転入数が転出数を上回る社会増を経験していた．しかしながら，経済低成長期からバブル経済期までは転出数が転入数を上回り，社会減を示していた．その後，金融危機が起こり不良債権処理が行われた1997年を転換点として，再び転入数が転出数を上回った．ここで留意しておきたいのは，①経済低成長期以降も，東京都へは常に一定量の人が流入していること，②経済低成長期以降は，東京都への流入量よりも流出量が上回る，すなわち東京都からの転出としての郊外化が顕著であったこと，③97年を転換点として，郊外化から再都市化へと移行したこと，である．

　戦後の復興期には，集団就職などにより大量の人々が東京に流入した．その流れに続いて，団塊の世代（1946～49年生まれ）が東京への転入を開始した．大江（1995）に基づいて，団塊の世代の動きを検討してみよう．団塊の世代を含む1946年から50年に生まれた人が，東京圏（東京都，千葉県，神奈川県，埼玉県）で暮らす割合（コーホート・シェア）は15～19歳の学齢期から上昇し，20～24歳の初職に就くころ約30%とピークを迎える．その後数ポイントシェアを下げるものの25%を超える高いシェアを示し続けている．コーホート・シェアの推移からは，団塊の世代が高度経済成長期に東京圏に流入し，その後も東京圏内に留まっていることが示される．

　東京圏に流入した団塊の世代はどのような地域で生活を営んだのであろうか．総人口に占める団塊の世代の比率（団塊の世代比率）を描いた地図を用いて検討しよう．1960年の分布（10-14歳，図2.17）では，東京大都市圏周辺部で指標値が高くなっている．大江（1995）に示されていたように，10-14歳ではまだ団塊の世代の東京圏への集中は起きておらず，中心部は集団就職などで上京した人々

42　第 2 章　東京大都市圏の形成過程

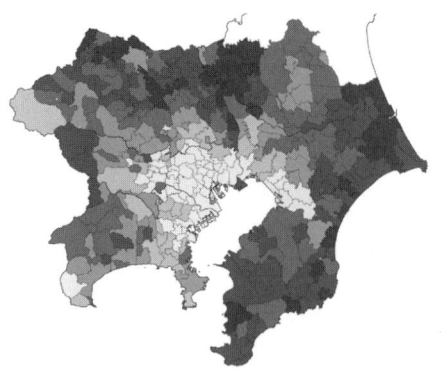

図 2-17　団塊の世代比率：1960 年

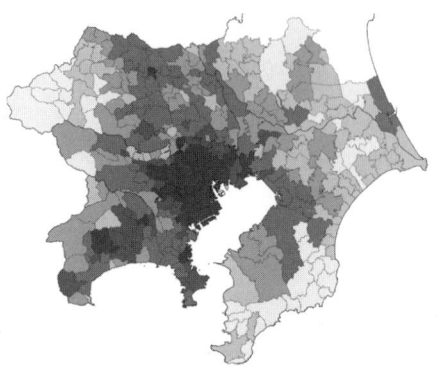

図 2-18　団塊の世代比率：1970 年

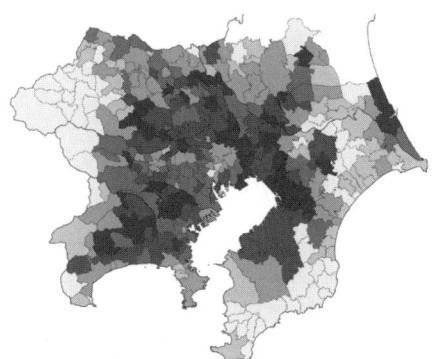

図 2-19　団塊の世代比率：1980 年

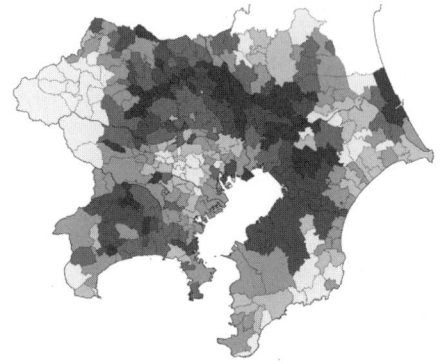

図 2-20　団塊の世代比率：1990 年

が集中していたため，団塊の世代比率は相対的に周辺部で高くなっていたと考えられる．1970 年の分布（20-24 歳，図 2.18）では東京 23 区および川崎・横浜地区において指標値が高くなっており，団塊の世代がまずは都心近くに流入してきたことがわかる．1980 年の分布（30-34 歳，図 2.19）では埼玉県南部，京浜地区，神奈川県県央部，千葉県の東京湾沿岸部において指標値が高く，その一方で 23 区は指標値を下げている．団塊の世代が結婚や出産を機に居住地を求めて郊外化していったことが示される．1990 年の分布（40-44 歳，図 2.20）をみると高指標値地域は埼玉県中部，茨城県南部，千葉県内陸部となり，さらに都心から離れた地域へと郊外化していったことがわかる．

このように，就業・就学などの機会を求めて東京に流入した人々は，まずはその機会が集中している都心近くに滞留する．世帯や家族を形成するにともなって，単身時代よりは広い住居を必要とするようになる．都心近くは地価も高く，常に一定程度の流入者が滞留しているため，都心において広くて安価な住居を求めることは困難となり，郊外の住宅地へと移動するようになる．このため，東京都からの転出としての郊外化が引き起こされる．郊外化という居住空間の変化は，人の一生という意味での再生産の時間的秩序と連動して生じていたのである．

2.2 工業型社会における郊外住宅地

集団就職組や団塊の世代が世帯や家族を形成し住居を必要とする時期に合わせて，郊外の住宅地が開発された．工業型社会として定常化を迎え，団塊の世代の郊外化がはじまった1975年の郊外住宅地を，家族生活という視点から眺めてみよう．

1975年の子どものいる世帯比率，年齢標準化出生率，女子労働力率を，図2.21から図2.23として引用した．子どものいる世帯比率をみると，東京23区で指標値が低く，それを取り囲むようにして指標値が高い地域が広がり，東京大都市圏周縁部において指標値が低いという分布を示していた．東京都千代田区からの距離でみると20-50km圏で高指標値を示す地域が広がっていた．合計特殊出生率の近似値として用いられた年齢標準化出生率は，子どものいる世帯比率と同様の分布を示し，一方，女子労働力率は逆に，20-50km圏で低指標値を示す地域が広

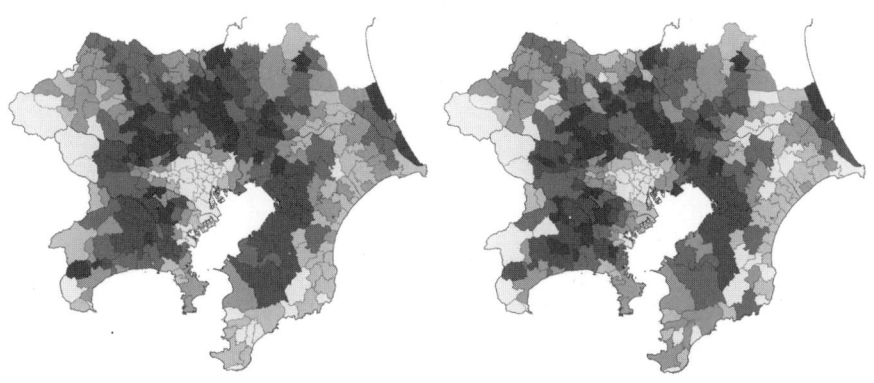

図 2.21 子どものいる世帯比率：1975年   図 2.22 年齢標準化出生率：1975年

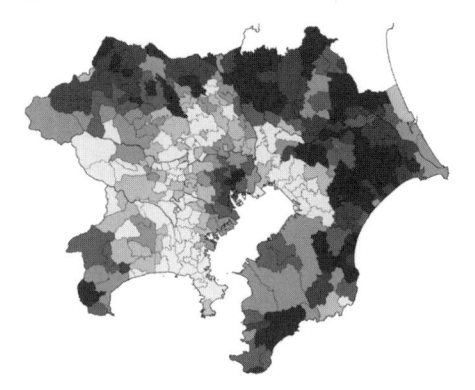

図 2.23 女子労働力率：1975 年

がっていた.

　女子労働力率が低い地域は，核家族世帯比率の指標値が高い地域に重なることから，世帯構成員の成人女性が専業主婦である可能性が高い．したがって，「郊外住宅地」と呼ばれた 20-50km 圏地域に，専業主婦として子育てにいそしむ核家族世帯が多い地域，すなわち「子どもを産み育てる場」（立山 2004）が広がっていたと解釈できる．また，前述した団塊の世代の足跡と重ね合わせると，この時代に郊外住宅地で子育てにいそしんでいた世帯には団塊の世代が多く含まれていたと考えられる．

2.3　工業型社会における都心の再利用

　次に，脱工業化にともなう産業構造の転換を経験した 1990 年の郊外住宅地を，家族生活という視点から眺めてみよう．1990 年の子どものいる世帯比率，年齢標準化出生率，女子労働力率を，図 2.24 から図 2.26 として引用した．子どものいる世帯比率は 50km 圏以遠において高指標値を示すようになった．年齢標準化出生率は京浜地区の内陸部，埼玉県山間部，茨城県，千葉県の外房において高指標値を示していた．女子労働力率は東京大都市圏周縁部において指標値を下げ，東京 23 区において指標値を上げていた．これらの点から「郊外住宅地」と呼ばれた 20-50km 圏はこの時代においてすでに，「子どもを産み育てる場」としての特徴を薄めていたことが示唆される．

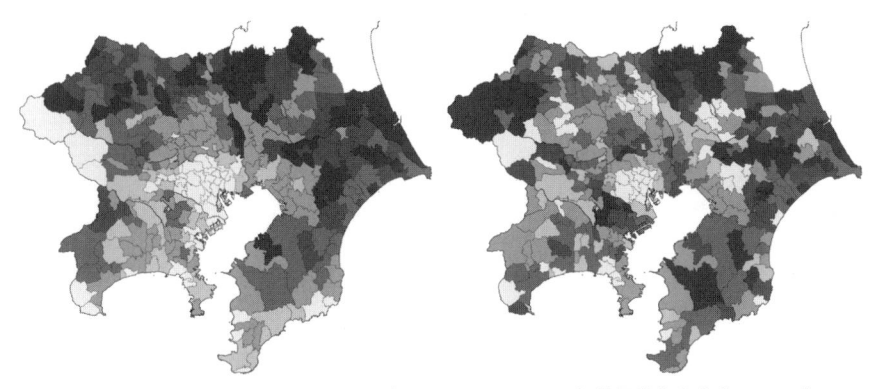

図 2.24 子どものいる世帯比率：1990 年   図 2.25 年齢標準化出生率：1990 年

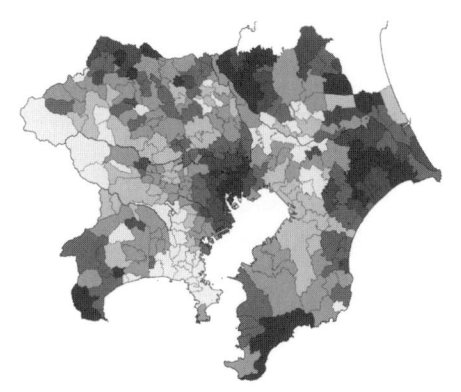

図 2.26 女子労働力率：1990 年

1980年代．東京を「世界都市」とする政策が国および都により展開され，ビジネスサービス，FIREと呼ばれる金融・保険・不動産業，情報産業が伸び，オフィスに対する需要が増大した．国土庁は東京区部のオフィス需要を過大に見積もる予測値を発表したが，この予測が不動産市場を刺激し，地価バブルが加熱した（前田 1988）．バブル崩壊後の住宅価格の下落，住宅ローン金利の低下という状況の中で，第二次ベビーブーマーが住宅購入年齢に達し，購買層が厚くなった．不況に苦しむ企業は都心の土地を売却し，国公有地についても売却政策が採られ，さらには容積率の緩和もあいまって，市場に供給できる空間の量の増大がもたらされた．住宅取得者に対する所得税控除の拡大もあり持家需要が刺激されたこと

により，1990年代には都心において分譲マンション建設ブームが起こった（平山 2006）．広い敷地面積を要する量産工場や倉庫が郊外化することなどによって生じた跡地も，建売住宅やコンパクトマンションとしてミニ開発された．このようにして，東京23区東部に広がっていたブルーカラー住宅地区のホワイトカラー層による蚕食が進行した．

都心においては，周辺地域の文脈から分離し，それ自体完結する飛び地の形で，業務・商業・住宅という複合用途のタワーマンションが建設された．また，縮小した世帯規模に適合的なコンパクトマンションも増加した．2000年の国勢調査のデータを用い，1都3県を対象範囲とし市区町村を表章単位として描いた，30歳代前半女性のひとり暮らし未婚者率（ノンパラ率）によると，都心部から山の手にかけてノンパラ率が高くなっており，とくに「中野区，杉並区，目黒区，渋谷区などの，JR中央線，東急東横線沿線の地域ではノンパラ率が30％を上回っている」と報告されている（武田・神谷ほか 2004：42）．コンパクトマンションの供給はこのような世帯規模の変化に対応して企画され，そのような住宅市場の変化がノンパラ女性の集住地域を形成してきた背景にあると考えられる．

都心におけるこれらの開発が進むホットスポットの勃興は，郊外バブルマンションの値崩れを誘発し，都市周辺部および郊外の売れ残り住宅地の販売をさらに困難なものとし，コールドスポットを出現させた（平山 2006）．2000年の国勢調査データから得られた「1990年以降見られた上層ホワイトカラーの郊外地域への流入という傾向はやや落ち着きをみせつつあり」，「1990年に特徴的に見られた上層ホワイトカラー専業主婦ベルトも東京大都市圏の中心部を分厚く占領する高密度・上層ホワイトカラー流入地区の一部に埋没するようになった」（浅川 2006）という知見は，ポストバブルのこのような変化によってもたらされたと解釈することができよう．

このように，脱工業化にともなう産業構造の転換は，サービス産業や情報産業などの企業活動による都心の再利用を促した．と同時に，都心およびその近郊（おもに23区東部）でマンションなどの建設ブームを引き起こし，都心およびその近郊への人口流入を助長した．工業化時代の郊外化に対して，脱工業化時代においては再都市化へとフェーズが移行したしたと考えられる．

3. 京浜地区の位置づけ

　これまで，東京大都市圏の形成過程を，産業と住宅地の空間構成に着目して概観してきた．最後に，本書の主たる対象となる京浜地区の位置づけについて検討する．まず，2000年の国勢調査データを用いて，京浜地区で現在暮らしている人々の特徴を描き出す．そのうえで，東京大都市圏の形成という都市発展の時間的秩序と，京浜地区で暮らしている人々の生活の再生産という時間的秩序という観点から，東京大都市圏における京浜地区の位置づけについて検討する．

3.1　職業階層

　図2.27は，2000年の生産工程・労務作業者比率を示した主題図である．対象とした範囲は，1都3県に茨城県南部を加えた範囲であり，倉沢・浅川（2004）に準拠した．ただし，表章単位は3次メッシュ（1辺が約1km四方）である．地図上で白く抜けているところは，人が住んでいない湖沼や山間部である．凡例

凡　例
1　17.9　%　(1236)
2　24.1　%　(1846)
3　30.8　%　(3089)
4　37.4　%　(3087)
5　43.3　%　(1844)
6　　　　　 (1241)
9　欠損値

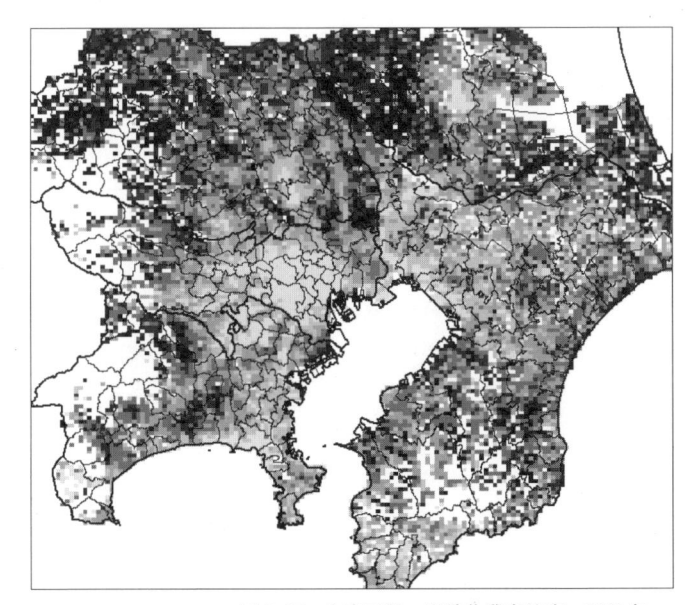

図2.27　生産工程・労務作業者比率：2000年

の左列の値は指標値であり，指標値が大きくなるほどメッシュを濃い色で塗り分けている．指標値化はパーセンタイルを基準とし，全分布の10%未満を1，10%以上25%未満を2，25%以上50%未満を3，50%以上75%未満を4，75%以上90%未満を5，90%以上を6として分類した．凡例の右列の値は，各指標値に分類されたメッシュ数を示している．

倉沢・浅川（2004）で指摘されていた，東京23区東部から埼玉県の県境に沿って北上するブルーカラーベルトに相当する地域をみてみよう．埼玉県内には同様なベルト地帯がみられるが，その基部に当たる東京23区東部は，23区西部と比較すれば生産工程・労務作業者比率が高い地域であるものの，東京圏の中では中程度（指標値3～4，生産工程労務作業者比率：24.1%以上37.4%未満）であることがわかる．

京浜地区に目を転じてみよう．大田区，川崎市川崎区・幸区，横浜市鶴見区など臨海部では，高指標値（指標値5～6，比率：37.4%以上）を示しており，ここが東京圏をユニバースとしても，生産工程・労務作業者比率が高い地域であることがわかる．高指標値が集中している臨海部を取り囲むように川崎市中原区，横浜市港北区・神奈川区などの中に低指標値地域がみられる．さらに西側，第三京浜道路に沿って多摩川橋から保土ヶ谷パーキングエリアあたりまでは再び高指標値地域が集中している．東名高速道路の西側にあたる川崎市宮前区・多摩区・麻生区，横浜市青葉区は，宮前区に一部中程度（指標値3，比率：24.1%以上30.8%未満）がみられるものの，それらを除けば低指標値（指標値1～2，比率：24.1%未満）であった．この辺りがちょうど，京浜地区の郊外住宅地に相当する．

この地域は専門・技術的職業従事者比率が高指標値を示す地域である（図2.28）．生産工程労務作業者比率とはほぼ逆の分布となり，大田区，川崎市川崎区，横浜市鶴見区など臨海部の中でも沿岸部には低指標値（指標値1，専門・技術的職業従事者比率：4.6%未満）のメッシュが集中している．また，第三京浜道路に沿って多摩川橋から保土ヶ谷パーキングエリアあたりまでには中程度の指標値（指標値2～3，比率：4.6%以上10.3%未満）が散見される．それを除けば，京浜地区の郊外住宅地までは高指標値（指標値5・6，比率：14.3%以上）を示している．

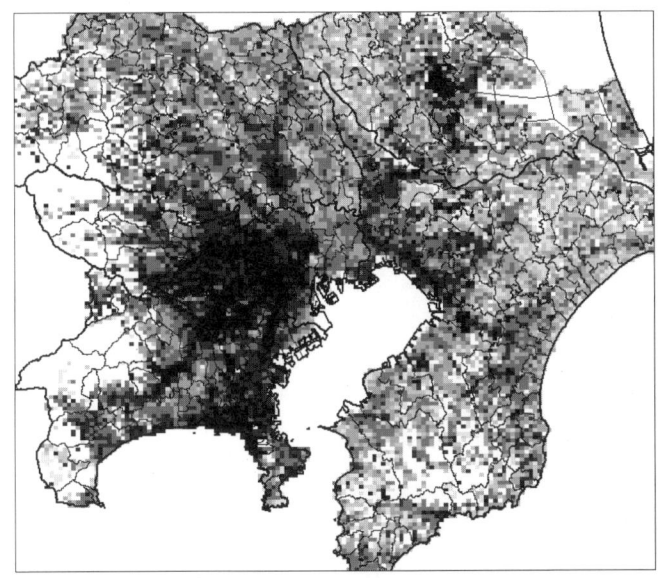

図 2.28　専門技術的職業従事者比率：2000 年

凡　例
1　 4.6 %　(1234)
2　 7.1 %　(1838)
3　10.3 %　(3100)
4　14.3 %　(3038)
5　18.7 %　(1899)
6　　　　　(1234)
9　欠損値

3.2　流入人口

　最後に，京浜地区郊外住宅地について検討しておこう．過去 5 年間の流入人口比率を図 2.29 として示した．一瞥してわかるように，東京都および神奈川県はほぼ全域が高指標値地域（指標値 5・6，流入人口比率：28.7% 以上）である．なかでも上位 10 パーセンタイルに分類される地域（指標値 6）は，神奈川県では東京都に近い地域（川崎市全域，横浜市青葉区・都筑区・港北区・鶴見区など）に集中していた．

　1995 年から 2000 年という時期は，人口動態で検討したとおり，東京都および東京都区部において社会減から社会増に転じた時期である．この時期の人口移動をもう少し詳しく検討しておこう．

　過去 5 年間の流入者数に占める自市区町村内からの流入者の割合を図 2.30 に示した．東京都区部に着目すると，足立区・荒川区・台東区・墨田区・江戸川区などの 23 区東部と大田区に高指標値（指標値 6, 自市区町村内からの流入者比率：60.0% 以上）が集中していることがわかる．これは，「バブル経済期に流出を余

50　第2章　東京大都市圏の形成過程

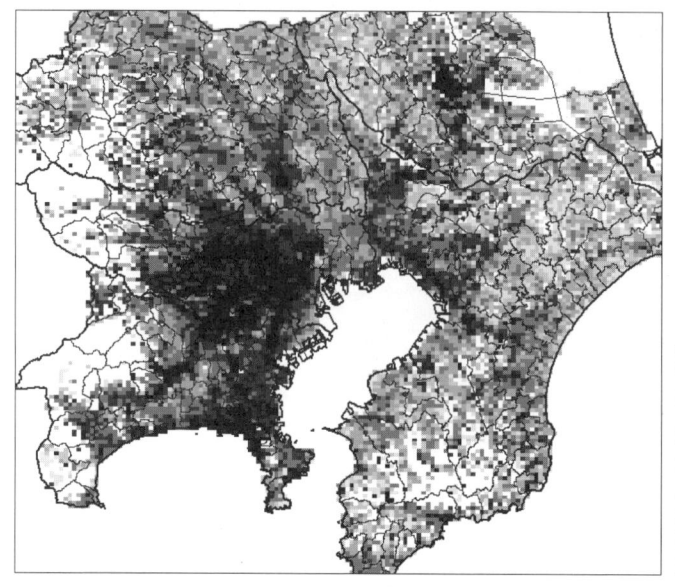

凡　例		
1	4.8 %	(1241)
2	8.5 %	(1850)
3	17.0 %	(3091)
4	28.7 %	(3090)
5	38.7 %	(1855)
6		(1236)
9	欠損値	

図2.29　流入人口比率：2000年

凡　例		
1	9.5 %	(1218)
2	25.0 %	(1899)
3	37.5 %	(2988)
4	49.0 %	(3020)
5	60.0 %	(1838)
6		(1203)
9	欠損値	

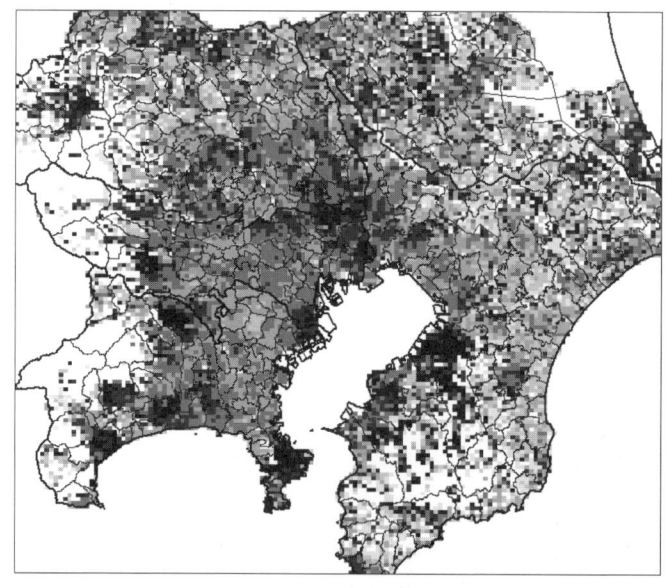

図2.30　自市区町村内からの流入者比率

3. 京浜地区の位置づけ 51

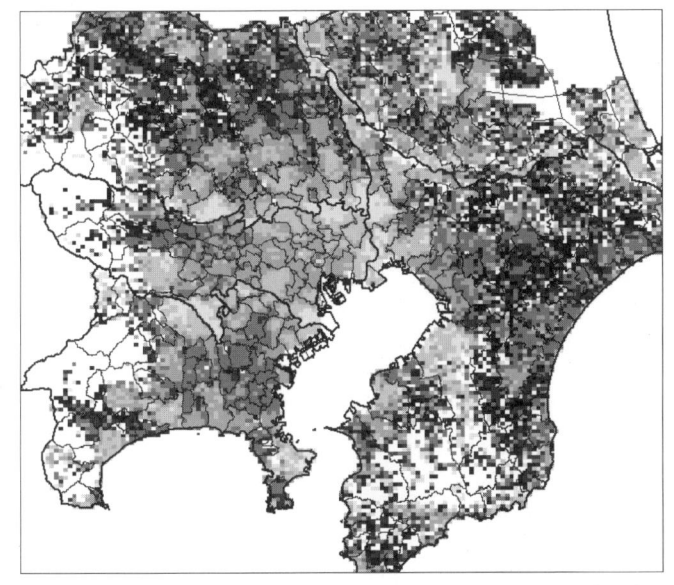

図2.31 県内他市区町村内からの流入者比率

凡 例		
1	14.3 %	(1203)
2	22.7 %	(1845)
3	33.3 %	(2813)
4	48.0 %	(3264)
5	64.9 %	(1825)
6		(1216)
9	欠損値	

儀なくされていたヤングアダルト層が，95-00年においては流出せずに，都区部にとどまった」という松本の指摘（松本2004：34-35）した人々の動きを一部反映していると考えられる．

京浜地区に目を転じよう．流入人口比率が高かった東京都に近い地域（川崎市全域，横浜市青葉区・都筑区・港北区・鶴見など）はやや低い指標値（指標値3・2，自市区町村内からの流入者比率：9.5%以上37.5%未満）を示していた．これらの地域では，自市区町村内で移動している人々の比率は低いことがわかる．

次に県内他市区町村からの流入者比率（過去5年間の流入者数に占める比率）をみよう（図2.31）．東京都区部でみると，自市区町村内からの流入者比率が高指標値を示していた地域では低指標値（指標値1・2，県内他市区町村からの流入者比率：22.7%未満）を示しており，大和市，立川市，武蔵村山市，多摩市，稲城市など郊外住宅地でやや高い指標値（指標値4・5，比率：33.3%以上64.9%未満）を示していた．郊外化という現象を示す東京都区部からこれらの地域への流入は，弱化したとはいえ存続していることが示唆される．

図2.32 他県からの流入者比率

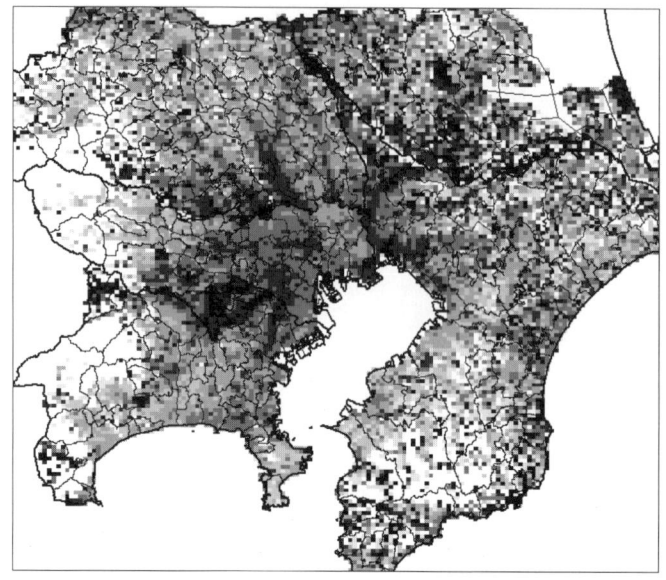

凡例
1　5.1 %　(1211)
2　14.7 %　(1830)
3　24.6 %　(3042)
4　35.0 %　(3042)
5　47.0 %　(1825)
6　　　　　(1216)
9 欠損値

　京浜地区において流入人口比率が高かった地域を取り上げてみると，横浜市都筑区のみがやや高い指標値（指標値4・5，比率：33.3%以上64.9%未満）を示していた．

　最後に他県からの流入者比率（過去5年間の流入者数に占める比率）をみよう（図2.32）．東京23区西部から小金井市，小平市，国分寺市，府中市，日野市，稲城市，町田市，八王子市などで高指標値（指標値5・6，他県からの流入者比率：35.0%以上）地域がみられた．この層には，就業・就学のために他県から転入してくる若年単身者が大量に含まれていると推測できる．

　京浜地区についてみると，川崎市高津区・宮前区・多摩区・麻生区，横浜市青葉区に高指標値地域が集中していることがまず見てとれる．これらの地域は東京都との距離が近く，東京都からの流入が少なくないことが，他県からの流入者比率を押し上げる要因になっていると推測できる．また，川崎市中原区，横浜市港北区などにも高指標地域が集中している．これらの地域は，東横線沿線であり，港北区の新横浜駅は新幹線停車駅であるなど交通の便がよいことから，東京都か

らの流入も予想されるし，東京都に限らず地方都市を含むさまざまな地域からの流入者を迎えていると推測できる．

3.3 地域社会の特徴と人々の暮らし

2000年国勢調査のデータを用いて，職業階層と流入人口について検討してきた．その結果，京浜地区には特徴を異にする2つの地域があることが示された．臨海部と内陸部である．臨海部は生産工程・労務作業者比率が高く，自市区町村内からの流入者比率が高い．一方，内陸部は専門技術的職業従事者比率が高く，他県からの流入者比率が高い．

両地域の差異は，東京大都市圏の形成という都市発展のリズムから説明される．京浜地区臨海部は，東京大都市圏が工業化に向かっていた時代の主たる産業拠点のひとつであり，機械工業を中心に製造業が集積していた地域であった．一方内陸部は，その時代に東京の中心性に惹かれて流入した人々が，世帯や家族を形成するのにともない住宅を求めることに合わせて開発された郊外住宅地であった．脱工業化へと社会が変化する中で，製造業は東京大都市圏内の各地に分散した．しかしながら，京浜地区臨海部が労働者の街であるという特徴は今でも続いており，京浜地区内陸部が郊外住宅地であることに変化はない．

両地域で営まれている人々の生活に目を転じてみよう．内陸部の郊外住宅地の住民たちがそこで生活を開始した頃は，住民の多くは世帯や家族を形成したばかりの壮年期であった．彼ら・彼女らは現在，老年期にさしかかろうとしている．そこで展開されている暮らしは，新たな局面を迎えていると予想される．

本書の主たる対象となる京浜地区は，このように，東京大都市圏の形成という都市発展の時間的秩序と，地域社会で暮らしている人々の生活の再生産という時間的秩序という2種のリズムの中で，形づくられてきたのである．

【文献】

浅川達人，2006，「東京圏の構造変容」，『日本都市社会学会年報』，24，57-71.
板倉勝高・井出策夫・竹内淳彦，1973，『大都市零細工業の構造』新評論．
倉沢進・浅川達人編，2004，『新編　東京圏の社会地図 1975-90』東京大学出版会．
大江守之，1995，「国内人口コーホート分析——東京圏への人口集中プロセスと将来展

望」,『人口問題研究』, 51-3.

関満博, 1987,「先端技術と首都圏工業再配置の動向」,『経済地理学年報』, 33-4, 297-313.
園部雅久, 2001,『現代大都市社会論:分極化する都市?』東信堂.
武田祐子・神谷浩夫ほか, 2004,「ジェンダー・マップ 2000 —— GIS で描いた働く女性の労働・生活・居住」, 由井義通・神谷浩夫ほか編『働く女性の都市空間』古今書院, 24-51.
立山徳子, 2004,「家族から見た東京圏」, 倉沢進・浅川達人編『新編 東京圏の社会地図 1975-90』東京大学出版会.
平山洋介, 2006,『東京の果てに』NTT 出版.
前田明彦, 1988,「地価高騰, 何が問題か?」, 大谷幸夫編『都市にとって土地とは何か:まちづくりから土地問題を考える』筑摩書房, 13-62.
正村公宏, 1988,『図説戦後史』筑摩書房.
松本康編, 2004,『東京で暮らす』東京都立大学出版会.
源川真希, 2007,『東京市政:首都の近現代史』日本経済評論社.

〔謝辞〕

本章で用いた図 2.27 〜図 2.32 までの地図は, 東京大学空間情報科学研究センターとの共同研究の一部成果であり, (財)統計情報研究開発センターのデータを利用している. なお同研究は, 科学研究費(基盤研究(C), 課題番号:17601009, 研究代表者:浅川達人)の助成を受けている.

第3章　都市の空間構造とコミュニティの社会的形成

玉野和志

　同心円状であれ，セクター状であれ，都市はその内部にさまざまな地域的分化を内包しながら，拡張を続ける．そこには夜には誰もいなくなるオフィス街もあれば，昼には子どもと高齢者しかいなくなる住宅街もあれば，24時間稼働している工場街も，同じく眠ることのない歓楽街も存在している．都市社会学は，とりわけそれらの個々のローカルな場所に暮らす住民たちの生活に目を向け，それをコミュニティと呼んできた．

　それでは，この個々のローカル・コミュニティは，都市全体の空間的な拡大の中で，どのように形成されていくのだろうか．そして，それはどのような住民たちの具体的な生活を生み出し，そのことがまた都市全体の空間的な構成に，どのような影響を与えていくのか，いかないのか．本章では，そのような問題をとらえるための分析枠組みとしてのコミュニティ形成の理論を提示したうえで，その実証研究ともいえる本書全体の研究の題材となった調査の方法と知見を紹介する．

1. コミュニティ形成の理論

　コミュニティ形成の理論というと，これまではあるべき地域社会への発展過程を展望する議論として理解され，奥田道大のかなり以前の論文がその典型とされてきた（奥田 1971）．しかし，それは戦後の民主化という時代的な要請の中で意味のあった議論であり，その後の時代における地域社会の実態をとらえるための分析枠組みとしては，はなはだ不十分なものである．

　したがって，ここではあくまで現実の地域社会をとらえるうえで有益な，都市のローカル・コミュニティが，いったいいかなる背景と構造のもとで形成され，それゆえどのような要素やどのような側面に着目することが重要であるかを示す議論として提示することにしたい．

1.1 ローカル・コミュニティの社会的形成過程

　ひとくちにローカル・コミュニティといっても，その歴史的な射程は千差万別である．悠久の昔から人々が住み着いていた古い町もあれば，最近になって急激に人口が増加した地域もある．ところが，また50年もしないうちに，誰も住まなくなってしまう住宅地もあるだろう．あるいは再開発やクリアランスと称して，それまで住んでいた人々をすべて追い出して，過去がまったくなかったかのように，新しく移り住んだ人々で改めて町がつくられる場合もある．そのような過去の経緯を確認するうえで，どれだけの時間をさかのぼる必要があるかとか，それがどの程度容易であるかということは，とりあえずおくとして，特定のローカル・コミュニティがその時々に移り住んでくる人々と，そこで家族をなし，そこで生まれ育つ人々と，そこをまた出ていく人々から構成されているということだけは確かである．

　そこで，まずはそれがなぜ起こるかは別として，ローカル・コミュニティはいつ，誰が，どの程度，その地域に移り住んだり，出ていったり，集まったり，離れたりするか，そこに集まった人がいつ，どの程度，家族をなし，子どもを産み，育て，年齢を重ね，死んでいくかということの総体からできあがっていくと考えることができる．そして，それらの事実はほとんどの場合，その町の歴史について書かれた資料やいわゆる統計的なデータから確認することができる．いつ，どのように，なぜ人が住むようになり，その結果，いつ，どんなことが課題となり，どんなことが起こってきたかがその町の歴史として記録され，それらは人口の推移，年齢構成，平均世帯員数の推移，職業や産業構成の変化から確認できる．つまり，ローカル・コミュニティはそれを構成する人口のさまざまな背景をもった組み合わせからとらえることができるのである．これが特定の地域社会を考えるうえでの基本となる．

　このようにローカル・コミュニティの基本的な姿は，多くの場合，基礎的な文献資料と統計資料によって把握可能である．しかしながら，それらによっては把握できない重要な性質もある．それは，そこに住む人々がいったいどこからやってきて，どのような経歴をもち，それゆえどのような性格で，今現在どのような意見や意識をもっているかということである．このようなことは，本人たちに聞いてみるしかないことで，ここに社会学的な調査の意義がある．つまり，社会調

査による現地での聞き取りや資料の収集，さらにはサーベイ調査などによって確認できる細かな出身地や移動経歴，職業経歴，意識・意見なども，ローカル・コミュニティを構成する人口の性質を知るうえで重要なデータなのである．

　まずは，このような側面から特定のコミュニティをとらえていくならば，ある時期に，なぜこの地域で，どんなことが課題になり，どうして特定の出来事が起こったのかがわかってくる．たとえば，ある時期急激に人口が増加した郊外住宅地ならば，住戸を求めて入居した人々の年齢が同じで，同じように結婚して子どもを持てば，同じ時期に小学校や中学校の収容力が問題になり，仮校舎の建設や新しい学校の建設が行われるというわけである．そうすると，次にはこのような特定のローカル・コミュニティに特定の人口がどのような理由から集まってきたのかということが問題になる．それは多くの場合，当該の地域が含まれている都市全体の中で，そのローカル・コミュニティがどのような位置にあるかによって決まってくる．たとえば，産業拠点として製造業が集中する地域に隣接した住宅地ならば，そこで働く労働者が多く住むようになるというわけである．その場合，それらの地域を結ぶ交通体系がどのように整備されているかが決定的に重要な影響を与えることもよくわかるだろう．

　都市の空間的な発展の中で，特定のローカル・コミュニティがどのような影響を受けるかという，都市計画や都市政策の効果を測定する際に決定的に重要な点や，コミュニティを全体としてとらえる際に必要とされる視点は，以上のようなものである．そこで，このように都市全体の空間的な変動の中で，特定のローカル・コミュニティにさまざまな人口が，ある時間的秩序をもって集まってくることで，ある特徴をもった地域社会が生み出されていくことを「コミュニティの社会的な形成過程」と呼ぶことにしよう．コミュニティは，このような意味での社会的な形成過程によって，それぞれのコミュニティごとに重要と思われる構成要素を中心に認識されるべきなのである．したがって，奥田のコミュニティ・モデルで念頭に置かれていた4つのタイプの地区──「地域共同体」モデル，「伝統的アノミー」モデル，「個我」モデル，「コミュニティ」モデル──についても（奥田 1971），順次発展的に推移するものとしてではなく，それぞれ，農業を中心として移動が少ない地区，人口の流出と流入がスプロール的に起こっている地区，背景の異なる人々がそれぞれに流入し分立している地区，ある時期に流入し

た人々が定着し相互に関係を築こうとしている地区としてとらえ，それぞれに課題となっていることを明らかにし，その課題についてどのような動きが起こっているかを分析すべきなのである．それぞれのローカル・コミュニティにはそれぞれ固有の課題があり，かつそれらを解決していく固有の資源と伝統が存在している．地域社会の課題は，そのようにとらえられるべきなのである．

1.2 都市の時間とコミュニティの時間

さて，都市の一角を占めているローカル・コミュニティは，その都市における全体的な位置によって独自の形成過程を経ることを確認した．それはある性質を帯びた人口の流入と流出の折り重なりによって形成されていく．特定のローカル・コミュニティに特定の人口が流入・定着するのは，主として都市全体の発展にかかわる時間的秩序＝都市発展のリズムに関連している．それは多くの場合，都市をその一部として含む，より大きな資本主義の世界システムの自己増殖過程に規定されている．したがって，多くの場合，「産業組織」と「労働力編成」のあり方が問題であり，それらを結びつける「交通大系」と「不動産市場」，「国家・自治体」による都市計画や都市政策，あるいは個々の企業の事業所配置や立地戦略，不動産資本による宅地開発などが影響する．それらはいずれも究極的には資本主義の世界システムに規定され，グローバルに展開する多国籍企業を中心とした民間企業の戦略と，国家・自治体によるその誘導策によって刻まれる都市全体の発展のリズム＝時間的秩序を生み出していく．いうまでもないことだが，それらの時間的秩序は具体的な都市空間の物理的な形状の変更によって現実化され，記録され，記憶されていくものである．これを「都市の時間」としておこう．

これに対して，この都市発展のリズムに対応して形成されることになったひとつのローカル・コミュニティには，また別の時間が成立する．それはそのような都市全体の都合によってある時期流入し，定着することになった人々の生涯——それは一代限りで終わることもあれば，結婚・出産・子育てを経て数世代にわたって引き継がれる場合もある——が単位となって，都市発展のリズムとは異なった時間的な広がりと周期性をもって実存していく．いわば人ひとりの生涯ないし家族を介した世代的な再生産のリズムである．このリズムは地域の中に多様な家族周期段階を含んだ人口を抱え，バランスよく推移する場合もあれば，特定の年代

や段階にかたより，その時々の課題の統一性や緊急性はそのつど高くなるが，時期が過ぎればそれらの蓄積は無駄になり，すぐに次の段階の新しい対策が必要になるという場合もある．いずれにせよ，何らかの人口がそれなりに定着するローカル・コミュニティには，必ずそれらの人々や家族を単位とした世代的な推移と再生産に対応した独特の時間的な秩序が成立する．これを「コミュニティの時間」と呼ぶことにしよう．重要なのは，このコミュニティの時間が都市の時間を前提に成立しつつも，あくまで独自の時間的秩序を刻むようになっていくということである．

したがって，都市全体の持続可能（sustainable）な成長と発展を図るためには，この2つの課題に対処しなければならない．ひとつは資本主義の世界システムの中での持続的な発展を可能にすることであり，もうひとつはそれを可能にするような労働力編成を支えるローカル・コミュニティの世代的な再生産を保証するということである．もちろん，後者を一顧だにせず，すべて前者の都合に合わせてそのつど人的資源を他から調達し移動させたり（移民），これまで活用していたが不要となった人的資源を見捨てたり（棄民）することも，理論的には可能である．いや理論的どころか現実的に実行されてきたことも多い．しかし，できるかぎり後者を考慮していくことが，いや本来はそちらが尊重されるべきことはいうまでもない．それはつまり，都市の時間の中でいかにしてコミュニティの時間を維持するかということであり，そのためにはコミュニティの時間がどのような秩序をもって展開してきたのか，それはどのような形での持続を望んでいるのかということに関する社会学的な調査研究が不可欠なのである．

1.3 コミュニティの時間と空間

それでは，具体的にローカル・コミュニティのレベルでコミュニティの時間はどのように成立し，それが維持されるとはどういうことなのかについて述べていくことにしよう．ここで注意すべきは，コミュニティの時間も都市の時間と同様，あくまで物理的な空間の形状によって現実のものとなり，記録され，記憶されていくということである．もちろん，実際の時間的秩序はそこで暮らす人々の営み——いつ結婚し，いつ子どもが生まれ，いつ学校にいき，いつ就職し，いつ高齢となり，いつ命尽きていくか——という現実的な時間によって構成されている．

しかし，それらはあくまで個別の住民たちのその場限りの時間であって，それらがコミュニティの時間として外在化され，人々に認識されるのは，あくまで特定の学校ができたり，そこに通う生徒たちの毎朝の通学があったり，やがて廃校となり，そのような光景が見られなくなったりすることを通してである．したがって，人々の歴史的な営みは，何らかの形で空間的な痕跡を残すことを通じて，いやその限りで世代を越えてコミュニティの時間として維持されていくのであって，空間的な形状を残さない場合には，時間としての存在を失ってしまうのである．

事実，すべての出来事が空間的に記録されて，コミュニティの時間を構成するわけではない．当該のコミュニティにとって空間的に残すべき大切な記憶もあれば，そうでないものもある．残されたものだけがコミュニティの時間を構成するのである．

では，何が残されるのか．そのことを考える前に，残されたものが何であるかを考えてみたい．一般にそれは，地域の伝統とか，地域の誇りとして後世に伝えるべきものとされることが多い．かつてこのコミュニティに生きた人々が，後の時代に同じこのコミュニティに生きる人々——彼ら彼女らはその直接の子孫である場合もあれば，単に同じ民族や市民であるにすぎない場合もある——に残すべき誉れとなることであり，引き継がれるに値することである．たとえば，この町を開拓した最初の人々の足跡や，かつてその土地を守るために闘った人たちの記念碑であったり，昔日の繁栄を残す景観であったり，永く伝えられた舞踊や謡であったり，はたまたその町出身で有名になった芸能人や，世界的に活躍したスポーツ選手であったりする．何を残すかはそこに住んでいる人が何を尊いと考えるかによってちがってくるし，それが積もり積もって郷土や国を思う気持ちや民族の伝統と呼ばれるものになるのだろう．つまり，何が残されるかは別として，残されたものはその町に住む人が大切にしているものであり，大切にすべきものとされるのである．そして，重要なのは，それが空間的な形状をもって保存されることで，次の世代の人々に引き継がれるべきこととして記録されるということである．

この世代を越えて引き継がれるということが重要である．引き継がれるということは，世代間に何らかの継承，つまりは何らかの社会的なつながりを設定するということである．すなわち，今いる人たちが今はいない過去の人たちとの社会

的なつながりを認めるということである．しかも，その人たちにはただ過去と現在において同じ土地と空間の上に位置したというただそれだけの共通点しかないにもかかわらずである．それは，つまりその土地と空間の上に悠久の時間を超えて存在する人と人のつながり＝「社会」の存在を想定し，自らをその時空間に位置づけるということである．したがって，それはひいては祖先とのつながりや民族の伝統，人類の歴史に自らを位置づけるということになる．

　このような土地と社会のつながりのあり方は，実は近代という時代が否定しようとしたものである．近代的な価値は人々がもって生まれた生得的な地位を離れて，自らの選択と努力で住む地域や行う仕事を自由に選べることをよしとしてきた．それはそれで大事なことであろう．しかし，すべての人が具体的なローカル・コミュニティを離れた抽象的な社会の中に自らを自らの認識でもって位置づけるということが，すんなりとできるわけでもないし，わざわざそうしなければならないというものでもない．そのようなコスモポリタンな生き方を選びたい人は選べばいいし，そのことが権利として認められるべきだろうが，一生を特定のローカル・コミュニティで過ごし，その具体的な空間の中で自らを悠久の歴史の中に位置づけることを当然と考える人や，わざわざその土地を好み，外からやってきて自らそれを選ぶ人がいてもいいはずである．コミュニティの時間は，実はそのような人たちのために存在するものであり，そのような人々に人と人とのつながり＝「社会」の存在を指し示すのが，空間的な形状として保全され，記録され，記憶されたもの——それはわざわざ設えられた記念碑かもしれないし，なんてことはない昔からの景観であるかもしれないし，特定の建築物かもしれない——なのである．

　すなわち，コミュニティの時間とはローカルな場所に空間的に刻まれた人々の生活の記憶を通して，人々が今いる同じ住民たちや，今はもういない過去の人々との社会的つながりを自覚し，自らの存在をその中に位置づけている時間的な秩序の全体を意味するのである．もちろんすべての人がそういうローカルな空間を通して自らを位置づける時間を生きているわけではない．自らが起こした事業や忠誠をつくした会社の繁栄が続くことでそれを感じる人もいれば，学問や科学の発展，人類の平和への貢献によって自らの存在を位置づける人もいるだろう．普遍的な宗教や神を信じることで自らを位置づけている人もいよう．しかし，多く

の人々は生まれ育ったローカルな場所に,自らの幼年時代や祖父母や両親の思い出を重ね,結婚し,家族をなし,子どもを生み,育て,その子どもたちに看取られながら死んでいく.それらの記憶が刻まれたローカルな空間を通して過去をふりかえり,それらの空間が残されることで,いつかは自らの存在もまたそうやって誰かに思い出されるであろうことを信じて死んでいくのである.

このような意味でのコミュニティの時間が,ときとして都市の時間によって蹂躙されながらも,自らの存在を維持しようとする強い傾向を保つことが,今回の研究の中でもいくつか見出された.第Ⅱ部で分析の対象となる京浜地区臨海部は,近代都市「東京」の発展を支える産業拠点として,港湾や工業地帯として開発されていくが,その過程で漁業と漁民の生活を徐々に否定し,排除していくことになる.しかしながら第5章でみるように,漁民としての生活と海とのかかわりは,細々とではあるが確実に維持され,復活してくる.また,第Ⅲ部以降の不動産資本による郊外住宅地開発の過程でも,農民たちの生活は徐々に周辺へと追いやられていく.しかしながら第10章でみるように,ここでも地元の地主たちや農耕の生活が思ったよりも長期間にわたって細々と維持されている形跡がみられるのである.

ローカル・コミュニティの時間と空間は,特定のコミュニティにおける生活を通して自らの存在を歴史的に位置づけ,確認していくしかない人々にとって,その人生を意義あるものと感じさせてくれるきわめて重要な条件として作用している.民族の歴史や伝統,国や郷土への愛着は,そのような社会的つながりの再生産によってのみ維持されるのであり,そのためにはコミュニティの景観や建築物が持続可能なものとして維持されていかなければならない.それは都市の近代的な発展の過程やそれ以降においても,相変わらず必要なものとして存在し続けている.

1.4 空間論的転回

ここで少しこれまでの議論といわゆる「空間論的転回」と呼ばれる近年の潮流との関連について,簡単に述べておきたい.「空間論的転回」とは,ルフェーブルの『空間の生産』(Lefebvre 1974) に基づき,ハーヴェイやソジャによって提起された社会理論上の革新を意味する (Harvey 1989, Soja 1989, 1996).彼らの

議論はマルクス主義をはじめとした近代の諸理論が，長らく看過してきた空間論の意義を再確認するポストモダン地理学の潮流を代表するものである．彼らの努力によって，空間は単なる物理的な容器や透明で自由な計画を可能にする思考の枠組であるだけでなく，人々が現実の生を営む社会的な空間でもあることの意義が理解されるようになった．そこから彼らの分析では，歴史が単線的な一律の過程を経るのではなく，具体的な空間形成をともなって多様に展開していくことが強調されている．

広い意味での空間論的転回やポストモダン地理学の意義については，きわめて多様な議論と解釈がありうるのだろうから，ここではあくまで本書の分析がそれらの議論に対してもちうる意味についてのみふれておきたい．本書の分析はある意味でそれらの議論を実際に現実の中に位置づける，ないしは具体的な現実から確実に読み取っていくという作業に当たると考えられる．ここでの方法や叙述のスタイルはあくまでオーソドックスで実証主義的なものであるが，そこで明らかにされる事実はそれらの潮流を豊かに根拠づけるものである．地理学者であるハーヴェイやソジャによる具体的な分析が，マルクス主義の理論に裏づけられた，どちらかというとマクロな空間的形象や地理学的データの解析を主とし，生きられた空間についてはきわめて印象主義的な分析にとどまっているのに対して，ここでは社会学的なコミュニティ・スタディの手法に基づき，生きられた空間に関する具体的な分析を進めようとしている．それが空間論的転回において社会学が独自に貢献すべき側面であると考えるからである．

たとえば，本書ではつねに都市全体の空間構造をある方向に向けていくマクロな力との関係で引き寄せられる人々と形成される都市空間に注目し，それらの人々がそれらの都市空間を具体的にいかに生きているかを問題にしている．それが，ここでいう「都市の時間」と「コミュニティの時間」である．東京という大都市地域が近代化なり，都市化という単線的なひとつの歴史と時間を刻んでいるかのように見えて，実はその内部に分化するローカルな空間が，特定の人々の日々の実践を通して個性的に分立している状況をとらえようとしているのである．そこには東京大都市圏の空間形成の過程でうち捨てられた漁民や農民の生活が，細々としかし意外なほど長くその命脈を保っていたり，子育てや介護という家庭役割を中心にジェンダー的に編成されていった郊外の女性たちが，その制約にさ

まざまに対応することで多様に自分たちの生活空間を形成していく姿が浮かび上がってくる．

それらは，いずれも個々のコミュニティがそれぞれの人々によって生きられることで，具体的な空間として社会的に構成される特定の「場所」をつくりだし，そこに独自の時間を刻み込んでいることを意味する．そして，それらの営みが何らかの空間的な痕跡を残すことで，後に続く者がそこに人々の生きた証しを見出し，そこに示された時間の流れの中に自らを位置づけ，相互に社会的につながっていくことを可能にするのである．もちろん，それらすべてがすんなりと結びついたり，理解されたりすることはまれなことである．むしろ，分断され，孤立し，忘れ去られていくことの方が多い．しかし，われわれの社会において成立する何らかの集合性や共同性，さらには多様性すらも，つねにそのような生きられた空間と時間を基盤とするしかないものである．それゆえ，そのような社会的な空間の探求が，都市やコミュニティの共同性を明らかにするためには不可欠な営みであり，それこそが都市社会学の果たすべき役割なのである．

2. 都市空間編成の原理とその変容

次に，東京大都市圏を事例として，近代都市の発展過程とその変容について，述べておきたい．近代都市の発展過程については，これまでバージェスの同心円地帯論がその代表的なものとして扱われてきた（Burgess 1925）．その有効性については，近年の東京圏の研究においても，改めて実証されている（倉沢・浅川編 2004）．しかし，90年代以降の東京のさらなる発展の中で，その空間編成の原理は若干の精緻化が求められているように思う．ここではそれについて論じるとともに，近代都市発展の過程で進められた郊外住宅地の開発が，どのような性別役割分業と家族観を前提としたものであって，そのようなジェンダー的な編成がローカル・コミュニティのレベルでどのように受けとめられ，その結果，都市全体の住宅地開発がどのように変容していくかについて，今回の調査研究の知見に基づいて論じてみたいと思う．

2.1 都市のもうひとつの中心

バージェスの同心円地帯論においては，ループと呼ばれる都心部を中心に，その活力と影響力に基づき，都市は同心円状に成長・発展していくと考えられた．都心部にはオフィスと工場が建ちならび，そこで働く労働者や勤労者の住宅地がその周辺に広がっていく．朝の早い労働者の住宅地がループのすぐ周辺に位置するのに対して，その外側にはオフィスで働く勤労者やホワイトカラーの郊外住宅地が広がっていく．さらに移民としてその都市に新しく入ってきた人々は，都心近くの老朽化した住宅に集住し，スラムを形成するが，やがてそこを足場に都市生活へと適応していくという意味での「遷移地帯（zone of transition）」を形成する（Burgess 1925）．以上が，同心円地帯論のだいたいのイメージである．

これまで同心円地帯論の検討は，結果として社会経済的な要因が本当に同心円状に分布しているかどうかという「記述的」な側面に集中してきた．その結果，なぜ同心円状に分布するかという意味での「説明的」な側面は，あまり検討されることがなかったように思う．すでに序章で述べたように，GISの発展によって社会地区分析が非常に容易になったため，現在ではむしろそのような分布がなぜ現れるかという「説明」こそが問われるようになっている．そこで，ここでは今回の調査研究やこの分野での最近の成果に基づき，この点での理論的な検討を試みたい．

まず，バージェスの議論においてはループとして一括されていた都心部の機能について考えてみよう．そこではオフィスも工場も，勤労者や労働者を集める機能という点でとく区別はされてこなかった．しかしながら，実際の近代初頭の都市——ロンドンやシカゴ——では，両者の立地は同じく都心部ではあっても，はっきりと区別されていた．中枢管理機能という点での証券取引所やオフィスビルが建ちならぶ地区に隣接しつつも，河川や湖沼に沿って製造業の工場地帯は別の地区を形成していたのである．しかも，近年のグローバル化の過程で，製造業の立地が広く世界中に分散していくにつれて，オフィス街はそのまま維持されても，工場地帯はその周辺の遷移地帯とともに，再開発の対象となり，ジェントリフィケーションの過程が進行していく（Mollenkopf and Castells eds. 1991）．このような近代都市のさらなる変容は，脱工業型都市とか，情報都市，さらにはグローバル・シティとして語られるのである．

そこで，ここでは都心の機能を「中枢性」と「先端性」という2つの概念でと

らえておきたい．「中枢性」とは文字どおり中枢管理機能という意味である．「先端性」とは都市の発展を支える主導的な産業が集中するという意味で，いわゆるリーディング・インダストリが立地する産業拠点としての側面を意味する．中枢性がさまざまな具体的な形態――官庁や本店，証券取引所など――をとりながらも，中枢管理機能という点では何ら異なるところがないのに対して，先端性はそこでの主導的な産業分野が具体的にいかなるものであるか――製造業か，金融業か，情報産業か――によってまったく意味合いが異なってくるところに特徴がある．たとえば，製造業が先端産業であった時期の都心部では，労働者の周辺部への集住が必要であったのに対して，金融業やソフト開発が先端産業の場合には，集住を必要とする労働力の質がまったく異なってくる．脱工業化にともなうジェントリフィケーションが知識層の集住をうながしたのはそういうことである．すなわち，産業構造の転換によって，都市の中枢性においてはなんら変化がないとしても，その先端性において，非常に大きな都市構造の変容がもたらされるのである．

したがって，都市空間はその中枢性と先端性という2つの都心機能に基づき，3元的に構成されていると考えることができる．

2.2 都市空間の3元的構成

都市空間はバージェスが考えたように，中心部のループから外に向かって単純に同心円状に拡がるものではない．実は中枢性と先端性という2つの中心があって，近代都市の初期の発展においては，それらが隣接してひとつの都心部を形成していたにすぎない．厳密には中枢性と関連する都心のビジネス地区と初期の都市発展の原動力となった製造業の集積地が連担しつつも，その外部にそれぞれ別の影響力をもたらしていたのである．中枢性を担うビジネス地区には，管理専門的な職務に従事するホワイトカラーの事務職が必要とされ，その周辺には彼ら彼女らが居住する郊外住宅地が拡がっていく．

他方，先端性を担っていた製造業の工場地帯は港湾機能を通して世界へと直接連接すると同時に，産業道路沿いに拡張しながら，放射線状に拡がる鉄道網などによって国内の外部地域と結びついていた．周辺には関連産業の事業所が集積し，ホワイトカラーの郊外住宅地とは少し異なった労働者の集住地区を形成する．場

2. 都市空間編成の原理とその変容　67

合によってはこの辺りが遷移地帯としてのスラムやインナーエリアを形成するのである．

　すなわち，結果としてそれは多くの場合同心円状の分布を示すことになったが，実際には中枢性と関連する都心のビジネス地区とその外に拡がる郊外住宅地，先端性と関連する工業地帯と労働者居住地区からなる産業拠点という3つの世界から構成されていたことになる．

　東京圏を例にあげれば，丸の内や霞ヶ関を中心とした中枢管理機能をもつビジネス地区とそこから拡がる東京山手の郊外住宅地，これにくわえて隅田川沿いに展開した城東の工業地帯や，芝浦から海沿いにその港湾機能を拡張しながら川崎，横浜へと連担していった京浜工業地帯とその近傍に発達した城南地区などが存在する．本研究では，このような産業拠点の中心的な位置にあった京浜地区臨海部を主要な調査対象地のひとつにしている．第II部の各章がそれであり，そこでは先端産業としての製造業の立地が，京葉地区や北関東へと分散するにつれて，産業拠点としての中心性が薄れ，むしろ都心のビジネス地区との結びつきを高めようとしている．しかしながら，そこに移り住む人々をみるかぎり，東京からの移入者は少なく，そのほとんどは地方出身の単身者にとどまっている．むしろ他の工業都市からの流入や，かつての在日，沖縄出身者，最近では南米からの日系人などの流入を受け入れる遷移地帯としての性格を残し，他方ではかつて排除された漁民の生活が一部に残存する現実も現れている．

　この意味で，この地域はかつての先端性をもつ産業拠点としての性格は薄れたとはいえ，住宅地区としての再開発によって単純に郊外住宅地へと変貌を遂げるとはいえない独自性を保っている．したがって，そのような意味でのローカル・コミュニティの時間をふまえた持続可能な発展の可能性が模索されるべきであろう．

2.3　郊外開発の前提——そのジェンダー的な編成原理

　次に，本研究のもうひとつの対象地区として設定された郊外住宅地について述べておきたい．ここで郊外化が，実は都市の先端性ではなく，中枢性と結びついていたことを確認しておきたい．とりわけ近代都市発展の先端産業が製造業であった時代に，郊外は決して労働者の住宅地ではなかった．朝の早い労働者はあ

くまで工場に隣接した都心近くのインナーエリアに集住したのであって，徒歩かあるいはバスないしローカルな鉄道の駅を2つか3つ乗り継いで工場に通ったのである．ロンドンにおいても，シカゴにおいても，戦前の東京においても，そこは貧困や住宅問題，家庭崩壊や自殺，犯罪が問題となる悪徳地域であった．労働運動や社会改良運動が生まれ，公衆衛生や社会政策が取り組まれていったのもそのような労働者居住地区である．これに対して，郊外はそのような都心近くの荒廃をさけて，緑豊かで健全な住宅環境を築こうとする中産階級の運動として始まったのである．彼らはたとえ先端産業の関係者ではあっても，それらを経営，管理する立場の人々であり，都心の中枢性を担う資本家やホワイトカラーのサラリーマン階層であった．

ただし，その内実と意味づけについては，当該の大都市地域が発展した時期やグローバルな世界経済の中での位置づけ，ないし国家や民族によってさまざまである．たとえば，郊外建設の構想として先駆的なE.ハワードの『明日の田園都市』は，生産機能をも含み込んだ独立の郊外都市の建設をうたったもので，都心部への通勤などはまったく想定していない（Howard 1965）．これなどは都市生活よりも田園生活こそが人間本来の生活のあり方と考えるイギリスに特有なものであろう．他方，レヴィットタウンに代表されるアメリカの郊外は大量生産方式によって住宅建設のコストを下げ，労働者階級の一部にも郊外の一戸建て住宅を持つ夢をかなえさせることを重視し，そこでの大量消費に基づく資本主義の豊かさが強調された（三浦 1999）．日本の場合も，郊外の団地生活が理想の生活として称揚された点はよく似ているが，とりわけ東京の場合，高度成長期の住宅難解消がまずは緊急の課題とされたせいか，通勤時間の長さと郊外住宅地そのものの規模や環境はずいぶんとちがったものになっている．

本書の第Ⅲ部と第Ⅳ部で詳しく分析される東急田園都市沿線の地域は，東京都心部の中枢性と川崎・横浜地区の先端性の両方に影響を受けて成立した「東京」の代表的な郊外住宅地である．また，かつては子育てをめぐる地域の教育文化運動が展開し，その後生活クラブ生協を中心とした生活者ネットによる代理人運動がさかんになった地域でもある．最近では，高齢者介護や国際交流に関する特色あるボランティア活動が展開し，住民運動や市民活動という点ではつねに全国的な注目を集めてきた地域である．また同時に，テレビドラマ「金曜日の妻たち

へ」の舞台になったことや，バブル期に固定資産税が非常に高くなったことからもわかるように，アメリカ的な「夢と憧れの郊外」を代表する地域でもある（三浦 1999）.

さて，ここで郊外住宅地開発の前提ともいえる，ひとつの大きな特色について指摘しておきたい．それは，郊外住宅地が都市の中枢性との関連で，専門管理事務職に従事する比較的裕福なホワイトカラー層の居住地として設計されている点と関連している．そして，それは近代初頭にこの階層においてのみ典型的に成立した性別役割分業に基づく一定の家族観とも対応している．すなわち，男が仕事をし，女が家庭を守るという専業主婦を中心とした家庭である．そもそも職場となる業務地区からは遠く離れた郊外に住宅地を建設するということは，子育てや高齢者介護などの家庭での家事労働と職場での仕事を一人の人間が両立させることをきわめて困難にする環境をもたらすことになる．両者を隔てた空間的な距離と通勤時間が大きな制約となる．それゆえ職場へと通う家族員と家事労働に従事する家族員を分離して，互いに専業とすることが合理的な選択となる．そして，それらの分業が性別によって決定されるわけで，こうして郊外は，その空間的な構成においてすでに一定の性別役割分業を前提にしているという意味で，ジェンダー的に編成されているというべきである．

このような郊外生活と専業主婦を中心とした近代家族のイメージは，ある時期まで理想的なものとしてもてはやされた．たとえば，大規模な郊外住宅地建設と高度大衆消費時代が成立した1950年代のアメリカでは，郊外の一戸建て住宅と電化製品に囲まれた専業主婦の生活は，女性にとって理想的なものとして全世界に喧伝された（三浦 1999）．アメリカとはその規模と内実がかなり異なるとはいえ，やはり郊外化と大衆消費が展開した日本の高度成長期においても，団地の集合住宅に象徴される郊外生活と専業主婦のいる家庭は憧れの的であった（若林 2007）．

しかし，アメリカにおいてこのような郊外のジェンダー的な編成は，女性たちに大変な閉塞感をもたらすものであったことが，やがて明らかになる．1963年にB. フリーダンが，『女らしさという神話』を出版すると（Friedan 1963=1973），またたく間に大ベストセラーとなり，やがてフリーダン自身が女性解放運動の先頭に立つことになる．60年代に公民権運動や学生運動とともに大きな高揚期を

迎えたウーマン・リブは，大学を出て仕事をし，男性と同じように高い能力をもつようになったにもかかわらず，郊外での専業主婦という役割に抑圧されていた多くの女性たちによって支持されたのである．郊外というジェンダー的に編成された空間の形成が，ローカル・コミュニティにおける女性の抑圧を生んだのである．

それでは，日本の東京大都市圏における郊外という空間形成は，女性たちにどのような対応をうながしたのだろうか．高度成長期に開発が進んだ典型的な東京圏の郊外住宅地として，東急多摩田園都市はそのような検討にふさわしい地域であろう．詳しくはとりわけ第Ⅳ部での分析を参照してほしいが，その概略をここで紹介しておきたい．高い能力をもった女性が，専業主婦として郊外の家族と地域を中心とした生活へと閉塞されるというジェンダー的な編成がもたらした抑圧は，多摩田園都市においても同様であった．

しかし，それに対する女性たちの対応は，ローカル・コミュニティの社会的な形成過程における時代的，世代的なタイミングによって複雑な様相を呈したようである．結論的にいうならば，調査実施時点（2004年）で60歳以上の年代とそれ以下（1945年生まれ以降）の年代で対応に若干のちがいがみられた．両者を郊外への定着の時期に着目して「郊外第一世代」と「後続世代」と名づけておこう．郊外第一世代の場合，その世代的な特徴として，一方では戦後民主主義の洗礼を受けるとともに，他方では戦前生まれということでまだ性別役割分業を受け入れるところがあったと思われる．それゆえ，彼女たちは自らに課せられた家族的な役割としての子育てや食の安全などの生活の課題を積極的に引き受け，しかもそれを地域的な課題として共同的・民主的に解決していく道を切り開いていった．それがかつての子育てをめぐる母親たちの運動であり，生活クラブ生協や生活者ネットの活動であり，現在ではそれが高齢者介護をめぐる福祉ボランティア活動へと引き継がれている（玉野 2004）．そのような共同の基盤としては，この年代の多くが地方出身者という共通の背景をもっていたことが作用していたように思う（玉野 2005）．

これに対して後続世代に属する女性たちには，もはや性別役割分業を積極的に受け入れる意識が稀薄になってくる．同時に，1950年代のアメリカの郊外と同様，東急田園都市沿線に移り住んだこの年代の女性たちは，大学を卒業し，結婚前には東京都心部での職業生活を経験している人が多い．彼女たちは子育ての時期ま

では第一世代とともに，PTAや生協の活動にかかわったようだが，その後は地域や家族にかかわる活動よりも，職業生活を中心とした自己実現をはかる道を模索しはじめるのである．

その後の年代の女性たちの選択がどうであったかは，この地域で家族を形成し主婦として生活している女性たちを対象とした今回の調査データからは直接確認できないことである．しかし日本の女性たちが，1960年代のアメリカの女性たちのように郊外生活への反発から女性解放運動に進んでいくのではなく，そもそも結婚をしなかったり，子どもを生まないという個別の選択を行っていったことは十分に考えられることである．フリーダンらの努力もあって女性が働き続けるための社会的基盤がそれなりに整えられていったアメリカの場合は，その後共働き家族のために職住が近接した都心部の住宅地が求められるようになり，都市再開発によるジェントリフィケーションという不動産資本による都市空間の再編成が進められていった (Mollenkopf and Castells eds. 1991)．日本の場合も都心部の再開発事業は同じように進められてはいるが，はたしてそれが仕事を続けながら結婚もするという女性の生き方を支えるものになっているのだろうか．郊外という性別役割分業を前提としてジェンダー的に編成された都市空間形成のあり方は，これまで女性たちの選択によって支えられてきた部分もあれば，これから同じ女性たちの選択によって否応なく変更を迫られていく部分もある．それもまた，都市の時間とコミュニティの時間の相克としてとらえることができるだろう．

3. 研究の方法と知見

最後に，本調査研究の具体的な対象と方法について紹介しておく．

3.1 調査の対象と方法

調査研究の中心になったのは，玉野が研究代表者として2003年から2005年度にかけて交付を受けた文科省の科学研究費補助金による調査研究プロジェクトである．しかし，この地域を対象とした調査研究の着想をいだいて，具体的な準備を始めたのは1998年頃からであり，とりわけ2001年から2002年にかけて行った市民活動団体のリストアップ作業とその中のいくつかの事例に関する聞き取り

72 第3章 都市の空間構造とコミュニティの社会的形成

図 3.1 調査対象地区

調査は，その後の調査研究に直接の示唆を与えている（玉野編 2003）.

まず，直接の調査対象地について確認しておきたい．図 3.1 に示したように，広くいえば，川崎市の全域に横浜市の鶴見区，港北区，都筑区，青葉区，さらには町田市を含んだ東京大都市圏の西南部一帯である．南部の工業地帯は先端的な産業拠点として東京大都市圏の初期の発展を牽引した地域であり，北部は東急多摩田園都市として東急不動産が中心になって開発した「東京」の代表的な郊外住宅地のひとつである．このうち，以下に述べるいくつかの具体的な調査研究作業の直接の対象となったのは，南部が横浜市鶴見区，北部が川崎市宮前区と横浜市青葉区である．

本研究の主たるデータソースとなった調査研究作業は，大きく分けて4つの部分からなる．ひとつは，国勢調査ならびに事業所統計のメッシュデータに基づく社会地区分析である．研究の当初は，鶴見区・港北区・宮前区・青葉区を対象とした町丁目データによる社会地区分析を行ったが，最終的にはメッシュデータに統一するように努めた．2つめは，鶴見区を対象に郵送法で行ったサーベイ調査で，「鶴見調査」と呼んでおきたい．3つめは，宮前区と青葉区の一部の地域で行った個別面接法によるサーベイ調査で，「菅生あざみ野調査」と呼んでおきたい．

なお，それぞれのサーベイ調査の終了後，それぞれの地区を中心とした何人かの典型的な事例に対する聞き取り調査も行っている．4つめとして，これらの事例調査のデータをあげておきたい．第Ⅱ部と第Ⅳ部の分析は，サーベイ調査のデータ分析にくわえて，このような事例に関する聞き取り調査の結果が，随時活用されている．サーベイ調査の対象者に再度そのような聞き取り調査を依頼することは困難であったので，その前に行った市民活動団体調査の協力者から紹介を受けたり，改めて地域の行政機関に紹介を依頼したケースもある．サーベイ調査を行うにあたっての調査票のプリテストなども，これらの市民活動団体の方々にご協力を得ている．

次に，データ分析の中心となった2つのサンプリング調査について，それぞれ詳しく述べておきたい．

鶴見調査は，2004年1月下旬に調査票を発送し，2月中旬までに回収を完了した．調査の目的からいって本来は鶴見区全体を対象に大量のサンプルを確保したかったが，当時の横浜市における選挙人名簿および住民基本台帳閲覧のルールからして，それが困難であったので，以下のような次善の策をとることにした．つまり，鶴見区全体の特徴を示すないくつかの地区をまず選んで，それぞれにサンプルを割り振るというやり方である．地区の選定については，町丁目ごとの人口の推移などを参考に，図3.2に示した5つの地区を設定した．人口が継続的に増えている東横線寄りの地区から「獅子ヶ谷」，同じく人口が急増している鶴見駅周辺から「鶴見中央」，かつては人口が減少していたが，最近になって人口の流入がめだってきた地区として「生麦」と「平安町」，さらには在日や沖縄出身者，日系人などの流入が多い「潮田町」の5地点である．鶴見区全体の社会地区分析から明らかになったことからいえば，鶴見川沿いや南武線沿いの地域が抜けてはいるが，東京大都市圏の変化との関連でいえば，それなりに適切な選定であったと考えられる．5つの地点それぞれに200サンプルを割り振り，全部で1,000サンプルを住民基本台帳から無作為抽出した．抽出単位は世帯とし，調査票は世帯主の配偶者または世帯主本人宛に郵送した．調査票の内容については付録に示したとおりである．A3版の用紙1枚を折りまげただけのきわめて簡潔なものである．おもに世帯ないし世帯員の移動経験と居住歴．ならびに基本属性を確認している．回収結果の詳細については，表3.1に示したとおりである．鶴見区全体

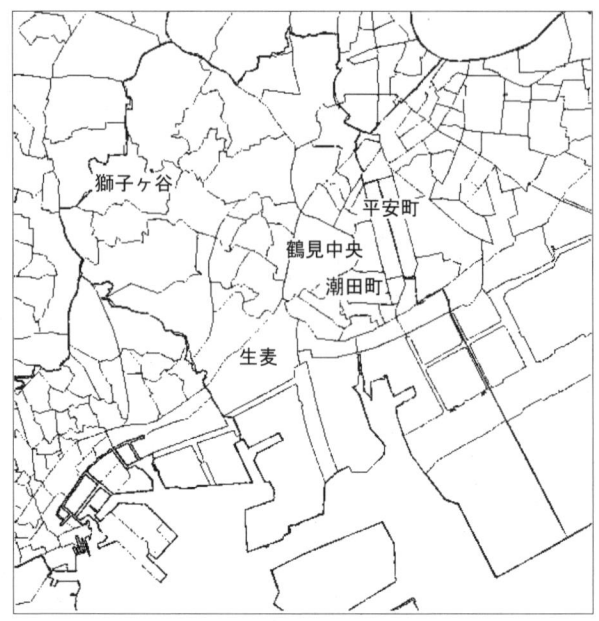

74　第3章　都市の空間構造とコミュニティの社会的形成

図3.2　鶴見調査の対象地区

表3.1　鶴見調査の回収率

	生麦	獅子ヶ谷	鶴見中央	平安町	潮田町	合計
サンプル数	200	200	200	200	200	1,000
回収数	54	72	74	61	62	323
回収率(%)	27.0	36.0	37.0	30.5	31.0	32.3

転居などで調査不可能だった票数　33，調整後の回収率　33.4%

　の住民基本台帳による集計や国勢調査結果と比較した場合（図3.3），20歳代と技能職に従事する人のサンプル数が少なくなっていることがわかる．若年者とブルーカラー労働者が60歳代や事務専門管理職に比べて回収率が低かったと推測される．もともと単身男性や労働者の多い地域と考えられるので，30%を超えた回収率はけっして低いものではなく，調査票を工夫しただけの効果はあったと考えられる．鶴見調査の結果は，主として第7章と第8章において活用されている．
　菅生あざみ野調査は，2004年9月から10月にかけて，原則として個別面接法によって調査票を回収した．一部調査票を留置き，本人に自記式で記入してもらっ

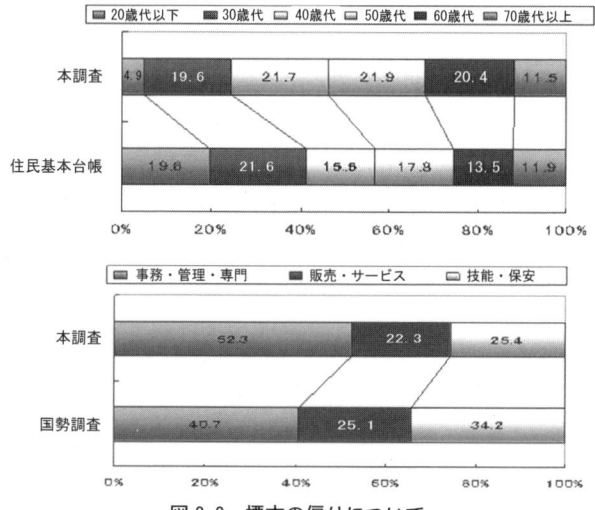

図 3.3 標本の偏りについて

表 3-2 菅生あざみ野調査の回収率

	菅生地区	あざみ野地区	合　計
サンプル数	200	200	400
回収数	119	126	245
回収率（%）	59.5%	63.0%	61.3%

拒否 71(17.8%), 不明 58(14.5%)
調査不能 26, 調整後の回収率 65.5%

たうえで調査員が回収したり，郵送してもらったりした場合も含まれている．このような個別面接法による回収と自記式回収とのちがいについては，後で述べる．

　調査の対象地として設定したのは，川崎市宮前区の菅生地区と横浜市青葉区のあざみ野地区である．後の章で詳しく紹介する社会地区分析の結果からもわかるように，菅生は 1960 年代に開発された郊外住宅地であり，あざみ野は 80 年代以降に開発された地域である．初期の開発地区と最近の開発地区の2つを選んだわけである．とりわけ菅生地区はこども文化センターの建設請願運動や川崎革新市政誕生の基盤となった流通センター建設反対運動の中心となった地域であり（長尾・加藤 1987），あざみ野を含む青葉区一帯も生活クラブ生協を基盤とした生活者ネットの活動の中心となってきた地域である．

そのような意味で，今回の調査目的にはふさわしい地域と判断した．いずれも比較的良好で閑静な住宅街であるため，個別面接法による回収にはかなりの困難が予想された．そこで調査目的からいっても，対象を30歳以上の女性に限定することにした．有権者名簿からそれぞれ200サンプルを無作為抽出し，回収の結果は表3.2に示したとおりである．外部からの訪問者にきわめて警戒的な地域であることを考えれば，まずまずの結果といわなければなるまい．住民基本台帳や国勢調査結果との比較からは，やはり30歳代の若年層と技能職従事者の比率が低くなっている．回収票の約7割が個別面接法によるもので，留置自記式による回収票と比べた場合，きわめて活動的で多忙な人が自記式回収に多いという結果がみられた．たとえば，集団参加において多様な活動に積極的に参加する傾向があり，政治的有効性感覚については非常に高いという傾向がみられた．したがって，今回の調査目的からいってきわめて重要なサンプルが自記式によって回収可能になったと考えられる．調査項目の詳細については，付録に示した調査票のとおりである．菅生あざみ野調査の分析は，第III部と第IV部において詳細に行われている．

3.2 知見とその意義

さて，本研究の知見については，以下の各章で詳しく示されることになるが，ここではその概要と意義について，若干の指摘を行っておきたい．

第II部の各章で示される東京大都市圏の産業拠点として展開してきた京浜地区に関する検討は，長く「東京」の発展を支えてきた地域が，脱工業化という産業構造の転換の中で，徐々にその位置づけを変えていく過程を改めて描き出している．そこで注目すべきは，この地域がつねに地方自治体を飛び越えて，国家の世界的な戦略のもとで，その空間形成を図ってきたという事実である．そして，近年におけるこの地域の転換は，そのような製造業の拠点地区としての先端性を弱め，東京都心部の中枢性への従属を高めると同時に，かえって地方自治体を中心とした独自の中心性の確保やローカル・コミュニティとしての自立性の見直しが課題になっているということである．

鶴見調査の知見によれば，東京都心部への通勤者を中心とした住宅都市への転換という地方自治体が抱く展望は，東京からの移入者がそもそも少なく，地元出

3. 研究の方法と知見　77

身者か地方出身者が多くを占めると同時に，定住意思をもつのは地元出身者に限られるという点から，むしろこの地域が歴史的に蓄積してきたコミュニティの時間を生かす展望へと描き直されるべきことが示唆されている．その意味では，むしろこの地域は驚くほど豊富な独自性をもっているのであって，菅生あざみ野調査の結果からも，東京都心部だけではなく川崎や横浜の都心部への通勤者が思った以上に多く含まれていることや，海外出張の多い大企業の社宅を抱えているがゆえに，早くから帰国子女が多く，そのことがこの地域の国際交流ボランティアの活動を支えていること，さらには産業拠点形成という国家の意思に基づき，公式には排除された漁民の生活が部分的に復活している点にも，ある種の可能性があるのかもしれない．

　第Ⅲ部の各章では，東京大都市圏の空間形成において，先見的な不動産資本の努力に基づく大規模な郊外住宅地建設の過程が描かれ，それがちょうど高度成長期における地方からの東京への労働力移動のタイミングとあいまって，地方出身者を中心とした女性が郊外に定着していった時期から，東京ないし地方都市からの流入者が増えていった時期，さらには郊外住宅地周辺の地元出身者が現れる時期という郊外のローカル・コミュニティとしての一定の成熟の段階と，それぞれに対応した郊外居住世代の折り重なりが存在することが明らかになった．

　第Ⅳ部の各章の分析からは，それが郊外第一世代，後続世代，郊外第二世代という操作的な年齢区分に基づく時代経験とその時々の生活課題に対応した郊外女性の類型的な把握の有効性をもたらし，それぞれの年代の女性が示す社会的な性格に応じた地域の運動や活動がこれまで展開してきたことが明らかになった．

　すなわち，郊外第一世代は戦後民主化の洗礼を受けるとともに，地方出身者としての共通体験を基盤として，きわめて濃密な社会関係をある時期地域において形成し，子育てをめぐる教育文化運動や革新自治体の基盤となった住民運動，生活クラブ生協や生活者ネットによる代理人運動，さらには介護や福祉ボランティアの活動を展開してきた．しかしながら，この世代は子育てなどの家庭役割を女性が一手に引き受けるという性別役割分業を前提とした郊外住宅地開発のジェンダー的な編成原理を基本的に受け入れていたがゆえに，かえってこのような地域での社会的政治的な活動を通して，自らの社会参加と自己実現を図ることができたのである．もはやこのような意味での性別役割分業を受け入れることができな

くなった後続世代においては，むしろ仕事への復帰が模索され，従来のような地域活動が維持されていくだけの条件をもち得なくなっている．現在まだ子育てのさなかにある郊外第二世代において，今後どのような女性の選択がなされていくかはまだ未知数であるが，都市の空間形成における住宅地開発の動向ひとつとっても，このような女性たちの変化への対応の遅れが，女性たちに結婚しない，子どもも生まないという選択を余儀なくし，結果として少子化という問題が日本社会の大きな課題になっていることがうかがわれる．

　本研究の成果は，東京大都市圏の空間形成の過程で成立していったいくつかのローカル・コミュニティにおける市民生活に関する詳細な分析を行ったにすぎない．しかし，従来までとは異なり，それらが都市空間形成との関連で明確に位置づけられたがゆえに，より広い視野のもとでその知見を理解することが可能になった点に大きな意義がある．このような努力は，都市社会学研究の成果をようやく都市計画や都市政策へと連接させることを可能にするものなのである．

【文献】

Burgess, E. W., 1925, "The Growth of the City : An Introdution to a Research Project". In R. E. Park, E. W. Burgess and R. D. McKenzie, *The City*, University of Chicago Press.（大道安次郎・倉田和四生共訳『都市――人間生態学とコミュニティ論』鹿島出版会，1972.）

Friedan. B., 1973, *The Feminine Mystique*.（三浦冨美子訳『増補　新しい女性の創造』大和書房，1986.）

Harvey, D., 1989, *The Condition of Postmodernity*, Oxford : Basil Blackwell, 1st editon.（吉原直樹監訳：『ポストモダニティの条件』青木書店，1999.）

Howard, E. 1965, *Garden City of To-Morrow*.（長素連訳『明日の田園都市』鹿島出版会.）

倉沢進・浅川達人編，2004,『新編　東京圏の社会地図 1975-90』東京大学出版会.

Lefebvre, H., 1974, *La production de l'espace*, Anthropos.（斎藤日出治訳『空間の生産』青木書店，2000.）

三浦展，1999,『「家族」と「幸福」の戦後史――郊外の夢と現実』講談社.

Mollenkopf, J. H. and M. Castells eds., 1991, *Dual City: The Restructuring New York*, Russell Sage Foundation.

長尾演雄・加藤芳朗，1987,「住民運動の展開と行政対応」，島崎稔・安原茂編『重化学

工業都市の構造分析』東京大学出版会,723-765.

奥田道大,1971,「コミュニティ形成の論理と住民意識」,『都市コミュニティの理論』東京大学出版会,24-67,1983.

Soja, E. W., 1989, *Postmodern Geographies: The Reassertion of Space in Critical Social Theory*, Verso.(加藤政洋・西部均・水内俊雄・長尾謙吉・大城直樹訳『ポストモダン地理学——批判的社会理論における空間の位相』青土社,2003.)

Soja, E. W., 1996, *Thirdspace: Journeys to Los Angeles and Other Real-and-Imagined Places*, Blackell.(加藤政洋訳『第三空間——ポストモダンの空間論的転回』青土社,2005.)

玉野和志,2004,「地域で活躍する女性たち——教育文化運動から福祉・ボランティア活動へ」,松本康編著『東京で暮らす——都市社会構造と社会意識』東京都立大学出版会,177-195.

玉野和志,2005,『東京のローカル・コミュニティ——ある町の物語一九〇〇-八〇』東京大学出版会,

玉野和志編,2003,『市民活動団体調査報告書——横浜市青葉区・川崎市宮前区周辺を事例として』,東京都立大学都市研究所・共同研究Ⅰ「大都市における環境と社会経済システムの再編に関する総合的研究」.

若林幹夫,2007,『郊外の社会学——現代を生きる形』筑摩書房.

第Ⅱ部　産業拠点の形成とコミュニティ
──京浜工業地帯の移り変わり

東京大都市圏の概略図と調査地域（□アミ内）

第4章　東京圏の「先端」地域形成
――戦前の鉄道建設を中心に

松林秀樹

1.「民」による都市空間形成

　本章では，川崎市〜横浜市の東京湾岸部――京浜地区臨海部――の都市空間の形成過程を，戦前期の鉄道（私鉄）建設を中心に分析していく．第3章で論じられているように，この地域は東京圏の「先端性」を具現化していた／いる地域である．この地域の形成過程を分析するうえで，上記のような時期・対象設定をする意図およびその際に課題となることを，まずは概略的に整理しておきたい．

　明治期からの「近代化」以降，この地域には数多くの企業・工場が立地し，とくに戦間期には重厚長大型産業が集積していった．そうした近代的な「成長」を支えるものとして，交通網の整備は基礎的要件として欠かすことのできないものとなっていく．その中で，戦後の本格的な自動車社会に入るまで，鉄道は陸上交通体系においてつねに中心的な役割を果たしてきた．それまでの人力・馬車・舟運に比べて高速・大量輸送が可能なうえに，天候などの外的条件に左右されることが少なく，輸送コストも低廉である鉄道は，産業振興に資することが期待され続けてきた．

　日本の鉄道は，1872（明治5）年に開業した新橋－横浜間を契機とする．その後，1889（明治22）年に東海道線が全線開通（東京－神戸間）してからは，日本の各地で鉄道建設が活発化していく．当時の鉄道建設の動機となったのは貨物輸送の側面であり，おもに第一次産品の産出地と加工地・港を結ぶ路線からつくられていった．その一方，1890（明治23）年に上野公園で開催された第3回内国勧業博覧会ではじめて電車の運転が展示され，「長距離高速度多量運搬を主とする汽車鉄道は，市内交通機関としては不便」（吉良 1993：74）だったこともあり，明治末期頃から都市圏では，通勤輸送を主眼とした電気鉄道の敷設計画が立てられていくことになった．そして，現在も東京圏の動脈として機能している鉄

道網の大半は戦前期までにほぼ完成し，私鉄資本による沿線の住宅地開発などにより，都市空間を形成するうえでも非常に大きな役割を果たしている．

さらに，戦前期のこの地域の鉄道建設に関しては，「民」の力が大きかったことに注目しておく必要がある．小川功は，社会資本の整備に関して直接事業主体となって資本主義的経営を行った民間企業者を「民営社会資本」と名づけ，その歴史的経緯を考察している（小川 1987）．民営社会資本と呼べるものは明治以前にも存在しているが，とくに資本主義社会へ移行した明治以降に多くみられるようになる．その端緒となったのが1871（明治4）年に布告された「太政官布告第648号」であった．これによって法律的・制度的にいわゆる「民活の導入」が公認された．

この布告の適用範囲は，治水・運河・港湾・道路・橋梁・自動車道・軌道・無軌道電車など，交通関連の社会資本全般に及んでおり，明治から大正，さらに昭和初期にかけてまで効力を発揮した（小川 1987：9-11）．この布告は「当時の政府は金がないから民間の資本を動員するため」に「民」に呼びかけることを目的として出され，またその背景には「何でも施設さえ早くできればそれでよい」という考えがあった（小川 1987：9）．後に政府の財政状況が改善され，さらに軍国主義的色彩が強まっていく中で，民営社会資本の発達がつねに手放しで推進されたわけではない[1]が，文明開化が進む中で，少しでも早く「近代化」を推し進めようとする意図があり，そのために「民」の力が必要であったことの現れといえよう[2]．そしてこれに応えることのできる企業（人物）の存在があったこともまた事実である．

本章が対象とする戦前期の京浜地区臨海部でも，民営社会資本が活発に事業を展開し，現在まで続く都市空間を形成していく原動力となった．ただし，民営社会資本はあくまで営利獲得を大前提とする「企業」であるため，自身の利益追求が活動の根幹にあることに疑いの余地はない．京浜工業地帯（東京圏の「先端」地域）の形成はその結果である．その点では，本章で取り上げる対象が，活動を社会資本整備に特化し，またそのことのみを希求していたわけでは当然ない．しかし，開国・文明開化という大きな社会変革が起こった時代状況下で，この時期の企業を率いた経済人・財界人には，自らの事業によって社会を「改良」し，成長させていこうという意志があったことも見逃せない．このことは，「日本の資

本主義の父」といわれる渋沢栄一の一貫した姿勢が「国が必要とするものを（民間）自ら提供する，すなわち公益の追求」にあった（吉田 2002：12）ことに端的に現れている[3]．そして，彼らは単独・独力で事業を行っていたわけではなかった．詳細は各節で述べるが，結びつき程度の濃淡の差はあれ，また薫陶を受ける，対等・平等の立場として，などの関係性のちがいはあれ，相互の事業に協力・参加していった．

以下，本章では京浜地区臨海部の形成に大きな影響を及ぼした「民」の主体を取り上げ，各主体の意図や関係，活動内容について，とくに鉄道建設を中心にみていく．鉄道建設はいかなる背景・意図の下で行われたのか．そして，その結果としていかなる都市空間が形成されたのか．具体的には，まず産業振興を支えた鉄道を取り上げる．京浜地区臨海部が東京圏の「先端」地域になっていく中心的な役割を果たした鉄道として，信州・甲州で産出される生糸の輸送を目的に建設された横浜鉄道，および多摩川の沿岸で採取される砂利の輸送を目的に建設された南武鉄道を挙げることができる（第2節，第3節）．次に，東京－横浜間の都市間鉄道として建設され，沿線で住宅地を中心とした開発を行っていった京浜電気鉄道（以下，京浜電鉄）および東京横浜電気鉄道（以下，東横電鉄）を取り上げる（第4節，第5節）．これらを踏まえ，京浜地区臨海部の都市空間がどのように形成されたのかということを分析・考察していく（第6節）．

2．産業を支えた鉄道（1）――横浜鉄道と横浜商人

先述したとおり，明治期の鉄道建設の動機となったのは，おもに貨物輸送の側面からであった．当時の日本の主要輸出物である生糸は，東京圏周辺では信州・甲州などが主要産地となっており，生産された生糸はおもに八王子に集荷された．八王子からは甲州街道や現在の国道16号に沿う形でいわゆる「絹の道（シルクロード）」が江戸末期から形成されていた．しかし輸送手段は人馬のみで，時には風雨の中をぬかるみに轍をとられながら，途中の宿に何泊もしながら，輸出港である横浜港へ運んでいたという（老川 1996：127，サトウ 1995：13-14）．こうした状況下で，横浜港（とその周辺）の生糸売込商にとっては，八王子といかにして交通路（＝鉄道）を結ぶかということが問題となっていく．生糸売込商と

は，産地出荷者（荷主）の委託を受けて生糸を居留外国商人に販売することを目的とする商人のことである．当時，横浜には売込商のほかに食料小売商などの他の町にもみられる商人と，輸入品を扱う引取商（引取問屋）がいた．生糸の売込商をはじめとする横浜貿易商人は，それぞれ特定の営業品目をもち，明治初期までに生糸，茶，海産物などの売込商，あるいは砂糖引取商，織物引取商など，営業品目ごとにまとまったグループ（仲間・組合）を形成し，貿易品ごとに少数の大手が外国商人との取引の大部分を掌握するようになっていた（横浜開港資料館編 1994b：はじめに）．こうした独占的な商取引を経て財をなした商人は，横浜の政治・経済・文化におけるリーダー的存在となっていく（井川 1994）．その中心となったのが，原善三郎[4]と渡辺福三郎[5]であった．

当時，八王子－横浜間の鉄道敷設構想としては，①新宿－八王子を結ぶ「新宿線」（新宿経由で東海道線を経て横浜へ運ぶ），②川崎－八王子を結ぶ「川崎線」，③横浜－八王子を結ぶ「横浜線」が主要な3路線とされていた[6]．このうち，「新宿線」は甲武鉄道会社として1886（明治19）年に免許が下され，1890（明治23）年に開業している（鉄道省 1921a：910-912）．また「川崎線」については，1886（明治19）年に原善三郎ほか12名により武蔵鉄道会社として設立の許可を求めたが，翌87年に却下されてしまった．

鉄道建設の転機となったのは，1892（明治25）年に施行された「鉄道敷設法」——将来敷設すべき鉄道路線を定め，鉄道政策における政府の主導権を確立するもの——であった（野田ほか編 1993：63）．敷設法の中で第一期線に中央線が指定され，その東端が甲武鉄道の八王子に設定されたため，八王子－神奈川－横浜（前述の「横浜線」にあたる）という東海道線との連絡が，軍事上の要請からもクローズアップされることになった（横浜市 1965：651-62）．これを受け，横浜，神奈川，川崎をはじめとする東海道線の各駅と八王子を結ぶ私設鉄道計画が，貿易上の利点を強調して，横浜商人を中心として次々と出されるようになるが，これらは1898（明治31）年までにすべて却下されてしまった．却下の理由は，八王子－横浜間は中央線との連絡の便を考慮し，官設鉄道を敷くべきであるという議論（＝中央線の起点を八王子から神奈川へ移す）があったことと，それが実現した場合には「（私設鉄道は）中央線ト東海道線トノ連絡官設線ト方向目的ヲ同シクス」ということであった（老川 1993：49-50，鉄道省 1921b：660）．

以前に武蔵鉄道会社の設立申請を行っていた横浜商人は,「横浜線」の官設方針が確定する中で, 政府に対して鉄道の速成を訴えていくようになる. 横浜商人にとっては, 八王子－横浜間の鉄道速成こそが問題であって, 自ら資金を投じて私設鉄道を敷設するか, 官設鉄道で敷設するかは, 差し当たりどちらでもよかった. したがって, 政府から官設案が提示されてくると, 私設鉄道の設立運動は後景に退いていくことになる (老川 1996：128). ところが日清戦争後の不況の影響などもあり, 官営の鉄道計画では, 鉄道敷設以外のものも含めた当時の財政順序からみても, 当分は鉄道建設が実現しないという見通しが立っていくようになる. 官設による鉄道敷設が困難になると, 横浜商人は再び私設による鉄道敷設の設立を出願していく. 横浜商人が鉄道速成を求めた背景には, 当時の横浜は神戸と比べて貿易が停滞し始めており, その原因のひとつに横浜と後背地とを結ぶ鉄道網の不備が挙げられていたことがある. そのため, 横浜と経済的な関係が深い八王子を経由して横浜に輸送される物資 (生糸以外にも織物, 薪炭, 木材, 茶など) を鉄道で運ぶことによって貿易の活況を取り戻そうとしていた (西川 1994：213-214).

　1894 (明治27) 年に再び原善三郎・渡辺福三郎を中心とした12名[7]が,「横浜鉄道株式会社」を設立し, 八王子－横浜間の鉄道敷設を申請した (サトウ 1995：28-29). その後, 計5回に及ぶ請願をした結果, 1905 (明治38) 年に至って免許が下され, 1908 (明治41) 年に開業することになる[8] (老川 1993：49-50). これが現在のJR横浜線の出発点である.

　ところが, ①建設工事が遅延した場合は政府が実費をもって買い上げ, 他の鉄道会社に売り渡す, ②政府の一存によりいつでも免許取消・政府による買い上げができる, という付帯条件が付されていた (鉄道省 1921b：661). 政府の財政的な理由から免許は下されたが, 1906 (明治39) 年に「鉄道国有化法」が制定されたこともあり, 将来的には官業となることが見通されていることがうかがえる. 実際, 日露戦争後の生糸不況の影響などから, 横浜鉄道は開業直後から営業成績が芳しくなかったこともあり, 開業わずか2年後の1910 (明治43) 年には鉄道院に貸与され (鉄道省 1921c：366-367, 575), 1917 (大正6) 年には鉄道院に買収 (＝国有化) され (鉄道省 1921c：370, 536-537), 横浜鉄道株式会社は解散することになった.

このように,私設鉄道としての期間は非常に短く,また当初予想していたよりも生糸輸送での営業成績が伸びなかった横浜鉄道ではあるが(横浜市 1965,野田ほか編 1993,サトウ 1995),鉄道建設が沿線に与えた影響,および渡辺福三郎ら横浜商人が横浜の都市空間形成に果たした役割は決して小さなものではなかった.

まず,沿線に与えた影響である.横浜鉄道が出願されると,沿線では停車場の誘致運動が展開されていった.1903(明治36)年には,東京都の南多摩郡,神奈川県の高座郡・津久井郡・愛甲郡の有志総代が堺村(現在の町田市)に停車場を設置するよう,横浜鉄道の発起人に陳情している.彼らが堺村に停車場を設置すべきであると主張した理由は,①堺村は「武相の喉」にあたり,埼玉県,横浜,甲州および信州に通ずる道路が集まる交通の要地であること,②蚕業地帯として八王子以南の中枢であること,などにあった(野田ほか編 1993:65-66).最終的に堺村には原町田停車場(現在の町田駅)が設置されることになる.この地域は上記のようにもともと交通の要衝としての下地はもっていたが,横浜鉄道によってはじめて鉄道路線が通過するようになり,その後の発展の基礎がつくられていった.1927(昭和2)年には利光鶴松[9]が創業した小田原急行電鉄も原町田を通過するようになった.この結果,横浜および新宿と鉄道で結ばれることによって現在の町田市周辺は人口・産業が集積し,東京圏の郊外地域として急速に都市化が進んでいくことになる.

次に,横浜商人が行った埋立事業についてみてみよう.横浜鉄道建設と並行して,神奈川町地先の海岸の埋立ても行い,鉄道とあわせて横浜港の活性化を図っていた.渡辺福三郎ら横浜鉄道発起人有志が1903(明治36)年に神奈川県に埋立て計画を出願した.埋立地に倉庫を建設するとともに,横浜鉄道の起点である東神奈川停車場から埋立地まで延長線を敷設し,この地を海運と鉄道とのターミナル基地にすることを計画した.2年後の1905(明治38)年に計画が認可され,1911(明治44)年までに約7万坪の土地が完成し,同年に延長線も完成している.また,埋立地に建設される倉庫を運営する「横浜倉庫」が創立され,渡辺は取締役に就任している(西川 1994:215-216,老川 1996:129-130).

さらに1910年代になると,渡辺は浅野総一郎(第3節参照)ともつながりをもつようになる.浅野は横浜市海岸部の埋立事業に進出し,工業用地を建設して

いく．浅野の計画には，浅野セメントの株主であった渡辺も協力し，渡辺をはじめとする横浜商人は浅野の事業を通じて，この地域の埋立てに深くかかわっていくことになる．浅野が神奈川県から埋立ての許可を得たのは1913（大正2）年で，翌14年に埋立てを推進する「鶴見埋築会社」を設立する．渡辺はこの会社の監査取締役に就任している．鶴見埋築会社については第3節で詳述するが，こうした埋立事業が，後の京浜地区臨海部の「先端性」を具現化する基礎になっていくのである．

3. 産業を支えた鉄道(2)——南武鉄道と浅野総一郎

本節では，現在の川崎市を縦断する形で敷設された南武鉄道(現在のJR南武線)について取り上げる．南武鉄道は，多摩川の沿岸で採取される砂利を京浜工業地帯に輸送することを目的につくられた鉄道である．明治の後半に入ると，東京圏の官営事業として，皇居や諸官庁の増築，銀座煉瓦街の建設，洋風の石造建築や道路・橋梁の修築，官・民営工場の設立などにセメント・コンクリートが採用され，砂利の需要が急速に高まってきた（川崎市 1995：343）．さらに，関東大震災の復興需要が追い打ちをかけた．鉄筋コンクリートの耐震性の強さが注目され，復興に際しては従来の石材に替わって鉄筋コンクリートが多用されるようになる（野田ほか編 1993：70）．

本来，ほとんど価値がない河川敷の川砂利を商品化するためには，それを運ぶ輸送手段の効率性と，供給・需要の地理的＝経済的距離を短くして，できる限り運賃の負担を切り下げることが必要となる（川崎市 1995：342）．その意味で，多摩川は東京都心部からの距離という点で格好の対象となった．こうした社会状況を背景として南武鉄道は敷設され，その砂利を最大限利用したのが「京浜工業地帯の父」といわれた浅野総一郎である．浅野は「港湾と工場を一体化した日本初の臨海工業地帯」をつくり，「日本の近代化を支えた臨海工業地帯開発の理念の出発点」となった（日本経済評論社編 2003：21）ともいわれている．その残した事績の大きさから，本節でも浅野に関する記述を省くわけにはいかないが，まずは南武鉄道の建設過程をみてみよう．

浅野は自身の事業の関連から南武鉄道を大いに利用し，最終的にはその経営に

も参画するようになるが，建設計画の当初からかかわっていたわけではない．南武鉄道は多摩川中・下流部沿岸の在住者13名によって1919（大正8）年に「多摩川砂利鉄道」として鉄道院に免許申請され[10]，翌20年に申請が認められ（五味 1992：2-4，野田ほか編 1996：87），その直後に社名を「南武鉄道」に改称した．当時，発起人が鉄道院に提出した文書の中に「本鉄道ハ武蔵野ノ南部ヲ縦断スル最モ緊要ナル路線」と記されており，これが改称の根拠であるといわれている（五味 1992：4）．また，設立趣旨書には「コノ地ニ於ケル交通運輸機関ノ完備ヲ期シ以テ殖産興業ノ資ニ供セントス．特ニ目下沿線地帯内ニ紡績，紡織，醸造，遊園ノ大会社続々トシテ設立セラルゝノ予定アリ物資ノ集散旅客ノ往来益々頻繁トナリ収益ノ予想外ナルヘキハ蓋シ吾人ノ信シテ疑ハサルトコロナリ．……沿線一帯無尽ノ天産タル砂利・砂・玉石等ヲ採取シ，以テ将来益々発展スベキ土木・建築界無限ノ需要ニ応セントス」（神奈川県企画調整部県史編集室編 1975：194）と記されている．旅客輸送は二の次で，砂利を中心とした貨物輸送，ひいては産業振興をめざした鉄道であることがわかる．

　こうして，多摩川沿岸の地元有力者が中心となって設立された南武鉄道であったが，建設工事開始以降に発起人の構成が大きく変わり，当初の地元グループの大半が脱退してしまった．私財を投げ打って土地買収や工事費を捻出した結果，当初の発起人である地元有力者の多くが多額の借金を抱えてしまったことが原因であるといわれている（五味 1992：13-14）．代わって建設・運営に乗り出してきたのが浅野総一郎とその系列企業だった．1923（大正12）年までに，浅野泰治郎（浅野総一郎の長男，浅野セメント社長）をはじめとする浅野系企業の幹部たちが大株主として名を連ねるようになった（野田ほか編 1996：87）．もちろん，その意向を決めたのが浅野総一郎であることは間違いない．浅野は，南武鉄道の実質的な経営者となってから，路線を立川まで延長させることを決める[11]．当時，立川以西には青梅鉄道と五日市鉄道（それぞれ現在のJR青梅線，JR五日市線）が敷かれていた．この2つの鉄道の沿線では砂利だけでなく石灰石も採取されていたが，両路線で採取された砂利と石灰石は立川で中央線に入り，東京経由で臨海部に送られるという迂回ルートを通っていた．ここで生じる経費的・時間的な無駄を省き，臨海部に「直送」することを目論んだのである[12]．

　南武鉄道は1927（昭和2）年に川崎－登戸間で開業し，2年後に川崎－立川間

が全通する．設立趣旨書にみられる当初の計画どおり，開業直後は貨物輸送に重点がおかれ，旅客輸送は片手間のような状況だった．しかし，多摩川沿岸では1907（明治40）年に玉川電気鉄道（現在の東急田園都市線），1913（大正2）年に京王電気鉄道（現在の京王帝都電鉄）が開業して砂利輸送を行っており（加藤1992：46，中川1992：115-116），南武鉄道の営業成績は目論見どおりとはいかなかった．ところが，満州事変後に転機が訪れる．軍需産業でもあった通信・機械産業が広い敷地を求めて東京から相次いで沿線に進出し，旅客輸送の重要性が急速に高まっていく（五味1992：49，野田ほか編1996：88-90）．これにともない，川崎町を中心に人口が急増し，南武鉄道は通勤鉄道としての役割を果たしていくようになる（多摩川沿岸・臨海部の企業進出および川崎の人口の変遷については第6節を参照）．

　さてそれでは，浅野総一郎とはどのような人物だったのか．どのような意図の下，どのような事績を残したのか[13]．

　浅野は1848年に現在の富山県氷見市で町医者の長男として生まれたが，商いの道に心を惹かれ，20歳の頃には北陸一帯の物産を手広く扱うまでになった．しかし，すぐに巨額の借金を抱えるようになり，1871年に夜逃げ同然に東京に出てくる．その後，薪炭や石炭を扱う商店を横浜に開くが，横浜瓦斯局などが処理に困っていた石炭の廃物コークスをセメント製造の燃料として用いる方法を開発したことが転機となる．コークスの取り扱いが縁となり，経営が行き詰まっていた官営のセメント工場（東京・深川）の払い下げを1884（明治17）年に受けることになった（払い下げ後，「浅野セメント」と改称）．この時に払い下げ実現の後押しをしたのが渋沢栄一であった[14]．また，浅野は同時期に安田善次郎とも知り合っていた[15]．浅野は，渋沢ほどの高い社会的理念をもっていたわけではなく，また安田のように蓄財の才能があったわけでもない．しかし，浅野には2人にはない事業を遂行していく才能（とくに工業経営）があった．以後，渋沢，安田，浅野の3人は，それぞれがもつ理念，金融，事業の才能を相補うことによって，多くの事績を残していくことになる．渋沢，安田の協力・支援によって払い下げを受けた深川のセメント工場は，浅野の経営努力に加え，水力発電所，港湾改良，鉄道建設工事などで需要が急増し，昭和に入る頃には全国生産高の約4割を占めるまでになった．

こうして，セメント業での成功によって産業資本家としての地歩を固めた浅野は，次に川崎・鶴見地区の埋立事業に乗り出していくことになる．埋立事業を考え出したきっかけは2つあった．ひとつは1896〜97年にかけての欧米外遊であり，もうひとつは深川のセメント工場で発生していた降灰問題である．

外遊に際しロシアやイギリスなど各国で巨船が横づけする港湾開発の発展ぶりを目の当たりにし，浅野は大きな衝撃を受けた．「然るに當時の我横濱港は，船は岸壁遠く碇を投じ，客は十数艘の艀船に迎へられて上陸するといふ情ない状態であつた，海陸聯絡の不備は，只に一國の面目に止まらず，國家産業の大なる支障であると痛感した」（北林 1930：298）という．鶴見から川崎にかけた臨海部は，多摩川と鶴見川から流出する土砂によって形成された遠浅の海岸であった．浅野はこの地域一帯に埋立地を造成し，さらに運河・鉄道・港湾を整備して，生産と運輸を直結する一大工業地帯をつくることを構想する．一方，深川のセメント工場では，発生する粉塵（降灰）で付近の住民から苦情が続出していた．ついには東京府の府会議員や弁護士をはじめ，地元青年団など，幅広い諸階層からなる地域住民による操業停止，移転の要求，賠償請求の形をとった公害反対運動に直面することになる（川崎市 1995：332-336，東亜建設工業株式会社編 1989：85-87）．セメント工場の移転先[16]として考えたのが，上記の埋立てによって造成される土地であった．

外遊から戻った浅野は，さっそく埋立事業に着手していく．まず1899（明治32）年に高輪・品川地先など約21万坪の事業を東京府知事に，さらに1910（明治43）年に羽田沖から芝浦付近までの約600万坪の事業を東京府庁に出願する（東亜建設工業株式会社編 1989：61-66，北林 1930：294-295）．しかし，この2つの事業は当時の東京築港論（藤森 1990：107-127），および東京市会・神奈川県の反対[17]により却下されてしまった．

東京港での埋立てに許可が下りそうにないとみていた浅野の目は，川崎・鶴見方面に向いていくことになる．1908（明治41）年に橘樹郡の田島村から町田村（現在の川崎市川崎区から横浜市鶴見区）にかけての地先海面約150万坪の埋立事業許可を神奈川県庁に出願した（東亜建設工業株式会社編 1989：70-71）．しかしこの計画は，資金調達に対する県当局の懸念により保留されてしまった（川崎市 1991：318）．そこで，浅野は安田善次郎と渋沢栄一の支援を取りつけ，浅

野系企業の経営者・株主（安田，渋沢の他，浅野の娘婿で日本鋼管社長の白石元治郎，渋沢の娘婿で「製紙王」といわれた大川平三郎など），さらに横浜商人（前述の渡辺福三郎など）も加えて「鶴見埋立組合」を設立し，同組合の名で改めて埋立事業許可を神奈川県庁に申請した（北林 1930：297-299；東亜建設工業株式会社編 1989：70-72）．埋立組合の設立で資金調達の懸念が解消されたことによって，1913（大正2）年に県から事業免許が下った．実際の埋立て工事は，鶴見埋立組合を改組して設立された「鶴見埋築株式会社」[18]によって行われた（東亜建設工業株式会社編 1989：76-77）．この会社はその後，1920（大正9）年に「東京湾埋立株式会社」に発展改組（社長は浅野）され，京浜地区臨海部の埋立てを一手に引き受けていくことになる．最終的に浅野は，1928（昭和3）年までに京浜地区臨海部の約160万坪の埋立事業を完成させた（川崎市 1995：302-305）．そして大正期に，埋立ての進捗にあわせて多くの企業・工場が進出していくことになる（企業・工場の進出の詳細については第6節参照）．

　浅野の開発の特徴は，単に埋立地を分譲して不動産事業を展開するだけでなく，彼自身の事業展開につなげていったことにある．前述のとおり，埋立てのための会社を自前でつくる他に，自分が経営に関係した電力，ガス，電機，鉄鋼，造船などの工場を，その埋立地や隣接地に立地させた．最も代表的なものが，前述の白石元治郎が岳父の支援を受けて設立した日本鋼管（現在のJFEエンジニアリング）である．同社は後に浅野造船所と合併し，京浜工業地帯の中核的存在となっていく．

　さらに浅野は，京浜地区臨海部を総合的な視野で捉えていた．先述した南武鉄道の他に京浜電鉄（第4節参照）の経営にも参画し，京浜電鉄の沿線開発にも関与している．また埋立地の各工場に供給するエネルギーに関しては，渋沢・安田らと設立した東京ガスの製造所を埋立地内に新設したほか，水道，電気などの会社を新たに設立した．加えて，公立学校より授業料の安い教育機関として浅野学園も創立した．また晩年には，この地域があまりに生産機能に偏重したことを反省し，百万坪の大遊園地や宝塚のような女優の学校をもつ劇場，レストラン，百貨店などの設立も構想していたという．結果的にこれらは浅野が亡くなったことにより実現しなかったが，これらの計画が実現していたら，生産と生活が共生した都市空間が創造されていたのではないか，といわれている．

4. 都市間鉄道（1）——京浜電鉄と立川勇次郎

 本節および次節では，東京と横浜を結ぶ都市間鉄道の役割を果たした2路線についてみていく．まずは京浜電鉄（現在の京浜急行電鉄）である．

 1881（明治14）年に大蔵卿に就任した松方正義は，緊縮財政と軍備拡張のために増税を通じて紙幣の整理・銷却を断行した．いわゆる「松方財政（松方デフレ）」である．松方財政により日本経済は深刻な落ち込みを経験するが，金利の低下，輸出の急増などを要因にして1886年以降，急速に不況から脱し，鉄道業，紡績業，鉱山業などで資本家的起業が相次いで勃興するに至った（老川 1996：62）．その中でも鉄道業は，それ自体が企業勃興を担う産業であり，産業の発展を輸送の側面から促進する産業基盤としての役割を果たした（老川 1996：63）．こうした状況下で政府は，私鉄の健全育成と投機抑制，さらに経済的・軍事的な観点から，規格統一を目的として1887（明治20）年に「私設鉄道条例」を，さらに1890（明治23）年に「軌道条例」を公布する（京浜急行電鉄株式会社編 1999：12）．これをきっかけとして全国で鉄道敷設の請願が相次いだ[19]．さらに1890（明治23）年に開かれた第3回内国勧業博覧会での電車の展示（第1節参照）により，都市部の人口密集地では電気鉄道の出願が中心となっていく．

 東京で電鉄敷設の中心となっていたのが，「甲州財閥」の巨頭といわれていた雨宮敬次郎[20]（老川 1996：101-104），東京電燈（現在の東京電力）で技師長を務め，上記の内国勧業博覧会で電車展示を行った藤岡市助[21]（京浜急行電鉄株式会社編 1999：10），それに藤岡とともに1888（明治21）年に東京市内の電気鉄道敷設を出願していた立川勇次郎（京浜急行電鉄株式会社編 1999：9）であった．このうち，京浜電鉄創立の中心となっていくのが立川である．

 1862年に岐阜で生まれた立川は20歳の時に弁護士となり，24歳の時に東京で法律事務所を開く．上京後，1888（明治21）年に電鉄敷設の出願に関する法律相談を受け，請願書を作成し発起人として名を連ねた．この出願は却下されてしまうが，これをきっかけとして立川は電鉄事業にかかわるようになっていく．この時に，同様に電鉄敷設を計画していた藤岡を知ることになる（京浜急行電鉄株式会社編 1999：8-9）．一方で雨宮は，北海道炭礦鉄道，甲武鉄道（新宿－八王

子間),川越鉄道 (国分寺－川越間) の設立・経営などの鉄道事業にすでにかかわっていた．さらに，都市部での電鉄敷設を普及させるために1893 (明治26) 年に「電気鉄道期成同盟会」を結成し，政府に電鉄事業の早期許可を働きかけ，同時に東京市内と品川－横浜間の電鉄敷設の計画・出願をしていた (京浜急行電鉄株式会社編 1999：10-11，野田ほか編 1986：156)．

雨宮が期成同盟会を結成した頃，立川は石炭事業にかかわるなど，実業界に身を転じていた．そして産業・文化は，交通機関の発達によって推進されると考えるようになっていた．雨宮の動きなどをみて，東京市内で電鉄敷設が検討されるのであれば，1888年に出願した計画も検討に値すると判断し，再出願した．この計画に藤岡・雨宮も合流し，3人が出願人総代に名を連ねて出願されたのが「東京電気鉄道」であった (京浜急行電鉄株式会社編 1999：11)．しかし，同時期に東京市内では複数の電鉄敷設出願[22]があり，免許が下される見込みは非常に薄かった．そこで立川は京浜地区に目を向けることになる[23]．この地域に関しては，横浜－川崎間以外は鉄道敷設を特許するという内示が1897 (明治30) 年に政府から出されていた (横浜市 1965：666)．さらに東海道線の川崎停車場－川崎大師間に新たに鉄道を敷設しようという計画が，川崎在住の有力者によって検討されていた．立川はこの計画に参加して発起人総代となり，1896 (明治29) 年に川崎町－大師河原村間の電鉄敷設請願書を内務大臣に提出した．これが，京浜電鉄の前身となる「大師電気鉄道」(以下，大師電鉄) である (京浜急行電鉄株式会社編 1999：12-16)．翌1897年に特許が下りた大師電鉄は98年に設立総会を開催，そこで立川が専務取締役に，さらに藤岡が技術顧問に就任する (京浜急行電鉄株式会社編 1999：17)．

1899 (明治32) 年に開業した大師電鉄は，当初は川崎大師への参詣客を主要な対象として計画・敷設された．しかし立川の経営参加後は，単なる地方観光鉄道ではなく京浜間を連絡する都市間鉄道となることがめざされた[24]．開業後，好調な営業成績を記録した大師電鉄は，開業3カ月後に株主総会を開催する．この総会で，①単線であった路線を複線にする，②大師河原 (後に起点を蒲田に変更) －穴守稲荷 (羽田) 間，品川－川崎間の路線を敷設する，③社名を「京浜電気鉄道」に改称することを議決する (京浜急行電鉄株式会社編 1999：23)．蒲田－穴守稲荷間は1902 (明治35) 年に，品川－川崎間は1904 (明治37) 年にそれぞれ開業

した．さらに1905（明治38）年からは川崎－神奈川間の工事を開始し，同年末に品川－神奈川間が全通する[25]．ここから，都市間連絡鉄道としての京浜電鉄が実質的にスタートすることになる（京浜急行電鉄株式会社編 1999：24-40）．

京浜電鉄は，前節までの横浜鉄道・南武鉄道と異なり，当初から旅客輸送を主眼として敷設された．そのため，旅客誘致策としてさまざまな沿線開発を行っている．

まずは電灯・電力事業への参入である．京浜電鉄は，川崎町（現在の川崎区港町）に建設した川崎発電所の自家発電設備により運転を行っていた．その余剰の電力を沿線周辺に供給する事業を展開する．事業の最初は，1901（明治34）年に大森町で開始した電灯供給事業であった．電灯供給事業はその後，07年に大井村・蒲田村・六郷村・羽田村・矢口村・御幸村・川崎町・大師河原村，10年に池上村・馬込村・田島村・町田村・生見尾村，15年に中原村・住吉村と，供給範囲を拡大していく．21年末の最盛期には供給戸数は30,000戸を超えていた（京浜急行電鉄株式会社編 1999：44-46）．その間，川崎発電所だけでは供給不足となることから，桂川電力などと受電契約を結び，さらに事業を拡大していく．工場を対象とした動力用電力の供給も1913（大正2）年から開始し，第一次世界大戦後の好況の余波を受けて急速に拡大していった．こうした電灯・電力事業は1921～22年に最盛期を迎え，電灯料・電力料の収入が京浜電鉄全収入の31％を占めるに至った．その後，桂川電力を吸収合併した東京電燈（現在の東京電力）との競合状態となり，東京電燈という「問屋」から電力を供給してもらっていた「小売」の京浜電鉄が事業を継続することが困難になり，最盛期直後の1923（大正12）年に群馬電力に事業売却することになる（京浜急行電鉄株式会社編 1999：46-47）．しかし，明治後半～大正にかけて京浜地区臨海部において電灯・電力という社会資本の整備を進め，この地域の「発展」の基礎をつくったことの意義を見逃すことはできない．

次に，住宅地の開発である．京浜電鉄内に「京浜地主協会」が設立された[26]．これは，川崎大師や穴守稲荷といった観光名所や寺社ばかりに集客を頼らず，沿線に移住する住民を獲得し，住民の電鉄利用を促進していこうという意欲の現れといえる（京浜急行電鉄株式会社編 1999：51）．手掛けたものとして代表的なのが生麦住宅地（約15,000坪）であり，1913（大正2）年から土地を買い入れ，道路や下水道といったインフラを整備し，翌13年から分譲を開始した．売れ行き

は好調で,1918(大正7)年までにはほぼ完売したという(京浜急行電鉄株式会社編 1999:52).この生麦住宅地は現在の京浜急行生麦駅(横浜市鶴見区)の隣接地にあたり,現在では商店や住宅が密集し,古い街路が残った独特の地域を形成している.この他,「川崎運河」開削にあわせて約20万坪の土地を工場地・住宅地(「川崎住宅地」,後に「八丁畷分譲地」と改称)として造成・販売することも行っている(京浜急行電鉄株式会社社史編集班編 1980:489-490).

5. 都市間鉄道(2)——東横電鉄と五島慶太

本節では,京浜電鉄とともに東京~横浜間の都市間鉄道を形成し,沿線開発を積極的に行っていった東横電鉄(現在の東急東横線)についてみていく.

東横電鉄の創設の起源となるのは,1906(明治39)年に設立された武蔵電気鉄道(以下,武蔵電鉄)である.武蔵電鉄は11年に渋谷-横浜間の電鉄敷設の認可を受けた.しかし,第一次世界大戦後の不況や物価騰貴などにより建設予算が大幅に増加し,工事着手できないままでいた(坂西 2001:15,横浜市 1976:147).そこに鉄道院の推挙で入社したのが五島慶太[27]である.五島は当時,鉄道院監督局総務課長の職にあったが,鉄道院を退官して1920(大正9)年に武蔵電鉄の常務の職に就く.さらに22年には専務となり,ここから五島の実業家としてのキャリアが始まっていく.

一方,五島の事績をみる際には,田園都市株式会社を立ち上げた渋沢栄一の存在を無視することはできない.田園都市株式会社は,東京の南西部(現在の世田谷,目黒,品川,大田各区域)約50万坪の開発を推進し,土地分譲・電気供給・電鉄敷設を目的として1918(大正7)年に設立された[28](東京急行電鉄株式会社 1943:1).しかし20年に発生した恐慌の影響を受けて業績不振に陥った田園都市株式会社は,電鉄部門の建て直しに関して小林一三[29]に事業への参加を依頼する.しかし,小林は「多忙に加えて大阪に居住していたため,自分の意志を代行し得るだけでなく,将来この大事業を完遂し得る識見・手腕・人格の兼ね備わった人物として,五島慶太を推挙」した(東京急行電鉄社史編纂事務局編 1973:82).小林の説得に応じて田園都市株式会社に入社し,専務となった五島は,鉄道部門の分離を決め,1922(大正11)年に新たに目黒蒲田電鉄(現在の東急目黒線・

多摩川線，以下，目蒲電鉄）を創立する．目蒲電鉄は，田園都市株式会社の所有路線（目黒－多摩川間，大井町－洗足間）と武蔵電鉄の蒲田支線（多摩川－蒲田間）を譲り受け，23年に目黒線（目黒－丸子間），蒲田線（丸子－蒲田間）を開通させた（坂西 2001：18-19）．この頃，武蔵電鉄は第一次世界大戦の反動による不況で資金難に陥り，路線建設は到底着手できないような状態だった．そこで，五島は武蔵電鉄を目蒲電鉄の傘下に入れ，名称も東京横浜電鉄と変更した（東京急行電鉄社史編纂事務局編 1973：21）．目蒲電鉄の援助によって東横電鉄は1926（大正15）年に丸子多摩川－神奈川間，27年に丸子多摩川－渋谷間を開業し（東京急行電鉄社史編纂事務局編 1973：22-23），京浜電鉄に続いて京浜間の連絡鉄道が完成する．

さらに五島の目は，電鉄事業の拡大を狙って外へ向けられ，1934（昭和9）年に池上電気鉄道（1922年開業，池上－蒲田間，現在の東急池上線），38年に玉川電気鉄道（1907年開業，渋谷－玉川間，現在の東急田園都市線）を吸収合併する（前者は目蒲電鉄に，後者は東横電鉄に吸収する）．こうして京浜地区の路線網を傘下に収めたことにより，交通事業の一元化を図るため五島は1939（昭和14）年に目蒲電鉄と東横電鉄を対等合併させ，新生・東横電鉄として改組した（東京急行電鉄社史編纂事務局編 1973：24-29）．ここに現在の東急電鉄の原型ができあがるのである．

ところで，ここでひとつ注意しておきたい点がある．渋沢の田園都市構想は，周知のとおりE．ハワードの「田園都市」をもとにして，郊外に環境のよい住宅地を建設しようというものであった．それが現在の田園調布として結実することになるのだが，田園都市構想に限らず兜町のビジネス街計画にしても銀座煉瓦街計画にしても，渋沢が携わった都市計画は，自身の利益を生み出すようなものではなく，渋沢の経営する企業に経営的見返りをもたらしたものはないといわれる．なかでも田園都市株式会社は，それまでかかわったすべての企業の経営から手を引いたうえで，晩年になってから立ち上げたものであり，渋沢が自身の「理想」を実現させるために，いわば集大成としてつくりあげたものであった（藤森 2003）．その意味で,渋沢が中心になって事業を進めていた頃は,都市開発が「主」，鉄道事業が「従」という関係にあった．

ところが，五島が電鉄事業を率いるようになってからは，田園都市株式会社と

目蒲・東横両電鉄の関係に変化が生じてくる．この両路線は京浜地区の主要交通機関となり，田園都市株式会社は，その沿線を開発する不動産事業者という位置づけがなされるようになる．その最大の要因は，路線拡張によって電鉄事業の占める割合が次第に大きくなったことにあるが，渋沢と五島の間で，都市開発事業と鉄道事業に対する考え方に相違があったことも要因であろう．1931年に渋沢が死去し，事業の中心人物が変わったことが，その後の事業の方向性をも変えてしまったといえる（坂西 2001：35-36）．このことが端的に現れているのが，1928（昭和3）年に田園都市株式会社が目蒲電鉄に合併される（横浜市 1976：151-152）という，いわば「逆転現象」であった．

こうした「方向転換」もあって，目蒲電鉄・東横電鉄は，1926（大正15）年に調布村（現在の田園調布）に共同遊園地を経営し，また小杉（30,000坪），新丸子（20,000坪），元住吉（29,000坪），日吉台（187,000坪）に次々と住宅地を建設する（横浜市総務局市史編集室編 1996：132-133，川崎市 1997a：40-41）など，京浜電鉄と同様に積極的に沿線開発を行っていった．

なかでも五島の経営戦略として目立つのが学園誘致策である．その先鞭となったのが，関東大震災の被害を受けて，大学昇格を前提に東京・蔵前からの移転先候補地を探していた東京高等工業学校（現在の東京工業大学）であった．校舎移転の話を聞きつけた五島は，大岡山地区に売れ残っていた分譲地を学校用地に充てることにし，約10万坪を蔵前の土地約12,000坪と等価交換し，大岡山への移転が1924（大正13）年に実現した（坂西 2001：37-43）．この移転をきっかけとして，通学客による収入増という経営戦略が有効であることに気づいた五島は，多くの学校を沿線に誘致していく．「義塾の敷地を拡張して一部をこれに移転せしむべしとの論が起こり，関東大震災の被害復旧が一段落を告げる頃からようやく具体的な問題」とされ始めていた慶応義塾大学予科に日吉台の土地約72,000坪を無償提供することを提案し，1929（昭和4）年に移転契約を結んだ（東京急行電鉄社史編纂事務局編 1973：130）．その後，1930年代に東京府立高等学校（現在の首都大学東京）を目黒区柿ノ木坂，日本医科大学予科を川崎市新丸子，法政大学予科を川崎市木月，青山師範学校（現在の東京学芸大学）を駒沢町下馬へと，次々に誘致していく．その後，傘下に収めた玉川・池上両電鉄まで含めた沿線の学校数（旧制中学以上）は，1937（昭和12）年時点で70校に達したとい

う[(30)]（坂西 2001：46）．学園誘致によって，東横電鉄，田園都市株式会社ともに営業成績が伸びたことはいうまでもないが，それ以上に学園都市という環境も含めて，東京南西部〜川崎・横浜地域に新たな郊外地域をつくりだしたことは見逃してはならないことだろう．

6. 京浜地区臨海部の変遷

戦前期の京浜地区臨海部は，重厚長大型産業の集積によって東京圏の「先端」地域を形成した．その最初の要因は，江戸末期の横浜港の開港によって国内外の物資が集まるようになったことに求めることができるだろう．しかし，その後（明治末〜昭和初期）の発展は，民間資本によって形成された鉄道網によっている部分が大きい．物資輸送だけでなく，臨海部に形成される工業地帯に労働者を運ぶという点でも重要な役割を果たした．以下，本節では，これまでみてきた「民」による鉄道建設の結果，京浜地区臨海部がどのように形成されてきたのか，おもに工場・企業立地と人口動態からみていく．

6.1 臨海部・多摩川沿岸の工場・企業立地過程

日露戦争から第一次世界大戦の頃に，東京では隅田川河口改良工事による土砂で造成された埋立地に機械・電気関係の企業が移転ないし新設された．こうして臨海工業地帯に変わり始めた芝浦地域の諸企業は，やがて，さらに廉価で広い工場敷地を求めながら，川崎・横浜方面へと発展の方向をたどることになった．諸企業の「南下」の動きは，地価が廉価であることに加えて，①電力などの原動力の利用が容易であること，②横浜港を通じての原料・製品の搬出入の利便性が高いこと，③鉄道網を利用した通勤が可能であること，などを要因として挙げることができる（川崎市 1995：260-261）．その際，多くの工場・企業が立地したのは，浅野総一郎が中心となって行った埋立地，および多摩川に沿うかたちで敷設された南武鉄道の沿線であった．

明治末〜大正の約20年間に，表4.1にみられるように続々と大規模な工場・企業が進出した．そのきっかけとなったのが，①1905（明治38）年に京浜電鉄が品川－神奈川間を全通させ，東京からの通勤客を誘導したこと，②浅野総一郎

表 4.1 臨海部および南武鉄道沿線のおもな工場・企業進出（明治末～大正期）

	臨　海　部		内　陸　部 [(1)]
	横　浜 [(1)]	川　崎	（多摩川沿岸）
1906		京浜電鉄車輌修繕工場（61）	横浜精糖（591）
1907	三菱重工横浜船渠 [(2)]（3,505）		
1908			安藤製紙（13）
			井上製紙（14）
1909		東京電気（2,050）	
1910		日本蓄音機商会（270）	
1913		日本改良豆粕（97）	東京電気（900）
		日本鋼管（2,378）	
1914		鈴木商店（634）	
1915		富士瓦斯紡績（4,301）	高橋毛織合名会社（30）
			日東製鋼（55）
1916		旭硝子（—）	加藤商店（15）
		浅野セメント（796）	新八製紙（10）
		浅野造船所（5,200）	
1918		浅野製鉄所（500）	玉川製紙原料（12）
1920	古河電気（879）		
1924	芝浦製作所（1,149）	富士電機製造（649）	
1925	森永製菓（711）	東京製綱（1,088）	

(1)「横浜」＝鶴見区・神奈川区・中区
　「内陸部」＝川崎市幸区・中原区・高津区（ともに現在の区名）
(2) 三菱重工横浜船渠は，操業開始年ではなく3つのドックの完成時．
(3) 各企業名の後ろの括弧内は従業員数を示す（数値は表内の期間の最大数）．
　　旭硝子は当時の従業員数が不明．
出典：川崎市（1990：810-829，1995：312），横浜市総務局市史編集室編（1993：461），横浜市（1971：511,528,544,550,561）より筆者作成．

が1914（大正3）年に鶴見埋立株式会社を創立し，埋立事業を開始したことである．

表 4.1 からわかるように，臨海部には広大な埋立地に，電力・ガス・製鉄・造船といった大規模な工場・企業が立地した．進出の年度から，まずは川崎に立地し，埋立地が横浜（鶴見）に広がるにつれて京浜工業地帯が拡大していった様子がみてとれる．一方，川崎市の内陸部（多摩川沿岸）では，表内の時期には比較的小規模の製紙業が集積していった．後に南武線が立川まで全通し，日中戦争が本格化する頃になってからは，製紙業に替わって日本電気（1936年），東洋通信機（1937年），富士通信機（1938年），日立精機（1940年）といった，軍需産業であった通信・機械産業が集積し，「駅並工業地帯」を形成していく（五味 1992：49，川崎市 1997：135）．

102　第4章　東京圏の「先端」地域形成

6.2　川崎市・横浜市の人口動態

　京浜工業地帯の形成にあわせて，川崎市・横浜市の人口も急増する．その要因となったのが，本章でみてきた4つの私鉄によって京浜工業地帯に通勤することが可能になったことであった．とくに沿線で住宅地開発を行った京浜電鉄・東横電鉄が通過する地域の人口増は著しい．さらに，関東大震災の被災によって人口が郊外へ移動するが，こうした移動を可能にしたのも，鉄道敷設によって通勤圏が広がったことによっている．

　まずは川崎市の人口動態である．ここでは，川崎市内を「南武鉄道南部」，「南武鉄道北部」，「南武鉄道外」と3つに区分した（表4.2，図4.1）．川崎市の人口

表4.2　川崎市の人口動態

(人)

	1920年		1925年		1930年		1935年	
南武鉄道南部 [1]	59,728	(100)	83,202	(139)	115,038	(193)	156,522	(262)
南武鉄道北部 [1]	13,249	(100)	13,667	(103)	16,762	(127)	20,184	(152)
南武鉄道外 [1]	17,926	(100)	16,442	(92)	18,045	(101)	19,088	(106)
市合計	90,903	(100)	113,400	(125)	149,845	(165)	195,794	(215)

(1) 各地域に含まれる町村は以下のとおり．
　　南武鉄道南部：田島町，川崎町，中原町（現在の川崎区，幸区，中原区）
　　南武鉄道北部：橘村，高津村，稲田町（現在の高津区北部，多摩区北部）
　　南武鉄道外　：日吉村，宮前村，向丘村，生田村，柿生村，岡上村
　　　　　　　　　（現在の高津区南部，多摩区南部，宮前区，麻生区）
(2) 括弧内の数字は1920年を100としたもの（以下同様）．
出典：川崎市（1990：799），川崎市（1991：2-5）より筆者作成．

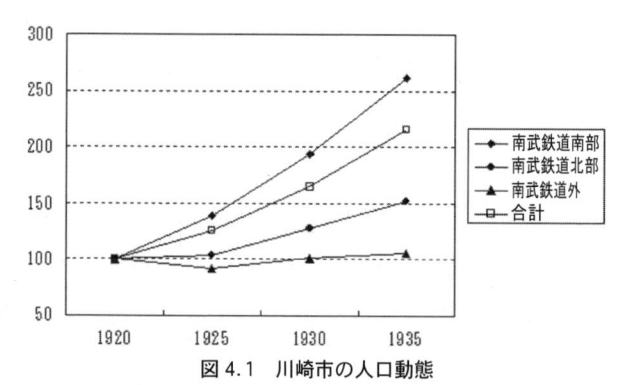

図4.1　川崎市の人口動態
注：各地域は表4.2に同じ．出典：表4.2に同じ．

表4.3 横浜市の人口動態

(人)

区 名	1920年		1925年		1930年		1935年		1940年	
鶴 見	35,182	(100)	53,684	(152)	81,210	(231)	113,962	(324)	172,587	(491)
磯 子	21,058	(100)	21,011	(100)	24,510	(115)	27,999	(133)	41,566	(197)
金 沢	17,934	(100)	17,894	(100)	20,567	(115)	23,845	(133)	35,400	(197)
神奈川	81,277	(100)	80,476	(99)	93,978	(116)	109,573	(135)	130,883	(161)
戸 塚	28,843	(100)	30,622	(106)	32,096	(111)	34,505	(120)	42,697	(148)
保土ヶ谷	45,741	(100)	45,395	(99)	51,882	(113)	58,508	(128)	66,529	(145)
港 北	40,203	(100)	40,846	(101)	43,959	(109)	47,510	(118)	56,432	(140)
西	101,506	(100)	100,270	(99)	117,120	(115)	125,565	(124)	139,720	(138)
中	101,181	(100)	99,949	(99)	116,846	(115)	125,164	(124)	139,236	(138)
南	106,329	(100)	105,002	(99)	122,710	(115)	129,950	(122)	143,014	(135)
市合計	579,254	(100)	595,149	(102)	704,518	(121)	796,581	(138)	968,091	(167)

出典:神奈川県県民部県史編集室編(198:32)より筆者作成.

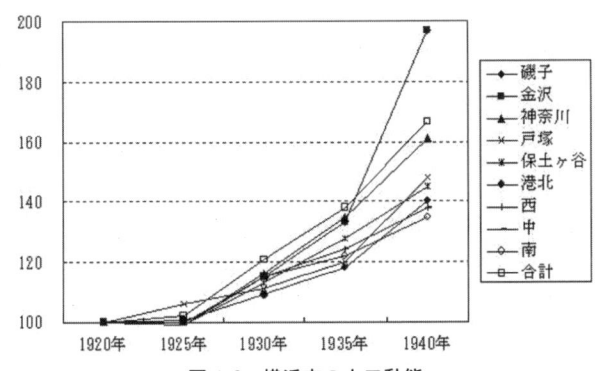

図4.2 横浜市の人口動態

注:鶴見区は値が大きいためのぞいた.出典:表4.3に同じ.

は大正～昭和初期の15年間でほぼ倍増するが，大規模な工場が集積した南武鉄道の南部地域ではそれを上回る勢いで人口が増加している．また，南武鉄道の沿線にあるか否かによって人口増加の度合いが大きくちがうこともわかる．南武鉄道外の地域は，戦前までは交通の「空白地帯」であり，開発が行われるのは戦後になってからである（戦後の東急資本によるこの地域の開発については第9章の下村論文を参照）.

横浜市の人口動態については，とくに1930年前後に大きな変化が見出せる（表4.3, 図4.2）．横浜鉄道，京浜電鉄，東横電鉄などによって横浜駅を中心とした

鉄道網が形成され，横浜の中心部はそれまでの関内・伊勢佐木町から横浜駅へと移った．この時期，市域全体では67％の増加を示しているが，鶴見・磯子・金沢の各区はこれを上回る率になっている[31]．とくに京浜工業地帯の中心となった鶴見区は激増している．その一方，西区，中区，南区といった従来からの関内・関外地区の増加率は4割に満たず，保土ヶ谷区の人口増加も比較的停滞している．また，港北，戸塚の両区の増加率も平均以下であり，都市化の成熟した都心部と都市化の及んでいない周辺部での増加率の低いことがわかる．これを住宅地形成という点からみてみると，以下のようになる．1931（昭和6）年に横浜土地協会が住宅地分譲促進のために出したパンフレット「大横浜土地案内」には，鶴見，神奈川，磯子地区の24カ所の住宅地が紹介され，交通の便，水道・ガス・電気の設備，教育機関の存在などがセールスポイントとして挙げられている（横浜土地協会 1936）．これらの多くが京浜電鉄，東横電鉄（田園都市株式会社）の開発によって高台や丘陵地に新たに造成された住宅地（横浜市 1996：132-133）であり，こうした沿線開発が，前述のような人口動態の要因となっている．

7．先端地域をつくりだした「民」の力──「近代化」を成し遂げた功罪

本章で取り上げた対象（民営社会資本）は，鉄道という社会資本の整備を行い，京浜地区臨海部の基礎をつくりあげた．また，横浜商人・浅野総一郎が行った埋立事業や，京浜電鉄・東横電鉄（田園都市株式会社）が行った住宅地開発も，都市構造の変遷をみるうえで見逃してはならない．明治に入って近代国家は成立したものの，財政的な理由などによって，「官」が取り仕切る体勢が整うまでにはかなりの時間を要した．京浜地区臨海部の揺籃期に主導的な力を発揮したのは「国家的な」視点をもった「民」であった．そして，「民」によってつくりだされたこの地域は，日本全体の「発展」の中心的・象徴的な存在となり，とくに戦後期においては国家的な政策と直結していくことになるのは周知の事実である．

だが，こうした発展を支えた事業主体の直接の動機は，やはりあくまで「自身（の企業）の利益」のためというところにあった，といわざるをえないだろう．社会全体が近代化していく中で，先見の明のあった主体がうまく「成功を手に入れた」ということがいえそうである．もちろん，そうした動機の「不純さ」を非

難するのではない．渋沢のように「理想」を掲げて事業に取り組んだ人物もいたこと，この時期の京浜地区の資本家の多くが渋沢の影響を受けていたことを考えれば，「不純」とかたづけてしまうのは早計であろう．何より本章の目的は，各主体の行為の「善・悪」，「適・不適」を判断することにはない．しかし，だからこそ，早急な近代化を推し進めるあまり，「成功」の裏でさまざまな「問題」を引き起こしてきたことを，厳然たる事実としてみつめる必要がある．

　本章でみたような企業・工場の進出によって，京浜工業地帯は昭和初期に全国工業生産の4分の1を占めるようになる（川崎市 1997b：3）．その中でも川崎・横浜は中心的な地位を担っていたが，「集中」と「発展」の弊害も経験していた．川崎市・横浜市は戦前までの時期に市域の拡張を行っている．川崎市は1924（大正13）年の市制施行以来，北西に向かって拡張し，1939（昭和14）年に現在の市域と同じ範域となった（川崎市 1997a：3-13）．横浜市は1889（明治22）年の市制施行以来，中心部から同心円を描くように拡張し，同じく39年に現在の市域となっている（横浜市 1976：38-44）．

　この背景には，京浜工業地帯の拡大とそれにともなう急激な人口増によって，教育・消防・清掃・水道などの社会資本の整備が喫緊の課題となっていたことがあった（山田 1974：35-36）．こうした事態を打開するため，自治体の財力・権限の及ぶ範囲を広げ，一元化・効率化することを図ったのである．とくに川崎市では，東北地方，沖縄，朝鮮といったところから多くの労働者が流入して都市の最下層を形成し，非常に劣悪な生活環境におかれることを余儀なくされていた（川崎市 1995：348-373, 1997a：56-60）．川崎市は戦後の高度成長期に公害に苦しむことになるが，工業地帯形成による「問題」に当初から悩まされ続けているのである．

　また，浅野総一郎の京浜地区への進出は深川での公害被害がきっかけとなっているが，埋立事業の開始にあたり，地元の漁民を中心にした多くの反対運動に直面している（東亜建設工業株式会社編 1989：75-76，川崎市 1995：305-309）．戦前期の京浜地区臨海部における埋立事業は，本章でみてきたような形で「民」主導で行われたものが少なくないが，その際に埋立予定地の農漁民との衝突が頻発していた（山田 1974：33-34）．なお，この地域における漁民の問題については第6章の武田論文で詳しい分析・考察がなされているので，そちらを参照され

たい．さらに，埋立地に進出してきた企業の多くが環境問題を引き起こした．鈴木商店（現在の味の素株式会社）は塩酸ガスと廃液の問題によって，付近の漁民・農民に対して被害補償を行わざるをえなかった．また，製油所の多くが大気汚染や水質汚濁を引き起こしている（川崎市 1995：337-342）．こちらもまた，戦後まで続く都市問題の原型をみることができる．

　こうした問題の発生は，利益追求を大前提とする「民」が都市形成の主体であった，ということに一因を求めることができるのかもしれない．だが，それでは「官」主導であれば問題は発生しなかったのかといえば，事はそれほど単純ではない．戦後の日本社会は，都市政策・形成の実質的な主体が「官」に移るが[32]，全国総合開発計画や首都圏整備計画の実施にみられるように，東京一極集中による弊害を是正することに苦心し続けていく．東京圏の「先端」地域を抱える川崎市・横浜市は，まさにその渦の中心核にあった．日本を代表する港湾を有する両市は，1950年の「港湾法」の制定によって港湾空間を独自に開発することができるようになってから，「先端」地域とそれにまつわるさまざまな事象が政策上の大きな課題になっていく（北見 1998）．とくに伊藤三郎（川崎市），飛鳥田一雄（横浜市）の両革新市政の最大の課題が公害問題の解決にあった（打越・内海 2006, 田村 1983）ことからもわかるように，戦後の都市問題は戦前のそれよりもさらに深刻なものとなっていく．その点からいえば戦後社会——とくに「官」側——は，戦前の「発展」に対して無反省の部分が多かったといえるのではないだろうか[33]．そして，こうした経験の蓄積が，後の各章でみるような社会運動・市民活動の土壌を形成したといえる．つまり戦後の各種の活動は，「民」がきっかけとなって生み出され，「官」でも扱いかねた問題を，「新たな民」の力が解決しようとする動きとみることもできよう．

　こうした戦後の流れも踏まえると，本章で取り上げた各主体の（本来の）意図はどうあれ，現在にまで続く都市構造を形成する大きな要因となった，ということが改めてわかる．いうまでもなく，戦前期における京浜地区臨海部の都市形成を支えたのは本章で取り上げた対象にとどまるものではない．東京圏の都市構造を分析・考察するうえで，その功罪を正確に見定め，さらにさまざまな主体を視野に入れたうえで，しっかりと吟味していくことが今後の重要な課題となるだろう．

【注】

(1) 時代により意味合いは異なるものの，社会資本の官業官営という思想は生き続けている．明治前半の官営事業は，まず旧幕藩営の軍事工場，鉱山などの継承にはじまり，電信，郵便，鉄道などの官営による新規開業，紡績などの各種模範工場建設，官有船の御用会社による運航など広範囲に及んだ．これは，この当時の民間経済力の欠如に基因する．資金，人材，技術，ノウハウなどすべての点で民間に優越していた政府が，まず率先してモデル工場を建設し，民業勃興を誘発促進して欧米に早急に追いつくための殖産興業策であった．つまり初期の官業は民業発達までの過渡的形態といえる（小川 1987：51-52）．

一方，明治後半以降は，軍国主義の進展による統制の強化と「民間罪悪説」によって特徴づけることができる．軍国主義の現れとしては，外国資本による社会資本の支配を恐れる軍部などの圧力があったという（小川 1987：53）．「民間罪悪説」とは，民間は営利優先で個々に勝手な施設などを建設するために，全国的な普及やネットワークが期待できず，また料金設定も不当に高くなる可能性があり，私的独占の弊害を生ずるという思想である（小川 1987：81）．

鉄道の場合は，明治期に鉄道敷設に尽力した井上　勝の「私設鉄道中ニハ……最モ収益多カル部分ノミヲ布設シ其他ハ布設ヲ見合セントスルモノアルノ実況」という言葉が，この思想を端的に表している（小川 1987：53-55）．井上は私設鉄道に関して，営利に走ることの弊害を訴え，絶えず不信を表明して峻烈な批判を展開していた（小風 2003：42-43）．「公共性」を有する社会資本の整備は「官」が行うべきである，という後世に連綿と続く思想の初期段階の発露といえるだろう．もちろん井上は一貫してすべての鉄道は「官」が行うべきだと考えていたわけではない．その点の議論に関しては小風（2003），老川（2003）を参照されたい．

(2) しかし，広範囲の社会資本整備を広く民間に呼びかけるという点で評価ができる一方で，この布告には営業年限の厳守を定める「元資償却主義」という限界も抱えていた．社会資本が一部特定企業の利権となってしまうことを回避し，「公物公有主義」の下で暫定民営を特許しようとしたのが元資償却主義の趣旨であったが，これは資本主義に基づく営利獲得をめざす株式会社の理念とは相反するものであった．その中で，元資償却主義からの脱却＝営利主義による社会資本経営が最初に公認されたのは鉄道で，1887年に公布された「私設鉄道条例」によって，営業年限が撤廃されることになる（小川 1987：30-33）．

(3) 渋沢は，訪米した際に教会や学校，福祉施設なども積極的に訪れている．利益を追

求する企業家は事業以外でも公益に貢献し，社会的な信頼と評価を得なければならない，と考えていた（日本経済評論社 2003：210）．

(4) 原善三郎は1827年に現在の埼玉県の農村に生まれ，生家が繭や生糸の取引を行う中継商であった．横浜開港によって生糸が外国向け輸出品として好調であることを聞きつけ，開港直後に横浜で店舗を構える．1869（明治2）年には横浜生糸商人の筆頭を占めるようになり，第二国立銀行（後の横浜正金銀行）の頭取，神奈川県議会議員，商法会議所頭取，横浜蚕糸貿易組合長，衆議院議員，さらには貴族院多額納税議員までも務めるようになる．明治前半の横浜商人をまさに代表する人物である（井川 1994）．

(5) 渡辺福三郎は1855年に江戸商人の息子として生まれた．家業は江戸日本橋で海産物商を営み，幕末に横浜に進出，その横浜店の2代目が福三郎であった．横浜では海産物のほかに生糸・石炭も扱うようになり，さらに不動産・金融業にも手を広げ，徐々に財をなしていった．その後，横浜市議会議員，神奈川県議会議員になり，政界へも進出する．明治40年代以降は横浜鉄道，横浜倉庫（本文参照）だけでなく大日本精糖，日清紡績など，10社以上の会社の経営に携わるようになり，原　善三郎亡き後の横浜商人の「顔」となっていった（西川 1994）．

(6) この3路線の構想のもととなったのが，清水保吉が1887（明治20）年に『工学会誌』（第64巻）に発表した「八王子鉄道論」である．清水は同論文の中で，鉄道建設による経済効果－輸出商品としての生糸・絹布の生産・集積地と輸出港との直結－を主張し，この発想が横浜の生糸売込商に影響を与えた（野田ほか編 1993：49, サトウ 1995：27，横浜市 1965：645-651）．

(7) 発起人には，堺村（現在の町田市）に在住していた青木正太郎も取締役として入っていた．神奈川県議会議員，衆議院議員を務め，東京米穀取引所常務理事も務めた青木は，後に京浜電鉄（第4節参照）の社長も務めることになる（サトウ 1995：36-37）．

(8) なお，この5回の請願の期間に原　善三郎は死去し，代わって渡辺福三郎が発起人代表となっていく（井川 1994，西川 1994）．

(9) 利光鶴松は1863年に大分県に生まれ，明治10年代に上京し，自由民権運動に投じたあと，弁護士として星亨の門下となった．その後，政界に入り，東京市会議員，衆議院議員を経て実業界へ転じ，1927（昭和2）年に小田原急行鉄道（現在の小田急電鉄）を開業する（渡邊 2000）．

(10) 発起人総代となったのは，川崎の有力者である秋元喜四郎だった．秋元は1866年に現在の川崎市中原区に生まれ，生家は代々の名主で，喜四郎は16代目にあたる．

また，発起人には当時の川崎町長であり，後に初代川崎市長も務める石井泰助も加わっていた（五味 1992：2-3）．石井は川崎町長・市長として京浜地区臨海部の工場・企業誘致に尽力し，浅野とともに京浜工業地帯形成に大きな役割を果たした（川崎市 1995：259-270）．

(11) 1920年に免許が下りた時，南武鉄道の予定線は川崎－稲城間であった（五味 1992：3，野田ほか編 1996：87）．

(12) 浅野は青梅鉄道・五日市鉄道の創設にも株式を保有するという形で加わり，後にこの2つの路線も系列傘下に収めることになる（野田ほか編 1993：82-92）．

(13) 以下，浅野総一郎に関する記述は，とくにことわりのない限り北林（1930），日本経済新聞社編（2003），新田（2000），斉藤（1998），『東京人』編集室編（2003），吉田（2002）に拠っている．

(14) 渋沢は王子抄紙会社（現在の王子製紙）を経営しており，そこでの燃料取引の関係から，浅野は渋沢の知遇を得る．社会的意義のある事業を，民間人として長期的視野でやっていこうとする渋沢の姿勢に浅野は強い感銘を受け，以後，渋沢とともに数多くの事業に関係することになる．また浅野は，生涯渋沢とのつながりを経由して以外には，政官界とほとんど関係をもたなかったといわれる．一方，渋沢は浅野に，自分にはない工業経営の実務的才能をみていた．

(15) 浅野と安田の結びつきは，1898（明治31）年に浅野セメントを合資会社に衣替えする際，安田に出資を仰いだことがきっかけであった．同じ富山出身ということもあったが，安田も渋沢同様，浅野の工業経営者としての才能に惹かれていたという．また安田は，幕末に江戸の両替商から身を起こし，日露戦争の前後にはほぼ財閥としての基礎を固めたにもかかわらず，三井や三菱などと比べて鉱工業部門への進出という点では立ち遅れていた．そこで，総合財閥への転換をめざす安田が注目したのは，東京近郊で工業発展のための基礎を築くことであり，そこに浅野の考えと連動する部分＝埋立事業（本文後述）があった（川崎市 1995：300）．浅野と安田は「事業は公共の利益を目標に置く」という共通の信念で補し合い，「（浅野財閥は）安田財閥とは表裏一体の関係で，安田財閥の産業部門的性格を持つ」ほどの親密な関係をつくりあげたという（吉田 2002：82）．

(16) 明治末に，アメリカから最新式の集塵法を導入した結果，深川のセメント工場は移転せずに操業を続けることが可能になる．関東大震災の復興事業においては，深川・川崎の2工場の稼動により莫大な利益を上げた（『東京人』編集室編 2003：289）．

(17) 東京市会の反対の理由は，「築港のような国家的事業は民間有志の手に任せるべき

でない」というものであった（東亜建設工業株式会社編 1989：66）．1937（昭和12）年以降，臨海工業地帯の造成はすべて公営化されるようになるが（東亜建設工業株式会社編 1989：12），日清・日露戦争を経て軍国主義の色合いが強まる中での社会資本整備の官営化の現れといえるだろう．また，神奈川県の反対の理由は「東京湾築港は横浜港の生命線を脅かす」というものであった（東亜建設工業株式会社編 1989：66）．

(18) 鶴見埋築株式会社は，埋立免許が下りた翌年の1914（大正3）年に創立総会が開催され，正式に設立された．株式総数は7万株，資本総額は350万円，主要株主は浅野系が23,000株，安田系が16,000株，渋沢系が8,000株となっていた．社長は浅野，専務取締役は白石・大川，取締役は安田，監査役は渡辺となっていた（東亜建設工業株式会社編 1989：76-77）．

(19) 条令公布後，1892(明治25)年までに50社もの出願があった．これを「第一次鉄道ブーム」と呼んでいる（老川 1996：63）．

(20) 1846年に現在の山梨県塩山市で生まれた雨宮は，15歳の頃に繭や生糸の取引に携わるようになり，1872（明治5）年に横浜に移住して生糸貿易商をめざし，同時に生糸と蚕種紙を中心とした相場師として大を成すに至った．しかし，甲武鉄道の実権を握った頃から，生糸貿易商としてよりは有力な鉄道資本家として名を成すようになった．雨宮の鉄道投資は投機的な要素が強く，比較的短期的な視野で高い利潤を追求する姿勢が顕著であったと評されている．鉄道事業と並行して製鉄，水力発電などの事業にもかかわったが，1890～1900年代前半における主たる事業はやはり鉄道にあり，「甲州財閥」と通称されたグループの中では最も鉄道経営の実績の豊富な人物となった（野田ほか編 1986：156-158）．

(21) 1857年に山口県に生まれた藤岡は，1877（明治10）年に工部大学校（現在の東京大学工学部）に入学，卒業後は母校で5年ほど教鞭をとった後，東京電燈の技師長に就任した．1885年に東京でわが国初の白熱灯を点灯させ，さらに89年には炭素線電球の試作に成功し，1890年に白熱舎（現在の東芝）を設立して東洋における電気製造事業の先駆けとなるなど，「電気・電力の父」として知られている．電力供給事業など，電鉄関連部門にもかかわることのできる技術者として，1890年代の電鉄事業に数多く参画している（野田ほか編 1986：94-95，京浜急行電鉄株式会社編 1999：43-44）．

(22) この中には，利光鶴松と雨宮敬次郎が中心となり，さらに技師長として藤岡が参加していた「東京市街鉄道」の計画も含まれている（渡邊 2000：193-222）．この計画をきっかけとして，利光の電鉄事業は東京の地下鉄計画，さらに小田原急行

電鉄（現在の小田急電鉄）へと進んでいく（渡邊 2000：223-241，横浜市 1965：204-205）．
(23) これよりも前，1893（明治 26）年に雨宮は立川の計画から離れ，京浜（品川〜横浜）間の鉄道敷設を計画していた（野田ほか編 1996：43-44）．
(24) 大師電鉄は開業直後の毎日新聞(1899 年 1 月 24 日付)に開業広告を掲載しているが，その中に「大師電気鉄道は京浜間電気鉄道を全通するの目的を有する前途有望の電気鉄道なり」と記されている（京浜急行電鉄株式会社編 1999：20-21）．
(25) この間，1903（明治 36）年に立川は専務取締役を辞任している（1907 年までは取締役として残る）．路線延伸を中心にして企業規模が拡大する中で「産みの親」ともいえる立川が経営のトップからはずれるという事態の裏には，東京市内における電気鉄道の合併問題と，それに絡む乗車運賃均一制問題があったという（京浜急行電鉄株式会社編 1999：37-39）．
(26) 京浜地主協会は 1910（明治 43）年に設立された（川崎市 1995：356）．同年に京浜電鉄が発行した『京浜遊覧案内』には「京浜電気鉄道会社にては近頃京浜地主協会と云うを創立し，京浜間所在の貸地，売地，貸家，売家を調査紹介して公平親切なる仲介者となり，協会の仲介に係る移住者には乗車券の大割引をなして市内への通勤通学の便利を図り，日用品，家財器具の輸送にも特別の取扱ひをなし……都市の生活に比較して毫も不便を感ずることなし……」と記されている（京浜急行電鉄株式会社編 1999：50-51）．
(27) 1882（明治 15）年に長野県に生まれた五島は，1911（明治 44）年に東京帝国大学法学部を卒業後，2 年間の農商務省勤務を経て 13 年から鉄道院勤務となった（日本経済新聞社編 2003：188）．
(28) 渋沢のほかに東京商法会議所会頭の中野武営，精工舎の服部金太郎らが設立者として参加していた（坂西 2001：13）．
(29) 1873 年に山梨県に生まれた小林一三は，1907（明治 40）年に箕面有馬電気軌道（現在の阪急電鉄）の設立に参画し，専務として中心的な役割を果たした．鉄道敷設と同時に沿線開発を積極的に行っていったが，これは私鉄資本による沿線開発の先駆けといわれる．五島も小林の薫陶を受け，「東急の経営はすべて小林イズムを踏襲してきた」と語っている（日本経済新聞社編 2003：190-197，山本 2000）．
(30) 五島は，「終始一貫自分が智恵を借りて自分の決心を固めたものは小林一三だ」と述べている（小川 1987：209）一方で，学園誘致について「学校を誘致することだけは私自身の発案であり，いささか自慢のできることだと思っている」と述べていた（坂西 2001：46）．

(31) 磯子区，金沢区には1930（昭和5）年に湘南電気鉄道が敷設されている．湘南電鉄の開通によって，横浜市の南部地域も京浜工業地帯の通勤圏となる．その詳細については拙稿（松林 2004）を参照．

(32) だからといって，戦前の都市開発・計画において「官」が大した役割を果たさなかった，主導権はほとんどなかった，と考えるわけではない．鉄道敷設にしろ埋立事業にしろ，「官」から免許を受けなければ実施できなかったことからもわかるように，制度的には「官」に主導権があったといえることを付記しておく．

(33) 晩年の浅野が抱いた，京浜地区臨海部の生産機能偏重に対する「後悔」（第3節）は，後の趨勢をみても非常に示唆的なものであったといえるだろう．

【文献】

雨宮敬次郎述・桜内幸雄編，1988，『過去六十年事績　伝記・雨宮敬次郎』大空社．
青木栄一，1986，「鉄道史研究の視点と問題点」，『鉄道史学』（鉄道史学会編集，日本経済評論社発行），33，1-8．
浅野泰治郎・浅野良三，1923，『浅野総一郎』愛信社．
藤森照信，1990，『同時代ライブラリー 18　明治の東京計画』岩波書店．
藤森照信，2003，「渋沢栄一の東京改造論」，『東京人』編集室編『江戸・東京を造った人々 1』（ちくま学芸文庫）筑摩書房，181-98．
藤本實也，1939a，『開港と生絲貿易　上巻』刀江書院．
藤本實也，1939b，『開港と生絲貿易　中巻』刀江書院．
藤本實也，1939c，『開港と生絲貿易　下巻』刀江書院．
五味洋治，1992，『南武線物語』多摩川新聞社．
原正幹，1935，『我社の生立』浅野造船所．
原義夫，1960，『横浜商工会議所八十年史』横浜商工会議所．
原善三郎，1898，『生糸貿易論』（出版社不明）．
長谷川弘和，2004，『横浜の鉄道物語　陸蒸気からみなとみらい線まで』JTBパブリッシング．
服部一馬，1967-69，『浅野総一郎と京浜工業地帯の成立』横浜市立大学経済研究所．
井川克彦，1994，「原善三郎＜居留地貿易のリーダー＞」，横浜開港資料館編『横浜商人とその時代』有隣堂，14-44．
神奈川県県民部県史編集室編，1982，『神奈川県史　資料編21　統計』神奈川県．
神奈川県企画調整部県史編集室編，1975，『神奈川県史　資料編18　近代・現代』神奈川県．

神奈川県内務部，1916，『川崎方面ノ工業』神奈川県．

加藤新一，1990，「大都市鉄道の史的展開と鉄道政策——東京圏における都市鉄道交通の形成と鉄道政策」，『鉄道史学』（鉄道史学会編，日本経済評論社発行），8，25-32．

加藤新一，1992，「東京急行電鉄——戦前期『東急』の事業展開と渋谷『総合駅』の形成」，青木栄一・老川慶喜・野田正穂編『民鉄経営の歴史と文化　東日本編』古今書院，43-66．

勝浦吉雄，1996，『＜生糸商＞原善三郎と富太郎（三渓）　その生涯と事績』文化書房博文社．

川崎市，1990，『川崎市史　資料編3　近代』川崎市．

川崎市，1991，『川崎市史　資料編4上　現代　行政・社会』川崎市．

川崎市，1995，『川崎市史　通史3　近代』川崎市．

川崎市，1997a，『川崎市史　通史編4上　現代　行政・社会』川崎市．

川崎市，1997b，『川崎市史　通史編4下　現代　産業・経済』川崎市．

京浜急行電鉄株式会社社史編集班編，1980，『京浜急行八十年史』京浜急行株式会社．

京浜急行電鉄株式会社編，1999，『京浜急行百年史』京浜急行株式会社．

吉良芳恵，1993，「京浜電気鉄道・横浜市街電気鉄道の出願をめぐって——横浜市民の投資行動を中心に」，横浜近代史研究会・横浜開港資料館編『近代横浜の政治と経済　横浜近代史研究会報告第二集』横浜開港資料普及協会，73-104．

北林惣吉，1930，『淺野總一郎傳』千倉書房．

北見俊郎，1998，「港湾の『近代化』とポート・オーソリティ問題」，『港湾経済研究　港湾の国際化と経営』（日本港湾経済学会編集），36，56-68．

小風秀雅，2003，「明治中期における鉄道政策の再編——井上勝と鉄道敷設法」，野田正穂・老川慶喜編『日本鉄道史の研究——政策・金融／経営・地域社会』八朔社，41-64．

丸井博，2001，『南関東における都市化の進展——工業・商業・観光の成立』大明堂．

松林秀樹，2004，「交通網整備からみる都市構造の変遷——「交通の社会学」へ向けて」，『日本都市社会学会年報』（日本都市社会学会編），22，173-88．

三輪正弘，2003，『近代を耕した明治の起業家・雨宮敬次郎』信毎書籍出版センター．

村上直・神崎彰利編，1986，『中世神奈川の地域的展開』有隣堂．

中川浩一，1992，「京王帝都電鉄——その成立と多角経営の変遷」，青木栄一・老川慶喜・野田正穂編『民鉄経営の歴史と文化　東日本編』古今書院，111-32．

中西健一，1979，『日本私有鉄道史研究』ミネルヴァ書房．

日本経済新聞社編，2003，『20世紀日本の経済人＜セレクション＞無から始めた男たち』

日本経済新聞社.

西川武臣, 1994,「渡辺福三郎＜江戸出身の海産物商＞」, 横浜開港資料館編『横浜商人とその時代』有隣堂, 199-221.

西川武臣, 2004,『横浜開港と交通の近代化——蒸気船・鉄道・馬車をめぐって』日本経済評論社.

新田純子, 2000,『その男, はかりしれず 日本の近代を作った男 浅野総一郎伝』サンマーク出版.

野田正穂, 2003,「川越鉄道の展開と地域社会」, 野田正穂・老川慶喜編『日本鉄道史の研究——政策・金融／経営・地域社会』八朔社, 250-85.

野田正穂・原田勝正・青木栄一・老川慶喜編, 1986,『日本の鉄道——成立と展開』, 日本経済評論社.

野田正穂・原田勝正・青木栄一・老川慶喜編, 1993,『多摩の鉄道百年』日本経済評論社.

野田正穂・原田勝正・青木栄一・老川慶喜編, 1996,『神奈川の鉄道 1872-1996』日本経済評論社.

老川慶喜, 1993,「横浜鉄道の計画と横浜経済界」, 横浜近代史研究会・横浜開港資料館編『近代横浜の政治と経済 横浜近代史研究会報告第二集』, 横浜開港資料普及協会, 47-72.

老川慶喜, 1996,『日本史小百科——近代＜鉄道＞』東京堂出版.

老川慶喜, 2003,「井上勝の殖産興業論と鉄道構想」, 野田正穂・老川慶喜編『日本鉄道史の研究－政策・金融／経営・地域社会－』八朔社, 3-40.

小田急電鉄株式会社編, 1997,『伝記叢書280 利光鶴松翁手記』大空社.

小川功, 1987,『民間活力による社会資本整備』鹿島出版会.

小川功, 1994,「我国における観光・遊園施設の発達と私鉄多角経営の端緒——私鉄資本による遊園地創設を中心に」,『鉄道史学』(鉄道史学会編集, 日本経済評論社発行), 13, 15-23.

大豆生田稔, 1997,「都市化と農地問題—— 1920年代後半の橘樹郡南部」, 横浜近代史研究会・横浜開港資料館編『横浜の近代——都市の形成と展開』日本経済評論社, 133-56.

齋藤憲, 1998,『浅野総一郎と浅野財閥 「稼ぐに追いつく貧乏なし」』東洋経済新報社.

坂西哲, 2001,『東急・五島慶太の経営戦略』文芸社.

サトウマコト, 1995,『横浜線物語』230クラブ.

サトウマコト, 2005,『鶴見線物語』230クラブ.

武智京三, 1987,「私鉄経営者論の課題——大軌経営陣の素描」,『鉄道史学』(鉄道史学

会編集,日本経済評論社発行),5, 29-33.
田村明, 1983,『都市ヨコハマをつくる　実践的まちづくり手法』中央公論社.
鉄道省, 1921a,『日本鉄道史　上篇』.
鉄道省, 1921b,『日本鉄道史　中篇』.
鉄道省, 1921c,『日本鉄道史　下篇』.
東亜建設工業株式会社編, 1989,『東京湾埋立物語』東亜建設工業.
『東京人』編集室編, 2003,『江戸・東京を造った人々　1』筑摩書房.
東京急行電鉄株式会社, 1943,『東京横浜電鉄沿革史』.
東京急行電鉄社史編纂事務局編, 1973,『東京急行電鉄50年史』東京急行電鉄.
打越綾子・内海麻利編著, 2006,『川崎市政の研究』敬文堂.
内山隆, 1992,「都市近郊私鉄多角化のロジック——経営学的考察」,『鉄道史学』(鉄道史学会編集,日本経済評論社発行), 11, 21-8.
宇田正, 1990,「大都市鉄道の歴史像を求めて——シンポジウム『大都市鉄道の史的展開』のための問題提起」,『鉄道史学』(鉄道史学会編集,日本経済評論社発行), 8, 1-6.
山田操, 1974,『京浜都市問題史』恒星社厚生閣.
山本賢治, 2000,「近代都市と郊外的生活様式——小林一三の都市経営思想」,吉原直樹編『都市経営の思想　モダニティ・分権・自治』青木書店, 71-85.
横浜開港資料館編, 1994a,『資料集　横浜鉄道　1908〜1917』財団法人横浜開港資料普及協会.
横浜開港資料館編, 1994b,『横浜商人とその時代』有隣堂.
横浜近代史研究会・横浜開港資料館編, 1997,『横浜の近代——都市の形成と展開』日本経済評論社.
横浜近代史研究会・横浜開港資料館編, 2002,『横浜近郊の近代史——橘樹郡にみる都市化・工業化』日本経済評論社.
横浜市, 1965,『横浜市史　第4巻上』.
横浜市, 1968,『横浜市史　第4巻下』.
横浜市, 1971,『横浜市史　第5巻上』.
横浜市, 1976a,『横浜市史　第5巻中』.
横浜市, 1976b,『横浜市史　第5巻下』.
横浜市港湾局臨海開発部, 1992,『横浜の埋立』横浜市.
横浜市総務局市史編集室編, 1993,『横浜市史Ⅱ　第一巻(上)』横浜市.
横浜市総務局市史編集室編, 1996,『横浜市史Ⅱ　第一巻(下)』横浜市.

横浜土地協会，1936，「大横浜土地案内絵図」(パンフレット).

由井常彦，1998，『人物で読む日本経済史　安田善次郎伝』ゆまに書房.

吉田伊佐夫，2002，『われ，官を恃まず　日本の「民間事業」を創った男たちの挑戦』産経新聞ニュースサービス.

和田寿次郎，1940，『浅野セメント沿革史』浅野セメント.

渡邊恵一，1997，「南武鉄道の成立と浅野セメント」，横浜近代史研究会・横浜開港資料館編『横浜の近代――都市の形成と展開』日本経済評論社，395-421.

渡邊行男，2000，『明治の気骨利光鶴松伝』葦書房.

第5章　産業開発と排除される漁業者

武田尚子

1. 臨海部の改造と漁業者

　京浜地区臨海部は，戦前から現在に至るまで一貫して，改造が重ねられてきた．京浜工業地帯の中核的な産業用地としての機能性を高めるため，海岸部が埋立てられ，工業用地が創出され，高度な港湾施設が建設され続けた．その結果，京浜港（横浜港・川崎港・東京港の総称）は，現在もなお，全国に5港しかない指定特定重要港湾の位置を保っている（他の4港は名古屋港，四日市港，大阪港，神戸港．横浜港の管理主体は横浜市）．

　横浜臨海部に焦点をあてると，横浜臨海部改造の過程は大きく3つの時期に区分できる．戦前期，終戦後から半井市政までの時期（～1963年3月），飛鳥田市政の開始から現在までの時期（1963年4月～）の3区分である．この時期区分は次のような状況と対応している．横浜臨海部の埋立ては戦前から始まった．戦後は，都心の関内地区が進駐軍に接収されていた影響で本格的な復興が立ち遅れているうちに，人口増・都市化が進展し始めた．このような状況に対し，飛鳥田市政期に入ってようやく，高度経済成長期に対応した都市空間の改造が本格的に着手された．飛鳥田市政期に計画された横浜臨海部の改造は，みなとみらい（MM21）地区事業（事業期間：1983～2010年度）として引き継がれ，現在も新規施設が次々にオープンしている．飛鳥田市政開始から現在までという第3の時期区分は長いが，飛鳥田市政の臨海部改造計画から，みなとみらい（MM21）地区事業には連続性があるため，この期間をひと続きのものとしてとらえるのが適当と考えた．本章は，1963年4月の飛鳥田市政開始以降の横浜臨海部改造に焦点をあてる．

　飛鳥田市政の都市空間改造計画は，時代のニーズに応じて，横浜市内部を，産業用空間，商業・業務用空間，宅地用空間の3つに整理・分離することをねらいとしたものであった．臨海部は，産業用空間としての機能性向上がめざされた．

118　第5章　産業開発と排除される漁業者

産業用地として特化していくためには，臨海部および沖合の海を生産空間として活用している漁業者の存在は，解消すべき対象であった．飛鳥田市政期に横浜市の漁業者に対して，漁業権放棄による補償金と引き替えに完全転業が提案された．1971年にこの提案を受け入れ，最も忠実に転業対策に応じていったのが，横浜市神奈川区の子安浜漁業協同組合，西神子安浜漁業協同組合の組合員たちである．本章は，横浜臨海部改造が，子安浜漁協，西神子安浜漁協の2つの漁協組合員の職業移動に与えた影響を明らかにする．

　これらの漁業者たちは，第一次産業に従事していた地付層である．臨海部のより高度な産業用空間の創出は，地付層の職業移動とセットになったものであった．地付層の存在に着目して，都市空間の機能分化と職業移動の関連について考察することには意義がある．なぜなら，飛鳥田市政期に推進された都市空間の機能分化の試みは，担当した都市計画プランナーによってアーバンデザインの側面から意義が主張されている（田村 1983）．しかし，地付層の強いられた職業移動の視点からみれば，都市空間の機能分化の過程については，異なる評価にならざるを得ない．

　以上のように，本章は1963年以降の横浜臨海部改造が地付層の職業移動に影響を与えたことを明らかにし，都市空間の機能分化と職業移動の関連について考察することを目的としている．

2. 飛鳥田市政と都市空間の改造

2.1　飛鳥田市政の各期の特徴

　1963年4月から1978年3月まで，飛鳥田一雄は4期15年間にわたって横浜市長を務め，全国の革新自治体のシンボル的な存在であった．飛鳥田の都市経営の特徴を整理した橋本の研究（橋本 2000：154-157）をもとに，都市空間の改造という観点から，各期の特徴を記してみると次のようになる．

　第1期は，1963年4月から67年4月までで，4期連続することになった飛鳥田体制の基本的方向が示された時期である．都市づくりの将来計画構想である六大事業が発表された（1965年1月）．

　第2期は，1967年4月から71年4月までで，六大事業に示された内容が積極

的に実施されていった．しかし，横浜新貨物線反対運動など，支持者である革新的市民層から反発が示され，革新自治体とはいっても，理想どおりのものではないことが，現実の中で明らかになっていった．また，飛鳥田が理想的に語る直接民主主義を体現した一万人集会（1967年10月）が開催された．野党によって開催のための予算案は否決され，市長・市民の自主的運営という形態で実施された．現実の政治制度と理想のギャップが露わになった一例である．乱開発に対しては，政令指定都市としてはじめて宅地開発指導要綱を制定することができた（1968）．これは全国の同様の状況に悩む自治体に，宅地用空間の創出について，法的に一定の方向に導くルールの策定が可能であることを示した．

　第3期は，1971年4月から75年4月までで，五大戦争との戦いが提起された（1972）．環境破壊，ゴミ問題，交通問題，水問題，公共用地（学校用地等）の先行取得という5つの問題に対して積極的に取り組む姿勢が示された．都市基盤整備が依然として重要な課題であり続けていた．都市空間の改造，とくに良好な宅地用空間となる条件が未整備である状況が露わとなった時期といえるであろう．

　第4期は，1975年4月から78年3月までで，都心部にあった三菱重工横浜造船所が，金沢地先の埋立地へ移転することについて協定が締結された時期である（1976）．三菱重工が移転を受け入れるか否かは，臨海部改造計画の要であった．六大事業が発表されて以降，10年以上をかけて，移転を受け入れる方向に誘導されていった．移転受け入れによって，横浜市を産業用空間，商業・業務用空間，宅地用空間の3つに区分・整理する計画が本格的に走りはじめた．三菱重工の移転によって産業用空間を整理し，みなとみらい（MM21）地区という商業・業務用空間として高度な機能を備えた空間の創出が可能となった．

　以上のように，4期15年間にわたる飛鳥田市政は，産業用空間，商業・業務用空間，宅地用空間の分離が本格的に実現されるための軌道が敷かれた時期といえるであろう．計画案が提示されるとともに，法的な整備，都市基盤整備が実行に移されていった．

2.2　六大事業

　飛鳥田市政の第1期に発表された六大事業は，産業用空間，商業・業務用空間，宅地用空間の分離を本格的に実現するため，優先すべき事業が示されたものとい

うことができる．六大事業とは都心部強化事業，金沢地先埋立事業，港北ニュータウン建設事業，高速道路網建設事業，高速鉄道（地下鉄）建設事業，ベイブリッジ建設事業の6つである．

都心部強化事業は商業・業務用空間の創出，金沢地先埋立事業は産業用空間の創出，港北ニュータウン建設事業は宅地用空間の創出に関連したものである．都心部強化事業においては，都心部にあった三菱重工横浜造船所の存在が解消すべき対象であった．移転先として計画されたのは金沢地先埋立地である．金沢地先埋立事業においては，海を生産空間として利用する漁業者の存在が解消すべき対象であった．港北ニュータウン建設事業においては，土地を所有する地付層の農業者に，スムーズに農業以外に職業移動してもらい，良好な宅地用空間創出のため，土地を提供してもらう必要があった．上記3事業を成功させるため，解消すべき対象はそれぞれ明確であった．

三菱重工は大企業でもあり，金沢地先埋立地を入手したというメリットもある．そのため，解消すべき対象として，長期にわたってどのような手法で迫り，解消を実現させていったかについては，当事者である都市計画プランナー自身が誇らかに明らかにしている（田村 1983：74-87）．港北ニュータウンの農業者対策については，「住民参加方式」「都市農業」「クライガルテン」「グリーンネットワーク」など，自発性と，緑の環境尊重を連想させる用語を交えているが，あいまいな説明になっている（田村 1983：87-96）．そして，補償金と引き替えに完全転業という，最も熾烈なかたちで迫られた漁業者については，都市計画プランナー自身も転業対策の委員会メンバーで状況を熟知していたと推測されるが，ほとんど言及されることはない．農業者と漁業者は同じく第一次産業就業者であるが，土地所有や漁業権など基本的条件が異なる．かつ産業用空間と宅地用空間として，空間利用の目的がちがい，利用の主体もちがう．めざされた解消の程度や，迫られた手法は異なっていたと推測される．

いずれにしても，三菱重工に対して，「地域的にも企業サイドから見ても移転は必然性をもっていた．だからうまく誘導すれば，自然に動いてくる性質のものである．ただ，それを当事者のまだ気のつかない時代から先導的に問題を提起してゆこうというものであって（後略）」「日本の工業配置，横浜市の都市構造からみて，そのままでは企業活動が継続しにくいことを，機会をとらえて示してゆく．」

「企業側が，自発的に動かざるをえないような状況をつくりつつ，タイミングをみながら，軌道に乗せるように誘導する．市側としても，柔軟な姿勢をとりながら，方向としては断乎たる考えをもって臨んでいることを，折をみて具体的に示しておく．」といった手法で，徐々に包囲していったことが明らかにされている（田村 1983：79-81）．社会的立場がさらに弱い漁業者・農業者が直面した状況については，いうに及ばないであろう．

　本章で考察の対象とする漁業者の職業移動は，漁業者のみに生じた特殊な事例ととらえるべきではない．産業用空間，商業・業務用空間，宅地用空間の分離という本格的な都市空間の改造がめざされたとき，解消されるべき存在がうかび上がる．第一次産業就業者はその標的になりやすい存在である．横浜臨海部の漁業者の転業問題は，都市空間の改造があるタイプの人々に対し，職業移動を強いることのひとつの事例なのである．

3. 横浜臨海部の改造

3.1　金沢地先埋立事業と横浜臨海部の改造

　六大事業として具体的に名前があがったのは金沢地先埋立事業であるが，産業用空間としての機能性向上のため，横浜臨海部全体の改造が進められていた．金沢地先埋立事業はその一部に該当する．横浜臨海部改造の全容について概観しておこう（図5.1, 5.2）．

　戦後の横浜臨海部の大規模な改造としては（表5.1），根岸湾埋立（1959～64），本牧埠頭並関連産業用地造成

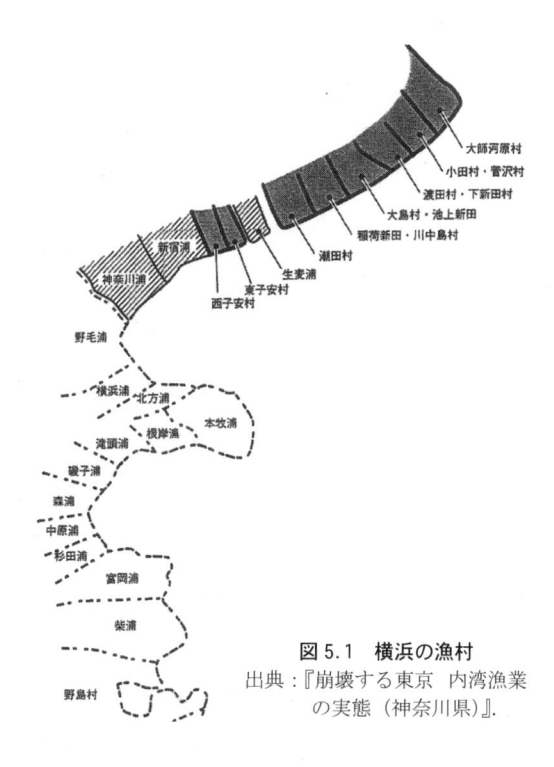

図5.1　横浜の漁村
出典：『崩壊する東京　内湾漁業の実態（神奈川県）』．

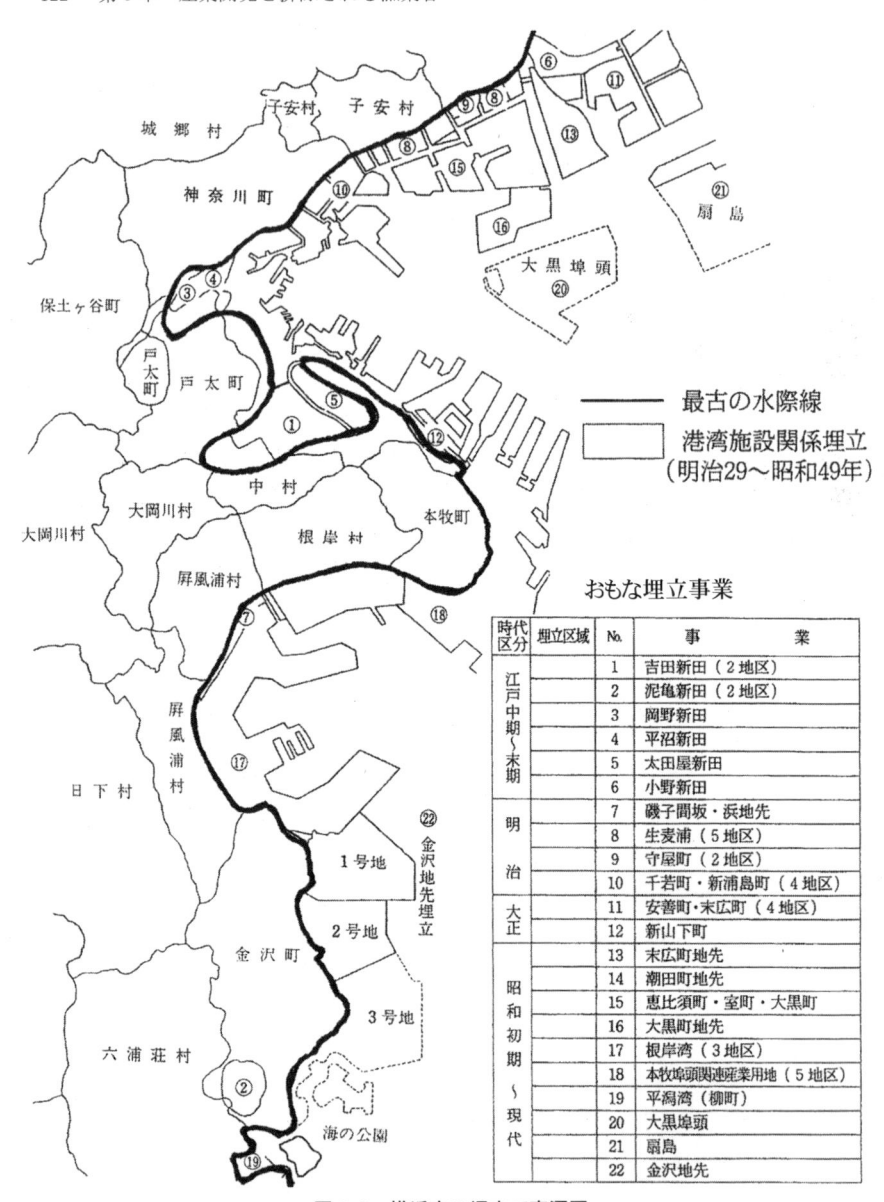

122　第5章　産業開発と排除される漁業者

― 最古の水際線

□ 港湾施設関係埋立
　（明治29〜昭和49年）

おもな埋立事業

時代区分	埋立区域 No.	事業
江戸中期〜末期	1	吉田新田（2地区）
	2	泥亀新田（2地区）
	3	岡野新田
	4	平沼新田
	5	太田屋新田
	6	小野新田
明治	7	磯子間坂・浜地先
	8	生麦浦（5地区）
	9	守屋町（2地区）
	10	千若町・新浦島町（4地区）
大正	11	安善町・末広町（4地区）
	12	新山下町
昭和初期〜現代	13	末広町地先
	14	潮田町地先
	15	恵比須町・室町・大黒町
	16	大黒町地先
	17	根岸湾（3地区）
	18	本牧埠頭関連産業用地（5地区）
	19	平潟湾（柳町）
	20	大黒埠頭
	21	扇島
	22	金沢地先

図5.2　横浜市の埋立て変遷図
出典：横浜市漁業問題研究会，1975，『横浜市の埋立事業と漁業者の転業対策年表』．

表5.1 横浜市における主たる埋立事業

事業名	事業年度	埋立面積	事業費(億円)	補償交渉対象組合	補償対象人数
大黒町地先埋立	1955〜60	79ha	17	3組合：子安浜，西神子安浜，生麦	672
山下埠頭建設	1957〜67	35ha	82	1組合：北方	50
根岸湾埋立	1959〜64	470ha	165	7組合	1,356
平潟湾埋立	1963〜65	24ha	11	1組合：金沢	162
本牧埠頭並関連産業用地造成	1963〜69	512ha	553	9組合	1,362
根岸湾八地区埋立	1967〜70	144ha	91	3組合：富岡，柴，金沢	394
金沢地先埋立	1968〜81	660ha	1,776	3組合：富岡，柴，金沢	458
大黒埠頭建設	1971〜78	220ha	1,130	4組合：子安浜，西神子安浜，生麦，川崎	878

出典：横浜市漁業問題研究会，1975，『横浜市の埋立事業と漁業者の転業対策年表』．

(1963〜69年)，根岸湾八地区埋立（1967〜70年），金沢地先埋立（1968〜81年），大黒埠頭建設（1971〜78年）が挙げられる．根岸湾埋立では，埋立地に立地した企業へのエネルギー供給も可能な電力会社・石油化学工場用地の造成も計画されていた．進出企業は大企業中心で，東京電力，東京ガス，日本石油精製，日新製油，昭和電工，新潟鐵工所，石川島播磨重工，東京芝浦電気などであった．本牧埠頭並関連産業用地造成では，横浜港の主力となる港湾施設が建設された．根岸湾八地区埋立では，進出した企業は169社に及び，そのうち大企業は14社，中小企業が155社であった（小林 1992，若林 2000）．このように，上記3事業によって，本牧・根岸を中心に埋立てが進み，創出された産業用空間には，港湾施設，石油コンビナート，大企業・中小企業の工場が集積されつつあった．

このような本牧・根岸の産業用空間をさらに南西部に拡大させようとしたのが金沢地先埋立事業である．また北東部に拡大させようとしたのが大黒埠頭建設である．南西部に工業用地，北東部に港湾施設を建設する計画である．金沢地区にはいまも第1種漁港に指定されている柴漁港と金沢漁港の2つがある．管理主体は横浜市であるが，漁船の登録や海区を管理しているのは神奈川県で，県と市の管轄範囲が複雑に絡みあっている．港湾施設の拡充という点では，臨海部の管理状況が複雑な南西部に伸ばすより，北東部のほうが条件的に適していたのであろう．

金沢地先埋立の事業主体は横浜市である．大黒埠頭建設も横浜市の事業であるが，同時期に川崎市が大黒埠頭に隣接して扇島東埠頭建設事業，神奈川県と日本

鋼管が扇島地先埋立事業を計画した．同一海域で事業主体4者が3事業を展開し，補償交渉も含めて一括して扱われることも多かった．それに比べて，金沢地先埋立は横浜市単独の事業であるため，独自の事業としてアピール力があり，六大事業として喧伝されることになったのであろう．

　以上のように，金沢地先埋立事業と大黒埠頭建設事業は，南西部と北東部という横浜臨海部両端の事業ではあるが，計画として浮上したのは，いずれも飛鳥田市政期に入ってからで，ほぼ同時期の，同様の性格をもつ事業である．横浜市に，これ以上外延させることが可能な沿岸部はない．横浜臨海部における産業用地創出は，この2事業をもって完成するという性格をもっていたと考えられる．喧伝されているのは金沢地先埋立事業であるが，この2事業は同時期の同様の事業で，セットで考えるべきなのである．

3.2　横浜市の転業対策

　解消されるべき対象とされたのは，金沢地先に関係する富岡・柴・金沢，大黒埠頭に関係する子安浜・西神子安浜・生麦の，合計6漁協の漁業者たちであった（川崎漁協も大黒埠頭に関係していたが，本章の考察からは省く）．

　2事業とも完全転業を前提に補償金が支払われた．協定書への調印はともに1971年であった．漁業者に対する横浜市の転業対策は6漁協一括して実施された．転業対策の面からも，この2事業はセットで考えるべきものなのである．転業対策の過程について概観しておこう（表5.2）．

　1968年に金沢地先埋立事業が決定され，大黒埠頭建設計画も発表された．この年に転業対策も始動し，横浜市漁業問題対策審議会を設置する条例が成立している．この条例に従って，翌1969年から審議会が開催され，飛鳥田市長の諮問を受け，審議・答申するしくみが整った．また，1968年のうちに，学識経験者に，転業問題を調査させる漁業問題研究会がスタートしている．調査によって転業状況についてデータの裏づけをとり，審議会の審議・答申に反映させる体制が整えられた．同じく1968年のうちに，農政局に転業対策本部が設置されている．2事業の協定書への調印はともに1971年であったが，金沢埋立事業は1月の調印で，年度としては1970年度になる．1970年度のうちにすでに1億円以上の転業資金が融資され，転業対策がすばやく実施されていったことがわかる．

表 5.2 横浜市の転業対策

	事業名等	横浜市漁業問題対策審議会関連の動き	転業対策
1968	金沢地先埋立事業決定 大黒埠頭建設計画発表	横浜市漁業問題対策審議会条例制定 漁業問題研究会設立	横浜市漁業者等転業対策本部設置（農政局） 横浜市金沢地先埋立事業補償対策本部設置（埋立事務局）
1969	三菱重工に対し金沢地先への移転交渉開始	横浜市漁業問題対策審議会始動	
1970	金沢地先埋立事業 補償交渉妥結（富岡，柴，金沢の3漁協に対し，102億円）		農漁業転業対策室設置（農政局） 転業融資事業　1億88万円
1971	大黒埠頭建設事業 補償交渉妥結（子安浜，西神子安浜，生麦の3漁協に対し，166億円）		農漁業転業対策室移転（緑政局） 転業融資事業　7,280万円 転業者476名（転業率40.1%）
1972			転業融資事業　1億48万円 転業者248名（転業率61%）
1973			金沢区役所に金沢地区漁業者等転業相談室設置 転業融資事業　3,700万円 転業者35名（転業率64%）
1974			転業融資事業　9,806万円 転業者27名（転業率66.2%）
1975			転業率66.2%
1977		未転業者・残存漁業対策，転業者の新組織について市長の諮問	
1978		上記について答申	
1981			財団法人横浜市環境保全事業団設立 海の公園砂浜オープン

出典：横浜市漁業問題研究会，1975，『横浜市の埋立事業と漁業者の転業対策年表』を基に筆者作成．

　1970年に転業対策室は，「農漁業」と名称変更している．港北ニュータウンなどの農業転業者も対象として含めている姿勢を示したものであろう．しかし，審議会，研究会は漁業に特化していた．転業を促すパンフレット，出版物，報告書をみても，転業対策のターゲットは明確に漁業者である．このような点からも，漁業者と農業者では，迫られた手法は異なっていたと推測できる．

　1971年以降，4年間に，6漁協全体で，全組合員に対する転業者の割合は66%に達したが，それ以降は頭うちとなった．金沢地先埋立では埋立事業そのものが遅れていた．もともと1971年に調印して以後，事業の進捗状況を予想し，1973

表5.3 横浜市の漁協の変遷

漁協名	1970年組合員数	1970年	1971年	1973年	1981年	1986年
生麦	344		大黒埠頭建設事業補償交渉妥結・協定書調印	共同漁業権放棄・区画漁業権放棄	漁協解散	横浜東漁協設立
子安浜	192		大黒埠頭建設事業補償交渉妥結・協定書調印	共同漁業権放棄・区画漁業権放棄	漁協解散	横浜東漁協設立
西神子安浜	205		大黒埠頭建設事業補償交渉妥結・協定書調印	共同漁業権放棄・区画漁業権放棄	漁協解散	横浜東漁協設立
本牧	250				漁協解散	横浜市漁協設立
富岡	95	金沢地先埋立事業補償交渉妥結	金沢地先埋立事業協定書調印	共同漁業権消滅・区画漁業権消滅	漁協解散	横浜市漁協設立
柴	167	金沢地先埋立事業補償交渉妥結	金沢地先埋立事業協定書調印	共同漁業権消滅・区画漁業権消滅	漁協解散	横浜市漁協設立
金沢	197	金沢地先埋立事業補償交渉妥結	金沢地先埋立事業協定書調印	共同漁業権消滅・区画漁業権消滅	漁協解散	横浜市漁協設立

※柴漁港,金沢漁港:第1種漁港(利用範囲が地元).管理者は横浜市,担当部局は港湾局.
出典:神奈川県環境農政部水産課資料より筆者作成.

年までは共同漁業権・区画漁業権が存続しており,2年間は操業が可能な状況になっていた.残存漁業者が減らないため,1973年には金沢区役所に転業相談室が設置された.

漁業者を完全に解消させるのがむずかしいことが判明した1977年,飛鳥田市長は未転業・残存漁業者対策,転業者を支援する新組織の必要性などを審議会に諮問した.78年の答申を受けて,1981年には新組織が2つ発足した.ひとつは,残存漁業者対策である横浜市漁協である.南西部の4漁協が発展的に解散し設立された(表5.3).もうひとつは,財団法人横浜市環境保全事業団である.転業者のために設立され,金沢区の海の公園の管理・清掃事業の受託から出発した.

横浜市漁協は,市長の諮問,審議会の答申という,フォーマルな手続きを経て出現したものであった.北東部でも1986年に子安浜と西神子安浜の2漁協が解散し,横浜東漁協が設立された(のち生麦の残存漁業者も吸収)が,上記のような手続きを経たものではない.北東部の漁業者たちの状況はより複雑である.転業を強いられた6漁協の組合員の状況はより複雑に分化していった.

転業対策の特徴についてまとめておこう.6漁協が金沢地先埋立事業,大黒埠頭建設事業の協定書に調印する2年前から,漁業者に焦点をあてた転業対策が始

動していた．漁業問題対策審議会，漁業問題研究会，豊富な転業融資資金の準備など，さまざまなレベルで漁業者を転業に誘導するフォーマルなしくみが整えられていた．転業を決意し，融資を希望する者にはすばやく資金が提供された．補償金と引き替えに職業移動を決断したならば，すみやかに転業を既成事実として，その道を歩ませる手法といっても過言ではないであろう．「うまく誘導すれば，自然に動いてくる性質のものである．ただ，それを当事者のまだ気のつかない時代から先導的に問題を提起してゆこうというものであって（後略）」「自発的に動かざるをえないような状況をつくりつつ，タイミングをみながら，軌道に乗せるように誘導する」（田村 1983：79-81）という三菱重工に対する手法との共通性が感じられる．

融資により河川清掃業の自営業主となった男性は，市からの委託事業を受託したとき，「最初の委託本契約の調印が，飛鳥田市長と直々に行われ，市長より私に対し，『転業者は孫子の代まで面倒をみる』という力強い激励と声援をいただいた．関係職員等の立会の中で行われたこの模様はフジテレビで放映される，ということに異例ともいえるこの扱いに，今まで海のことしか知らなかった私としては，市当局の誠意にただただ感激するばかりで，私としては信義を持ってこれに応えていかねばならないと誓った」（落合産業社長 M.O.「私の思い出」1992年：子安浜漁協保存「横浜市転業者地区連絡会」資料）と述懐している．

次に，子安浜漁業協同組合，西神子安浜漁業協同組合の組合員を事例として，職業移動の状況について明らかにしてみよう．

4. 子安浜地区と漁業

4.1 調査方法

子安浜漁業協同組合，西神子安浜漁業協同組合の漁業者たちは，転業前，そのほとんどが横浜市神奈川区子安浜地区に居住していた．鶴見区生麦に隣接する地区である．調査方法は，2002 年 9 ～ 11 月に，子安浜地区の漁業関係者と，行政の水産担当者に聞き取り調査を行った．

1986 年に子安浜と西神子安浜の両漁協が合併して横浜東漁協が発足したが，1997 年に漁業操業者の多くが東漁協を脱退して，生麦・子安漁業連合という任

意の団体を結成した．東漁協と，生麦・子安漁業連合の漁業者のそれぞれに聞き取り調査するように努めた（東漁協ルートでは組合長，漁協理事1名，漁協職員1名，漁業操業者2名の合計5名．生麦・子安漁業連合ルートでは漁業連合代表，漁業連合職員1名，漁業操業者1名，漁業連合理事の妻1名の合計4名）．転業者については子安浜地区居住者2名（西浜町内会長1名，転業融資企業役員1名）に聞き取りを行った．

また，横浜東漁協と，横浜市漁協（南西部の4漁協の解散により設立）の状況を比較するため，横浜市漁協でも聞き取りを行った（組合長，漁協職員1名の合計2名）．行政関係者については，横浜市の水産を担当する横浜市緑政局農政課水産担当職員1名，漁業者との調整を担当する横浜市港湾局開発調整担当職員2名，漁船登録を担当する神奈川県環境農政部水産課職員2名にそれぞれ聞き取りを行った．

4.2 子安浜地区の概要と漁業

子安浜地区は，横浜市神奈川区子安通1丁目の一部分に当たる（図5.3，5.4）．子安通1丁目を第一京浜（国道15号）が貫通している．第一京浜と平行に，南側を運河（入江川第二派水）が流れている．第一京浜と運河に挟まれている細長い地区が，子安浜地区である．子安通1丁目には5つの町内会があり，そのうち西浜・仲浜・東浜の3町内会が子安浜地区にあたる．かつて，東浜・仲浜の漁業

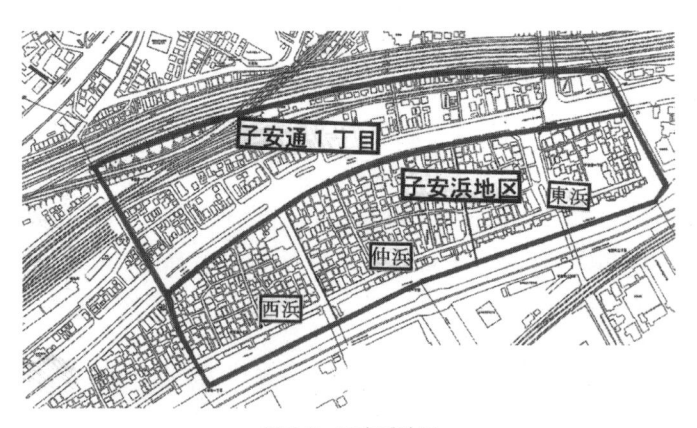

図5.3 子安浜地区

4. 子安浜地区と漁業　129

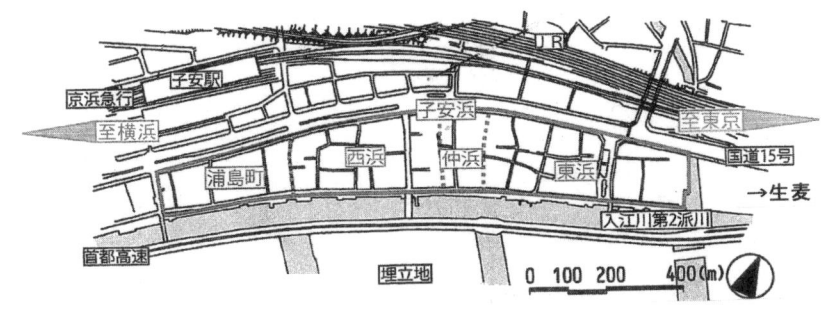

図 5.4　子安浜地区の拡大図

者が子安浜漁業協同組合を，西浜の漁業者が西子安浜漁業協同組合を組織していた．西子安浜漁協は，1953 年隣接していた神奈川漁協と合併し，西神子安浜漁業協同組合となった．1990 年 9 月の子安浜地区の世帯・人口数（住民基本台帳）は，508 世帯 1,393 人である．

　2000 年の子安通 1 丁目の世帯・人口数（国勢調査）は，911 世帯 2,086 人である．各種統計は，子安通 1 丁目で集計され，漁業集落ではない第一京浜北側の地区も含んでいる．概数ではあるが，子安通 1 丁目の人口・世帯の約半数ほどが子安浜地区に居住していると考えられる．

　子安浜地区では江戸時代から漁業が行われていた．戦後，子安浜漁協，西神子安浜漁協は神奈川区地先に 2 つの共同漁業権，本牧沖地先に他漁協と共有の共同漁業権をひとつ保有していた．主たる漁法は小型機船底曳網漁で，1 隻の漁船に船主船頭の他，2～3 人が乗り組んだ．操業面からみた場合の社会構成は 4 カテゴリーに分かれていた．船主船頭である船前，同じ船に乗り組み一緒に操業する家族員の同乗者，他人の船に乗り組む漁業労働者（乗り組む船は固定）である乗子，乗り組む船が固定していない漁業労働者である飛乗である．子安浜地区では，人口過剰の農村から年少者を調達し，労働力不足を補う習慣が古くからあった．このような人々が乗子層を形成した．完全転業を受け入れた 1971 年当時，子安浜漁協の名簿には，船前 71 名，同乗者 40 名，乗子 45 名，飛乗 5 名が記録されている（子安浜漁協保存資料）．転業時の補償金は，4 カテゴリーに即して異なっていた．両漁協をあわせた漁業経営体数は 1960 年代後半において 160 弱で（表 5.4），1970 年の組合員数は，子安浜漁協が 192 名，西神子安浜漁協が 205 名であっ

表 5.4　子安浜地区における経営体数の変化

	1965 年	1966 年	1967 年	1968 年	1969 年	1970 年
経営体数	156	156	156	149	157	159

出典：神奈川県農林水産統計年報．

表 5.5　続柄別による漁業継承状況（1949〜59年度中学卒業男子）

続柄	全数	漁業継承者数		他就職者		高校進学者数	
		数	%	数	%	数	%
長男	32.0	15	46.9	12	37.5	5.0	15.6
次男	26.0	13	50.6	10	38.5	3.0	11.5
三男	8.0	5	62.5	1	12.5	2.0	25.0
四男	10.0	4	40.0	3	30.0	3.0	30.0
五男	3.0	3					
六男	1.0			1			
合計	80.0	40	50.0	27	33.8	13.0	16.3

出典：青柳 1961：19．

た（生麦漁協は 205 名）．

　子安浜地区には緊密な親族ネットワークが集積していた．同姓が多く，1961 年，子安浜の 660 世帯を対象とした調査では，239 世帯（36.2％）が 10 の姓におさまった．子安浜漁協組合員 93 世帯中，51.0％が 4 つの姓に，68.0％が 9 つの姓におさまった．また，組合員の妻（103 名調査）の 25.2％は子安浜地区内の出身で，24.3％は生家の職業も漁業であった．

　1949〜59 年度に中学を卒業した男子 80 名のうち，40 名（50.0％）は中卒後，漁業関係に入職した（表 5.5）．児童・生徒は自分たちを「はま」，それ以外を「おか」と呼び，「おか人（にん）と俺達は違うので話が合わない」「僕の父も兄も親類も漁師だ．おかの人のように縁故者もなければ，紹介者もない．よい所に入れるわけがないよ」といっていた（青柳 1961）．

　漁業に入職しなかった場合の就職先としては（表 5.6），「東洋造機，東京芝浦電気，三菱化工，富士自動車など一流会社もみられるが，ほとんどはきわめて小さな企業体であることがわかる」（青柳 1961：20）．

　1960 年代後半〜70 年の子安浜漁協の名簿には，子女の就業先・職種を記載している例が散見される（表 5.7）．組合員子女のごく一部にすぎないものの，記載例には川崎・横浜の臨海部埋立地に進出した企業，川崎の多摩川沿いに立地した

表 5.6　漁業以外への就業者・就職先（1949〜59年度中学卒業男子）

従業員規模	企　業　名
1,000人以上	東洋造機, 三菱化工, 東京芝浦電気, 富士自動車
100人以上	崎陽軒, 三菱鉛筆, 協立サッシュ, 旭工務店, サンゴ金網
30人以上	竹間鉄工所, 奥崎工業, 横浜かまぼこ, 大島工業
10人以上	佐藤製作所, 桑原工作所, 神奈川内燃機, 京浜電気工事, 興亜紙器, 富士水道, 石岡木工所, 井上油脂, 鈴木紙器
9人以下	石川鉄工所, 東理工業, 倉田自動車

出典：青柳1961：19.

表 5.7　子安浜組合員子女・就業先

	企業名を記載したもの	職種を記載したもの
男子	石橋沿岸荷役会社, 東芝（川崎堀川町工場）, 川崎東缶, 川崎パブリカKK, 日本電気（多摩川工場）, 日本石油（新子安）, 東京ガス（根岸工場）, 横浜トッコー, 森商会（神奈川区入江町）, 保土ヶ谷電電公社	会社員, 運転手, 調理師, 配管工, 寿司屋店員, 工員
女子	日本ビクター横浜工場, 昭和電工, 富士通（川崎中原工場）, 品川練炭, 大久保椅子（横浜花咲町工場）, 横浜銀行, 山崎製パン, こみやデパート	会社員, 事務員, 店員, 国家公務員, 歯科助手, 銀行員

出典：1966, 69, 70年子安浜漁協名簿より筆者作成.

企業の工場名をみることができる．主として，子安浜地区から鶴見区・川崎市方向への臨海部に立地した製造業企業のブルーカラー労働に従事していたと推測される．

　以上のように子安浜地区には，緊密な親族ネットワーク，近隣ネットワークが集積されていた．組合員子女の職業選択は，1950年代末まで，中卒男子の約半数が漁業に就業する状況であった．漁業以外では，男女を問わず，臨海部の製造業のブルーカラー労働者となる者が一定数いたと推測される．

　1950・60年代でもなお，子安浜地区は都心地区というよりは，村落社会に近いような親族関係，職業構成であった．川崎・横浜臨海部は戦前から工業地帯を形成し，製造業への就業機会が他よりは豊富にあったことを考えると，そのような誘因にもかかわらず，子安浜地区における第一次産業就業者層の分解は非常にゆるやかであったといえるであろう．漁業就業の場合と，製造業ブルーカラー職の賃金格差の程度に関心がもたれるところである．いずれにしても，臨海部の地付層の社会として，第一次産業就業者層が未分化の社会が現実に存在した．1971年の完全転業は，強制的に第一次産業就業者層の分解をもたらすものであった．

4.3 臨海部の改造と完全転業

子安浜地区は川崎港にも近いため，両子安浜漁協（子安浜漁協と西神子安浜漁協．以下同じ）の操業は，1950 年代から 70 年代にかけて，横浜港だけではなく，川崎港の埋立て・建設事業の影響も受けた（表 5.8）．大黒埠頭建設は大型コンテナ船が着岸できる港湾設備建設が目的で，事業主体は横浜市であった．同時期に川崎市が川崎港の扇島東埠頭建設，神奈川県と日本鋼管が扇島地先埋立てを計画した．この 3 事業は同じ海域での埋立事業である．3 事業全体がもたらす影響は甚大で，単独事業扱いで補償交渉を行う状況ではないため，影響を受ける両子安浜漁協・生麦漁協・川崎漁協は，事業主体 4 者を一括とし，漁協ごとに補償交渉を行った．

大黒埠頭建設予定地は両子安浜漁協が共同漁業権を保有している海域であった．

表 5.8 両子安浜漁協に関連した埋立事業・建設事業一覧

妥結年月日	事業名	事業主体	埋立面積	摘要
1953	中根（浚渫，埋立）	横浜市・運輸省第二港湾局		共同漁業権 3 号・4 号に影響
1958	扇島地先埋立土砂投棄	神奈川県		漁場汚濁
1958	東京国際空港拡張工事	運輸省航空局	30 万坪	漁場，横洲に影響
1958	大黒町地先埋立	横浜市	24 万坪	共同漁業権 3 号・4 号に影響
1959	川崎臨海工業地帯造成	神奈川県	134.5 万坪	漁場，横洲に影響
1960	根岸湾海面埋立	横浜市	70 万坪	共同漁業権 8 号等に影響
1961	扇島地先残滓投棄埋立	神奈川県・日本鋼管		投棄区域拡大により漁場に影響
1963	本牧埠頭並関連産業地	横浜市	150 万坪	共同漁業権 8 号，その他の漁場に影響
1964	東亜燃料油槽船荷揚施設	東亜燃料		横洲に影響
1965	高速道路横羽線工事	首都高速道路公団		漁船繋留，出入港に影響
1966	扇島地先残滓投棄	神奈川県・横浜市・川崎市・扇交会		投棄区域拡大
1968	京浜シーバース設置	アジア石油・昭和石油・三共石油		漁業操業に影響大
1969	東燃シーバース設置	東亜燃料		漁業操業に影響大
1969	扇島地先残滓投棄	神奈川県・横浜市・川崎市・扇交会		投棄区域拡大
1970	金沢地先埋立	横浜市	200 万坪	西側漁場消滅
1971	根岸湾八地区埋立	横浜市	38 万坪	根岸湾消滅
1971	大黒埠頭・扇島東埠頭建設・扇島地先埋立	神奈川県・横浜市・日本鋼管・川崎市	350 万坪	全面転業

出典：両子安浜漁業組合保存資料より筆者作成．

大黒埠頭建設は，両漁協が共同漁業権を放棄することを前提にして立てられた計画であったといえる．また，3事業による港湾拡張によって，新埠頭へ出入港する船舶数は増大し，航路も新たに設定される．埋立てによって漁場を喪失するだけではなく，新航路設定等によって，操業可能な漁場は著しく減少する．地先漁場はほとんど消滅する状況であった．事業者側は，地先が消滅しても，沖合の漁場があるということで，部分補償の意向も示していた．

交渉を担当した組合役員が懸念したのは，部分補償による補償金額の切り下げ，乗子層の転業による漁業労働者の不足，その結果，残存漁業者が操業不能・自然消滅に追い込まれることであった（東西興業株式会社 1997：162-194）．全面補償か部分補償か，転業か残存か，全組合員一致か否かは，最高意志決定機関である組合大会における組合員の選択に任されていた．組合役員は交渉経過や操業の可能性について説明する必要があった．

結果的に，両子安浜漁協はそれぞれ全組合員一致の全面補償・完全転業で臨むことを選択した．大黒埠頭建設事業，金沢地先埋立事業に関係する横浜市内の他の漁協もすべて全面補償を選択した．つまり，部分補償か全面補償かという選択肢があるかのようであるが，状況としては臨海部の徹底的な改造計画は，漁業者に操業の可能性はないと判断させるものであったといえよう．この時期，海の汚染，公害もひどく，自然環境の悪化も，操業の可能性に展望をもてないひとつの要因となっていた．

組合大会を前に，子安浜漁協の役員が，組合員にどのように説明すべきか考えあぐねた時のことが，のちに次のように記されている．

「東西それぞれの総会（両子安浜漁協の総会——武田注）でこの問題を討議し，最終的な決議を出さなければならなかった．〈完全転業か，それとも半分存続か．もし，残すとしても誰を残せばいいのか．やはり完全転業しか道がないのだろうか．長年連れ添った海を捨てろなんて，とても自分には言えない．〉揺れ動く心のまま，東京内湾図に，これからの埋立計画と港域拡張計画のラインを引いた．（中略）地図に線引きをしていく手が次第に震えはじめる．子安浜が操業していた東京湾内の漁場は，神奈川県と千葉県の両側から広大な埋立計画地に覆われ，港域拡張区域となっていた．（中略）そして，最も沖である内湾中央の中ノ瀬は，大型船の航路となっている．もはや内湾には安心して漁ができる場所など皆無に等

しかった．その図の上に東京湾は描かれていたが，漁民たちが愛した豊かな漁場の東京湾は消えていた．内湾の中だけで生きてきた子安浜の漁師にとって，それは〈死〉にも等しかった．揺れ動いていた心が，今きっぱりと決意する．組合員のみんなに，この地図を見せよう．そして全面補償，完全転業の線を進めよう．もはやそれ以外に道はない」（東西興業株式会社 1997：168-169）．

三菱重工に対して都市計画プランナーは「日本の工業配置，横浜市の都市構造からみて，そのままでは企業活動が継続しにくいことを，機会をとらえて示してゆく」「自発的に動かざるをえないような状況をつくりつつ，タイミングをみながら，軌道に乗せるように誘導する」「うまく誘導すれば，自然に動いてくる性質のものである」という手法で迫ったが（田村 1983：79-81），上記の記述には，漁業者がまさにこの手法で包囲されたときの心境が吐露されているといえよう．

1971年，両子安漁協と生麦漁協は事業者側との協定書に調印した．全面補償・完全転業が条件で，補償金額は両子安浜漁協はそれぞれ84億1786万円，生麦漁協83億6125万円であった．完全転業という条件を達成したことを示すため，3漁協は漁船を売却または焼却して，1隻ものこさず処分した（表5.9）．

補償として支払われた資源は，補償金と土地である．補償金は，操業状況によって作成された算定基準に従い，組合員に配分された．配分額の半分は市債であった．概数ではあるが，小型機船底曳網漁の船前（船主船頭）は約3,900万円，同乗者は約1,400万円，乗子は約1,400万円であった．土地は，埋立地が完成された後，優先して有償分譲を受ける権利があるというものである（転業用地）．組合単位で分譲され，一般的には転業用地の管理は漁協が行い，産業用地が必要な企業に貸し付けて，賃貸料収入を権利者に配分する．両子安浜漁協は，埋立て完成後に大黒埠頭に6,109坪，扇島東埠頭に21,791坪の土地を得た．

表5.9　大黒埠頭・扇島東埠頭建設，扇島地先埋立の補償金分担（対両子安浜漁協）　（円）

補償金出資者	補償金額
運輸省第二建設局	518,900,000
横浜市	1,035,461,140
川崎市	3,187,419,398
日本鋼管	3,676,079,462
合計	8,417,860,000

出典：両子安浜漁業組合保存資料より筆者作成．

5. 職業移動と社会的分化

5.1 職業移動状況

　転業希望者・転業者に対する行政の担当窓口が農漁業転業対策室である．転業者の自主的な組織として，6漁協を基盤に横浜市漁業転業者地区連絡会が結成され，現在も活動している．転業希望者に提供されたメニューは，転業資金の融資，生活再建基金の融資，職業訓練，コンサルタントや相談員の配置，転業事業の探索，求人情報などである．転業には大きく分けて2つの選択肢があった．ひとつは転業資金の融資を受けて，個人または共同で事業経営する方法で，自営業主・会社役員へ職業移動する選択肢である．もうひとつは企業や商店などの被雇用者となる選択肢であった．

　子安浜漁協組合員の70年代前半の転業状況によれば（表5.10），被雇用者として，運輸，鉄鋼・造船，建設（浚渫，潜水含む），市場関係への就職が約46％で

表5.10　子安浜漁協の転業状況（1971年）

		10歳代	20歳代	30歳代	40歳代	50歳代	60歳代	70歳代	合計	％
事業経営	共同事業		2	4	2				8	4.2
	個人事業			3		2			5	2.6
被雇用者	運輸	1	12	5		3	2		23	12.1
	鉄鋼・造船	1	2	8	9	1			21	11.1
	浚渫			2	15	1			18	9.5
	市場		4	5	4	2			15	7.9
	潜水					8	3		11	5.8
	銀行				5				5	2.6
	レジャー			1	2	1			4	2.1
	その他		9	4	3	1			17	9.0
	職業訓練	1	3						4	2.1
	パート希望					4	5		9	4.9
	高齢者					2	15	10	27	14.2
	入院		1		1				2	1.0
	死亡				1		1	1	3	1.0
	未決定者	2	3	6	7	1			19	10.0
合　計		5	38	51	35	25	26	10	190	
％		2.6	20.0	26.8	18.4	13.2	13.7	5.3		

※潜水は主として港湾工事・浚渫作業のためと思われる．
出典：子安浜漁業組合保存資料より筆者作成．

表5.11 子安浜漁協組合員のおもな転業先企業名（1972年）

業種	おもな就職先企業名	採用人数	備考	業種	おもな就職先企業名	採用人数	備考	業種	おもな就職先企業名	採用人数	備考
運輸	丸全昭和	7	クレーン6, 仕上1	鉄鋼	相模発条	3	プレス3	その他	三友KK	10	作業員10
	平沢運輸	3	作業員2, 給油1		横浜機工	2	プレス2		相鉄ボール	2	作業員2
	相模運輸	2	作業員2		五十鈴スチール	6	プレス3, 作業員3		協同飼料	2	作業員2
	日盛梱包	2	運送1, 作業員1		大島工業所	1	プレス1		その他	5	作業員5
	横浜輸送	1	運送1		汽缶工業	1	保温1		新横浜ホテル	1	ボーイ1
	日産（追浜）	1	運送1		昌和プラント	1	作業員1		浜銀センター	1	夜警1
	神奈川臨海	1	運送1		旭工務所	1	配管1		建設業	8	工員・店員
	浅田屋・運送部	1	運送1	浚渫	東亜港湾	9	丙種機関士・丙種		商店	2	店員2
	竹沢商事	1	運送1		国土開発	2	航海士・小型船舶	転業融資	水産	20	
	日豊商事	1	スタンド1		京浜ドック	2	免許を活用	共同事業			
	日通	1	フォークリフト1		小谷建設	1		転業融資	水産	8	
	小林産業	1	クレーン1		峰潜水			個人事業	曳船	3	
	法専組	1	荷役1	市場	横浜かまぼこ	3			はしけ	1	
	藤木企業	1	仲仕1		丸魚KK	3			クレーン業	1	
					（仲買商店員）	9			飲食店	5	
				銀行	横浜銀行	10	用務員10		アパート経営	3	
					協和銀行	1	庶務行員1				

出典：子安浜漁業組合保存資料より筆者作成．

ある．職種としては（表5.11），作業員，運転手，プレス工が多い．運輸業，建設業，製造業のブルーカラー労働に入職している．事業経営の場合は（表5.12），水産加工業，海運，通船など，海と関連する業態が多い．警備・清掃会社が1社あるが，これは漁協役員3名が設立したものである．転業用地を輸出用車両置き場として貸し出したことにともなって，輸出入貨物の警備が必要となり，埋立地の管理を主たる業務とする警備・清掃業に発展した．ちなみに，南西部の3漁協の場合，事業経営として貸家（アパート経営）が多い．南西部は郊外にあたるため，住宅地開発の時期と一致したものであろう．

5. 職業移動と社会的分化

表5.12 子安浜漁協組合員の事業経営状況（1978年）

	企業名	事業形態	事業内容	組合員 役員	組合員 従業員	組合員家族 女性パート	その他の従業員	事業所規模(%)
共同事業	東西興業	株式会社	警備・清掃	5	3	10	79	97
	子安浜水産	株式会社	シャコ加工・仲卸	3	5	21	8	37
	子安魚貝	株式会社	シャコ加工・店舗	3	8	12	6	29
	昭和水産	有限会社	鮮魚商	2		1	2	5
	政洋海運	株式会社	通船	3				3
個人事業	丸栄水産	有限会社	シャコ加工・店舗	2	5	10	4	21
	鈴康水産	株式会社	シャコ・エビ加工	2	1	5	4	12
	(運送業)		荷物運搬	1			2	3
	(通船)			1				1
	(寿司店)			1			3	4
	(そば屋)			1	1		2	4

出典：子安浜漁業組合保存資料より筆者作成．

表5.13 横浜市漁業関係者 転業状況（1976年6月）

組合名	組合員数	転業希望者	事業経営 飲食店	貸家	釣船	食品	海運	その他	被雇用者 建設	輸送	海運	造園	鉄工
子安浜	189	175	2				5	3	20	18	8		4
西神子安浜	199	178	1			1	8	1	13	71	10		
生麦	341	280	3			17		3	42	57	6		25
金沢	196	149	1	10	17	2		8	5	6			
柴	167	131	3	9	4	4		1	1	5			
富岡	95	79	5	16	4	2			10	8		3	3
合計	1,187	992	15	35	25	26	26	16	91	165	24	3	32

組合名	被雇用者 銀行	食品	漁協	機械	梱包	官庁	清掃	警備	化学	廃品回収	その他	合計	＊
子安浜	11	57		15			11	4	2		9	169	96.6
西神子安浜	2	27		1		1	5	3	6	8	17	175	98.3
生麦	11	41		17	8	1	1		6		30	268	95.7
金沢	1	7	1	7							8	74	49.7
柴	1		5	2		1			1		6	43	78.4
富岡	1		3	7		1					6	69	87.3
合計	27	132	9	49	8	4	17	7	15	8	76	810	

＊転業者/転業希望者（％），
出典：両子安漁業組合保存資料より筆者作成．

1976年の転業率（表 5.13）は子安浜漁協 96.6％，西神子安浜漁協 98.3％で，南西部の 3 漁協と比較して，高い転業率を示している．このように，都心臨海部の地付層の社会に存在していた第一次産業就業者層は，1970 年代前半に強制的にいちど完全に分解させられた．分解の結果，被雇用者の場合は，運輸業，建設業，製造業のブルーカラー労働へ，事業経営者の場合は，水産加工業，海運業，警備・清掃業の自営業主や会社役員へ職業移動した．

5.2 転業後の漁業者の出現

1970 年代後半になって，子安浜地区・生麦地区では，漁業者がふたたび現れるようになった（生麦・子安漁業連合代表 U.Y さんへの聞き取り調査）．各種統計をもとに，子安浜地区・生麦地区の漁業者の出現の過程を確認してみよう（表 5.14, 表 5.15, 表 5.16）．1971 年の協定調印から 5 年間は経営体数は統計に表れないが，1976 年から，生麦地区に経営体が出現する（表 5.14）．子安浜地区とあわせると，経営体数は 80 年代後半から増加し，90 年代は概ね 40 〜 60 の範囲で推移した．

漁船登録（表 5.15）は漁業種類ごとに登録するため，重複登録の可能性がある．重複を考慮して，漁業種類の中の最大数をひろっていくと，1983 〜 98 年までの間は，すべて 38 〜 58 隻の間におさまっている．経営体数と漁船数は概ね 40 〜 60 の間で推移しており，ほぼ一致している．

漁業就業者数（表 5.16）は，1970 年代後半から増加し，80 〜 90 年代を通じて，一定数存在している．年齢別にみると，20 〜 40 歳代も一定数おり，71 年には漁業に就業していなかった世代で，漁業に参入している者がいることになる．90 年代には，60 歳代以上の漁業者が増加した．転業先を定年退職して，漁業を再開する例もある（横浜東漁協所属の漁業者 F.H. さんへの聞き取り調査）．主たる漁業種類は，アナゴ延縄漁である．漁業制度区分では，自由漁業に分類されている．知事や大臣の許可を得たり，漁業権が必要な漁業ではないため，漁業権をもたない漁業者が参入できる数少ない選択肢である．市場では江戸前アナゴとして安定した価格で取引される．

以上のように，完全転業後，5 年ほどは漁業者が消えたが，1970 年代半ば以降漁業者がふたたび現れるようになった．80 年代後半から経営体が増加し，90 年

表 5.14　漁業経営体数の変化

年	1976	1977	1978	1979	1980	1981	1982	1983	1984	1985	1986	1987	1988
子安浜地区	※	※	※	※	※	※	※	※	※	※	※	13	15
生麦地区	6	6	5	5	5	5	5	※	※	5	5	14	10
合　計	6	6	5	5	5	5	5			5	5	27	25

年	1989	1990	1991	1992	1993	1994	1995	1996	1997	1998	1999	2000
子安浜地区	28	46	41	44	24	3	33	35	41	42	41	33
生麦地区	18	19	18	17	8	13	12	12	12	16	14	14
合　計	46	65	59	61	32	16	45	47	53	58	55	47

※は掲載なし．調査しなかった可能性がある．
出典：神奈川県農林水産統計年報．

表 5.15　漁船登録数

	1982	1983	1984	1985	1986	1987	1988	1989	1990	1991	1992	1993	1994	1995	1996	1997	1998
子安浜地区	11	40	43	43													
生麦地区	10	9	9	10													
合　計	21	49	52	53	65	99	100	104	89	94	90	94	95	94	90	112	98

出典：漁船統計表（県水産課所蔵）．

表 5.16　子安浜地区漁業就業者数

	1968 年	1973 年	1978 年	1983 年	1988 年	1993 年	1998 年
15～19 歳	14		1	1	1		2
20～29 歳	77	3	6	1	4	5	9
30～39 歳	94		11	7	7	6	13
40～49 歳	64		12	5	7	8	11
50～59 歳	49		2	6	7	10	9
60 歳以上	30				3	7	19
合　計	328	3	31	20	29	37	63

出典：各年漁業センサス．

代は 40～60 で推移した．若年層の参入があると同時に，転業者が退職後に漁業を再開する例もある．

5.3 漁業組織の再編

　南西部の 3 漁協では北東部ほど転業が進まず，残存漁業者が一定数いた．金沢地先埋立て工事の遅延，転業用地の分譲の遅れ（転業条件の不備）を理由に，南西部 3 漁協は残存海域の有効活用を訴えてきた．転業率があがらなくなった 1977 年，飛鳥田市長は未転業・残存漁業者対策を審議会に諮問した．その結果，81 年に南西部 4 漁協を母体に横浜市漁協が新たに設立された．これは南西部に

漁業者が残存し続けることを認めたに等しい．

　市はすべての漁協を市漁協に一本化する予定であった．組合員資格審査を厳しくし，実際の操業者に資格を限定し，加入資格は世帯単位ではなく，個人単位とした．南西部4漁協は資格整理を実施した．しかし，子安浜地区では組合員資格の整理はむずかしかった．子安浜固有の歴史から，漁協は地域集団であり，近隣・親族ネットワークの結節点として認識されていた．加入は世帯単位であった．転業者で実際に操業していなくても，地域外へ転出しても，組合員であった．転業用地が組合単位で管理され，転業者の権利も絡んでいることが，組合員資格の整理をいっそうむずかしくした．1986年，2漁協は合併して横浜東漁協となったが，両子安浜漁協の基本的性格は維持された（生麦漁協は転業用地を売却・清算したので86年に解散した．操業者は東漁協に加入するように行政の指導が入った）．

　東漁協では，転業者世帯のほうが多い．構成員に応じて，転業者部会，遊漁船部会，漁業者部会の3部会構成であった．転業者世帯が多いため，操業者の意見が通らないことに不満をもち，1997年漁業者部会メンバーを中心として操業者62名のうち58名が脱退し，任意の漁業者団体である生麦・子安漁業連合を立ち上げた（生麦・子安漁業連合代表のU.Y.さんへの聞き取り調査）．2002年3月現在で，生麦・子安漁業連合のメンバーは66名，そのうち18名は子安浜地区居住者である．

　県水産課の見解によれば，漁業者が漁協から脱退して，任意団体を結成することはきわめてめずらしい（神奈川県環境農政部水産課職員T.M.さんへの聞き取り調査）．漁協に所属していないことで不利な事態は生じないのだろうか．神奈川県には「アナゴ漁業者協議会」があって，出漁曜日・出漁時間に関する協定を結んでいる．生麦・子安漁業連合はこの会合には参加している．また，港湾工事がある場合，市から生麦・子安漁業連合にも説明がなされる（横浜市港湾局の調整担当職員O.T.さんへの聞き取り調査）．このように，必要な情報は伝達されるので，組織間の連絡・交渉の点では不都合はないというのが，生麦・子安漁業連合の見解である（生麦・子安漁業連合職員Y.H.さんへの聞き取り調査）．

　東漁協では，組合で共同いけす，共同冷蔵庫，共同トラックを保有している．どの市場へ出荷するかは個人の自由で，希望する市場へ共同トラックがまわってくれる．東漁協から脱退した漁業者の場合，このような組合保有の共同施設を利

用することができない．出荷も個人ベースである．資金調達面では，漁協所属の組合員が設備投資を行う場合，最初に漁協の融資制度を利用して，県の漁業近代化資金を借りる．利子補填を受けることができるからである（横浜市漁協職員M.A.さんへの聞き取り調査）．漁協以外に，指定された2金融機関の融資制度を利用する道が開かれているが，生麦・子安漁業連合でこれまでのところ利用者はいない（生麦・子安漁業連合職員Y.H.さんへの聞き取り調査）．資金は子安浜地区内に集積された緊密な親族・近隣ネットワークを活用して調達している（生麦・子安漁業連合理事S.Y.さんの妻S.K.さんへの聞き取り調査）．生麦・子安漁業連合の漁業者が共同施設や融資制度の利用という面で，不利な状況にあることは否めない．

　横浜市の漁業組織の状況をまとめておこう．市漁協は組合員資格を整理して，操業者の組織となった．設立の過程も，市長の諮問，審議会の答申を経て，フォーマルな手続きを踏んでいる．それに対して，東漁協は組合員資格の整理がむずかしく，市漁協に合流できなかった．東漁協から，操業者が脱退して，漁業操業面の機能に特化した生麦・子安漁業連合が結成された．その結果，東漁協はますます地域組織，地域住民の財産管理団体のような性格を強めることになった．生麦・子安漁業連合は，操業者の集団であるが，漁協ではないため，制度的には最も不利な状況におかれている．

　このように全面補償・完全転業を選択した後，横浜市の漁業者がおかれた状況は複雑さを増した．漁業者をすべて解消することが不可能なので，市は残存漁業者のタイプを限定し，市が認めた組織に所属させて管理する計画に変更した．市が要求した組織整理の手順や基準に合致しないために，制度的なルートから最も排除されているのが生麦・子安漁業連合の漁業者たちであるといえる．

6. 行政の対応

　横浜市には，漁業者に対応する窓口が2つある（行政機構の名称は2002年11月当時のもの）．ひとつは港湾局である．埋立事業は港湾局の担当で，埋立事業ごとに港湾局が漁業者との交渉にあたってきた．1987年以降は，漁業者との調整を総合的に担当する開発調整担当がおかれている．港湾局は転業を強力に推進

してきた経過がある．このため，港湾局の公式見解は「横浜市に漁業者はいない」である（横浜市港湾局企画調整課・調整担当職員 O.T. さんへの聞き取り調査）．水産担当者も緑政局農政課に 1 人しかいない．緑政局の見解は，表現はすこし柔らかいが，「横浜市に漁業者が現実にいるという事実をふまえて，推移を見守る」（横浜市緑政局水産担当職員 S.M. さんへの聞き取り調査）ということで，横浜市に水産政策というものはないのである．

神奈川県環境農政部水産課は漁船登録の申請窓口である．「職業の自由という原則をふまえ，漁業の採算が確保され，職業として成立するのであれば，漁船登録を許可している．申請には漁協作成の書類を添付する必要がある．生麦・子安漁業連合の場合は，申請者と漁業連合の事務担当者が，水産課に足を運び，直接の接触で確認がとれれば，許可するという柔軟な姿勢をとっている」（神奈川環境農政部県水産課職員 T.M. さんへの聞き取り調査）．

さらに，もうひとつ別の例を出しておこう．横浜市漁協は柴漁港を拠点に，子安浜地区の漁業者より恵まれた条件で操業している．しかし，市漁協は漁業者の生活基盤をさらに安定させるため，補償金から出資金をあつめ，金沢区の海の公園内で，船舶繋留地の管理業務と，食事施設建物の貸付・管理業務を行う株式会社を設立した．漁業操業者の基盤が脆弱であることに懸念をもっており，生活の安定度を増すため，漁協とは別に株式会社を設立したのである（横浜市漁協組合長 S.M. さんへの聞き取り調査）．このような例と比較すると，生麦・子安漁業連合の漁業者の生産基盤がいかに脆弱であるか，明かであろう．

7. 都市空間の機能分化と社会的分化

1970 年代まで横浜都心臨海部の地付層の社会には，漁業者が一定数存在していた．工業地帯という地域の特性があるにもかかわらず，第一次産業就業者層の分解は進んでいなかった．産業用空間創出のため，漁業者の存在は解消すべき対象となった．1970 年代はじめ，市の強力な転業諸対策が実施され，第一次産業就業者層はいちど完全に分解する．主として，臨海部で成長した運輸，建設業，製造業のブルーカラー労働に入職していった．70 年代，横浜・川崎臨海部に立地する企業・工場には，地方郡部からの地域移動者が流入した．それとまったく

同じ構図が，地元の地付層の社会でも起きていたのである．

　いちど完全に分解したかにみえた第一次産業就業者層であったが，完全転業という政策は強引すぎた．市の予想をこえる操業者がふたたび出現した．臨海部の北東部と南西部では分解の程度に差異もあった．補償金や転業資金融資によって，既成事実として転業を受け入れさせていった市は，「横浜市に漁業者はいない」という姿勢は崩さない．完全転業という手綱は少し緩めるものの，新たな管理手法，囲い込む手法を繰り出してくる．この管理手法によって，操業者たちはさらに分化させられ，制度的なルートから最も排除された状況の生麦・子安連合の漁業者たちが生み出されていった．管理または無視により漁業者は分化させられていった．このようにして，分化させた都市空間の機能が管理されている．

【文献】

青柳良策，1961，「子安浜漁民の職域拡張に関する考察」，『研究員研究報告集』（横浜市教育研究所），1，3-42．

青柳良策，1962，「子安浜児童の学力形成に及ぼす教育条件の考察」，『研究員研究報告集』（横浜市教育研究所），2，3-42．

橋本和孝，2000，「飛鳥田一雄と自治体改革論」，吉原直樹編『都市経営の思想』青木書店，154-172．

小林照夫，1992，『巨大都市と漁業集落——横浜のウォーターフロント』成山堂書店．

柴漁業協同組合，1990，『蒼穹の下　魚鱗耀きし地』柴漁業協同組合．

田村明，1983，『都市ヨコハマをつくる』中央公論社．

東西興業株式会社，1997，『東西興業株式会社25年史——新しき道のしるべに』非売品．

若林敬子，2000，『東京湾の環境問題史』有斐閣．

山田操，1974，『京浜都市問題史』恒星社厚生閣．

第6章　産業配置の変化と近年の動向[1]

玉野和志

　前章までは，東京大都市圏の先端地区としての京浜工業地帯の形成について述べてきた．東京の発展の初期において，この先端地区は製造業の集積地域として長い間君臨してきた．ところが，近年の製造業から金融業・サービス業・情報産業などへの先端産業の移行にともない，この地域は徐々に変貌をとげつつある．つまり新しい先端産業の都心3区への集中と製造業の京葉地区や北関東への分散にともない，この地域を都心部へのアクセスのよさと製造業でも研究開発部門の集積を生かして，文化的な住宅都市へと転換させていこうという方向性が，自治体行政の政策においては模索されはじめている．つまり，産業組織と労働力編成の再編によって，これまでの製造業の集積とそこで働く労働者たちが生活する町から，徐々に研究開発部門に特化した一部の製造業と都心部への通勤者からなる新しい住宅都市へと脱皮していくことが図られているのである．

　本章以降の課題は，東京大都市圏の空間構造のレベルにおいてはこのような新しい位置づけのもとに再編されつつあるかつての先端地区が，人々が暮らすコミュニティのレベルではどのような実態にあるかを解明することにある．そこで，まず本章では近年における人口の推移と産業配置の変化を社会地区分析の結果によって，とりわけ横浜市の港北区と鶴見区を中心にみていくことにしたい．続く第7章と第8章においては，鶴見区における郵送法によるサーベイ調査の結果にもとづいて，具体的なローカル・コミュニティがどのような人々から構成されているかが明らかにされることになる．

1. 産業拠点としての発展と衰退

　すでに第4章でみたように，この地域は戦前から産業拠点として大工業が集積し，沖縄や朝鮮半島，伊豆大島などから多くの労働者が移り住んだ．戦後は高度成長期に東北などからの集団就職を多く受け入れ，人口は1960年代の中頃にピー

クを迎えることになる．しかし，その後は大工場の京葉地区への流出や石油ショックによる高度経済成長の終焉によって，人口は減少に転じることになる．それが80年代以降の東京の世界都市化にともなう空間構造の転換によって，都心部へのアクセスのよさを生かして通勤者を新たに受け入れることで人口が再び上昇していく，と一般には理解されている．しかしながら，この地域の人口の回復はそれほど順調に進んでいるわけではない．川崎市の川崎区・幸区・中原区，横浜市の鶴見区・神奈川区など，区ごとの人口推移をみてみると，区それ自体の区画が変更されていることもあって結果は単純ではないが，80年代以降の人口の回復はそれほど顕著なものとはいえない．その中でも比較的順調に人口が回復しているのが鶴見区である．そこで，ここでは鶴見区周辺を中心に，人口の推移を確認してみることにしよう．

　図6.1に示したのは，1970年から2000年までの人口の分布を，70年の時点で5等分された区分に固定して，10年おきにその推移をみたものである．川崎市から東海道本線と京浜急行に沿って横浜の中心部にかけて，あまり大きな変化がないことがわかる．鶴見区では鶴見川沿いの地域に人口が集中し，やはりあまり大きな変化がないことがわかる．これに対して80年代以降顕著に人口が増えていくのは，港北区の東急東横線沿線と鶴見区のやはりこの東横線に隣接する区域である．したがって，鶴見区で人口が順調に回復している背景には，都心3区へのアクセスがよい東海道本線や京浜急行の沿線というよりも，東横線にほど近い区域で人口が増加したことが大きいようである．しかも，次章で詳しく検討する鶴見調査の結果では，この区域に位置する調査対象地である獅子ヶ谷に居住するサンプルの多くが，東京都心部ではなく川崎市に通勤していることが明らかになった．

　したがって，よくいわれるような東京の空間構造の転換が，この地域のローカル・コミュニティを都心通勤者からなる住宅都市に変容させているという想定は，単純には当てはまらないことがわかる．しかし，かといってこの地域が東京大都市圏の空間構造の転換の中で，まったく影響を受けていないというわけでもない．事態はもう少し複雑だということである．そこで，次には産業配置の変化をやはり社会地区分析を用いて確認することを通して，この地域の空間構造とコミュニティの複雑な変化の様相をとらえていくことにしたい．

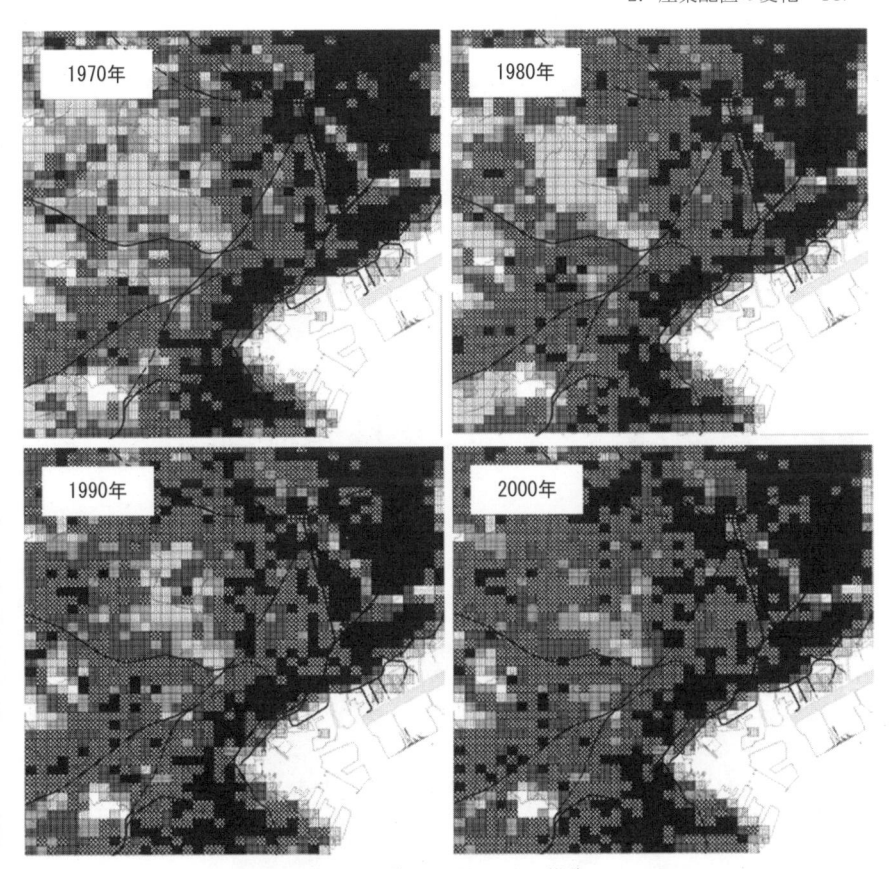

図 6.1 鶴見区周辺の人口推移

2. 産業配置の変化

2.1 事業所数と従業者数の推移

図 6.2 に示したのは,1986 年と 2001 年の時点での事業所統計に基づく事業所数と従業者数の分布である.86 年の時点で 5 等分された区分を 01 年にも適用している.事業所数も従業者数もほぼ同じ分布をしていることがわかる.86 年の時点では鶴見川沿いを中心とした東京寄りの地域に多く分布していたものが,2001 年には鶴見川周辺は少なくなり,東横線と東海道本線ないし京浜急行の鉄

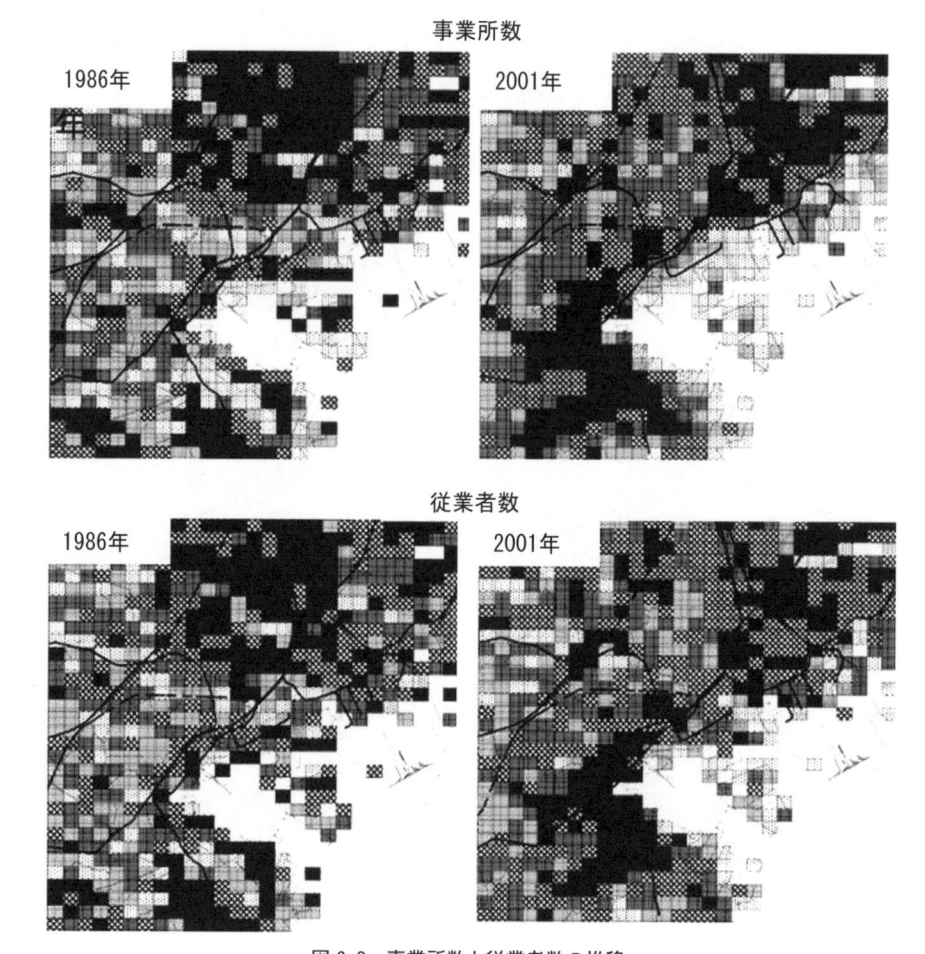

148 第6章 産業配置の変化と近年の動向

図 6.2 事業所数と従業者数の推移

道路線沿いに集中するようになっている．とりわけ新横浜と鶴見駅の周辺に集中していることがよくわかる．ここではすべての種類の事業所とそこで働く従業者数を対象にしているので，次に業種ごとでの分布のちがいをみていくことにしよう．

2.2 製造業の分布

図 6.3 に示したのは，同じく 1986 年と 2001 年の時点での製造業の事業所数の

1986年　　　　　　　　　　2001年

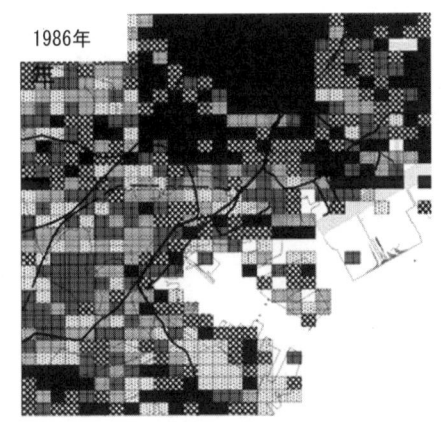

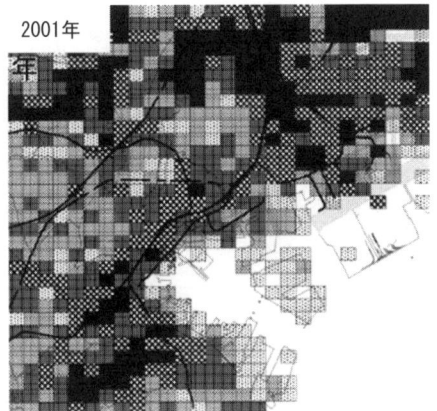

図6.3　製造業事業所数の推移

分布を示したものである．やはり1986年での区分を2001年に適用している．一目見てわかるとおり，製造業はいずれも鶴見川沿いの地域を中心に分布しているが，86年の場合はそこを中心にかなり幅広く分布していたのに対して，01年には分布はかなり限定されるようになっている．製造業の事業所数自体が全体として減少していることがわかる．したがって，事業所数と従業者数が全体として鶴見川沿いの地域で薄くなっているのは，主としてこの地域に集中していた製造業の集積が失われてきたことを示すものと考えられる．製造業の先端地区としてあったこの地域が，90年代以降，その性質を変えてきたことが示されているといえよう．

ところで，ここで注意しておきたいのは，製造業については新横浜や鶴見駅周辺への集積は進んでいないということである．したがって，これらの地区での事業所数や従業者数の集中は，少なくとも製造業によるものではないということである．次に卸売・小売・飲食業，およびサービス業の分布を確認していこう．

2.3　卸売・小売・飲食業の分布

図6.4に示したのは，やはり1986年と2001年の時点での卸売・小売・飲食業の事業所数の分布を示したものである．区分方法もこれまでと同様である．全体として事業所総数の分布とよく似ていることがわかる．86年の時点では都心寄

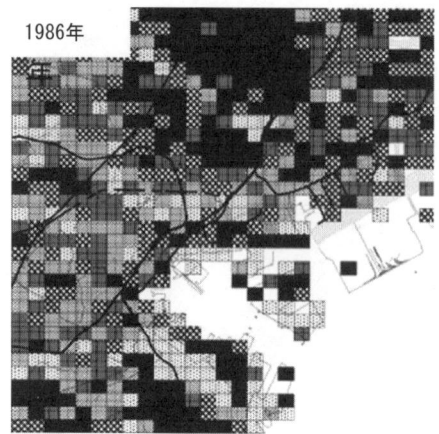

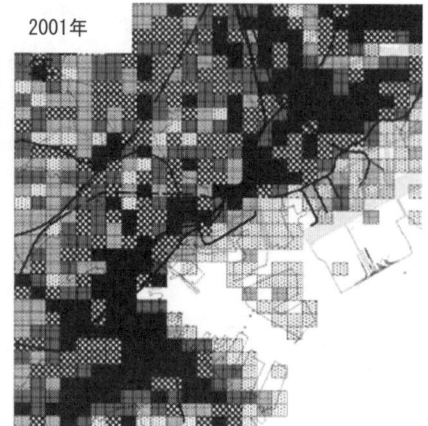

150　第6章　産業配置の変化と近年の動向

図6.4　卸売・小売・飲食業事業所数の推移

りの地域を中心に，鶴見区の内陸部にもそれなりの卸売・小売・飲食業の事業所が集積していたことがわかる．ところが，2001年になると，この部分を中心に鶴見川沿いの地域も含めて，全体に分布が薄くなり，鶴見駅と新横浜駅を中心とした東横線と東海道本線ないし京浜急行の沿線に分布が集中するようになっている．

つまり，鶴見川沿いも含めて，主要な鉄道沿線の駅周辺だけでなく，内陸部にもそれなりに集積していた卸売・小売・飲食業の事業所が，1990年代以降，鶴見駅や新横浜駅などを中心とした鉄道の沿線に集中していったということである．このことも，この地区の先端地域としての独自性が薄れ，東京都心部などとの関係が主になっていったことの表れなのかもしれない．

2.5　サービス業の分布

最後に，サービス業の分布についてみてみよう．図6.5に示したのが，1986年と2001年のサービス業事業所の分布の推移を示したものである．区分方法も同様である．卸売・小売・飲食業の分布と同様に，全体的には事業所総数の分布とよく似ている．しかしながら，より傾向がはっきりとしていることがわかる．つまり，86年時点では都心寄りの地域に分布が偏っていたのに対して，2001年に

2. 産業配置の変化　151

1986年　　　　　　　　　　2001年

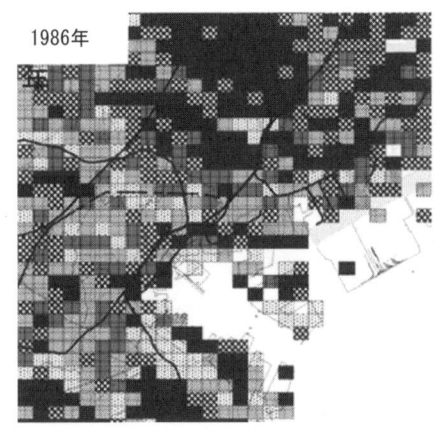

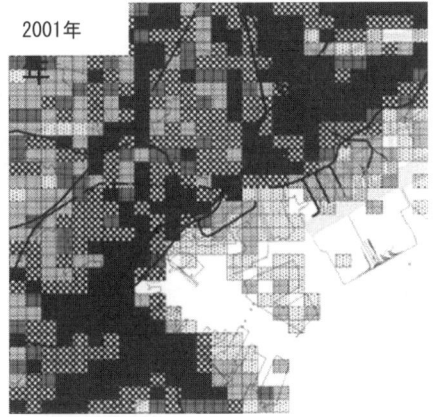

図 6.5　サービス業事業所数の推移

は都心寄りというよりも，都心へと連なる主要な鉄道路線沿いに分布が集中するようになっている．さらにサービス業の分布において顕著なのは，横浜中心部への集積が 86 年と比べるとはっきりと進んでおり，東京都心部寄りとそれほど遜色がなくなってきていることである．さらに，新横浜を中心とした地域と鶴見駅を中心とした地域への集積が，横浜中心部とならんで顕著になってきていることが注目される．

つまり，サービス業についてみるならば，単に東京都心部との関係によってのみ規定されているのではなく，横浜駅，新横浜駅，鶴見駅という京浜地区内部に独自の集積が進んでいる可能性がみられるのである．それは，かつて鶴見川沿いに製造業が集積し，それとの関連で駅周辺だけではなく内陸部にもそれなりの事業所の集積がみられたことと，ある意味では対応している．東京都心部のもつ中枢性とは異なった，先端性をもつ産業の集積が独自の空間構造を形づくっていると考えられるのである．

それでは，ここでいうサービス業の集積は，具体的にはどのようなものであろうか．サービス業にはさまざまな内容があり，しかもその意味合いの変化が著しいために，事業所統計の区分は必ずしも適切なものとはいえないが，中分類まで遡って検討してみると（表 6.1），次のようなことがわかる．これまで検討の対象

表6.1　京浜地区サービス業中分類別構成（2001年）

(%)

	洗濯・理容・浴場業	駐車場業	その他の生活関連サービス業	旅館，その他の宿泊所	娯楽業	自動車整備業	機械・家具等修理業	物品貸借業	映画・ビデオ制作業	放送業	情報サービス・調査業	広告
事業所数	23.1	2.0	3.9	2.5	4.7	2.7	2.3	2.0	0.1	0.1	3.2	0.5
従業者数	6.9	0.3	2.5	2.4	4.6	1.1	2.3	1.6	0.1	0.3	13.3	0.5

	専門サービス業	協同組合	その他の事業サービス業	廃棄物処理業	医療業	保健衛生	社会保険，社会福祉	教育	学術研究機関	宗教	政治，経済・文化団体	その他のサービス業
事業所数	19.2	0.7	4.9	0.8	14.9	0.2	3.2	4.0	0.3	2.5	1.8	0.0
従業者数	11.2	0.5	13.9	1.4	14.5	0.6	4.5	9.8	5.5	0.9	1.0	0.2

注）メッシュ統計の第1次地域区画「東京5339」のうち第2次地域区画14,15,24,25の区域のみを集計.

としてきた京浜地区に限定した場合，事業所数として大きな比重を占めるのは，洗濯・理容・浴場業などの生活関連サービス業と学習塾や習い事などの専門サービス業，および医療業がそれぞれ全体の10%以上の比率を占めている．事業所数ではなく，そこで働く従業者数に注目した場合は，専門サービス業と医療業に加えて，情報サービス・調査業，その他の事業サービス業の比率が全体の10%を越える分布になっている．

この情報サービス・調査業とその他の事業サービス業は，1996年と比べた場合に2001年には事業所数ならびに従業者数のいずれにおいても増加傾向にある区分である．それ以前のデータでは区分の仕方が微妙に異なっているために，厳密に比較することはできないが，90年代以降，急激に拡大してきた分野であることはまちがいない．これらは明らかに情報関連産業の発展と関連していると考えられる．たとえば，情報サービス・調査業は何らかの情報処理業務を中心にしているだろうし，その他の事業サービス業は広く他の事業所を対象としたサービス業全般を意味しており，たとえば事業所内のシステム構築やメンテナンス関係の仕事などがこれに含まれていると考えられる．それらはいずれも事業所内におけるIT化の進展にともなって新しく現れた業種で，これまでの区分には当てはまらないために，事業所を対象とするその他のサービス業として一括されているのである．

さらに，事業所の集積が顕著となってきた新横浜周辺と鶴見駅周辺の区域だけを取り上げて，2001年のサービス業の事業所数と従業者数の構成を示したのが，表6.2である．新横浜周辺では，情報サービス・調査業と専門サービス業が全サー

2. 産業配置の変化

表 6.2　新横浜駅と鶴見駅周辺のサービス業中分類別構成（2001 年）

(%)

	洗濯・理容・浴場業	駐車場業	その他の生活関連サービス業	旅館, その他の宿泊所	娯楽業	自動車整備業	機械・家具等修理業	物品貸借業	映画・ビデオ制作業	放送業	情報サービス・調査業	広告業
新横浜駅周辺												
事業所数	8.7	1.9	3.4	1.1	3.4	0.8	2.6	3.8	0.4	0.4	19.6	0.8
従業者数	3.8	0.0	1.5	11.6	70.0	0.3	1.5	1.1	1.6	0.1	37.5	0.5
鶴見駅周辺												
事業所数	21.8	0.6	3.4	2.8	8.0	1.5	1.2	1.5	0.0	0.0	2.5	0.0
従業者数	6.6	0.1	3.6	2.8	6.4	0.4	1.0	1.4	0.0	0.0	5.8	0.0

	専門サービス業	協同組合	その他の事業サービス業	廃棄物処理業	医療業	保健衛生	社会保険, 社会福祉	教育	学術研究機関	宗教	政治, 経済・文化団体	その他のサービス業
新横浜駅周辺												
事業所数	30.6	0.0	7.2	0.8	8.3	0.0	1.1	0.8	1.1	1.1	2.3	0.0
従業者数	21.9	0.0	10.2	1.8	2.3	0.0	0.7	1.2	0.7	0.1	0.3	0.0
鶴見駅周辺												
事業所数	25.2	0.9	4.0	0.0	16.0	0.0	3.1	1.8	0.3	2.2	2.8	0.3
従業者数	12.2	0.6	7.8	0.0	25.6	0.0	5.5	16.3	0.0	2.8	0.9	0.1

注）新横浜駅周辺は第 4 次地域区画 24094, 24192, 25003, 25101, 鶴見駅周辺は 25041, 25042, 15943, 15944 のみを集計.

ビス業事業所数のほぼ半分を占め，従業者数ではその他の事業サービス業と旅館，その他の宿泊所が 10% を越える比重を占めている．鶴見駅周辺では，洗濯・理容・浴場業の他には，専門サービス業と医療業の事業所比率が高く，従業者数では教育関係が 10% 以上の比重を占めている．すなわち，新横浜周辺にはいわゆる情報関連産業のサービス業が集積し，鶴見駅周辺ではいわゆるサービス産業化の傾向が著しいことがわかる．

つまり，2001 年において新横浜と鶴見駅周辺に新たに事業所が集中していった背景には，脱工業型都市に典型的な情報化とサービス産業化の影響があると考えられる．とりわけ新横浜周辺への情報関連産業の集積は顕著である．新横浜の駅を下りると，1980 年代にはまだ何もなかった駅の北側に，現在では何棟もの高層ビルが建ち並び，それらのビルにはいずれも富士通や東芝系列などの「○○システム・エンジニアリング」とか，「△△システム・メンテナンス」などの名称の会社が並んでいる場合が多い．一般に情報関連のコンテンツ産業などは，大都市の中心部に位置する場合が多いが，新横浜に集積した情報関連産業には IT

化の進んだ工場やオフィスのシステム設計やメンテナンスサービスを提供していると思われる事業所が多く，それらの新規事業所にとっては地価の高い東京都心部よりは，もともと電気機械関係の事業所が多く立地していた東京の城南地区から横浜・川崎の区域にもほど近い新横浜が，新幹線の停車駅であることもあって好都合だったのかもしれない．そう考えると，1990年代以降は新幹線がつねに新横浜に停車するようになり，最近ではさらに品川駅が新たに設置され，東京駅を出てから品川駅，新横浜駅とすべて停車するようになったことも，品川駅東口の再開発を含めて，その事情がよく理解できるというものである．

いずれにせよ，1980年代までの鶴見川沿いを中心とした製造業の集積から，90年代以降は新横浜と鶴見駅を中心としたサービス業の集積へと，事業所の分布という意味でのこの地域の空間構造が大きく変容してきたことが，社会地区分析の結果から明らかになったといえよう．

3. 産業拠点としての転換と連続性

以上，本章では横浜市の港北区と鶴見区を中心に，社会地区分析に基づき，主として事業所の空間的な分布について，その推移を確認してきた．その結果，1980年代以降，事業所の集積はかつての鶴見川沿いを中心とした東京都心寄りに集中する分布から，新横浜駅と鶴見駅周辺を中心として，鉄道路線沿いに集中する分布へと推移していることが明らかになった．

さらに，産業別の事業所分布を確認することで，鶴見川沿いに分布しているのは主として製造業の事業所であり，若干数を減らしながらも，それなりの集積を維持していることがわかった．しかしながら，卸売・小売・飲食業の事業所については，その周辺の内陸部の事業所はかなり減少し，新横浜と鶴見を中心とした鉄道路線沿いへの集中傾向が確認された．サービス業についても分布の推移は同様で，とりわけ新横浜駅と鶴見駅周辺への集積が著しい．そこで，それぞれのサービス業の内実を確認したところ，情報サービス・調査業，専門サービス業，その他の事業サービス業などの集積が進んでおり，情報化やサービス産業化の影響が大きいことが明らかとなった．したがって，1980年代以降のこの地域の産業配置の変化は，鶴見川沿いの製造業を中心とした分布から，新横浜駅と鶴見駅を中

心とした情報関連サービス業を中心とした分布へと推移しているとみることができる．

　それは，すなわち先端性をもつ産業分野が製造業から金融・情報・サービス業へと変遷していくにともない，かつて製造業を中心とした先端地域としてあった京浜地区臨海部にも，同様の変化がみられたということである．

　しかし，事態はそう単純でもない．なぜなら，新横浜への事業所の集中は金融業と関連する情報サービス業というよりも，製造業の事業所などを中心とした工場やオフィスのIT化やシステム管理と関連する対事業所サービス業の集積を中心としており，それゆえこれまでこの地域にみられた製造業の蓄積を前提としたものと考えるべきである．つまり，東京大都市圏における脱工業化の進展は，ロンドンやニューヨークのように製造業の衰退を前提として金融・情報・サービス業が都心部に一極集中するという形態はとらず，50 km圏まで拡がった大都市圏の周辺部も含めた製造業の豊かな蓄積を相変わらず維持したままで，この製造業の存続を前提とした金融・情報・サービス業の新たな発展を模索しているところに特徴がある．本章で明らかにした京浜地区臨海部の産業配置の変容にも，そのような意味での東京大都市圏の産業組織の再編が現れているとみるべきであろう．

　要するに，かつて近代都市・東京の初期の発展を支えた製造業を中心とする産業拠点であった京浜地区臨海部は，1960年代中頃からの大工場の流出にともない，その先端性を徐々に失っていった．しかし，鶴見川沿いを中心とした製造業の蓄積はその後も引き続き維持され，1990年代以降は新横浜や鶴見駅周辺へのサービス業を中心とした新しい事業所の集中をもたらすことになった．同時に，鉄道沿線を中心とした住宅地化の進行による人口の増加もみられるようになり，一時期の人口減少にも歯止めがかかってきた状況にある．そこには広い意味での製造業から金融・情報・サービス業への先端産業の転換と，そこにおけるこの地域の複雑な位置づけの変化が反映しているわけである．

　そうすると当然，新たに流入した人口にも，これまでとは異なった特徴があると考えられる．この地域の東京大都市圏における位置づけの変化にともなって，新たに流入する人口の性質が変化していくことで，これまでのこの地域におけるローカル・コミュニティがどのような変化を受けるのか，それは横浜市や川崎市が期待しているような，研究開発部門の集積を生かした文化的な住宅都市という

方向へと本当に進むものなのだろうか．次の第7章と第8章では，鶴見区の市民を対象とした郵送法によるサーベイ調査データの分析から，このような人口移動の内実について考えてみたいと思う．

【注】
(1) 本章の内容は，もともと佐野俊幸が町丁目単位の社会地区分析によって明らかにした成果（佐野 2006）に基づいている．それを筆者がメッシュデータによる社会地区分析によって整理し直したものである．

【文献】

佐野俊幸，2006,「産業配置の変化と近年の動向」,『都市の構造転換とコミュニティの変容に関する実証的研究』, 平成15年度～17年度科学研究費補助金基盤研究B（研究代表者：玉野和志), 59-72.

第7章　労働者たちの流入と定着

高木竜輔

　これまでの章では，各種官庁統計や歴史的な資料や行政資料をもとにして，横浜市鶴見区の形成とその後の変容をみてきた．それに対してこの章と次の章で明らかにするのは，産業拠点としての鶴見を支えてきたのはどのような人々か，という点である．戦前からの工業開発の中で産業拠点として位置づけられ，発展してきた鶴見は，コミュニティとしてどのような発展をしてきたのだろうか．より具体的にいえば，産業拠点である鶴見に住む人々はいつ，どこからやってきたのか．さらにいえば，近年の東京大都市圏における産業配置の変化のなかで，鶴見というコミュニティがどのように変わろうとしようとしているのか．

　われわれは2003年に鶴見区に居住する人々を対象として簡易なサーベイ調査を実施した[1]．この調査では，年齢，職業，出身地など，対象者の簡単な属性だけしか尋ねていない．しかし，この簡易な調査の結果から，それに加えて鶴見区居住者へのヒアリングをもとに，鶴見というコミュニティの形成と変容について考えてみたい．

1. 工業地域としての鶴見の形成

　まず鶴見区の人口動態を確認しておこう．図7.1は戦前から最近までの鶴見区と横浜市の人口をみたものである（データは国勢調査および推計人口調査．図の左側の軸が鶴見区の人口，右側の軸が横浜市の人口である）．鶴見区は戦中期において人口が急激に増加しているが，終戦とともに大幅に人口を減らしている．しかし戦後の復興とともに人口が増加し，1952年には戦前の水準を回復し，68年にピークを迎える．横浜市全体では戦後一貫して人口が増え続けているのに対し，鶴見区では70年代において人口を減少させてゆく．81年まで人口減少は続き，その後はゆっくりとではあるが人口を回復させている．鶴見区におけるこのような人口数の軌跡は，第6章でみたとおり，製造業が京浜工業地帯から他県へと流

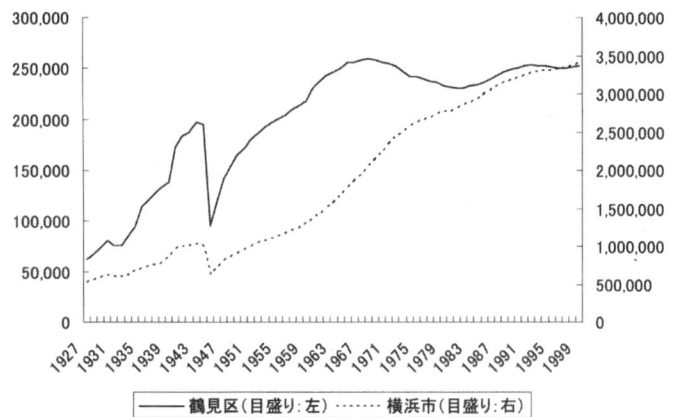

158　第 7 章　労働者たちの流入と定着

図 7.1　横浜市と鶴見区の人口：1927-99 年

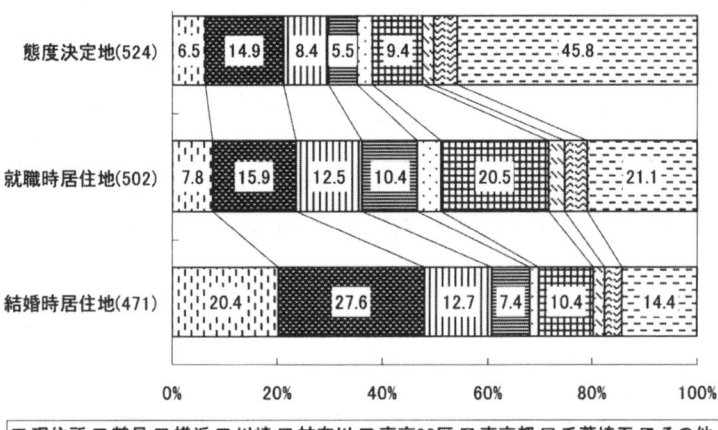

図 7.2　対象者の鶴見区への流入経路

出し，あわせて東横線沿線地区の宅地開発の進行，さらには産業配置の転換にともなって工場跡地が住宅地へと転換していること，などを反映したものである．

ただし，人口動態だけでは鶴見への人々の移動の実態がつかめない．現時点の鶴見というコミュニティを構成する人々がいつ，どのように鶴見へと流入したのかを調査データから明らかにしたい．

はじめに，鶴見に居住している人がどこからやってきたのかを確認しておこう．

1. 工業地帯としての鶴見の形成　159

図7.2は15歳時（態度決定地），就職時，結婚時においてどこに居住していたのかについて，世帯主とその配偶者をあわせて示したものである．調査対象者の態度決定地については，約半数がその他，すなわち関東圏以外の地方出身であることがわかる．それが就職時になると，この時点で地方に居住している人は21.1%へと減少し，東京都が20.5%へと急増する．そのほか横浜や川崎でもわずかではあるが比率が上昇している．それに対して現住所ならびに鶴見区については，その比率をほとんど変えていない．結婚時になると，現住所ならび鶴見区に居住している比率が高まり，横浜と川崎に居住する人を含めると約7割が結婚時において現住地の近くに居住していたことになる．

このように調査対象者の鶴見への流入経緯をみると，鶴見居住者の約8割が他地域からの流入者であり，その多くが地方出身者であること，まずこの点を確認しておきたい．そして地方出身者に関してはその多くが就職をきっかけに東京圏へと流入しており，結婚前後の段階において鶴見周辺へと移動していることがわかる．

図7.3は，世帯主の現住所ならびに鶴見区における居住年数をみたものである[(2)]．現住所に関していうと，5年未満の居住者が29.2%で5～10年の居住者が21.9%となっており，世帯主の約半数が現住所に10年未満しか居住していない．それに対して鶴見区での居住に関していうと，5年未満の居住者が15.3%，5～10年の居住者が16.9%であり，両者をあわせると3割程度である．20年以上居住した人は50.5%と約半数になる．鶴見居住者は現住所での居住年数は短いが，鶴見区内では比較的長期にわたって居住しており，地域内での移動している人が多くみられるということである．

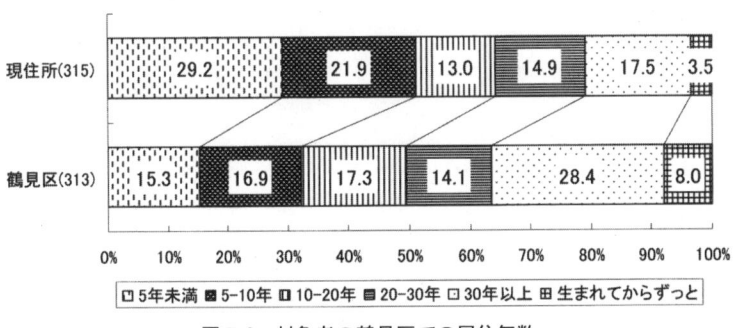

	5年未満	5-10年	10-20年	20-30年	30年以上	生まれてからずっと
現住所(315)	29.2	21.9	13.0	14.9	17.5	3.5
鶴見区(313)	15.3	16.9	17.3	14.1	28.4	8.0

図7.3　対象者の鶴見区での居住年数

表 7.1　家族定着時期

	%	(実数)
戦前	20.9	(58)
戦後すぐ	7.9	(22)
50年代	11.2	(31)
60年代	6.5	(18)
70年代	11.5	(32)
80年代	10.8	(30)
90年代以降	31.3	(87)
合計	100.0	(278)

表 7.2　家族定着期別にみた世帯主の態度決定地

(%)

	鶴見	神奈川	東京・千葉・埼玉	その他	合計	(実数)
戦前	62.2	13.2	7.5	17.0	100.0	(53)
戦後すぐ	66.7	4.8	4.8	23.8	100.0	(21)
1950年代	40.7	3.7	22.2	33.3	100.0	(27)
1960年代	27.8	11.1	11.1	50.0	100.0	(18)
1970年代	15.6	21.9	12.5	50.0	100.0	(32)
1980年代	3.4	6.9	20.7	69.0	100.0	(29)
90年代以降	0.0	22.6	23.8	53.6	100.0	(84)
合計	26.1	14.8	16.7	42.8	100.0	(264)

$\chi^2=107.4$, $df=18$, $p<0.01$

次に，鶴見居住者の家族定着時期を確認しておく（表7.1）．家族定着時期とは，本人が所属する家族が鶴見に流入した時期を聞いたものである．90年代以降に流入した家族が31.3％と一番多いが，戦前から流入した家族も20.9％存在し，鶴見に早い時期から流入している家族が多くみられることも特徴的である．

表7.2は，家族定着時期別にみた世帯主の態度決定地を示したものである．家族が鶴見に戦前ないし戦後まもない頃に流入した場合，その6割程度の態度決定地は鶴見となっている．このことは，それらの人々の親や祖父の時代に鶴見に流入したことを意味しており，本人はその子または孫に当たると推測される．もちろん，ずっと何代にもわたって鶴見で生活してきた家族も存在している．さらに戦前もしくは戦後すぐに流入した家族のうちでその後どれくらいが他地域へと流出したかは知るよしがない．しかし，ここでは戦前もしくは戦後まもなくの時期に鶴見に流入し，鶴見で世代的な再生産を果たしている家族が一定程度存在していることを確認しておきたい．それに対して1960年以降に流入した家族の多くは世帯主が地方出身者であり，多くは本人たちの代で鶴見へと流入してきたと推測される．

鶴見居住者のこの地域への流入に関してまとめておきたい．鶴見への人々の流入は，戦前期から始まり，流入者の多数は地方出身者であった．その家族は，現在ではその子どもや孫へと引き継がれており，鶴見に根づいている．そして，その後も鶴見へは人々が流入しつづけ，とくに近年において多数の流入者を受け入れている．

2. ハマとヤマ——工場労働者の鶴見・ホワイトカラー労働者の鶴見

　鶴見は戦前から現在に至るまで，常に人々を受け入れてきた．そして鶴見は「東京」の産業拠点として長年位置づけられており，鶴見＝工場労働者のまちとして定着している．実際に近年流入してきた人たちの間にもそのようなイメージがもたれている[3]．ここでは，どういった人たちが鶴見に居住しているのか，さらに，実際に鶴見に居住している人たちはどのような理由で鶴見へと流入したのか，この点を職業との関係で特徴づけてみたい．

　はじめに鶴見居住者の就業者数の増減と増減率を確認しておこう（表7.3　増減率は5年前と比較）．図7.1でみたように鶴見区の人口は1968年まで増加傾向にあり，専門・管理・事務職，販売・サービス職，生産工程・労務職のすべてにおいて就業者は増加している．とくに1955年から60年にかけて生産工程・労務職は46.5％も増加しており，この時期に多くの工場労働者が鶴見区へと流入した．しかしその後工場労働者は減少の一途をたどっており，2005年にはピーク時の6割程度まで減少している．それに対し専門・管理・事務職と販売・サービス職はほぼ一貫して増加しつづけており，1990年の時点で専門・管理・事務職就業者が生産工程・労務職就業者を上回っている．

表7.3　鶴見区居住者の就業者数 1950-2005年

年	就業者総数 実数	増加率(%)	専門・管理・事務 実数	増加率(%)	販売・サービス 実数	増加率(%)	生産工程・労務 実数	増加率(%)
1950	63,752		17,187		11,471		31,409	
1955	78,260	22.8	19,689	14.6	16,339	42.4	37,661	19.9
1960	105,907	35.3	25,774	30.9	18,455	13.0	55,161	46.5
1965	126,958	19.9	31,870	23.7	23,585	27.8	61,629	11.7
1970	130,650	2.9	39,090	22.7	23,580	0.0	59,100	-4.1
1975	121,100	-7.3	38,585	-1.3	25,180	6.8	49,270	-16.6
1980	115,313	-4.8	37,920	-1.7	25,516	1.3	44,557	-9.6
1985	122,067	5.9	42,251	11.4	26,993	5.8	44,855	0.7
1990	133,521	9.4	50,587	19.7	30,007	11.2	44,656	-0.4
1995	136,747	2.4	54,552	7.8	31,847	6.1	41,560	-6.9
2000	134,879	-1.4	53,665	-1.6	32,904	3.3	38,565	-7.2
2005	136,954	1.5	54,883	2.3	33,602	2.1	37,294	-3.3

データは国勢調査．

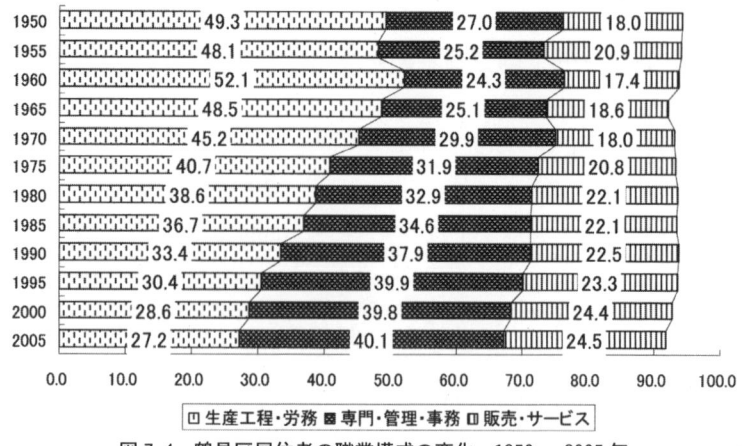

162　第 7 章　労働者たちの流入と定着

```
1950  49.3            27.0      18.0
1955  48.1            25.2      20.9
1960  52.1            24.3      17.4
1965  48.5            25.1      18.6
1970  45.2            29.9      18.0
1975  40.7            31.9      20.8
1980  38.6            32.9      22.1
1985  36.7            34.6      22.1
1990  33.4            37.9      22.5
1995  30.4            39.9      23.3
2000  28.6            39.8      24.4
2005  27.2            40.1      24.5
      0.0  10.0  20.0  30.0  40.0  50.0  60.0  70.0  80.0  90.0  100.0
```
□ 生産工程・労務　■ 専門・管理・事務　▥ 販売・サービス

図 7.4　鶴見区居住者の職業構成の変化：1950 ～ 2005 年

　図 7.4 は国勢調査のデータから鶴見区在住者の職業構成の変化をみたものである．1950 年の時点では，生産工程・労務職就業者は 49.3％ であり，専門・管理・事務職は 27.0％ にとどまっている．ここでは，鶴見が工場労働者のまちとして再出発し，ふたたび全国から労働者を引き寄せていたこの時点においても，約 3 割の人は専門・管理・事務職に従事していたことを確認しておきたい．ある年配の方は鶴見とのかかわりについてこのように語る．

　　父親が戦前に鶴見区下末吉に土地を買い，鶴見で生活するようになった．自分は大学を卒業して日本鋼管の関連会社に営業職として就職した．横浜市内出身の方と結婚し，鶴見区馬場の社宅に住んでいた．転勤で地方生活をしていた時期もあるが，定年間際に横浜に戻り，実家の自宅を建て替え，今は定年後の生活を楽しんでいる [4]．

　この方は鶴見で育ち，鶴見にある企業に営業職として就職し，途中地方都市へ転勤したりもしたが，現在は鶴見で定年後の生活を満喫している．鶴見は東京大都市圏の産業拠点であり，工場労働者のまちというイメージが強いが，昔から一定数のホワイトカラー労働者が居住しているのである．この点についてはあとで触れたい．

2. ハマとヤマ——工場労働者の鶴見・ホワイトカラー労働者の鶴見　163

表 7.4　世帯主職種別にみた勤務地

(%)

	鶴見	川崎	神奈川	東京	その他	合計	(実数)	職種の比率
専門・管理・事務	20.9	10.8	17.3	45.3	5.8	100	(139)	48.8
販売・サービス	28.6	7.1	17.9	37.5	8.9	100	(56)	19.6
技能・保安	35.6	25.6	21.1	15.6	2.2	100	(90)	31.6
合計	27.0	14.7	18.6	34.4	5.3	100	(285)	100.0

$\chi^2=33.0$, $df=8$, $p<0.01$

　1950年に49.3％だった生産工程・労務職比率は高度経済成長初期の60年に52.1％とピークを迎える．しかし，その後一貫してその比率は低下し，2005年時点で27.2％まで減少する．他方で専門・管理・事務職は60年時点で24.3％までその比率を下げるが，その後一貫して上昇し，90年には比率で生産工程・労務職を上回った．2005年時点では40.1％となっている．このように，工場労働者のまちと呼ばれた鶴見は，産業配置の変化にあわせて居住者の構成を変化させており，数の上ではホワイトカラー労働者が多数派を占めるに至っている．

　鶴見居住者の職業構成については，サーベイ調査でも同じような結果が確認できる．表7.4は世帯主の職種とその別にみた勤務先を示したものである[5]．世帯主の職業については，技能・保安職が31.6％となっている．専門・管理・事務職は48.8％と国勢調査のデータと比較して比率が多少高くなっている．そして世帯主の職種別にみた勤務先では，技能・保安職の約6割が鶴見・川崎と答えているのに対し，専門・管理・事務職で鶴見・川崎と回答した人は約3割にとどまり，東京と回答した人が45.3％と半数弱に上る．ここからは，京浜工業地帯で働く工場労働者と，東京に通勤するホワイトカラー労働者という対比がみてとれるのである．

　次に，鶴見居住者の鶴見とのかかわりを家族の再生産という角度からみていきたい．表7.5は家族定着時期別にみた世帯主職種を示したものである．専門・管理・事務職の比率は戦前に流入した家族で56.6％と一番高く，次に1990年代以降に流入した家族で50.0％となっている．それに対し技能・保安職の比率は50年代と70年代に流入した家族で高くなっている（それぞれ38.5％，38.7％）．表7.2で戦前ないし戦後まもない時期に流入した家族は世代交代が進んでいると指摘した．そして，この時期において専門・管理・事務職が多いのは，流入世代は技能・保安職として鶴見へと流入するが，その子または孫では工場労働者ではなくホワ

164 第7章 労働者たちの流入と定着

表7.5 家族定着時期別にみた職種

(%)

	専門・管理・事務	販売・サービス	技能・保安	合　計	(実数)
戦前	56.6	18.9	24.5	100.0	(53)
戦後	44.4	27.8	27.8	100.0	(18)
1950年代	38.5	23.1	38.5	100.0	(26)
1960年代	46.2	23.1	30.8	100.0	(13)
1970年代	48.4	12.9	38.7	100.0	(31)
1980年代	46.4	25.0	28.6	100.0	(28)
1990年代以降	50.0	22.5	27.5	100.0	(80)
合　計	49.0	21.3	29.7	100.0	(249)

$\chi^2=5.3$, $df=12$, $p=$n.s.

表7.6 世帯種父職別にみた世帯主職種
（戦前ないし戦後間もない時期に流入した家族に限定）

(%)

	専門・管理・事務	販売・サービス	技能・保安	合　計	(実数)	父職の比率
専門・管理・事務	78.6	14.3	7.1	100.0	(14)	24.1
販売・サービス	33.3	66.7	0.0	100.0	(9)	15.5
技能・保安	51.9	7.4	40.7	100.0	(27)	46.6
農　業	50.0	12.5	37.5	100.0	(8)	13.8
合　計	55.2	19.0	25.9	100.0	(58)	100.0

$\chi^2=22.3$, $df=6$, $p<0.01$

イトカラー労働者へと職を変えているためだと推測される．それに対し50年代ならびに70年代に流入した家族で技能・保安職が多いのは，その本人が工場労働者になるべく鶴見へと流入したと思われる．

　このことを確認するために，本人職と父職との関係をみておきたい．表7.6は戦前ないし戦後まもない時期に流入した家族に限定し，世帯主の職種とその父の職種との関係をみたものである（ただし，世帯主の父が必ずしも戦前ないし戦後まもない時期に流入したとは限らない）．父職に関しては専門・管理・事務職が24.1％，技能・保安職が46.6％となっており，約半数が工場労働者であったと推測される．父職が専門・管理・事務職の場合にはその子の大多数が父と同じ専門・管理・事務職になっていくのに比べ，父職が技能・保安職の場合には，その子の約4割しか技能・保安職にならず，半数は専門・管理・事務職になっているのである．工場労働者の約半数しか職業的な再生産を果たしていないととらえる

2. ハマとヤマ——工場労働者の鶴見・ホワイトカラー労働者の鶴見　165

表 7.7　対象地域別にみた家族定着時期

(％)

	戦前	戦後	50年代	60年代	70年代	80年代	90年代以降	合計	(実数)
生麦	31.9	10.6	10.6	4.3	6.4	12.8	23.4	100	(47)
獅子ヶ谷	18.8	4.7	7.8	9.4	23.4	6.3	29.7	100	(64)
鶴見中央	9.7	4.8	3.2	12.9	11.3	14.5	43.5	100	(62)
平安	9.3	11.1	24.1	3.7	7.4	7.4	37.0	100	(54)
潮田	39.2	9.8	11.8	0.0	5.9	13.7	19.8	100	(51)
合計	20.9	7.9	11.2	6.5	11.5	10.8	31.3	100	(278)

$\chi^2=3.7$,　$df=24$,　$p<0.01$

か，それとも約半数ではあるが職業的な再生産がなされているととらえるべきか．どちらの立場をとるかむずかしいが，ここではあえて後者の立場をとりたいと思う．1970年代以降の大都市圏における産業配置の転換のなかで製造業が鶴見から流出している事実をふまえると，わずかではあるが工場労働者の家族が工場労働者として次の世代を再生産しているのではないだろうか[6]．

　これまでみてきたように，戦前から1960年代までの時期に多くの人々が工場労働者として鶴見に流入してきた．鶴見が東京大都市圏における産業拠点として位置づけられてきたため，工場労働者のまちというイメージが付与されてきたが，実際には一定数のホワイトカラー労働者が存在していたことも事実である．鶴見における工場労働者のまち，ホワイトカラーのまちという二面性は，実際に鶴見に住む人々によっても認識されている．それが「ハマ」と「ヤマ」である．「ハマ」とは東海道線の線路を挟んで海側の地域のことを指し，工場労働者が住む地域のことである．それに対して「ヤマ」とは線路の山側の地域のことであり，ホワイトカラー労働者の居住地域のことを意味する[7]．表7.7で示したとおり，「ハマ」側の地域である生麦と潮田においては，戦前もしくは戦後まもない時期に流入した家族の比率が約半数を占めており，これらの地域には工場労働者が多く流入し，その子や孫の一部はホワイトカラー労働者へと代わりつつも，この地域で家族を再生産している．

　他方で「ヤマ」側の地域である獅子ヶ谷でも，一定数の家族が戦前から居住していることを確認しておきたい．獅子ヶ谷は東急電鉄東横線の沿線開発が1970年代から進み，70年代と90年代以降に多数の家族の流入が確認できるが，戦前からホワイトカラー労働者の居住地として存在してきたのである．先ほど紹介し

た下末吉も「ヤマ」側の地区であるが，先ほどの年配の方によれば，この地区は1970年代まで部分的に田畑が残っているものの一戸建てが建ち並ぶ地域であった．しかし，1970年代以降は残っていた田畑も一気に宅地開発が進んだという．ところどころ若年家族向けの2階建てハイツが建っているが，比較的良好な住宅地として発展したという[8]．このように鶴見においては，「ハマ」と「ヤマ」がそれぞれ異なるコミュニティとして形成・発展してきたのである．

3. 産業配置の変化とコミュニティとしての鶴見の変容

工場労働者が居住する「ハマ」とホワイトカラー労働者が居住する「ヤマ」からなる鶴見の秩序は，近年に入って変化の兆しをみせている．1990年代に入って鶴見駅周辺に高層マンションが建ちならぶようになり，都心へ通勤するホワイトカラー層が流入するようになった．このことは各種データからも読み取れる．表7.8は対象地区別にみた居住形態を示したものである．「ヤマ」側である獅子ヶ谷，「ハマ」側の潮田では一戸建てが5割を超えている．それに対し鶴見中央では一戸建ては6.8%と少なく，分譲が47.9%，賃貸・社宅・寮が45.2%となっている．表7.1では，鶴見に居住する家族の31.3%は90年代以降に流入したことを確認した．また表7.7をみると，京浜急行鶴見駅に近い鶴見中央では90年代以降に流入した家族が43.5%を占めている．

このように1990年代以降に鶴見区へと流入したホワイトカラー層は，「ヤマ」に形成された住宅地に住むホワイトカラー層とは明らかに異なる論理で鶴見を選択している．以下は，都心に通勤する夫をもつ女性の語りである．

表7.8 対象地域別にみた居住形態

(%)

	一戸建て	分譲	賃貸・社宅・寮	合計	(実数)
生麦	33.3	37.0	29.6	100.0	(54)
獅子ヶ谷	55.6	22.2	22.2	100.0	(72)
鶴見中央	6.8	47.9	45.2	100.0	(73)
平安	37.7	34.4	27.9	100.0	(61)
潮田	53.3	20.0	26.7	100.0	(60)
合計	36.9	32.5	30.6	100.0	(320)

$\chi^2=47.5$, $df=8$, $p<0.01$

3. 産業配置の変化とコミュニティとしての鶴見の変容　167

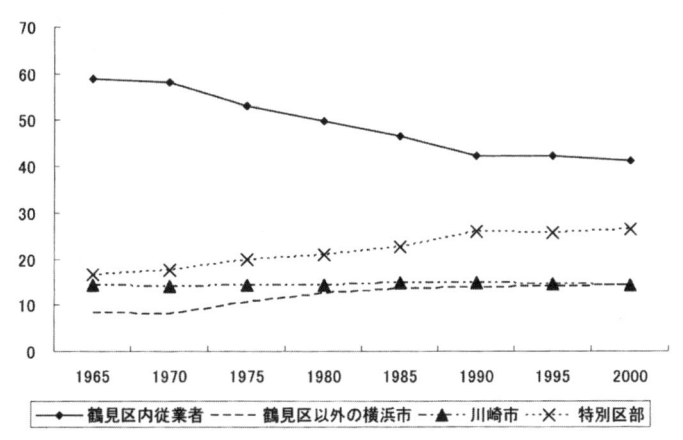

図 7.5　鶴見区居住者の通勤地の変化：1965〜2000 年

　私は広島県の出身で，旦那が広島勤務の時に結婚しました．旦那の転勤で関東に戻ってきました．主人は都心に通勤していて，出張も多いので，鶴見区に家を購入しました．鶴見は羽田へも，新横浜へも近いので便利なので決めました．自分が実家へ帰る時も便利．実は今の家を決めるとき，関東の地図を買ってきて，旦那の会社まで一時間で通勤できる範囲の円を書き，そのなかのどこかにマンションを買おうと言ってこのマンションを買ったんです．千葉でもよかったんですけど，羽田や新横浜へのアクセスを考えて，鶴見にしました [9]．

　ここで重要なのは，鶴見が単に東京圏への通勤に便利な一地域として選択されているということであり，その点において，たとえばこの地で生まれ育ったり，結婚でこの地にやってくるなど，鶴見と何らかの縁があって居住しているホワイトカラー層とは，居住地選択の論理が異なるのである．このことについて，もう少しデータで確認しておきたい．図 7.5 は国勢調査のデータを用いて，鶴見区居住者の通勤地が 1965 年から 2000 年までの期間でどう変化したのかをみたものである．1965 年の時点では就業者の約 6 割が鶴見区内で就業し，川崎市も含めると 4 人のうち 3 人が京浜工業地帯で就業していたと推測される．しかしそれ以降，

168　第7章　労働者たちの流入と定着

表7.9　対象地域別にみた世帯主勤務地

(%)

	鶴見	川崎	神奈川	東京	その他	合計	(実数)
生麦	34.6	11.5	23.1	26.9	3.8	100.0	(52)
獅子ヶ谷	22.1	11.8	19.1	36.8	10.3	100.0	(68)
鶴見中央	18.2	13.6	21.2	42.4	4.5	100.0	(66)
平安	25.5	27.3	9.1	36.4	1.8	100.0	(55)
潮田	35.7	8.9	21.4	26.8	7.1	100.0	(56)
合計	26.6	14.5	18.9	34.3	5.7	100.0	(297)

$\chi^2=25.0$, $df=16$, p=n.s.

鶴見区内就業者比率は減少し，かわりに東京区部に通勤する人が16.6％（1965年）から26.3％（2000年）へと増加した．表7.9は居住地域別にみた世帯主通勤地を示したものであるが，「ハマ」側の地域である生麦や潮田では依然として4割程度が鶴見や川崎で就業しているのに対し，東京への通勤者の比率が一番高いのが鶴見中央である．「東京」の産業拠点として位置づけられていた時期には，工場労働者もホワイトカラー労働者も，その多くが鶴見や川崎の工場とのかかわりで仕事をしていた．しかし，産業配置の変化にともない，京浜工業地帯とのかかわりのなかで仕事をする人が減少し，都市圏の中心である東京とのかかわりのなかで仕事をする人が増えているのである．そのことが鶴見というコミュニティに与える影響については，次節で考えてみたい．

4．都市構造の変容と鶴見というコミュニティのゆくえ

本章では，鶴見が産業拠点として形成されてくるなかで，鶴見というコミュニティがどのように秩序化されてきたのか．さらにその秩序がどのように変化してきたのかを明らかにしてきた．

産業拠点としての鶴見は，戦後まもない時期に地方から引き寄せられてきた人々によって形成されてきた．かれらは京浜工業地帯である川崎や鶴見の工場で働き，同じく鶴見で家族を形成し，コミュニティを形成してきた．ただし，それは鶴見というコミュニティの片面でしかない．「ハマ」と対比される「ヤマ」においては，昔から一定数のホワイトカラー労働者が居住していた．それぞれ別々の世界をつくりあげながらも，コミュニティとしての秩序は維持されてきた．

4. 都市構造の変容と鶴見というコミュニティのゆくえ　169

表7.10　家族定着時期別にみた永住意志
(%)

	永住	できれば永住	移住	合計	(実数)
戦前	53.6	25.0	21.4	100.0	(56)
戦後	45.5	22.7	31.8	100.0	(22)
50年代	41.9	41.9	16.1	100.0	(31)
60年代	33.3	38.9	27.8	100.0	(18)
70年代	25.0	50.0	25.0	100.0	(32)
80年代	20.7	51.7	27.6	100.0	(29)
90年代以降	21.0	39.5	39.5	100.0	(81)
合計	33.5	37.9	28.6	100.0	(269)

χ^2=15.0, df=12, p=n.s.

　しかし1990年代以降，鶴見は産業拠点から都心へのアクセスのよい住宅地としてつくりかえられてきた．居住者の約3割は90年代以降の流入者であり，その多くは駅近くのマンションに居住する．そして，彼らの居住地選択の論理は，工場労働者のものも，そして「ヤマ」側に居住するホワイトカラー労働者とも明らかに異なっている．

　このような居住者の変化は，人々のコミュニティへの意識の変化においても見出せる．表7.10は家族流入時期別の永住意志をみたものである[10]．

　やはり戦前または戦後まもないころに流入した世帯では永住意志が強い．しかし，それ以降の流入世帯においては強い永住意志の割合が減少し，1990年代以降に流入した世帯においては移住希望が4割に達する．その多くは20歳代・30歳代を中心とした若年層であり，鶴見中央のマンションに移り住んだ人たちである．近年流入したホワイトカラー層の居住地選択の論理が，彼ら／彼女らの永住意志の低さをもたらしているのである．

　とはいえ，このような若年ホワイトカラー層の流入が，将来コミュニティにどのような変化をもたらすのかについて確実なことはよくわからない．加えて若年ホワイトカラー層の居住地選択の仕方について，筆者が何かをいう立場にはない．しかし確実にいえることは，鶴見が東京大都市圏のなかで産業拠点という役割から解放されてゆく過程のなかで，製造業を中心として形成されてきた独自のコミュニティの秩序が崩壊し，都心部の新たな産業構造との関係でのみ評価される地域へと変貌しつつある，ということである．

【注】

(1) 鶴見調査の概要については第3章を参照.

(2) 以下, クロス表にはカイ2乗検定の結果を示しているが, セル度数が5を下回るものが存在するため, あくまでも参考のため示してある.

(3) 今回ヒアリングした対象者のなかには, 地方在住の親族に自らが住む地域を「鶴見ではなく, 横浜に住んでいる」と説明するようにしていると述べている (2006年9月12日).

(4) 鶴見区居住者へのインタビューより (2006年8月16日).

(5) 1名の調査対象者が世帯主職種を農業従事者と回答したが, 分析では除外している.

(6) ちなみにケース数はわずかであるが, 販売・サービス職のほとんどは自営業であり, 父親の代から家業を立ち上げ, かつ職業的な再生産がなされており, 独自の世界をつくりあげている.

(7) 鶴見区居住者へのインタビューより (2006年8月16日). このような認識はあくまでも「ヤマ」に住む人たちの認識であり, 「ハマ」に住む人々も同じような認識をもっているかどうかは確認できない. また, 今回「ヤマ」側に住む5名の方からお話をうかがったが, どの方も人間関係は「ヤマ」のごく狭い範囲か, 東京や神奈川県など中距離に保持しており, 「ハマ」側の人間との関係をもっている人はいなかった. この点については今回の調査では明らかにできず, 別途サーベイ調査を実施することで確認することが必要である.

(8) 鶴見区居住者へのインタビューより (2006年8月16日).

(9) 鶴見区在住の若いお母さん6名へのインタビューより (2006年9月12日).

(10) 調査では「世帯主の方はこれからもずっと現住所で暮らしていきたいとお考えですか」と質問し, ぜひそうしたい, できればそうしたい, できればよそに移りたい, ぜひよそに移りたい, の4つの選択肢を設定した. ここでは後二者のカテゴリーを一緒にしてクロス表を作成した.

【文献】

島崎稔・安原茂編, 1987, 『重化学工業都市の構造分析』東京大学出版会.
横浜市企画局, 2000, 『横浜市人口のあゆみ2000』.
横浜市鶴見区, 1989, 『鶴見25万人まち物語』.

第8章　流入労働者たちの系譜
―― 沖縄出身者，在日コリアン，日系ラテンアメリカ人の集住地域としての鶴見

福田友子

1.「東口側」の流入労働者たち

　横浜市鶴見区のイメージには，「工業地帯」もしくは「労働者の町」というものがある．それと同時に，東京へのアクセスのよさもあり，近年は若い人々が住宅街や高層マンションへ続々と流入していることから，「ヨコハマ都民」のイメージもあるだろう．このように鶴見区のイメージには，産業拠点・京浜工業地帯という文脈から派生するものと，東京大都市圏内の郊外住宅地という文脈から派生するものが並存している．
　第7章でみたように，古くから鶴見区住民の間では臨海部を「ハマ」，住宅地を「ヤマ」と呼び，両者を区分してきた[1]．鶴見の地域史研究家サトウマコトは，この区分を「下町」／「山の手」と表記している．

> 省線電車が東京・横浜間を走り始めた大正三年以降，駅のすぐ西口の丘の上の緑豊かな台地に向かって住宅開発が始まった．地主たちが，区画整理および耕地整理の手法をもって開発，京浜間の工場・事務所への約三十分位での通勤可能な土地が求められていたからである．（中略）鶴見の山の手は京浜工業地帯の工場管理職，技師の住むところとなり，旭硝子，浅野造船所，日本鋼管，（中略）一帯に勤める人が買い求めていった．工場近くの下町にはやがて社宅がつくられ，工員たちと管理職の住まいが画然と岐れていった．
> （サトウ 2002：76-77）（傍点は引用者）

　鶴見区で外国人支援活動をしている日本人ボランティアは，鶴見区の状況を以下のように説明する．

> 鶴見は二層構造になっています．JRの線路をはさんで海側は「東口側」，

山側は「西口側」と呼ばれています．「東口側」は下町で，ブルーカラーの多い地域です．「西口側」は山の手で，ホワイトカラーの多い地域です．確かに鶴見区の外国人登録者数は多いのですが，それは主に「東口側」の話であって，鶴見区全域で外国人との共生が進んでいるというわけではありません．（2007年3月13日，聞き取りA）（傍点は筆者）

鶴見区住民の間では，この「東口側」／「西口側」という区分が定着しているようである．「東口側」とは，JR鶴見駅の東口側に広がる世界を指しており，京浜工業地帯と労働者の町としての側面を指す．それに対して「西口側」とは，JR鶴見駅の西口側に広がる世界を指しており，鶴見区の住宅地としての側面を指す．この区分は，「西口側」の住民にはどのように捉えられているのだろうか．

「西口側」から見て「東口側」は，昔から「怖いから近づいてはいけない場所」であり未知の領域でした．息子が「東口側」の学校に進学してはじめて，（筆者注・母親である）私も「東口側」の地域を訪れるようになりました．（2007年3月18日，講演会[2]参加者の発言①）

長年，鶴見区に住んでいますが，「東口側」のことはほとんど知りません．今日の講演会で「東口側」に日系南米人が多いことを知りましたが，それは元々あの地域が「沖縄部落」だったからこそ，外国人が入っても大丈夫だった，ということなのではないでしょうか．（2007年3月18日，講演会参加者の発言②）

これらの認識は，寄せ場をめぐる言説と類似している[3]．しかしながら，このような距離をおいた見方とは対照的に，「東口側」のエスニックな特徴に魅力を感じる「西口側」の新規流入層も存在する．鶴見区在住のある日本人女性（30歳代）は，こう語っていた．

時々，「東口側」に沖縄料理を食べに行きます．もともと沖縄が大好きだったので，近場にリトル沖縄があって，とても嬉しいです．（2007年5月30日，

聞き取り D)

　すでに見てきたとおり，「東口側」は京浜工業地帯の中心地域であり，昔から地方出身者が集まる地域であった．加えて，沖縄出身者，在日コリアン，日系ラテンアメリカ人の集住地域として知られており，研究者やメディアから注目されることも多い[4]．近年，商業的に「沖縄料理」や「ブラジル料理」といった「多文化」を打ち出そうとする戦略が一部でみられる．鶴見区役所もまた，「多文化のまち」として，鶴見の沖縄文化やラテンアメリカ文化を積極的に打ち出そうとしている[5]．そうした地域の努力もあり，かつての「東口側」のイメージは，徐々に変わりつつあるようだ．しかしながら，地域に根強い差別が残っているため，沖縄出身者も在日コリアンも日系ラテンアメリカ人も，それぞれエスニシティを保持して生活していながら，日常的な生活世界においてはそれを表面に出せない，もしくは出さない状況に置かれているという現実もある（沼尾 1996：4）．

　本章では，第7章でも利用した2004年鶴見郵送調査の結果を手がかりとして，「東口側」に流入した労働者の系譜について論じる．鶴見区の現状を把握するためには，第4章（鉄道），第5章（漁業），第6章（産業配置）でみてきたように，その歴史的な文脈を検討する作業が不可欠である．本章も，歴史的経緯を考慮しながら，沖縄出身者，在日コリアン，日系ラテンアメリカ人といった特徴的な流入労働者について論じる．まずは，2004年鶴見郵送調査の結果を提示する（第2節）．次に，「東口側」の流入労働者の系譜を，沖縄出身者（第3節），在日コリアン（第4節），日系ラテンアメリカ人（第5節）の順に整理する．その際には，地域史の蓄積や，ヒアリング調査[6]のデータを用いる．最後に知見をまとめたい（第6節）．

2．鶴見区居住者の出身地域

　第7章ですでに述べたとおり，鶴見区には地方出身者が多い[7]．表8.1をみると，世帯主308人のうち，その他が147人（48%）であり，半数が地方出身者であることがわかる．また配偶者216人のうち，その他が93人（43%）で，こちらも半数弱が地方出身者である．

表 8.1　出身地域

出身地域	世帯主		配偶者	
	人数	%	人数	%
神奈川県	113	37	87	40
東京都	36	12	24	11
千葉県・埼玉県	12	4	12	6
その他	147	48	93	43
合　計	308	100	216	100

表 8.2　地方出身者の出身道府県

番号	都道府県	世帯主	配偶者	合計	番号	都道府県	世帯主	配偶者	合計	番号	都道府県	世帯主	配偶者	合計
1	北海道	13	3	16	20	長野県	7	3	10	35	山口県	6	2	8
2	青森県	8	2	10	21	岐阜県	1	1	2	36	徳島県	2	0	2
3	岩手県	3	0	3	22	静岡県	2	11	13	37	香川県	0	0	0
4	宮城県	2	3	5	23	愛知県	3	4	7	38	愛媛県	1	0	1
5	秋田県	4	4	8	24	三重県	3	1	4	39	高知県	0	0	0
6	山形県	2	5	7	25	滋賀県	1	0	1	40	福岡県	5	2	7
7	福島県	7	5	12	26	京都府	2	1	3	41	佐賀県	2	4	6
8	茨城県	4	2	6	27	大阪府	1	2	3	42	長崎県	6	2	8
9	栃木県	4	2	6	28	兵庫県	2	5	7	43	熊本県	3	1	4
10	群馬県	6	3	9	29	奈良県	0	0	0	44	大分県	4	1	5
15	新潟県	7	6	13	30	和歌山県	1	0	1	45	宮崎県	0	1	1
16	富山県	1	1	2	31	鳥取県	0	1	1	46	鹿児島県	5	2	7
17	石川県	2	0	2	32	島根県	2	1	3	47	沖縄県	11	2	13
18	福井県	1	1	2	33	岡山県	2	0	2	48	外　国	0	2	2
19	山梨県	2	3	5	34	広島県	7	3	10		合　計	145	92	237

　それでは，具体的にはどの道府県の出身者が多いのだろうか．この「出身地域」の問いで「その他（神奈川，東京，千葉，埼玉以外）」と回答した人には，自由回答で具体的地名を記入してもらったので，その回答結果を用いて検討する[8]．分析対象者は，全サンプル 323 件中，世帯主もしくは配偶者の態度決定地の設問に「その他（神奈川，東京，千葉，埼玉以外）」と回答し，かつ自由回答欄に具体的地名を記入した人であり，それらの回答を道府県別にアフターコード化して集計した．世帯主 145 人（「その他」回答者 147 人中），配偶者 92 人（「その他」回答者 93 人中）の回答が得られた．両者合計 237 人の出身道府県は，表 8.2 のとおりである．

　世帯主をみると，北海道（13 人），沖縄（11 人）の出身者が多い．また青森（8 人），福島，新潟，長野，広島（各 7 人），群馬，山口，長崎（各 6 人）も比較的

出身者の多い県であるといえよう．配偶者をみると，静岡（11人）が飛びぬけて多いが，新潟（6人），山形，福島，兵庫（各5人）も比較的多い．世帯主と配偶者で，出身地の順位に若干の差がみられることは興味深い．

世帯主と配偶者の結果を合計すると，第1位は北海道（16人）である．第2位は新潟，静岡，沖縄（各13人），以下，福島（12人），青森，長野，広島（各10人）と続く．鶴見はかつて東北地方の労働者が多く流入した地域であるが，現在は東北地方出身者がとくに多いとはいいがたい．全国各地から人が集まっていることがわかるが，特定の県が多い傾向もみられることから，鶴見への地域移動を促す何らかの要因がそれぞれにあることが予想される．

本章のテーマである沖縄出身者については，最大送出県ではなく同率2位であった．さらに，外国人を含む世帯はわずか2件であった（配偶者2人で，その国籍は韓国とブラジル）．その理由はいくつか考えられるが，まず義務教育終了時点の居住地を「出身地域」と定義したため，たとえば沖縄出身者や日本国籍を取得した在日コリアンの場合，鶴見で育った二世や三世が神奈川県出身者にカテゴライズされている可能性が考えられる．また，本調査は住民基本台帳からサンプリングをしたため，外国人のみの世帯が調査対象からはずれている．外国籍の在日コリアンや日系ラテンアメリカ人の場合，日本人との家族形成が少ない可能性もあり[9]，今回の調査には実数として反映しなかったと考えられる．

参考までに河合（1993：7）の都道府県別出生地の調査結果と比較してみると，福島，沖縄が多い点は一致するものの，北海道，新潟，静岡などの出身者はそれほど多くはなく，本調査の結果とは一致していない．サンプルの特徴のちがいによるものかもしれない[10]．

次に表8.3の調査地点別の結果をみてみよう．各調査地点別に，世帯主，配偶者はそれぞれ3人以上，合計は4人以上回答のあった出身道府県名を掲載した．本調査の特徴のひとつとして，調査対象地点に潮田町を選定していることが挙げられる．潮田町は沖縄出身者および日系ラテンアメリカ人の集住地域として有名であることから（沼尾 1996：4），そうした世帯の回答が多くなることが予想された．また，潮田町周辺には在日コリアンの集住地域もあることから，在日コリアンを含む世帯の回答も期待された．

結果としては，予想どおり潮田町に沖縄出身者が多く住む傾向がみられた（潮

表8.3 調査地点別，地方出身者の出身道府県

	西口側	東口側			
	獅子ヶ谷	生麦	鶴見中央	平安	潮田
世帯主	北海道 (4) 青森 (3) 福岡 (3)		北海道 (4) 山口 (4) 新潟 (3) 鹿児島 (3) 沖縄 (3)	長崎 (3) 沖縄 (3)	沖縄 (5) 長野 (3)
配偶者	群馬 (3) 静岡 (3) 兵庫 (3)		山形 (3)		静岡 (3)
合計	群馬 (5) 兵庫 (5) 福岡 (5) 北海道 (4)		北海道 (5) 新潟 (5) 山口 (5) 静岡 (4)	北海道 (4)	沖縄 (7) 福島 (4) 栃木 (4) 山梨 (4) 長野 (4)

※（　）内は回答数．世帯主，配偶者はそれぞれ3人以上，合計は4人以上の回答があった道府県名を掲載した．
網かけは沖縄．

田・合計7人）．それと同時に，平安や鶴見中央など他の調査地点にも分散していることもわかった（平安・世帯主3人，鶴見中央・世帯主3人）．また日系ラテンアメリカ人や在日コリアンに関しては，前述のとおり外国出身者を含む世帯が全体でわずか2件しかなく，予想した結果は得られなかった．

ではこれらの結果を，どう解釈すればよいのだろうか．地域史研究の検討およびヒアリングのデータを用いて，沖縄出身者，在日コリアン，日系ラテンアメリカ人が，それぞれどのように鶴見の「東口側」に流入し，コミュニティを形成・維持しているのか検討する中で，その理由を考えていきたい．

3. 沖縄出身者の流入とコミュニティ形成

沖縄出身者はどのくらいの規模で鶴見区に集住しているのだろうか．㈶神奈川県国際交流協会広報誌の特集記事「かながわの中の沖縄」によると，神奈川県内の沖縄出身者は「川崎市に1万人，横浜市鶴見区に3万人と言われる」[11]．サトウ（1995：127,130）によると，「鶴見線浅野駅近くの鶴見区汐入町から潮田と仲通に約1万7,000人，川崎区中島町を中心に約1万人もの沖縄出身者たちが居住」

し，「今は鶴見区全体や港北・青葉・都筑・旭区などに二世，三世が広がって住むようになり郊外にも約2,000世帯の県人がいる」という．正確な数字は不明だが，かなり多くの沖縄出身者とその二世，三世が鶴見区に住んでいるようだ．

広田（2005：101）によると，1997年発行の『鶴見沖縄県人会名簿』に掲載されている沖縄出身者は，潮田で約440世帯，約1,500人である．ここで使われる「潮田」とは，潮田町のみでなく，旧潮田村に含まれた，より広い地域を指している．具体的には，今の下野谷町，本町通，汐入町，仲通，浜町，潮田町，向井町，栄町通，平安町，大東町，朝日町，小野町，弁天町，寛政町，安善町，末広町一帯を指す（鶴見歴史の会 1990：1）．2004年鶴見郵送調査の結果，沖縄出身者が潮田町だけでなく平安や鶴見中央まで分散していたことも納得できる．実際に沖縄出身者は，潮田町だけでなく本町通や仲通に多く住む．

また，桃原（1995：29）によると，1993年の『関東地区沖縄県人名簿』に掲載されている沖縄出身者数は，鶴見区が265人であり，川崎区の801人に比べてかなり少ない．とはいえ，川崎の中島周辺（387人）に次ぐ集住地域は，鶴見に接する浅田・小田地区（150人）ということもあり，川崎・鶴見一帯を連続して捉える視点の重要性を指摘しているものとも考えられる[12]．

以上を踏まえて，沖縄出身者の鶴見流入とコミュニティ形成をみてみよう．歴史的事象は，鶴見と川崎で連動していることも多く，両者を併せて論じた方が理解しやすい．そこで，川崎については，必要に応じて適宜言及していきたい．沖縄出身者に関する記述は『鶴見区史』には登場しないため[13]，同郷組織研究や地域史の蓄積を利用する．

川崎・鶴見に沖縄出身者が流入し始めたのは，1910年代のことである．富士瓦斯紡績川崎工場が，1915年の創業当初に，沖縄から500～600人の紡績女工を集めたのが始まりである（サトウ 1995：127，川崎市市民ミュージアム 2008：80）．当時の沖縄は「ソテツ地獄」と呼ばれるほどの窮乏化に苦しんでおり，最盛期には1,000人近くの沖縄出身の女工が働いていた．また，東北出身者の女工もたくさん働いていた（『神奈川のなかの朝鮮』編集委員会 1998：104-105）．

1920年代に京浜工業地帯に機械，金属関係の工場が多数誘致・建設されると，東北や沖縄から男性労働者が動員された．その他にも，沖縄出身者の職種は土方，段ボール会社，水道工事，氷屋，煎餅屋，線路工夫，鉄鋼業，自動車工場，ガ

ラス店,材木店,養豚業,建築業と多岐にわたっていた(桃原 1995:27).また,当時は帰郷を前提とした出稼ぎ型の移住が主流であった(桃原 2003:301).

　このような男性の沖縄出身者が流入するきっかけとなったのは,1923(大正12)年の関東大震災だった.この大震災では,多くの沖縄出身者が亡くなったが,その後の震災復興工事のため,さらに多くの沖縄出身者が流入した(『神奈川のなかの朝鮮』編集委員会 1998:104-105).1923年の川崎・鶴見には,約2,000人[14]が集住していたという(桃原 1995:32).鶴見では,前述した川崎の紡績女工の一部が,震災後に鶴見の住宅地に住み始めたという口述もみられる(広田 2005:98)[15].

　翌年の1924年には,川崎に「川崎沖縄県人会」が結成され,その会員数は約1,000人であった.沖縄出身者の親睦・交流を促したり,冠婚葬祭を援助したり,東芝,味の素,浅野セメントという大規模工場に多数の同郷者を斡旋するという,職業紹介の機能も果たしていた(桃原 1995:28-31).また鶴見でも,1927年に「鶴見沖縄県人同志会」が結成され,事務所の設立,職業斡旋,角力(相撲)大会などが行われた(飯高 2007:11).鶴見では,川崎のような工場労働は少なく,荷役,日雇い労働,自営業などの職業に就く人や職業を転々とする人が多かった.民族差別を少しでも軽減するため,郷友会を組織化し,同郷ネットワークを発達させて失業や生活苦に対処した(飯高 2007:10-11).1930年頃には鶴見に「沖縄県人会館」がつくられ(広田 2005:98-99),1936年に活動を自粛するまでは,県人会活動も活発だった(藤原 2006:190).

　1930年代には,「琉球人,朝鮮人お断り」と求人で民族差別をする企業に対し,在日コリアンと沖縄出身者が徒党を組んで労働争議を起こすこともあった(桃原 1995:30).就職のみならず,下宿探しでも徴兵先の待遇でも同様の民族差別があり(サトウ 1995:129),当時の沖縄出身者と在日コリアンが,同じ社会的立場におかれていたことがわかる.

　1945年の敗戦を受け,引揚者が本土に戻ると,この川崎・鶴見にさらに大量の沖縄出身者たちが流入した.戦争で沖縄は焦土と化したため,故郷に帰還できない人々が本土の大都市に溢れたのだ.川崎の中島地区にはバラック小屋が立ち並び,同郷者同士で協力して食糧を調達し苦難を乗り切った(桃原 1995:33).同郷団体の独自施設もこの時期に設立された.川崎では1946年に沖縄県人

会が中島地区に土地と建物を購入し,県人会館の前身となる居を構えた(桃原 1995:34).また,1947年には「沖縄連盟川崎支部」が結成され,1956年に「川崎沖縄県人会」が再発足した.加えて沖縄が米軍の占領下となったのを契機に,沖縄芸能の大家らが川崎に移住したことを受けて,1950年に「川崎沖縄芸能研究会」が発足した.1952年には川崎市,1954年には神奈川県の無形文化財に指定され,川崎は沖縄芸能活動の拠点となった(川崎市市民ミュージアム 2008:81-83).

鶴見では,戦中・戦後の混乱期に郷友会が配給物資を受け取る単位となり,重要な相互扶助の単位となっていたが,「沖縄連盟鶴見支部」による配給物資横領事件なども起きた(飯高 2007:11).1950年に「沖縄県人会館」が建設(再建)されると,そこに住む人々が郷友会をつくり,それらが集まって1952年に「鶴見沖縄県人会」が結成され,沖縄出身者の生活を支援した(広田 2005:98-99).1956年には,本土復帰運動の盛り上がりとともに,各地域の県人会が全国規模で組織化され,鶴見・川崎の県人会も同郷者を中央の運動へと動員する機能を果たす(桃原 1995:34).

1950年代には,朝鮮戦争特需で収入が安定した人々の中から,会社経営を始める者も登場する.そうした成功者が,沖縄出身者を労働者として積極的に受け入れ,沖縄出身者の新規流入にさらに拍車がかかった.1957年に沖縄から本土への集団就職が始まり,職種は麺類製造業,繊維関係業,スーパーなどサービス業,電気製品の製造・組み立てなどが主流となる.1960年代には,本土復帰前にもかかわらず年間1.5万〜2万人の沖縄出身者が川崎へと移動していた.また高度経済成長期には,日本鋼管,NEC,東芝,富士通,日産自動車が沖縄出身者の就業先となった(桃原 2003:301-303).

川崎では,1971年に「川崎沖縄県人会」が公益法人として認可を受けて「財団法人神奈川県沖縄協会」となり,青少年育成,老人福祉,小中学生の教育奨励,福利厚生,青年部・婦人部の文化体育活動援助などの事業が始まった.また「沖縄青少年京浜会館」を建設し,沖縄から新規流入する若者を受け入れた(石垣 2007:23).

鶴見の場合,1960年代に転機が訪れる.1963年に日本鋼管鶴見製鉄所が閉鎖し,1971年に同製鉄所が川崎の扇島に移転したのだ.加えて旭硝子も業務を縮小す

ることになり，約6万軒あった町工場が鶴見から流出し，1960年代に住商工の混在地域として繁栄した潮田は，1970年代に徐々に衰退していく（広田 2005：99）．一方，1960年代に活動が一時停滞していた県人会は，1970年代に法人化の準備を進め，活動も活発化する．1977年に「財団法人おきつる青少年育成会」が認可され，1980年には仲通に3階建ての「沖鶴会館」を建設した．この時期に現在の定例行事が始まり，婦人部や老人クラブなどの下部組織も整備された（飯高 2007：11）．その後，鶴見の沖縄出身者は地域社会の中で地位を築き，旭硝子や日本鋼管のホワイトカラーになる者も現れた．また，横浜市内の高級住宅地に転居するものも増えた（飯高 2007：12）．

　1980年代には，沖縄出身者の親族ネットワークによって，鶴見区への日系ラテンアメリカ人の流入が水路づけられた（広田 1997，生野 2003）．またこの時期，鶴見沖縄県人会で会員の減少と高齢化が問題となってきたが，とくに女性を中心に，地域（丁単位）の老人クラブや鶴見沖縄県人会の老人クラブ（亀寿会）に積極的に参加する傾向もみられ，会員は今も地道に活動している（田所 2007）．県人会は，沖縄出身者の生活改善，本土復帰運動への動員，法人化など時代の流れとともに活動内容を変えてきたが，高齢化を受けてその目的は親睦へと変わりつつあり，その活動もつねに外部へ開かれている（飯高 2007：13）．また二世，三世も沖縄料理店の経営や地域活動の担い手になりつつある．たとえば藤原（2006）は，二世とその家族の生活史を描いているが，今後はこうした研究の蓄積が待たれる．

4. 在日コリアンの流入とコミュニティ形成

　在日コリアンはどのくらいの規模で鶴見区に集住しているのだろうか．鶴見区の外国人登録者数（2005年12月末現在）をみると，韓国・朝鮮人は1,890人である．なお，この数字は，ニューカマーの韓国人を含み，日本国籍を取得（帰化）した人々を含まないことを考慮しなければならないが，概数として捉えておけばよいだろう．韓国・朝鮮人もまた，その大多数が下野谷町をはじめとする潮田地域に住んでいるものと思われる（沼尾 1996，広田 2005）．
沖縄出身者同様，『鶴見区史』には在日コリアンに関する記述もみられない．そ

こで，神奈川と朝鮮の関係史調査委員会（以下，調査委員会）の『神奈川と朝鮮』(1994) と『神奈川のなかの朝鮮』編集委員会（以下，編集委員会）の『神奈川のなかの朝鮮』(1998) を中心に，在日コリアンの流入とコミュニティ形成についてまとめる．また前節同様，鶴見だけでは理解しづらい点は，川崎にも適宜触れていきたい．

日本と朝鮮半島との間には昔から深い縁があるが，鶴見をはじめ日本全国に在日コリアンのコミュニティが形成される契機となったのは，1910年の「韓国併合」にともなう朝鮮の植民地化と朝鮮人の「日本人化」である．日本政府が植民地政策によって朝鮮農民から土地を奪った結果，朝鮮農民の生活は苦しくなり，多くの朝鮮人が職を求めて渡日した（編集委員会　1998：101）．また，日本側から紡績業，土木事業，炭鉱などの求人があり，低賃金であったにもかかわらず，それが朝鮮人労働者渡日のきっかけとなった（調査委員会　1994：56）．これらの朝鮮人労働者が，前節の沖縄出身者同様，1910年代に始まる京浜工業地帯の形成とその後の発展を支えていくことになる．

1923年，関東大震災が発生した当時，神奈川県内にはすでに3,000～4,000人の朝鮮人が住んでいたが，2,000人余りが殺害されたと推定されている（調査委員会　1994：55-57）．鶴見でも朝鮮人が暴行されたが，鶴見警察署長が襲撃を止めたという美談も伝えられている（編集委員会　1998：167）．皮肉なことに沖縄出身者の場合と同じく，後の震災復興事業が朝鮮人労働者流入の次のきっかけとなった．1924年に発行された朝鮮総督府『阪神・京浜地方の朝鮮人労働者』によると，1924年2月15日現在，鶴見に303人，川崎に569人の朝鮮人がいて，その大部分が飯場に住んでいたと記載されている（編集委員会　1998：50）．また，鉄道敷設工事（第4章参照）やそれにともなう砂利採取にも，多くの朝鮮人労働者が動員された（編集委員会　1998：83,102）．当時の朝鮮人労働者は震災復興工事や工場建設といった分野で働くことが多く，工場労働者はほとんどいなかった（編集委員会　1998：102）．鶴見では，旭硝子や浅野セメントの工場建設中に朝鮮人の土木作業員が急増し，潮田町，小野町，下野谷，岸谷にバラックを建てて住んでいた（調査委員会　1994：144）．

この時期，当事者団体も設立された．川崎では1920年代に民族団体が登場し，1927年に「神奈川朝鮮労働組合川崎支部」が結成され，横浜では1925年に「横

浜朝鮮合同労働会」が結成された（調査委員会 1994：157, 131）．

　川崎では，1931年に「多摩川無産者消費組合」が二子に設立され，生活用品販売，夜学校開設など，1938年まで朝鮮人の生活を支援した（調査委員会 1994：157）．鶴見では，1935年に仲通に「横浜朝鮮人労働者同盟」の「労働会館」がつくられ，ひそかに民族教育が始められた（編集委員会 1998：160）．両組織とも夜間に児童生徒を集めて，奪われた民族文化を取り戻そうと，朝鮮語や文字を教えていた（編集委員会 1998：194）．

　1930年代の鶴見における朝鮮人居住地は，おもに日本鋼管の長屋，潮田の鶴見川河川敷，工場地帯周辺の浜町であった（広田 2005：98）．横浜市社会課が1935年に調査した『朝鮮人生活状態調査』に記載されている「朝鮮人部落」とその人数は，潮田町隣保館裏が約70人，潮田町消防署付近が約160人，生麦町国道海岸寄りが35人，生麦小学校裏が25人である（調査委員会 1994：448-450）．1941年には潮田本町に協和会住宅，鶴見川岸に集住地区があったことが報じられている（調査委員会 1994：144）．

　日中戦争の長期化にともない，労働力不足を補うため1939年以降，多くの朝鮮人が炭鉱や軍需工場へ強制連行される．川崎では，日本鋼管，日本鋳造，昭和電工，東京機器工業（トキコ）などが強制連行を行っていた（編集委員会 1998：104）．とくに日本鋼管は，強制連行開始と同時に池上町一帯を買収して軍需工場を建設し，その工事に数百人の朝鮮人労働者を動員した．工事現場に飯場を設けて朝鮮人を宿泊させたわけだが，これが現在の池上町の集住地域の原形といわれる（編集委員会 1998：182）．鶴見でも，日本鋼管などが強制連行を行っていた．日本鋼管の製鉄所近くの下野谷には，朝鮮人労働者の長屋がつくられた（広田 2005：98）ほか，花月園や平安町などに朝鮮人の寮があり，トラックや電車で日本鋼管へ通った（調査委員会 1994：146）．この時期（1935，1939，1945年11月）の朝鮮人人口の推移をみると，横浜市は4,732人，8,889人，15,872人，川崎市は1,947人，5,343人，8,157人と急増していることがわかる（調査委員会 1994：123）．また，朝鮮人が強制加入させられた「協和会」の支部分会別会員数（1942年12月）によると，川崎臨港分会に6,514人，川崎中央分会に2,446人，鶴見分会に3,767人が加入している（調査委員会 1994：124）．

　敗戦を迎え，1945年に朝鮮人労働者は強制連行から解放され，その大多数は

祖国へ戻った．しかしながら，強制連行以外で渡日した人々は，日本に残ることも多かった．川崎では，川崎大空襲で焼け野原となった浜町（セメント通り一帯）や池上町（産業道路沿い）に集住し始め，今日に続く在日コリアンの集住地域が形成された（編集委員会 1998：183）．鶴見では，やはり横浜空襲で焼け野原になった潮田に，バラック小屋を建てて住み始めた．とくに鶴見川河川敷（潮鶴橋から葦穂橋にかけて）には多くの人々が住み始めた．1963年に退去させられるまで約180世帯，760人が生活していたが，そのうち3分の1が在日コリアンだったという（編集委員会 1998：167-168）．また，1959年には北朝鮮への帰還事業が始まり，鶴見からも多くの在日コリアンが「帰国」していった（編集委員会 1998：159）．

在日コリアンたちが帰国事業と平行して取り組んだのが，民族教育だった．川崎では1945年に国語講習所が開設され，1946年には「川崎朝連初等学院」が設立された（編集委員会 1998：194）．鶴見では1946年，横浜市立下野谷小学校の中に「鶴見朝鮮学院」が開設された（編集委員会 1998：160）．1947年には，労働運動家で戦後は国会議員になった日本人男性の助力を受けつつ，在日コリアンたちが協力して，小野町の沼地に学校を建設した．ところが，完成の喜びもつかの間，1949年には「朝鮮人学校閉鎖令」が下り，すべての朝鮮学校は公立学校の分校とされ，この状況は1965年まで続いた（編集委員会 1998：160）．

在日コリアンにとって大きな打撃となったのは，1952年に日本国籍を剥奪され，「外国人」として扱われるようになったことである．その後，在日コリアンが受けた民族差別は，さらに厳しいものだった．教育，就職，結婚，社会保障，名前の使用など，あらゆる場面で差別される．安定した職に就けず，生活に困窮をきたした在日コリアンは，焼肉店などの商売を自力で起こした（編集委員会 1998：184）．また民族差別を避けるため，1939年の創氏改名でつけられた日本名をその後も使い続けた（サトウ 1995：100）．

1965年，日韓基本条約が批准され，韓国籍の在日コリアンに永住権が与えられると，ようやく民族差別に対する人権運動が本格化した．川崎では，「社会福祉法人青丘社」が運動の中心となり，民族差別撤廃のためにさまざまな取り組みが進められた．その大きな成果のひとつが，1986年の「川崎市在日外国人教育基本方針――主として在日韓国・朝鮮人教育」である．これを受けて，川崎市では，

「ふれあい教育」と呼ばれる国際理解教育が導入され，桜本地区には共生社会の創造をめざした「ふれあい館」という社会教育施設と児童館の統合施設が建設された（編集委員会 1998：185-186）．神奈川県では1990年，横浜市では1991年に同様の教育基本方針を策定した．また1996年に川崎市は「外国人市民代表者会議」を実現させた．

民族教育もまた，1965年に転機を迎えた．神奈川県内の朝鮮学校が，学校法人「神奈川朝鮮学園」として各種学校の認可を受け，自立を果たしたのである（編集委員会 1998：197）．現在，鶴見にはJR鶴見線の鶴見小野駅そばに「鶴見朝鮮初級学校」，川崎には桜本に「川崎朝鮮初級学校」があり，学校周辺には今も多くの在日コリアンが生活している（編集委員会 1998：160, 202）．

近年，川崎では商業的に在日コリアンの食文化を打ち出す戦略もみられる．在日コリアンの集住地域である桜本，浜町，池上町，大島では，町内会住民が協力して，自らを「おおひん地区」と名づけ，臨海部の再開発計画に合わせて，まちづくりを模索している（編集委員会 1998：188）．

川崎に比べて鶴見では，在日コリアンおよびその二世，三世の動向についてあまり情報がない．在日一世は民族団体系の活動や「ふれあい館」の活動に参加しているようである（聞き取りA）．なかには，鶴見駅東口側の商店街で在日コリアンのビジネスが成功しているという情報もあったが（聞き取りB），こちらもまた今後の研究蓄積が待たれる．

5. 日系ラテンアメリカ人の流入とコミュニティ形成

鶴見区の外国人人口比率（人口に占める外国人の比率，鶴見区HPの18区データより算出，2007年3月末現在）は，横浜市2.0％，鶴見区3.2％である．鶴見区の「国際交流」施策は，その外国人人口の多さが前提となっている（『つるみこのまちこのひと』編集委員会 1999：72-73）．在日コリアンが多く居住することはすでにみたが，それ以外ではどの国籍の外国人が多く居住しているのだろうか．

鶴見区は日系ブラジル人の集住地域として有名だが，表8.4をみると，2005年には中国人に抜かれたことがわかる．とはいえ，ブラジル人とペルー人を合算す

表 8.4 鶴見区における外国人登録者数の推移（上位 5 位，各年末現在）

(人)

国　籍	1980	1985	1990	1995	2000	2005
韓国・朝鮮	2,158	2,171	2,279	2,217	1,958	1,890
中国	226	246	471	742	1,025	1,756
ブラジル	—	—	596	1,364	1,317	1,496
フィリピン	3	41	183	391	563	863
ペルー	—	—	195	403	471	539
総　数	2,580	2,680	4,165	5,863	6,193	7,886

※ 出典：1980〜2000 年は神奈川県国際課資料，2005 年は『在留外国人統計』．
1980，1985 年のブラジル，ペルー人数は，その他に含まれるので不明．

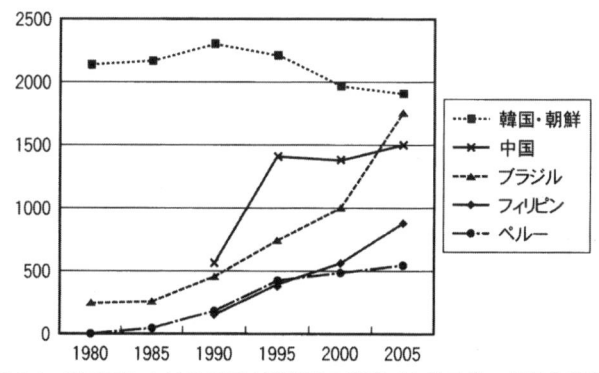

図 8.1　鶴見区における外国人登録者の推移（上位 5 位，各年末現在）

れば 2,035 人になり，韓国・朝鮮人数も中国人数も上回る．鶴見区が日系ラテンアメリカ人の集住地域であることは間違いなく，その大多数が潮田地域に居住しているものと思われる．そこで，『国勢調査』の鶴見区の小地域集計結果から，町別の外国人居住者数（国籍不明）がわかるので，表 8.5 をみてみよう．

町別では，東口側の鶴見中央（647）や生麦（347），西口側の矢向（286）や下末吉（254）に外国人が多く住んでいることがわかる．そして，東口側の潮田地域では，本町通（326）や潮田町（297）が多く，これらは日系ラテンアメリカ人の集住地域でもある．

ラテンアメリカの日本人移民が，出稼ぎのために一時的に日本に戻る現象は，1952 年の戦後移民再開以降，つねにみられた．この現象が「デカセギ」として一般的に注目され始めるのは，1980 年代半ばのことである（丹野 2006：40）．

表 8.5　町別の外国人居住者数

(人)

		町	外国人		町	外国人
東口側	潮田地域	本町通	326	西口側	矢向 1～6	286
		潮田町	297		下末吉 1～6	254
		栄町通	195		駒岡 1～5	213
		仲通	192		東寺尾 1～6	190
		平安町	173		北寺尾 1～7	172
		下野谷	172		岸谷 1～4	163
		鶴見中央 1～5	647		馬場 1～7	161
		生麦 1～5	347			

※『平成17年　国勢調査　小地域集計』(2005年10月1日現在) より，外国人居住者数が150人以上の町名のみ掲載．(http://www.city.yokohama.jp/me/stat/census/kokucho 0510/machibetu/ 2009年3月16日現在)

　鶴見の場合，1980年代初頭に，ボリビアのオキナワ移住地から沖縄出身の親戚を頼って流入した一世（日本国籍所持者）たちが，その後の流入のきっかけとなった．当時の渡日は，農業の不振から借金を抱えた働き盛りの男性が，ボリビアに家族を残したまま，単身で日本へ出稼ぎにくるという形態であった．同じ移住地の出身者同士で共同生活を送りながら，鶴見の特徴的な産業である電設業の現場作業員として働いた．収入が安定すると，ボリビアへの送金が増え，次々と後続者が渡日するようになった（生野　2003：321）．

　このような人の流れに目をつけたのが，鶴見に住む日系人の人材斡旋業者[16]であった．彼は，サンパウロに事務所を設立し，主としてオキナワ系南米人の受け入れを進めた．会社は急成長し，一時期は数百人の日系人を登録させ，電設業などの職種に斡旋していた．その後，出稼ぎ生活の中で技術を習得した日系人の中から，独立して会社を起こす人々が登場する．とくに日本語が堪能で日本国籍をもつ日系ボリビア人にとって，独立はそれほど困難ではなかった．またスペイン語もできるので，後続の日系ラテンアメリカ人を受け入れる土壌も整った．こうして鶴見のボリビア人コミュニティの基礎がつくられた（生野　2003：321）．

　島田（2000：46-51）は，1998年に日系ラテンアメリカ人56名に対する面接調査を実施した結果，職種としては建設・土木現場作業（22人）が最も多く，第2位の製造工場内作業（12人）を大きく引き離している点を指摘している．建設・土木現場作業の大半は電設業であり，平均時給1,400円，従業員だけでなく自営

業者も含む.それに対し,製造工場内作業は平均時給 1,250 円,鶴見区周辺の工場へ派遣される間接雇用が多い.鶴見では臨海部の工場の仕事が減っているため,比較的時給の高い電設業へと転じる日系人も多いという.

確かに,このような電設業者の多さは,鶴見の日系ラテンアメリカ人にみられる特徴といえるが,あくまでもこれは男性限定の状況である(聞き取り C).鶴見・川崎で働く男性の場合,6 割は電設業などの現場作業,4 割は工場での溶接作業などの重労働である.女性の場合,鶴見・川崎には給料のよい仕事はなく,あるのはリサイクル工場の選別作業や製造業の不良品検査といった軽作業である.男性女性とも,工場労働の 9 割が間接雇用である.また電設業の場合も,従業員は正社員ではなく,社会保険に入っていないケースもある.給料も日給制で,工場での間接雇用と条件はあまり変わらない.よりよい収入を求めるのであれば,女性は地方の工場に移動した方がよい.それでも鶴見に日系人が住み続けるのは,そこに親族ネットワークというセーフティネットがあるからである.

就業形態のほかにも,鶴見だけにみられる特徴がある.鶴見潮田の日系ラテンアメリカ人は,ブラジル人,ペルー人,ボリビア人,アルゼンチン人と国籍はさまざまであるが,実は多くの人がボリビアの移住地をいったん経由して,その後南米各地に再移住したという共通項をもつ点である(聞き取り B).地域に親族ネットワークが張り巡らされていることに加え,地域住民が教育に協力的なこともあり,潮田では外国人の子どもの不就学問題が少なく,子どもの教育が比較的うまくいっている日本では例外的な事例であるという.非日系人も少なく,他の日系ブラジル人集住地域とはかなり異なる特徴をもつコミュニティが形成されている(聞き取り A)[17].

こうした地元や行政のサポートもあり,鶴見では日系ラテンアメリカ人の文化を積極的に打ち出すビジネス展開がみられる.代表的なものとして南米ブラジル料理店や食料雑貨店が挙げられるだろう.南米ブラジル関連の商店を紹介した地図やパンフレットが,当事者団体によって作成・配布されている.また,前述のようにオキナワ系ラテンアメリカ人が多いことから,沖縄料理店とオキナワ系南米料理店を並べて紹介し,鶴見の「多文化」をさらに強調する戦略もみられる[18].

鶴見で一定の存在感を示す一方で,対外的には日系ラテンアメリカ人が日本社会に受け入れられたとはいいがたい側面もみられる.たとえば,日系ボリビア人

の電設業者は，現場（筆者注・千葉，埼玉，茨城などの遠方）ではスペイン語を話さず，一切を日本語で通さなければならない．日本社会側に日系人に対する根強い偏見や差別が存在するので，取引先には出身地を隠し，現場では「日本人」としてふるまうことが要求される．彼らは日系人としてではなく，「日本人」としてふるまうことによって日本社会に受け入れられ，ビジネス上の成功を手にする（生野 2003：332）．

最後に行政の取り組みをみておこう[19]．1990年の入管法改定を受けて，日系ラテンアメリカ人が急増すると，鶴見区は1991年に「鶴見区国際交流事業実行委員会」を設立する．その後「実行委員会」は「鶴見区国際交流事業推進委員会」に再編され，現在に至る．また，鶴見区役所にスペイン語通訳を配置し，外国人住民への対応に努めている．

「実行委員会」の成果として挙げられるのは，行政主導で日本語ボランティアを養成し，1992年に日本語教室を立ち上げたことである．その後，この日本語教室は独立し，数年後にはNPO法人化している．また，1996年から各国・地域をテーマにしたイベントを開催し，2000～06年まで「鶴見区国際交流まつり」を開催してきた．2007年10月に開催された「とことん鶴見！80thフェスティバル」では，各種イベントの中に沖縄のエイサー，コリアの伝承遊び，ワールドフードマーケットが用意されていた．また，2010年には鶴見駅東口に「鶴見国際交流ラウンジ（仮称）」を竣工予定であるという．

これら一連のイベントは，「東口側」の「労働者の町」イメージを，明るい「多文化」イメージへと転換しようとする鶴見区の戦略と捉えることができる．施策が具体的な活動やイベントに結びついている点は評価できるが，課題も残る．たとえば日本語教室が「西口側」に偏り，「東口側」の日系ラテンアメリカ人のニーズとうまくつながっていないとの指摘もある．

　　鶴見区には地域ボランティアによる日本語教室が4つありますが，日本語教室に参加しているのは，駐在員の配偶者や国際結婚の主婦などが多く，共働きの外国人労働者の参加は少ないのが現状です．また，日本語ボランティアが生活面の課題などに踏み込んでかかわることはあまりありません．
　　一方，外国人側も将来に備えて貯蓄をしたり，子どもの教育に積極的にか

かわったりする姿勢があまり見られません．今後はこうした課題に取り組んでいく必要があるでしょう（聞き取りA）．

　まずは国際交流施策の一番の理解者である「西口側」の日本人ボランティアの生活世界を，「東口側」の流入労働者の生活世界とつなぎ合わせる努力が必要であろう．

6．考察——流入労働者たちの系譜

　以上3つのコミュニティ形成の検討作業を受け，また2004年鶴見郵送調査の結果を解釈し直し，以下5点の知見が見出された．

　第一に，鶴見の沖縄出身者および二世，三世は，今や「潮田地域」やその周辺地域のみならず，鶴見区全域に分散して居住している．かつてのように組織的に新規流入の手助けをする役割もなくなり，集住するメリットが減少したのかもしれない．県人会も会員の減少と高齢化を受けて，活動目的も高齢者同志の親睦へと変わりつつあり，外部に開かれた組織となっている．また二世，三世が沖縄料理店経営や地域活動の担い手になりつつあり，コミュニティ内の世代交代が進んでいるようにみえる．2004年鶴見郵送調査で，沖縄出身者が複数の調査地点に分散していたことは，こうした沖縄出身者コミュニティ内部の変容や世代交代を反映した結果であったと解釈できる．

　第二に，鶴見の在日コリアンの場合，戦前は沖縄出身者とほぼ同じ境遇にあったが，戦後は日本国籍を剥奪され，民族差別と闘うことがコミュニティ存続の絶対条件となってしまった．また鶴見には，川崎の「ふれあい館」のような公的施設がないので，在日一世は民族団体系の活動や川崎の活動に参加しているようである．さらに鶴見の在日コリアンには，川崎の在日コリアンや鶴見の沖縄出身者のように，独自の食文化を打ち出す商業的な戦略があまりみられず，存在感を示しきれていない．2004年鶴見郵送調査で，在日コリアンが調査にほぼ反映されなかったことは，やはり住民基本台帳を用いたサンプリングがおもな原因と思われるが，それとは反対に，日本国籍を取得（帰化）した二世，三世が，「地元出身者」にカテゴリー化されてしまった可能性もある．加えて沖縄出身者同様，在

日コリアンの居住地域の拡散も，ひとつの可能性として考えられる．

　第三に，鶴見の日系ラテンアメリカ人の場合，その地域特性を反映して，他の地域の日系人とは異なる独特のコミュニティを形成してきたことが明らかになった．具体的には，日系というよりも沖縄系が重視される点，国籍に関係なく「ボリビア移住地」に滞在したという共通項をもつ点，非日系人が少ない点，男性は工場労働者よりも電設業者が多い点，女性は仕事ではなく親族ネットワークを理由にこの地域を選択している点など，独特の要素がたくさんあった．とはいえ，他の日系人やニューカマーに共通するポイントもある．たとえば在日コリアンとは時代背景がまったくちがうが，民族差別は今もある．そのような状況下で，ブラジル料理店のように独自のエスニシティを打ち出すビジネス戦略と，電設業のようにエスニシティを隠し通すビジネス戦略がみられ，その両方を使い分けているのが興味深い．2004年鶴見郵送調査で，日系ラテンアメリカ人が調査結果に反映されなかったことは，前述のとおり住民基本台帳を用いたサンプリングがおもな原因と思われる．鶴見に流入して約20年が経過し，日本人との家族形成も進んでいるが，実数としてはまだまだ少ないということなのかもしれない．

　第四に，本章ではこれら3つの特徴的なコミュニティを取り上げて論じたが，2004年鶴見郵送調査で得られた結果は，沖縄出身者と同じ程度の北海道，新潟，静岡，福島などの地方出身者の存在を示していた．これら特定の道府県の出身者が多いことの背景にも，何らかの要因があるのかもしれない．鶴見の流入労働者の系譜を論じる作業を通じて，多くの地方出身者を内包する鶴見の重層性をさらに強く感じる結果となった．

　第五に，鶴見は「多文化のまち」という看板を掲げて，さまざまな国際交流イベントを展開しているが，それらは鶴見に残る根強い民族差別を克服していく道のりでもある．民族差別を直視せずに，国際交流の明るい側面ばかりに着目していては，問題の本質がみえなくなる．沖縄出身者，在日コリアン，日系ラテンアメリカ人などの流入労働者たちが，それぞれのエスニシティを日常生活の中で表出できるような社会のしくみをつくることが，まずは求められる．加えて，「東口側」／「西口側」の分断を認識したうえで，両者の有機的な結びつきを模索することも必要であろう．さらに鶴見の「東口側」と川崎区との連続性（「労働者の町」や「多文化」という共通項）を再確認し，横浜市と川崎市の行政区分に，

むやみに惑わされず，共通する課題にともに取り組む姿勢が求められるだろう．

【注】

(1) 一般住民による2区分とは異なり，鶴見区は行政上3区分を採用している．鶴見区役所ホームページ「鶴見区のあらまし」は，以下のように説明している．「鶴見区は，横浜市の北東部に位置し，北西部の丘陵地，鶴見川流域の低地，臨海部の埋立地から形成され，そのほとんどは市街地となっています．臨海部は工業地帯，中心部は商業・住宅地域が主体となっていますが，住工混在地区も見られます．また，丘陵部は，区内では数少ない自然が残された住宅地となっています．昭和2年の横浜市の区制施行によって誕生した鶴見区は，工業地帯としての顔ばかりでなく，商業都市，住宅都市としての顔も兼ね備えています．」(http://www.city.yokohama.jp/me/tsurumi/info/gaiyo/ 2008年12月9日現在)

(2) 2007年3月18日，鶴見区内の日本語教室が主催し，広田康生氏が講師として招かれた講演会「国際交流講座 知ることから始めよう 多文化のまち・鶴見の歴史と現在」にて，参加者の発言より．

(3) 横浜寿町への外国人流入をめぐる言説については山本(2008)を参照のこと．

(4) 先行研究としては，河合(1993)，沼尾(1996)，広田(1997, 2005)，島田(2000)，生野(2003)，藤原(2006)，丹野(2006)，田所(2007)，飯高(2007)，石垣(2007)がある．

(5) 例として，鶴見区国際交流事業推進委員会(鶴見区役所地域振興課内)は「わっくわくTSURUMIひろば——わっくんと歩く多文化鶴見」というホームページを公開し，沖縄，コリアン，ニューカマーに関連する地域情報を提供している(http://www.tsurumi-intl.com/ 2008年10月30日現在)．

(6) ヒアリング調査の概要は以下のとおりである．調査に協力していただいた方々に感謝します．

　　聞き取りA　2007年3月13日／5月21日　鶴見区住民　外国人支援ボランティア
　　聞き取りB　2007年5月21日　鶴見区住民　日系ブラジル人当事者団体　代表
　　聞き取りC　2007年5月21日　鶴見区住民　日系ブラジル人当事者団体　職員
　　聞き取りD　2007年5月30日　鶴見区住民　新規流入層の日本人女性　2名

(7) 2004年鶴見郵送調査では，回答者に態度決定地(義務教育終了時の居住地)を尋ねているので，本章ではこの態度決定地を各回答者の「出身地域」と定義した．全サンプル323人の内，世帯主308人，配偶者216人の有効回答が得られた．また，態度決定地に「その他(神奈川，東京，千葉，埼玉以外)」と回答した人を「地方

出身者」と定義した．分析結果の詳細については，福田（2006）を参照のこと．
(8) 出身地域に関する自由回答を用いた地域移動の先行研究として石原（1985：196-199）を参考にした．
(9) 在日コリアンの結婚をめぐる諸問題については，橋本（2005）を参照のこと．
(10) 河合（1993）の調査は，鶴見区の低所得者世帯を分析対象者としている．
(11) ㈶神奈川県国際交流協会発行の情報誌『friends』No.231（2003年3月号：2）より．
(12) 川崎市の広報誌で，川崎の地域史研究家は「川崎の南部と鶴見とは切り離せないぐらい深いつながりがあって，とくに浅田は鶴見と親戚関係を持ったり，鶴見から移ってきた人の多い町です」と両地域のつながりを説明している（川崎市企画調整局文化室 1994：7）．
(13) 鶴見の地域史研究家サトウマコト（1995：258）は，鶴見線に関する著書の中で「横浜市史，川崎市史，鶴見区史等に一切触れていない同胞沖縄県人と在日朝鮮人について同じ町に暮らしているのを抜きにして沿線を考えられないと思って取材した」と記している．
(14) 飯高（2007：10）によると，1925年の沖縄県警察部保安課の調査では，神奈川県在住の沖縄出身者は男性1,013人，女性は1,832人で，大阪府に次いで国内第2位の出稼ぎ先となっていた．
(15) 鶴見に沖縄出身者が住み始めたきっかけとして，「病気などの理由で，横浜港を出る移民船に乗り込めなかった人々が，そのまま鶴見に住み着いた」という語りが根強く残っているが，紡績業の女工や男性労働者がその後親族を呼び寄せて家族形成し，鶴見に住宅を獲得したというケースが大多数であろう．
(16) 丹野（2006）は，人材斡旋業にも携わる旅行業者を詳細に分析し，時間の経過とともに「総合出稼ぎ業」へと事業展開していくさまを描いている．
(17) 福元（2008：205）は，日系人の求人情報が全国規模で広まる近年の傾向を受けて，オキナワ系の集住に象徴される鶴見の日系人コミュニティの特殊性が薄まり，より一般的な日系人コミュニティへ変質する可能性を指摘している．
(18) 『京急線普通電車の旅』Vol.3（2007年9月25日発行）の鶴見特集では，ラテンアメリカや沖縄関連の商店が同時に紹介されている．
(19) 鶴見区国際交流事業推進委員会の前掲ホームページ（http://www.tsurumi-intl.com/，2008年10月30日現在）より．

【文献】
藤原法子，2006，「記憶としての移動と家族の適応戦略――多文化共生の現在的課題と

都市的世界の役割」,『日本都市社会学会年報』, 24, 186-202.
福田友子, 2006,「鶴見区居住者の出身地域」, 玉野和志編『都市の構造転換とコミュニティの変容に関する実証的研究』科研費報告書, 89-100.
福元雄二郎, 2008,「我が国に於けるラティーノス集住地域を考える視点――鶴見区潮田地区を事例として」, 神奈川大学人文学研究所編『在日外国人と日本社会のグローバル化――神奈川県横浜市を中心に』御茶の水書房, 189-211.
橋本みゆき, 2005,「新聞投書欄における在日韓国・朝鮮人の『結婚問題』」,『年報社会学論集』, 18, 101-112.
広田康生, 1997,『エスニシティと都市』有信堂.
広田康生, 2005,「都市社会学における『移動』と『Incorporation』研究の意味と事例――鶴見潮田におけるトランスナショナリズムの展開と在日コリアン／沖縄出身者」,『現文研』(専修大学現代文化研究会), 81, 92-106.
飯高伸五, 2007,「同郷者集団における高齢者の活動――鶴見沖縄県人会の事例」, 伊藤眞編『高齢化社会から熟年社会へ――都市形成過程における高齢者の多様化とそのセーフティネットワークの構築』, 平成18年度傾斜的研究費研究成果報告書, 9-21.
生野恵理子, 2003,「越境する日系ボリビア人――横浜市鶴見区の事例から」, 渡戸・広田・田嶋編『都市的世界／コミュニティ／エスニシティ――ポストメトロポリス期の都市エスノグラフィ集成』明石書店, 319-337.
石垣直, 2007,「高齢者と生きがい――川崎市川崎区における沖縄出身者の事例から」, 伊藤眞編『高齢化社会から熟年社会へ――都市形成過程における高齢者の多様化とそのセーフティネットワークの構築』, 平成18年度傾斜的研究費研究成果報告書, 22-30.
石原多賀子, 1985,「来住者層の地域社会への認識と評価」, 二宮・中藤・橋本編『混住化社会とコミュニティ』御茶の水書房, 183-238.
『神奈川のなかの朝鮮』編集委員会, 1998,『神奈川のなかの朝鮮』明石書店.
神奈川と朝鮮の関係史調査委員会, 1994,『神奈川と朝鮮――神奈川と朝鮮の関係史調査報告書』神奈川県渉外部.
河合克義, 1993,「都市における貧困・低所得層の生活と地域 (その1) ――横浜市鶴見生活と健康を守る会会員生活実態調査報告」,『研究所年報』(明治学院大学社会学部附属研究所), 23, 1-26.
川崎市企画調整局文化室, 1994,「座談会鶴見川――都市型自然と暮らしのネットワーク」,『クォータリーかわさき』, 39, 4-14.

川崎市市民ミュージアム，2008，『オキナワ／カワサキ——二つの地をつなぐ人と文化』川崎市市民ミュージアム．

沼尾実，1996，『多文化共生をめざす地域づくり——横浜，鶴見，潮田からの報告』明石書店．

サトウマコト，1995，『鶴見線物語』230クラブ．

サトウマコト，2002，『第二京浜国道と鶴見めがね橋物語』230クラブ．

島田由香里，2000，「横浜市鶴見区における日系人の就業構造とエスニック・ネットワークの展開」，『経済地理学年報』，46(3)，42-56．

田所聖志，2007，「老人クラブと沖縄県人——神奈川県横浜市鶴見区における3地区の事例報告」，伊藤眞編『高齢化社会から熟年社会へ——都市形成過程における高齢者の多様化とそのセーフティネットワークの構築』，平成18年度傾斜的研究費研究成果報告書，1-8．

丹野清人，2006，「総合デカセギ業の誕生——日系旅行社の変容とブラジル日系コミュニティの資本蓄積」，『大原社会問題研究所雑誌』，573，39-60．

桃原一彦，1995，「大都市地域社会における『沖縄コミュニティ』の構造分析——東京と川崎における同郷組織の歴史的展開を中心に」，『日本都市社会学会年報』，13，23-38．

桃原一彦，2003，「都市的身体の表象化と沖縄人ネットワーク」，渡戸・広田・田嶋編『都市的世界／コミュニティ／エスニシティ——ポストメトロポリス期の都市エスノグラフィ集成』明石書店，291-318．

『つるみ　このまち　このひと』編集委員会，1999，『つるみ　このまち　このひと』いいまち鶴見運動推進委員会．

鶴見区史編集委員会，1982，『鶴見区史』鶴見区史刊行委員会．

鶴見歴史の会，1990，『潮田の歴史とくらし——鶴見わが町シリーズ(1)』鶴見歴史の会．

山本薫子，2008，『横浜・寿町と外国人——グローバル化する大都市インナーエリア』福村出版．

〔謝辞〕

調査やインタビューに協力してくださった方々に深く感謝したい．また草稿段階で，橋本みゆき，富本潤子の両氏から有益なコメントをいただいた．記して謝意を表したい．

第Ⅲ部　郊外の形成とコミュニティのジェンダー的編成——東急の住宅地開発をめぐって

鶴見調査および菅生あざみ野調査の実施地域

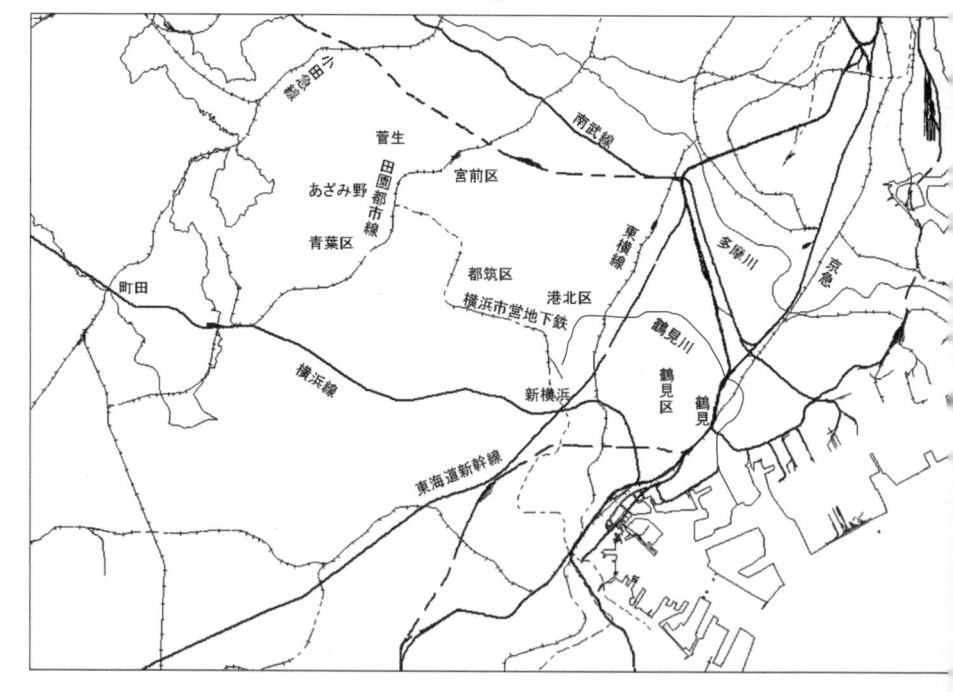

第9章　不動産資本による郊外地区の空間形成

下村恭広

　本章以降で具体的に取り扱われる地域は，戦後に住宅地として開発された地域である．ここでは，まず改めて東京大都市圏の空間形成における近年の変化を確認したうえで，再生産機能に特化した空間としての郊外住宅地に焦点を当てる．それらは同じ住宅地として共通の特徴をもってはいるが，その空間形成過程を単純な論理に還元できるものではない．ここで取り上げる地域の形成過程は，東急電鉄による開発行為が大きな比重を占めている．しかし，限られた開発主体が広範囲をカバーしているため，その内部での地域の諸条件（都心からの距離，開発の時期，農業との関係，都市計画の規制の程度等々）の差異が理解しやすい．以下では東急の地域開発過程について，その特徴を考慮しながら説明し，そのうえで内部の地域形成過程に時間的・空間的なちがいをもたらしている諸要因について概観する．

1. 東京大都市圏の空間構造

　すでに第1章で論じておいたように，広域的な東京圏の形成とそこでの製造業の意義という2つの論点は，同時期の東京を対象とする限り，都市の「脱工業化」を背後仮説に英語圏の都市研究で練られてきた「グローバル・シティ」や「世界都市 world city」のモデルだけでは説明できない事柄を明らかにしている．「グローバル・シティ」や「世界都市」などの都市類型は，「グローバル化」，「情報化」，「脱工業化」といった1970年代以降の世界経済を特徴づける変化が，都市の空間構造や都市間関係の転換をともなって進んでいった過程を説明するモデルのひとつとして論じられてきた（Knox and Taylor 1995, 町村 1994, Sassen 2001）．

　通常そこで注目されるのは，情報通信技術の革新を基盤とする国際金融市場の発達，生産工程の地球規模での分業を統括する企業本社の中枢管理機能の肥大化－専門化－外注化とそれを受けた対事業所サービス業の集積などが，都心部を高

度に専門化しネットワーク化したサービス産業の集積地に変えていく過程である．東京の「世界都市」化についても，新しいオフィスビルの供給，臨海副都心計画，製造業の域外移転や，それに関連する都市基盤整備の再開発などが取り上げられた．しかし，1980年代の東京が同時代の他の「世界都市」と比べて産業構造の転換と空間構造の変化においていかなる特質をもっていたのかを理解するうえでは，さらに別の角度からの観察が必要である．

東京を対象とした世界都市研究において，1980年代の東京の世界都市としての特質が，製造業を中心とする日本企業の海外進出を基盤として形成されてきたことは繰り返し指摘されてきた（町村 1994：100，植田 1993：70）．しかし，この特性が都市の空間構造と具体的にどのようにかかわっているのかについてまでは，必ずしも体系的に追究されてはいない．東京圏の社会地図研究の意義は，製造業の立地展開の論理において生じた変化を媒介として，「グローバル化」や「情報化」といった過程と関東地方の規模での空間構造の形成過程との関係に着目することを促すという点にある．これは社会的・経済的変動と都市空間構造との関係について，世界都市のモデルで説明されてきた以外にもさまざまな関係がありうることを示唆している．

この時期の川崎市について調査した島崎稔を中心とするグループは，その主要産業が臨海部の素材型産業から内陸部の電子機器などの加工組み立て産業に転換した過程を追っている（島崎・安原 1987）．これについて触れたインタビューで島崎稔は，この調査が従来「工業都市」として想定されていた地理的範囲を越えた空間構造の解明を必要とするものであるとしている――「近代都市が近代工業都市であるっていう押さえ方，これでは済まないでしょうね．そういう脱工業化したときに，都市自体が，しかも巨大化してくるっていう問題をどう受け止めてゆくか，ということだと思いますね」（藤田・木本 1991：234）．

ここで投げかけられた課題について社会学の研究では，国家や自治体の開発計画の転換という観点から論じられてきた（岩城 1996，北川 1989）．この時期の「首都改造計画」や「第四次全国総合開発計画」などで掲げられていたのは，「業務核機能」の分散を中心とする「多核多圏域型地域構造」の形成であった．すなわち，高度な中枢管理機能や国際金融機能の都心部への選択的集中特化と，その他の業務機能の周辺化（神奈川，多摩，埼玉，千葉，茨城南部などの多心的な自

律的都市圏の生成）である．首都圏とはこのような政策的対象として浮上した地理的範囲にほかならず，四全総下で進展した国土空間全体の再編とかかわらせない限り理解できない．

そこでは，首都圏とそれ以外の地方との関係についても大幅な転換が企図され，①東京圏内における業務核機能の分散，および東京圏を含む他の大都市圏からの生産機能の分散，②東京圏から300km圏内の都市圏への生産機能の分散，③それ以外の地域における過疎化と高齢化の同時進展が誘導されたのである（北川・貝沼 1997）．

これらの研究で社会的・経済的変動と空間構造とを結びつけるものとして重視されているのは，全国総合開発計画を中心とする地域政策の体系である．しかし，こうした開発主義的な地域政策が，実際の空間構造の変動においてどの程度の意味をもっているのかについては先験的に決められるものというよりは，その他の諸要因とつき合わせながら確定されるべきものである．その意味でも，社会地図で確認された広域東京圏における同心円構造の形成について，この時期の製造業に固有の立地展開の論理を見極めておく必要があるだろう．

以上のような意義を確認したうえで，広域的な東京圏の形成がいかなる意味で製造業の立地展開の論理に生じた変化とかかわっているのかについて探るにあたり，とくに注目すべき知見として経済地理学や中小企業研究での成果がある．そこでは，東京圏において「グローバル化」が製造業の域外移転による産業空洞化を引き起こすものではなく，むしろそれまでの製造業の一大集積地としての特質を強化し，その集積範囲の外延的拡大と機能的な高度化を進めたことが明らかにされてきた．

竹内淳彦によれば，1970年代初めまでは東京大都市工業地域の広がりはせいぜい50km圏内であったが，その後の公害や過疎・過密などの状況を背景とする強力な工業分散政策の結果，50km圏内における工業生産の対全国シェアは確実に減ってゆき，都内の工業地帯（城東・城南地区）は零細化が進展していった（竹内 1996）．この間，工業統計表にみられる製造業事業所数，製造業従業者数，製造品出荷額などのいずれの指標をとってみても，東京都区部の対全国比は一貫して低下している．しかし，周辺の多摩地域，神奈川内陸部，埼玉，千葉の伸びは続いており，80年代後半以降はさらに福島・茨城・栃木・群馬における伸びが続く．

実際ひとたび東京圏を100km圏に広げてみると相変わらず工業生産の集中は続いていたのであり，80年代いっぱいまでは広域関東圏に拡大した東京圏は日本で最大の工業集積地域であった．

広域化した東京圏が一つの工業集積地域として言及されているのは，単にその範囲内に事業所が多数立地しているからではない．重要なのは，事業所の立地の変動が，この地域内における企業間分業と企業内分業の再編——生産工程の分割とその地理的配置の再編——によって進んだ結果であるという内実をもっている点だ．関満博は，1970年代後半における主導産業が鉄鋼，自動車，家電などから先端技術分野へと転換し，その間に首都圏工業の高度化が進んでいくにともない工場間の地域的分業が変質していったことを論じている（関 1987）．東京都区部や神奈川県臨海部は，事業所数や事業所規模などのうえでは生産活動が衰退していったようにみえるが，実際に起きていたのは研究開発機能，量産試作機能などの産業の高度化と，量産型工場の首都圏外周部への移転の同時進展であったという．それまで量産用の設備があった東京郊外の工場も，1970年代を通じて研究所や開発試作工場に変貌をとげていく．このような中枢機能の高まりと量産機能の広域的展開の結果，首都圏内の工場間の機能的補完関係が形成されていったのである．

生産機能のうえで一体化した広域的東京圏の形成過程を，東京圏に多い零細機械工業の動向に即して論じたのが，渡辺幸男による「広域機械工業圏」をめぐる研究である（渡辺 1997）．ここで描かれているのは，多摩川河口を中心に東京都南部から川崎市臨海部にかけて集まる零細機械工業群が，物流と情報のコストダウンやME化を背景に，1973年の石油危機と85年のプラザ合意の2つの契機を経て，その集積メカニズムを大きく変えていく過程である．生産工程における特定の加工に特化した零細企業は，量的に安定しルーティン化した内容の取引関係の地理的範囲については広域化しつつも，需要の激しい変動や要求される技術水準の高度化に対しては，自転車で行き来できる範囲内で多様な工場が互いに頻繁な受発注をしたり，対面接触を通じた分業を行ったりする従来の工業集積の機能の高度化によって対応していった．零細事業所にとって地域的集積はその存立条件となるものだが，その「集積」の実態は関東圏と既存の工業集積との複数の地理的範囲が重なり合いながら機能的に棲み分けをするという，広域化し重層化し

た地域分業構造となったのである.

　特定の業種の事業所に絞った調査研究に学ぶ必要があるのは，産業構造の転換と都市空間構造の転換がどのような関係にあるのかを，具体的な行為主体の水準において都市空間をつくりだす論理——以上に見てきた研究では事業所の立地選択をめぐる各業種に固有の論理——から内在的に理解しようとしている点である.これが重要なのは，社会的・経済的変動と都市空間構造とがいかなる関係にあるのかという問いが，分析対象を絞らない限り議論が曖昧になり拡散していく可能性をもっているからだ．冒頭でも述べたとおり，私たちの目に人口や事物の地理的分布として結果的に示されている事象も，戦後日本社会における人口構成の変動や地域間移動の波，その中のさまざまな世代の家族におけるライフサイクル，不動産資本による宅地開発と住宅供給，工業分散や都市再開発をめぐる政策過程，企業の立地展開など，互いに関連しながらも異なる論理と時間的尺度に従って動いている諸過程のリズムが，ある一時点において示す複合的な結果である．

　さらにそれらの諸過程においても，同時代に進展している状況の変化に即座に対応していくことを強いられるなかで決まる地理的配置もあれば，なかなか変化しにくい地理的配置もある．このように考えると，都市の空間構造はそのつどの社会変動と深く相互にかかわり合っているとはいえ，社会変動を直接的・即時的に反映するものではありえない．むしろ，過去の要素が部分的に残っていたり，また一見消え去っているように見えても現在の変化を規定したりしながら，累積的に形成されていくというべきである（Soja 1989=2003：228）.

　こうした都市の空間構造を論じることのむずかしさを認めたうえでなお，都市と同時代の社会的・経済的過程と関連づけて歴史的文脈の中で把握するには，「グローバル化」や「脱工業化」というそれ自体としてはきわめて多義的な語を用いる前に，分析対象となる地域を理解するのに重要な行為主体（あるいはそうした行為主体が所属している部分社会のシステム）を絞り込み，そこに都市空間の形成過程にどのような質的転換が生じたのかを探るこが求められるのではないだろうか．

　以下では，製造業を中心とした産業組織の集積とのかかわりで把握可能な京浜地区臨海部のような都心近くの地域とは異なり，主として労働力編成と関連する郊外住宅地の形成過程について，東急不動産による多摩田園都市開発を取り上げ

ることにしよう．

2．東急の開発の特徴と地域特性との関係

　東京圏における市街地の拡大は，同心円状に均等に進んできたのでもなければ，また同じようなリズムに従ってきたわけでもない．戦後に限ってみても，地域と時期によってそれぞれ異なる様相を示しており，このことが個別の地域社会形成を理解するうえで無視することのできない背景となっている．本調査の対象地域となった横浜市と川崎市もまた，臨海部と内陸部では市街地化の論理やリズムが大きく異なるのはいうまでもない．これらのちがいは，市街地化を進める主要な行為主体や既存の土地利用状況などに由来するものといえる．

　以下で取り上げられる内陸部の地域社会形成はとりあえず，高度成長期における東京圏の郊外住宅地の拡張の一環として捉えることができる．ただし本調査が対象とした地域の特徴は，東急電鉄が田園都市線の新設と一体化して進めた「多摩田園都市」の開発に主として規定されているという点にある．このように特定の民間資本によって広範囲な面積の開発が構想・実施されたことは，土地所有者や中小不動産業者などのさまざまな主体によって既成市街地に隣接した地域が徐々に住宅地として開発されていくような過程とは明らかに異なる性格を，地域社会の形成過程とその結果としての社会構成とに残したはずである．そこでまずは，東急電鉄による開発が同時代の郊外住宅地開発と比較して，もっている特徴を簡単に確認しておきたい．

　戦後の東京における大規模な郊外住宅地開発は，公的主体に先導されて進んだ．松原宏によれば，戦後の東京圏における面積20ha以上の住宅地開発は，その実施主体に着目すると，住宅公団や公社を中心とする公的主体の開発量が民間主体の開発量の2倍以上に達している（松原 1988：167）．民間主体については，その約3割の面積を私鉄系資本が占めている．私鉄系資本が鉄道経営の安定化のために沿線の住宅地開発に携わるのは，戦前から続く東京の郊外化を特徴づけてきた要素である．これらの開発を大まかな時期区分に分けてみると，各種の法制度が整備された1960年代半ばがひとつの転機である（松原 1988：175）．その時期までは日本住宅公団による賃貸住宅中心の開発が中心であり，そのおもな

舞台は東京西郊であるのに対し，その後は民間主体による宅地分譲中心の開発が，神奈川県を中心に進んだ．したがって広域的にみると，公的主体の開発は都心から40km圏内に分散的に分布しているのに対し，民間主体によるそれは都心から40km圏外の，おもに神奈川県を中心に東京西郊・南郊を中心に展開していった．千葉県や茨城県南部といった東京東郊・北郊の開発は，私鉄系以外の不動産資本の参入の開発が増加する，1970年代半ば以降となる．

こうしてみると東急電鉄による「多摩田園都市」の開発は，その構想時期の早さと対象面積の規模の大きさという点において，戦後の東京における民間資本の住宅地開発のなかでは際立つ事例であることがわかる．「多摩田園都市」は，川崎市高津区，宮前区，横浜市港北区，緑区，町田市，大和市にまたがり，都心から南西15～35km圏に位置し，東急東横線，小田急線，JR南武線・横浜線によって囲まれた地域である．ここは開発以前の状態としてはおもに丘陵地と農地から成っており，当時の東急会長である五島慶太が土地所有者を集めて発表した「城西南地区開発趣意書」（1952年1月）において，「東京駅を中心とする40キロ圏のうち，もっとも開発が遅れているのは二子玉川から厚木大山街道沿いの鶴間，座間，海老名地方にいたる地域」（東京急行電鉄株式会社田園都市事業部編1988：17）として見出された．

「城西南地区開発構想」によって始まる「多摩田園都市」は，田園都市線の建設と一体化した地域総合開発としての性格と，「一括代行方式」とか「東急方式」などと呼ばれる開発手法という大きな特色をもっている．こうした特徴は，上記の五島の構想が，大規模住宅地開発をめぐる諸制度の整備が整わないなか着手されることで被ったさまざまな制約を受ける過程を通じて生まれたと考えられる．これについて東急の記録（東京急行電鉄株式会社田園都市事業部編1988）をみていくと，①土地所有者の意向，②農家・農政の動向，③都市計画の規制，という3点を挙げることができる．構想発表後，対象地域の中では最も都心に近い川崎市宮前区から順に土地買収が進められるが，これはきわめて困難な作業となった．これは，計画地域の中では農地として恵まれた地域であったがゆえに土地所有者の判断が分かれたこと，食糧増産を誘導する当時の農政によって農地売買が規制されていたことなどによるものである．さらに，1956年の首都圏整備法の公布によって計画地域がグリーンベルト地帯になったこともまた大きな制約と

なった．こうしたなか，土地の全面買収をしなくても広域的住宅地開発の主導権を発揮するために確立したのが，組合施工による土地区画整理事業の施行（組合が造成する保留地を一括取得することを条件に東急が事業資金を提供し，組合業務をすべて代行する）を中心に据えた開発方式（一括代行方式）である．また，首都圏整備計画と対応するために構想されたのが，開発区域を4つのブロックに分けて間に緑地帯を置き，各ブロックを横断する自動車専用道路（後に鉄道に変更）によって都心との交通を確保する「多摩西南新都市計画」（1956年末，首都圏整備委員会に提出）であった．

　以上の計画の実施は1960年代に入ってから本格的に着手されることになる．それらの過程をみていくうえでも，上記に挙げたような従前の土地所有状況と自治体などによる都市計画規制の動向は重要な要因であり続けた．計画地域内での土地区画整理事業の実施過程をみていくと，その設立認可から換地処分に至る期間は決して一様ではない．都心から遠く，農地としてもやせている地域での事業が比較的スムーズに進んだのに対して，都心に近く，都市近郊の農地としての性格が強い地域では，事業が頓挫したり長引くという事例がみられる．ここではこうした例示にとどめておくが，単一の主体による郊外住宅地開発であるがゆえに，このような地域ごとに異なる開発のテンポの差と，それがその後の地域社会形成に与えている影響についてはさらに検討すべき論点である．

　それらは，具体的には以下の章で，社会地区分析に基づく時系列的な検討によって，より明確に示すことができるだろう．そのうえで，さらにそれらの構成が東京大都市圏全体の形成のタイミングとどのように絡み合っているのか，その結果，特定の郊外住宅地におけるローカル・コミュニティの社会的な形成過程における時間的なリズムがどのように刻まれ，いかにして時間的・地域的に個性的な生活課題とそれに対する住民たち――その多くは事実上，女性であった――の対応が促されていったかという，より具体的で歴史的な検討へと歩を進めていくことになるだろう．

【文献】

藤田弘夫・木本喜美子，1991，「インタビュー　島崎稔先生に聞く」，地域社会学会編『都市・農村の新局面　地域社会学年報第5集』時潮社．

岩城完之編, 1996, 『産業変動下の地域社会』学文社.

北川隆吉編, 1989, 『ハイテク化と東京圏』青木書店.

北川隆吉・貝沼洵編 1997 『地方都市の再生』アカデミア出版会.

Knox, P. L. and P. J. Taylor, 1995, *World Cities in a World-System*, Cambridge : Cambridge University Press. (藤田直晴訳編『世界都市の論理』鹿島出版会, 1997.)

松原宏, 1988, 『不動産資本と都市開発』ミネルヴァ書房.

町村敬志, 1994, 『「世界都市」東京の構造転換』東京大学出版会.

Sassen, S., 2001, *The Global City: New York, London, Tokyo*, Princeton, N.J. : Princeton University Press.

関満博, 1987, 「先端技術と首都圏工業再配置の動向」, 『経済地理学年報』, 33(4), 47-63.

島崎稔・安原茂編, 1987, 『重化学工業都市の構造分析』東京大学出版会.

Soja, E. W., 1989, *Postmodern Geographies: The Reassertion of Space in Critical Social Theory*, London, Verso. (加藤政洋ほか訳『ポストモダン地理学——批判的社会理論における空間の位相−』青土社, 2003.)

竹内淳彦, 1996, 『工業地域の変動』大明堂.

玉野和志, 2005, 『東京のローカル・コミュニティ——ある町の物語一九〇〇-八〇』東京大学出版会.

東京急行電鉄株式会社田園都市事業部編, 1988, 『多摩田園都市：開発35年の記録』東京急行電鉄株式会社.

植田政孝, 1993, 「東京一極集中と地域発展のインバランス」, 『季刊経済研究』, 16(1), 47-70.

渡辺幸男, 1997, 『日本機械工業の社会的分業構造』有斐閣.

第10章　住宅地開発と地域形成

玉野和志

　本章では，東急不動産による多摩田園都市開発の過程を，社会地区分析の結果から細かくみていくことにしたい．

1. 多摩田園都市の形成

　まず，東急不動産を中心とした多摩田園都市建設の経緯について確認しておく（東京急行電鉄株式会社 1988）．東急不動産の前身となった「田園都市株式会社」は，功成り名を遂げた後の渋沢栄一が，その晩年に自らの夢として語った「田園都市構想」に賛同した日本橋クラブのメンバーを中心に，1918（大正7）年設立されたものである．日本橋クラブとは，当時の上流実業家たちの集まりで，京橋や日本橋の紳士的な商人として名高い人々であった．田園都市構想とは，もちろんE. ハワードの『明日の田園都市』を意識したものであるが，渋沢の場合，都市に自然の要素を取り入れるというところに力点があって，ハワードが考えたような職住一致の独立した都市というわけではなかった．田園都市株式会社が戦前に開発した住宅地が洗足であり，田園調布であるが，それらはいずれも緑豊かな郊外住宅地であり，職場のある都心への通勤の足を必要としていた．

　ところが，日本橋クラブのメンバーはいずれも電鉄業には素人であったので，ここで登場したのが，関西で阪急電鉄を率いていた小林一三の推薦を受けてその任にあたった五島慶太であった．こうして五島は田園都市株式会社の鉄道部門を目黒蒲田電鉄株式会社として独立させ，目蒲線（現在の目黒線と多摩川線），大井町線の建設および経営にあたることになる．こうして五島は戦前に大東急を建設し，戦後の東急グループの礎をつくることになる．

　戦後，公職追放からもどった五島慶太は1943年に「城西南地区開発趣意書」を発表し，地元の地主たちの協力も得ながら，開発地区の大がかりな買収に着手する．しかしながら，なかなか地元の理解を得られなかったり，当時の農地法と

の関連で困難が生じたりということで，容易には事が進まなかった．そこに加えて，55年には首都建設委員会が発表した「首都圏に関する構想（試案）」によって，首都圏の近郊に緑地帯を設けて開発を抑制するという，いわゆるグリーンベルト構想が提唱され，その後の首都圏整備法によって東急の開発予定地区はその一部がこのグリーンベルト地帯と重なることになったのである．ここに東急の開発構想は大きな危機を迎えることになるが，中央政府によるこのグリーンベルト構想は，やがて横浜市をはじめとした地方自治体等の反対もあって，実現されることなく終息することになる．

つまり，ここでは首都圏周辺の土地利用をめぐって，地元地主たる農業者と東急という大資本，さらには国家と地方自治体の都市政策がせめぎ合っていたということである．興味深いことに，この時期までは地主たる農業者の一部と国家が東京の大都市としての発展に対しては抑制的な立場にあり，東急という民間大資本がこれを積極的に推し進めようとするなかで，地方自治体がむしろこれに追随するというかたちをとっていた．都市計画そのものとしては後生に高い評価を受けることになるグリーンベルト構想は（越沢 1991a, 1991b），国家が都市農業のあり方についての明確なビジョンを示せなかったがゆえに，農業者との現実的な連帯を形成することができず，民間資本と地方自治体の利害に押し切られたということであろうか．後に述べるように，地主たちの間にはできれば農業者としての存続を望む指向が強かっただけに，都市農業を組み込むことができなかった都市計画の不備を学ぶべきであろう．それはハワードの田園都市とは異なるとはいえ，渋沢栄一が描いた夢とはかかわるものである．

さて，このような困難を経て，東急は全面買収方式とは異なる独特の開発手法を編み出すことになる．それが，後に「東急方式」と呼ばれるようになる組合施工による土地区画整理事業を活用した「一括代行方式」である（松原 1982）．つまり，地元の地権者に土地区画整理組合を結成してもらい，組合施工による区画整理事業を行うのであるが，組合が造成する保留地を一括取得することを条件に東急が事業資金を提供し，組合事務を一手に引き受けるという方式である．

1950年代後半には，このような方式での開発のモデルケースともいえる事例がいくつかの地域で実現した．その代表的なものが，野川第一地区と恩田第一地区の土地区画整理事業である．野川第一地区とは，川崎市宮前区野川の西部一帯

であり，59 年に土地区画整理組合の設立が認可されている．恩田第一地区とは，横浜市青葉区のちょうど現在の東急田園都市線青葉台駅周辺の地区である．61 年に組合の設立が認可されている．同じ時期に設立が認可された地区に，もうひとつ荏田第一地区がある．ここは同じく横浜市青葉区荏田町の西側一帯の地区である．いずれも，さまざまな困難に遭遇し，けっしてスムーズにいったものではないが，これらの地区が呼び水となって一括代行方式が受け入れられていき，その後，次々と土地区画整理組合の設立が実現していく．

比較的早い時期に設立が認可された地区をあげていくと，次のようになる．現在の鷺沼駅西部の有馬第一地区，青葉区美しが丘にあたる元石川第一地区，市ヶ尾駅周辺の市ヶ尾第一地区，藤が丘駅南部の下谷本西八朔地区，青葉台駅周辺の恩田第二地区，東京都町田市では現在のつくし野駅周辺の小川第一地区と南町田周辺の鶴間，さらにはつきみ野駅周辺の大和市北部第一地区があげられる．以上の地区の位置を示したのが，図 10.1 である．今でこそ田園都市線が開通しているので不思議ではないかもしれないが，当時はようやく工事が始まるかどうかという時期である．そういう時期にむしろ発展の見込みのより少ない，東急の開発

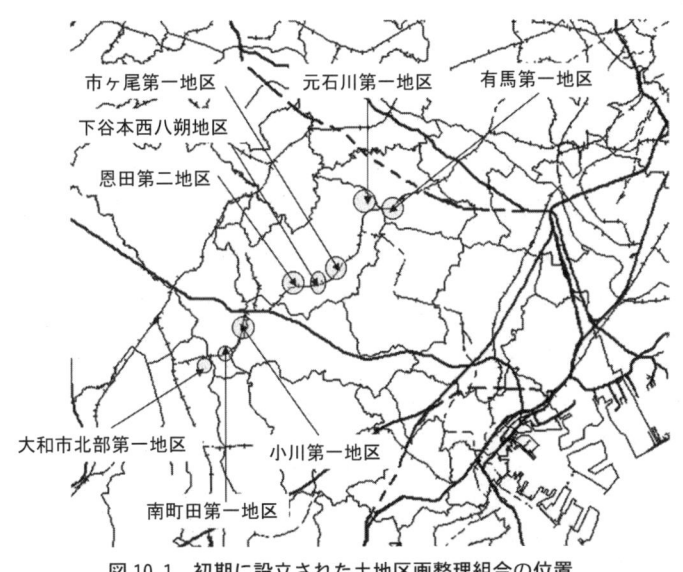

図 10.1　初期に設立された土地区画整理組合の位置

予定地区の中でも，どちらかというと周辺的な地区でいちはやく土地区画整理事業がスタートしている点が注目される．後の社会地区分析の結果からも考察してみたいが，東京都心部にほど近い地域では，無理に東急の力を借りなくても発展の見込みがあったことや，農業そのものにも消費地に近いという点で，それなりにやっていける見込みがあり，そのことがかえって地主たちに土地の売り惜しみや農業の継続希望を抱かせ，住宅地への転換を困難にした事情があったようである．実際，いくつかの地域では組合の認可は受けても，その後，未同意者の問題などで大幅に事業実施が遅れた地域も存在している．

しかし，溝の口から長津田を結ぶ田園都市線が開通する1966年頃になると，日本経済の高度成長もさらに加速し，東京への人口集中はもはやさけられないものとなる．かつて五島慶太が夢見た多摩田園都市の建設も，ようやく誰の目にも現実のものと意識されるようになる．美しが丘をひかえたたまプラーザや青葉台，藤が丘などいちはやく開発が進んだ地域にショッピングセンターなどの商業施設が整うようになる60年代後半からは，土地区画整理事業が最盛期を迎えることになる．それでも，営農希望をもつ未同意者の激しい抵抗が続けられていた地区もあり，非農業人口の急激な流入が進む中で，農業者に適切な位置づけが与えられることはついぞなかったのである．このような情勢の中で，すでに述べたように，首都圏整備法が当初打ち出したグリーンベルト構想は，日の目を見ることなく軌道修正されていくことになる．

その後の1970年代以降は，むしろ急増する人口流入の中で，学校建設などの基盤整備をいかに進めるかが課題となり，要綱行政などを活用した地方自治体による開発の規制と抑制が図られることになる．この頃になるとむしろ東急による多摩田園都市の計画的な開発の先見性が高く評価されるようになり，乱開発を抑え，比較的良好な郊外住宅地の建設を実現した事例として一般に理解されるようになるのである（田村 1983）．

2. 郊外住宅地の社会地区分析

さて，東急不動産を中心とした多摩田園都市開発の経緯を念頭におきながら，次にこの地域一帯の社会地区分析によって，その地域形成の過程をみていくこと

にしよう．ここで用いるデータは，原則として500mメッシュで整理された国勢調査の結果を用いている．現在利用できるもののうち，1970年から5年おきに2000年までのデータを使用した．

2.1 人口の推移と定着

まず，人口の推移についてみていこう．本来ならば，先駆的な地区で土地区画整理事業が始まる1960年代以降のデータで確認することが望ましいが，メッシュデータは70年以降しか利用できない．70年というと，早いところで土地区画整理事業が完了し，すでに入居が始まっている時期に当たるので，この時期を始点としてその後の推移をみていくことにしたい．70年の時点で等分に分かれるように区分された5つの分け方と同じ基準で，それ以降の年度ごとに色分けした地図を示したのが，図10.2である．まず，70年の時点では，多摩川までの東京都心寄りの人口密度が高く，これが東海道本線ないし京浜急行沿いに横浜中心部まで連担しているのがわかる．川崎市では南武線沿いに，横浜市では相鉄本線沿いに人口密度の高い市街地が拡がっている．五島慶太が喝破したように，城西南地区はこの時点でもぽっかりと人口の少ない地区として残っていたことがわかる．わずかに東急東横線沿線だけが，それなりの人口を集めている．

さて，この時点で比較的人口の多い地区を確認していこう．まず町田市の中心部と川崎市麻生区の百合ヶ丘周辺が比較的広範囲な地区として認められる．後はもう少し狭い範囲で色の濃い部分がある．町田中心部の北東部に並んでいるのが，町田市の鶴川団地と稲城市の平尾団地である．田園都市沿線で色が濃くなっているのは，たまプラーザの北側の美しが丘と青葉台周辺で，すでに紹介した元石川第一地区と恩田第一地区に対応している．美しが丘のさらに北側で色が濃くなっているのは，川崎市宮前区の菅生で，本研究の調査対象地のひとつである．さらに海側で2カ所色が濃くなっているのは，川崎市宮前区野川と横浜市都築区勝田である．前者は東急による開発のモデルケースといわれた野川第一地区であり，後者は横浜市営勝田団地の所在している地域である．要するに，町田と百合ヶ丘を除けば，すべて東急か，自治体等がかかわった初期の団地開発が進められた地区であることがわかる．次に，その後の展開をみてみよう．

1975年になると，基本的には70年と同じ地区を中心に全体に色が濃くなって

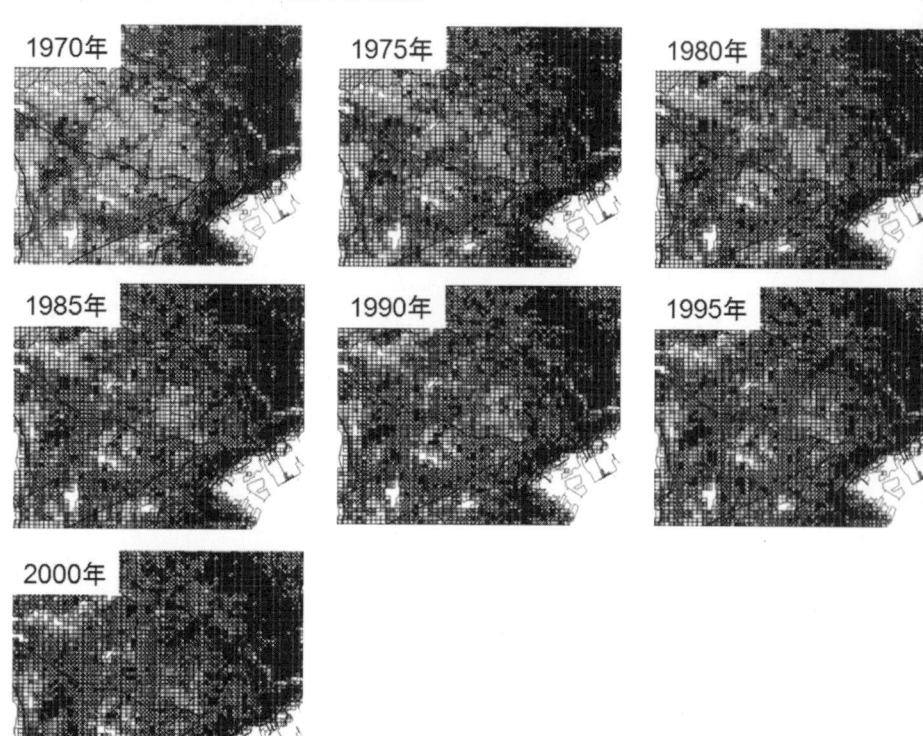

212　第10章　住宅地開発と地域形成

図10.2　人口の推移

いる．青葉台周辺は藤が丘を含めてぐっと区域が拡大し，美しが丘も若干範囲が広がっている．他に新しく人口の集中がみられるのは，西から順に，こどもの国周辺の奈良町地区，新百合ヶ丘の王禅寺周辺，虹ヶ丘・すすき野を含む嶮山地区，大場町と市ヶ尾周辺など，王禅寺以外はいずれも東急による土地区画整理事業の最盛期に取り組まれた地域である．さらに川崎市宮前区では，ようやく宮前平など沿線の人口が増加してくるが，ちょうど駅をはさんで土橋地区と有馬地区の両方で人口が思うように増えていない．実はこの地域が営農希望の未同意者をめぐって土地区画整理事業が困難をきわめた地域なのである（東京急行電鉄株式会社 1988）．これが次の80年になると，若干有馬地区の人口は滞っているが，全

体に人口密度の上昇がみられる．85年にはあざみ野地区の人口も増加しはじめ，小田急線と田園都市線にはさまれた多摩田園都市の区域は，全体に色が濃くなり，この一帯で比較的人口が少ないのは，都筑区を中心とした港北ニュータウンの地域のみとなっている．さらにこれが90年，95年，2000年となるにつれて，港北ニュータウンへの人口集中も徐々に進んでいくことがわかるだろう．

 以上のように，当然のことではあるが，人口の推移は土地区画整理事業の進捗状況をそのまま反映するかたちになっている．農地が宅地へと転換され，分譲地や団地への入居が進むにつれて人口が増えていく．いずれにせよ1970年から2000年にかけて，この地域は東京の郊外住宅地として着実に人口を定着させていったことがわかるだろう．

2.2 町の変化と住宅

 すでにみたように，都市の発展は産業資本や不動産資本，国家・自治体などの諸アクターによる土地・空間利用の形態に強く規定される．郊外住宅地の場合，土地利用形態の変更と住宅建設の状況が決定的である．人口の推移が，土地区画整理事業の進捗とぴったりと重なるということは，そういうことである．

 そこで，この点をもう少し詳しく社会地区分析によってみていこう．図10.3に示したのは，公営借家数の分布を示したものである．公営借家数の場合，公営住宅が存在するか否かによってくっきりと分かれてしまうため，分布は両極端に色分けされる傾向が強い．まず，1970年の分布をみると，町田，鶴川，平尾，百合ヶ丘，勝田の地域がいずれも公営住宅による開発であることがわかる．さらに，川崎市において公営住宅が多く分布していることがわかる．調査対象地との関連で重要なのは，菅生に隣接する地域にも公営住宅が存在しているということである．これに対して東急が開発を手がけていく地域には，ほとんど公営住宅は存在していない点が注目される．このような分布の特徴は，その後も基本的には継続されていく．75年以降の嶮山地区に公営の賃貸住宅が含まれることや，95年以降港北ニュータウンに多く建設されていくことが注目されるぐらいである．

 次に，社宅の分布をみたのが，図10.4である．1970年の時点では人口密度の分布とほぼ同じ傾向がみられるが，注目すべきは美しが丘や青葉台周辺，百合ヶ丘という比較的開発の早かった地域にそれなりに分布していることと，土地区画

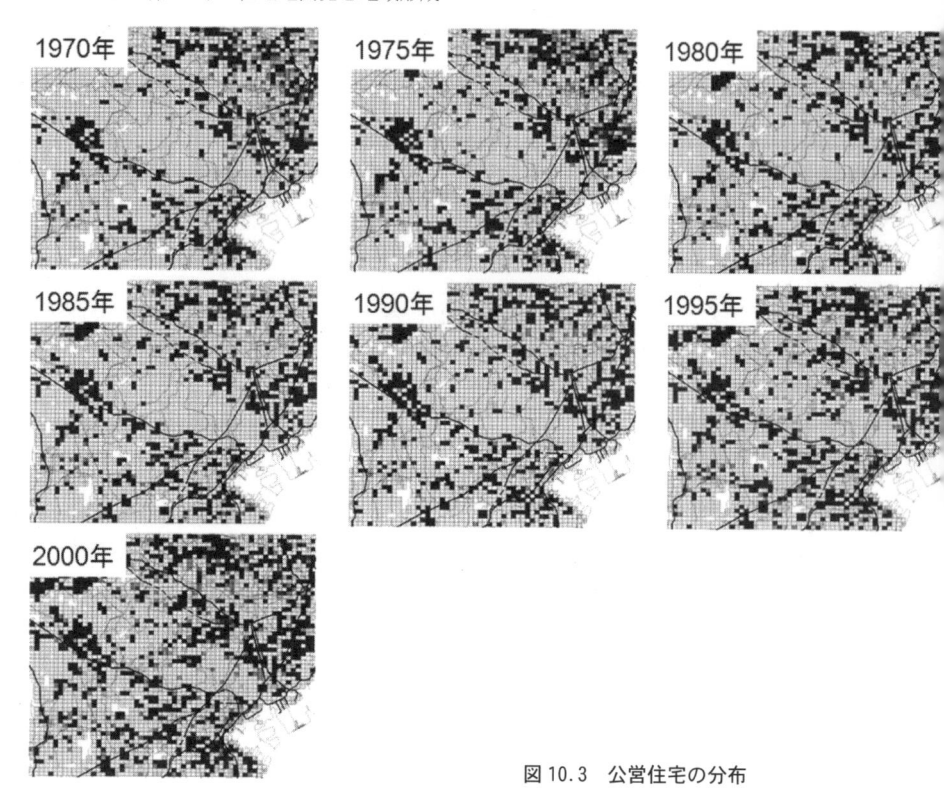

214 第10章 住宅地開発と地域形成

図10.3 公営住宅の分布

整理事業が困難をきわめていた宮前平周辺にもすでに社宅が分布しているということである．これに対して町田中心部は社宅がほとんどみられず，この地域は公営住宅が中心であったことがわかる．その後，小田急線と田園都市線の沿線を中心に，95年まで社宅はどんどん増えていくが，2000年には若干減少に転じていくようである．東急の開発地区は公営住宅の建設とは重なることが少ないが，社宅の分布とは一致しており，東急の開発によって町が形成されていくと，それにあわせて社宅も増えていったことがわかる．

さらに，民営の借家の分布をみてみよう．図10.5に示したように，多摩田園都市の開発がようやく進みはじめる1975年までは，都心部の他は南武線沿線と相鉄本線沿いに若干の民営借家がみられるだけで，田園都市沿線はおろか小田急

図 10.4 社宅の分布

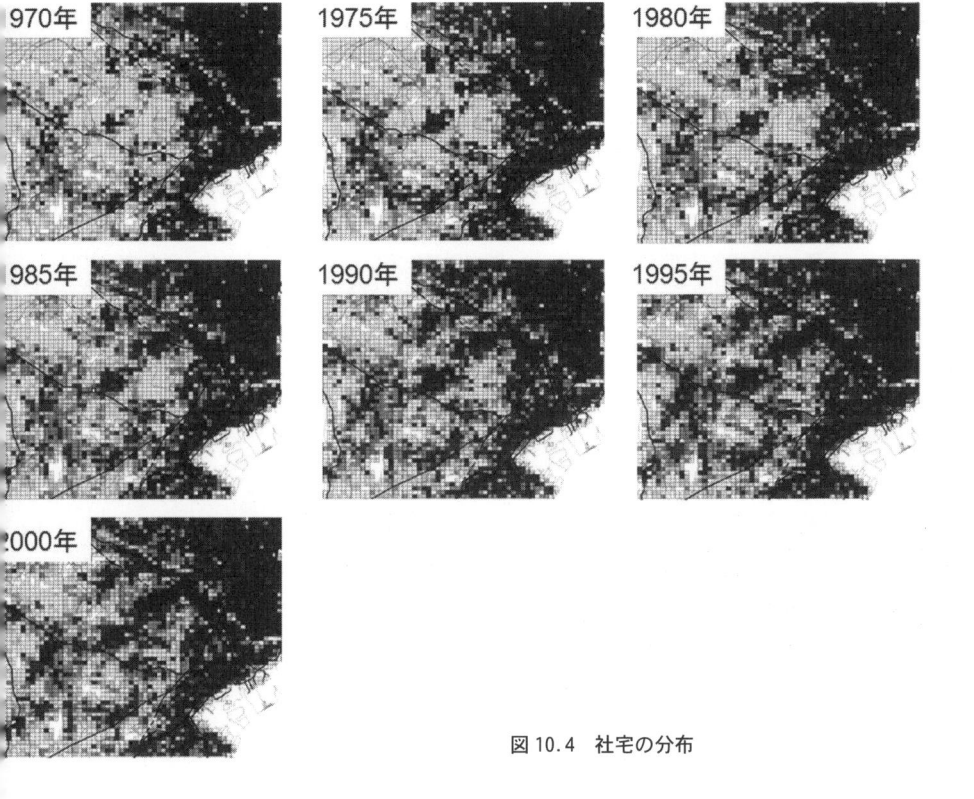

線や横浜線沿線にも拡がりはみられない．それが 80 年ぐらいから徐々に田園都市沿線や小田急線も町田付近まで，線路沿いに民営借家の分布が目立ってくる．さらに 95 年以降は港北ニュータウンを縦断する横浜市営地下鉄沿いにも，民営の借家が分布するようになっている．

以上の公営住宅，社宅，民営借家の分布からわかることは，この地域の場合，公営住宅の建設もしくは東急による宅地開発が先行し，これらによる人口の増加傾向が 1970 年代までに確定すると，80 年以降は郊外住宅地としての発展が決定的となり，鉄道路線沿いに民営の借家が多く建設されるようになっていくという経緯をとっているということである．

おそらくは，まず地方自治体や東急という民間の不動産資本による宅地開発と

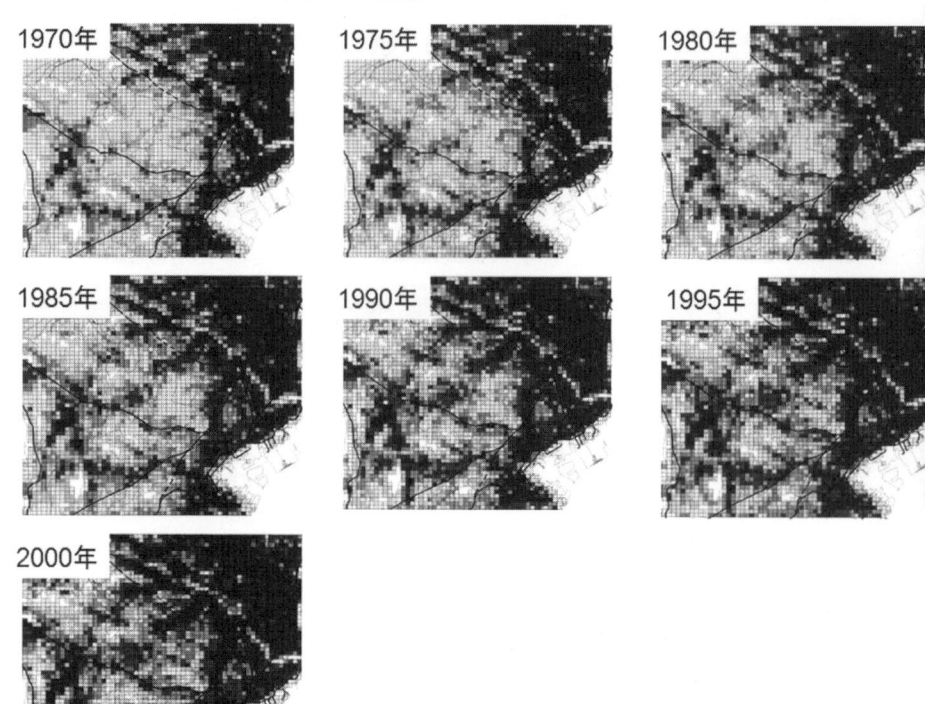

図10.5 民営借家の分布

住宅建設に主導されるかたちで徐々に住宅地が拡がっていき，やがてそれらのローカル・コミュニティに人々が次々に引き寄せられ，定着していくことで，郊外住宅地が形成されていったと考えられる．それでは次に，その社会的な形成過程をみるために，もう少し社会学的な属性の分布をみていくことにしよう．

図10.6に示したのは，平均世帯員数の分布の推移である．5段階の区分は一律に3.5人以上，3〜3.5人，2.5〜3人，2〜2.5人，2人未満としてある．1970年の段階では都心部以外は3人以上の世帯員数を示している．これが75年になると，部分的に世帯員数が減少する地区が出てくるが，全体としては同じような水準を保っている．ところが，80年になると，はっきりと鉄道沿線の地域の平均世帯員数が減少していくのがわかる．これはすでにみた鉄道路線沿いに民営の

2. 郊外住宅地の社会地区分析　217

図10.6　平均世帯員数の推移

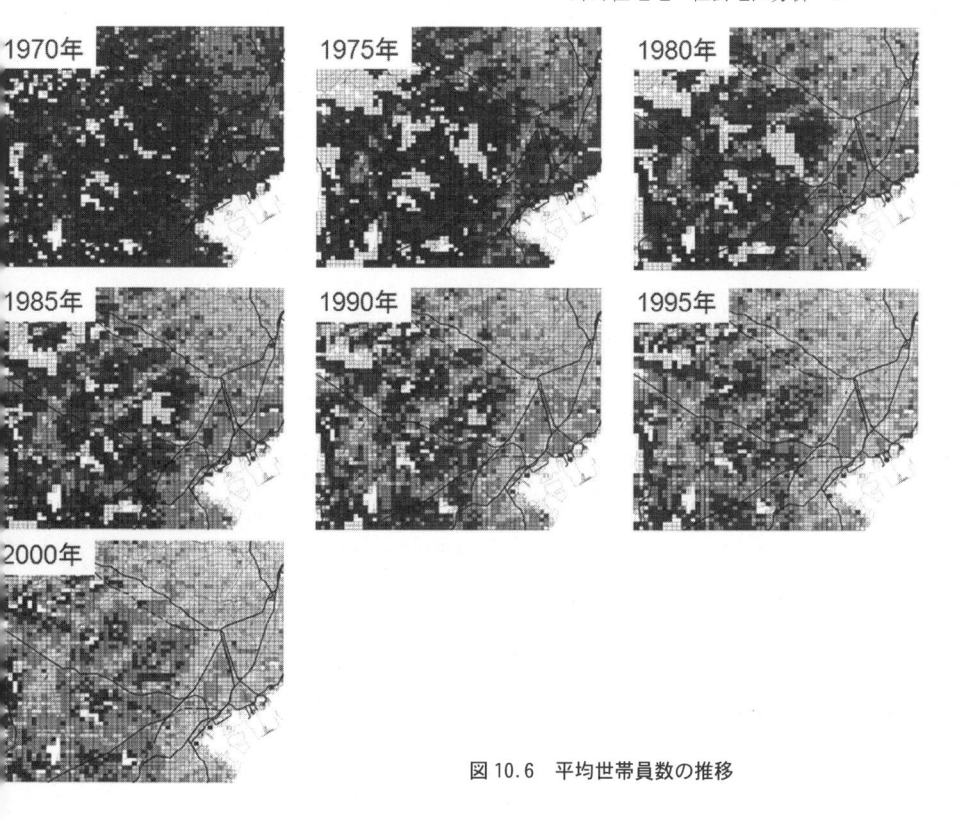

借家が増えていく時期とちょうど対応している．つまり，ファミリー層の流入によって子どものいる家族が定着した後に，駅周辺にできた民営の借家に単身や夫婦のみ世帯が居住するようになっていったと推測できる．さらに，85年まではそのまま同じ傾向が続いていくが，90年代以降になると，さらに全体として色が薄くなり，平均世帯員数が3人を下回るようになる．つまり，90年代以降は70年代に流入したファミリー層の家族から徐々に子どもが巣立っていき，高齢・少子化が進んでいくと考えられる．

　これを人々の移動という側面から裏づけてみよう．図10.7に示したのは，国勢調査で10年おきに確認されている5年前居住地が現住所とは異なる人々の数を示したものである．5段階の区分はその時々で分けた相対的なものにしてある．

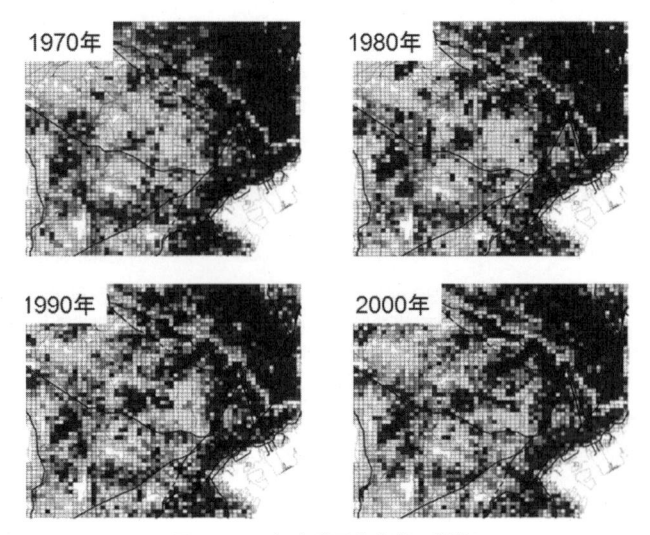

218　第 10 章　住宅地開発と地域形成

図 10.7　5 年未満居住者数の推移

したがって，その時期ごとで相対的に 5 年未満居住者が多い地区が濃く示されることになる．結果をみるならば，1970 年と 80 年の結果は，すでにみたこの時期に開発が進んだ地区への流入者が相対的に多かったことをよく示している．ところが 90 年になると，5 年未満居住者は一律に鉄道沿線に集中していくことがわかる．ここでも 80 年以降鉄道沿線に多くの借家が建設されていき，平均世帯員数が減少していくこととの対応がみられる．さらに，2000 年にはこの傾向が強まると同時に，港北ニュータウンへの流入者が多くなることがわかる．

　さらに，これを実際に子どもの数と高齢者の数の分布によって裏づけてみよう．図 10.8 に示した 14 歳以下人口比率の分布をみると，人口構成の変化は明白である．全体の変化があまりにも急激なので，ちょうど数値的にも年度的にも中間に位置する 1985 年段階で 5 段階に分けた区分をすべての年度に適用している．結果は，80 年までは都心部と比較して 14 歳以下比率が全体に高かった郊外地域が，85 年から一挙に低くなり，95 年以降はわずかに港北ニュータウンの地域のみが旧来の水準を保っているだけである．やはり 90 年代以降の少子化傾向は顕著である．他方，65 歳以上の高齢化率を同様の方法で区分した結果は，図 10.9 に示したとおりである．70 年にはまだ村落的な地区として都心部よりも高齢化率の

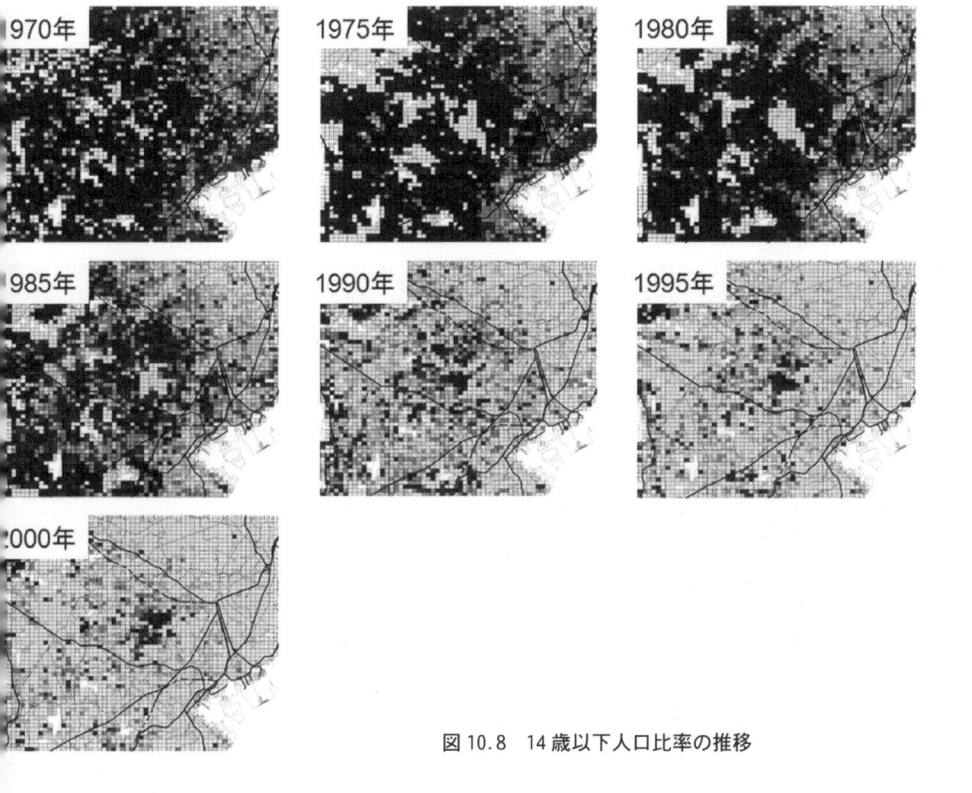

図 10.8　14 歳以下人口比率の推移

高い地区が点在していたのが，75 年にはすっかり都心部に比べて低い地域になっている．それがやはり 85 年を境に徐々に高齢化率が高くなっていき，90 年代を経て 2000 年にはほとんど都心部と同程度の高齢化率を示すようになっている．

以上のことから，地方自治体や不動産資本による宅地開発や住宅建設の結果，1970 年代に特定の年齢層の人口が流入し，90 年代には少子・高齢化が進むという郊外住宅地におけるローカル・コミュニティの社会的な形成過程がみられることが明らかになった．したがって，そこでのその時々の住民構成や市民活動がそれに応じて変化していくことが十分に予想される．その詳細については，以下の各章でさまざまな角度から検証されていくことになるだろう．

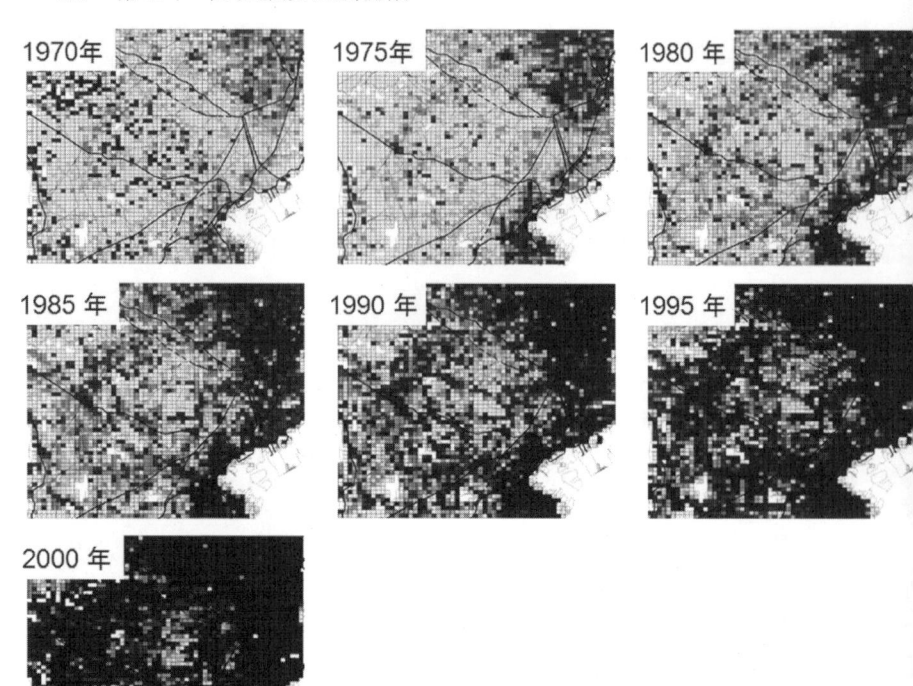

220　第10章　住宅地開発と地域形成

図10.9　65歳以上人口比率の推移

2.3　農業世帯の変遷

　最後に，農業者の動向について確認をしておきたい．国勢調査のメッシュデータは1970年以降しか公表されていないので，それ以前については確認ができない．そこで町丁目単位のデータで分析を行ってみた結果が，図10.10である．川崎市宮前区と横浜市青葉区について町丁目単位で作成した．両区において確認できたデータの年度も，5段階の区分の仕方も異なるので注意が必要であるが，50年代から70年までの町丁目ごとの平均世帯員数を表示してある．

　まず，宮前区をみると，50年代の中頃まではすべての町丁目の平均世帯員数が4人を越えている．これが50年代の終わりから60年代にかけて，田園都市線の路線沿いに都心に近い地域から平均世帯員数が減少していく．これに対して青葉区の方は，同じ時期に逆に都心から遠い町田市に隣接するこどもの国周辺から

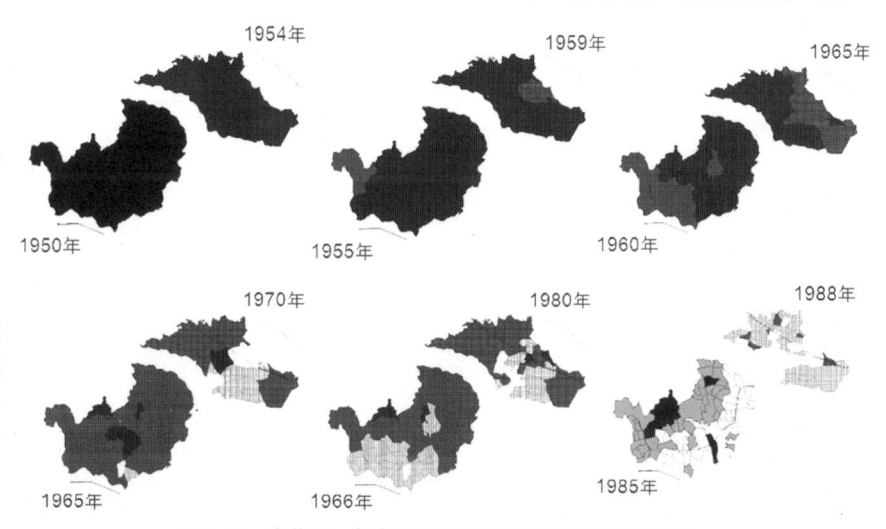

図 10.10 青葉区・宮前区の町丁目別平均世帯員数の推移

減少していき，60年代にはそれが青葉台周辺に拡がっている．平均世帯員数の減少が何を意味するかはけっして単純ではないが，農家の分解や若年家族員の他出，都心通勤者の流入などを反映しているとすれば，都心に近い宮前区の場合は50年代からすでに自立的に都市化が進んでいく情勢にあったのに対して，青葉区の場合は都心から遠い地区でむしろ早くに農家の分解が進み，地域としての将来的な発展に展望がもてない状況にあったと考えられる（事実，同じ時期にこの地域だけ人口が減少している）．

したがって，あくまで推測にすぎないが，都心に近い宮前区では東急の力を借りて早急に都市化を図ることへの疑問と農業で十分にやっていけるという見通しが円滑な土地区画整理事業の進展をむずかしくしたのに対して，青葉区の最も都心から遠い地域では，農業での将来展望を描くことも，自立的な都市的発展を見込むこともできず，東急の力を借りた迅速な土地区画整理事業による発展により多くを期待せざるをえなかったのかもしれない．

次に，1970年以降の国勢調査データで，実際の農業世帯の数を確認してみたのが，図10.11である．500mメッシュの範囲での農業世帯の数は70年以降，非常に少なくなっているので，5段階の区分は一律に20軒以上，15～20軒，10

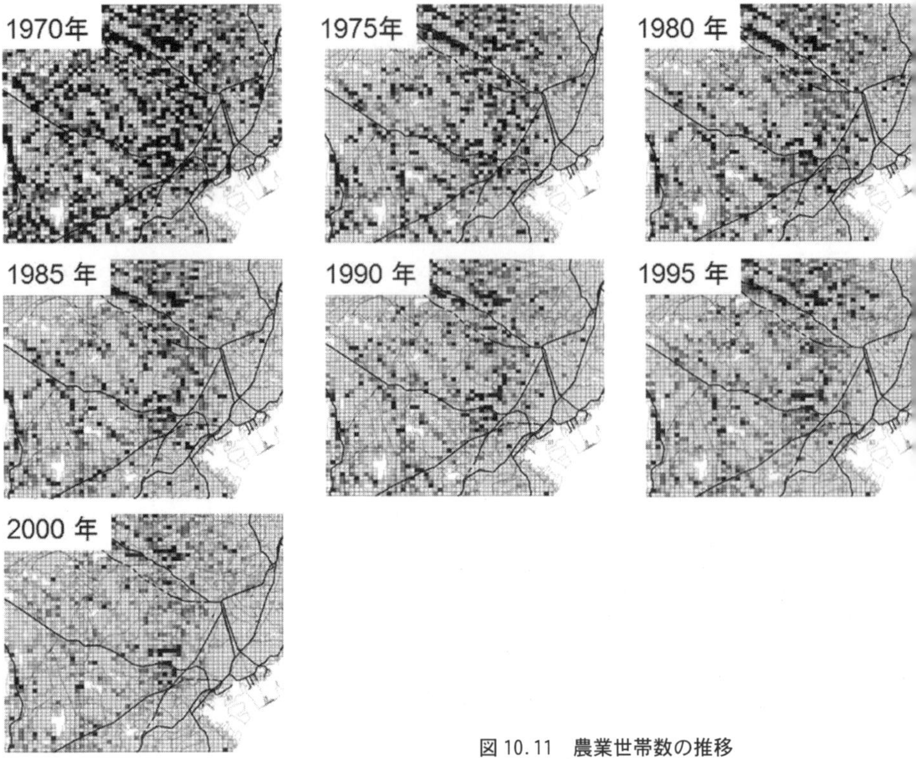

222　第 10 章　住宅地開発と地域形成

図 10.11　農業世帯数の推移

〜15 軒，5 〜 10 軒，5 軒未満としてある．まず 70 年の段階では都心部以外はまだ全体にそれなりの農業世帯数が維持されている．これが 75 年になると，一挙に減少していく．とりわけ都心から遠いこどもの国や青葉台の周辺での減少が顕著であり，むしろ都心にほど近い川崎市の方が農業世帯が長く維持される傾向がある．営農希望の未同意者が多く，土地区画整理事業が滞った地区とぴったりと重なるわけではないが，その周辺に 95 年までそれなりの数の農家が維持されているのである．それが 2000 年にはいよいよ 10 軒未満に減少してしまう．それでも，この時期まで農家が維持されているということは，グリーンベルト構想が必ずしも成立の基盤をもっていなかったわけではないことを示している．都市計画の策定者の側に，農家の意向を受け止め，消費地との距離や農地の集中化等の工

夫が真剣に取り組まれていたとしたら，宅地開発との両立は決して不可能ではなかったのかもしれない．

3. 不動産資本とコミュニティの社会的形成

　以上，本章では東急資本を中心とした多摩田園都市の住宅地開発と地域形成の過程を，社会地区分析の手法を用いて概観した．ここで論じたことは，あくまで社会地区分析に基づく推測にすぎないので，本来ならば，現地での歴史的な実地調査によって裏づけなければならないことばかりである．しかしながら，大都市周辺の郊外住宅地の形成過程において，どのような要因が作用するかを把握する意味では，それなりの意義があったと考えられる．最後に，ここで得られた若干の示唆について，いくつか確認をしておきたい．

　まず，郊外住宅地の形成においては，交通手段としての鉄道網の整備と農地から宅地への土地利用形態の転換が決定的に重要であることが，当然のことではあるが，はっきりと確かめられた．それゆえ，東急という電鉄業と不動産業をもつ大資本が，国家や自治体とは独立に郊外住宅地開発をリードすることができたのである．しかし東急資本といえども，土地の全面買収による一括開発は不可能であり，ここに地権者である農業者たちに土地区画整理組合の結成を促し，その業務を一括代行する「東急方式」が編み出されることになる．しかしながら，それでも営農希望をもつ農業者との合意形成は容易には進まなかった．

　他方，国家は初期の首都圏整備法においてグリーンベルト構想に基づく都市計画を提案するが，その現実的な基盤をなすはずであった営農希望者の意向を真剣に汲みとろうとした形跡はみられず，都市的な発展を望んだ地方自治体と資本の意向によって押し切られていくことになる（石田編 1992）．もはや東京大都市圏の中心的な郊外住宅地としての発展が決定的となった1970年代以降は，東急の待ち望んだまちづくりが次々と実現していくが，2000年に近い時期になるまである程度の農業者が残存していくことになる．

　しかしながら，このような民間資本が長期にわたって郊外の開発を主導するという例は，近代都市発展の初期においてしか起こりえない，きわめて例外的なことであろう．通常は公的なセクターに主導されるのが一般的である．事実，ここ

でも地図上にはデータが表示されていたが,とくに言及をしなかった多摩ニュータウンの開発は国家的な事業であったし,その後の千葉ニュータウンなど京葉地区の開発も,住宅・都市整備公団が中心となったものである.この地域でも,東急がかかわった以外の地区はいずれも公営住宅の建設が先導したものであった.さらに,すでに第4章で詳述したように,臨海部の産業拠点としての開発は国家的な事業として取り組まれたものであり,川崎市に公営住宅が集中しているのは,そこでの労働者たちの住宅を確保する意味があったと考えられる.

このように都心部の中枢性と先端性に基づく産業組織の発展に対応した労働力の再生産の場として,郊外住宅地は,国家・自治体の都市政策と民間資本による交通網の整備と宅地開発に基づき,地権者としての農業者の運命を翻弄しながらも,その形成が進められてきた.そして,その空間的発展と時間的秩序に対応するかたちで,外部から居住者が流れ込んでいき,家族をなし,子どもを育て,やがてその子どもが他出することで急激に高齢化していく.このような意味でのローカル・コミュニティの社会的形成過程の詳細については,以下の各章でさらに具体的に検討されていくことになる.

【文献】
石田頼房編,1992,『未完の東京計画――実現しなかった計画の計画史』筑摩書房.
越沢明,1991a,『東京の都市計画』岩波書店.
越沢明,1991b,『東京都市計画物語』日本経済評論社.
松原宏,1982,「東急多摩田園都市における住宅地形成」,『地理学評論』,55(3).
東京急行電鉄株式会社,1988,『多摩田園都市――開発35年の記録』.
田村明,1983,『都市ヨコハマをつくる――実践的まちづくり手法』中央公論社.

第11章　東京圏の都市化と郊外地区の形成

玉野和志

　本章では，東京大都市圏の都市化過程と郊外住宅地形成の時間的な秩序とタイミングによって，調査対象地となった菅生あざみ野地区において，女性の年齢層と地域移動経験の間に有意な関連が生じたことについて確認する．同じ時期に，同じ地区の住宅を取得した住民の間では，結果として階層的な差異が小さくなるために，少なくとも本書での調査の対象となった地域では，年齢によるちがいが決定的であった．第Ⅳ部ではそれを「郊外第一世代」，「後続世代」，「郊外第二世代」と呼んで，詳しく分析していくことになるが，ここではまずそれらの年齢によるちがいが，「東京」の都市化過程と郊外におけるローカル・コミュニティの社会的形成過程の時間的・空間的な絡み合いによって生じたことを確認しておきたい．

1. 高度経済成長と「東京」の都市化過程

　近代都市「東京」の都市化は，厳密には20世紀初頭の大正年間において始まるが，第二次世界大戦によって中断するので，ここでは主として戦後の経緯についてだけ確認しておこう．いうまでもなく，戦後の日本は敗戦後の混乱期を経て，1950年代には朝鮮戦争などの影響もあって急激な復興をとげ，高度経済成長期に入ることになる．それにともない，村落から都市への急激な人口移動が生じ，いわゆる都市化の時代が訪れる．この時期までは，まだ東京への一極集中というよりは，阪神地区や中京地区も含めた太平洋ベルト地帯への人口集中が問題となった．東京圏の場合は，主として東北からの集団就職などに象徴される急激な人口の流入がみられたのである．

　図11.1に示したのが，東京区部の人口の推移である．戦後急激に人口が増加していることがわかる．いうまでもなく，外部からの人口の流入によるものである．それが1965年頃から停滞しはじめ，その後，ゆるやかに減少していく．同じ時期，東京圏全体では決して人口は減少していないから，いったん東京都心部

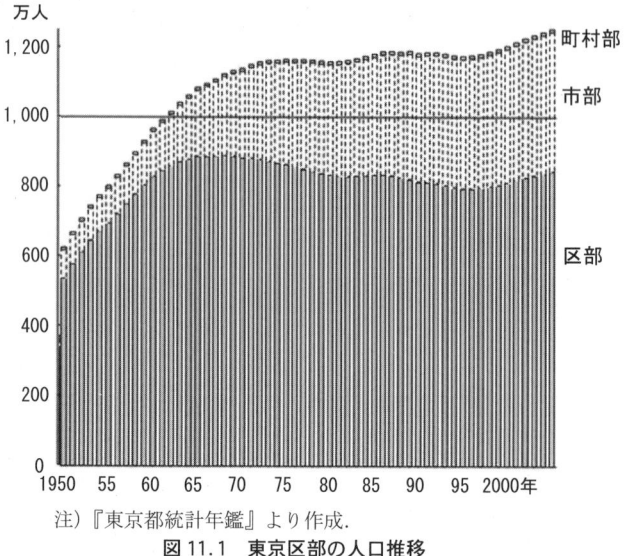

226　第11章　東京圏の都市化と郊外地区の形成

図 11.1　東京区部の人口推移
注）『東京都統計年鑑』より作成.

に流入した人口は，やがて郊外に流れ出ていったと考えられる．前章でみたように，東急による多摩田園都市の開発が始まるのも同じ時期であり，そこで70年代以降急激に人口が増加していったのも，すでに詳しくみたとおりである．他方，東京区部ではその時期に人口が逓減していくのである．

　したがって，ごく大ざっぱに考えるならば，1950年代から60年代にかけての高度成長期には，地方から東京都心部への人口の流入がみられ，安定成長期に入る70年代以降には，都心部から郊外へと人口の流出がみられた．しかしながら，東京圏全体としての地方からの人口流入は相変わらず継続するということである．東京都心部への人口の流入が進学や就職にともなうものであり，郊外への転出が結婚後の住宅取得にともなうものだとすれば，それぞれの時期に人口移動の中心になった世代を想定することができる．1950年代から60年代にかけて進学ないし就職を迎える世代が地方から流入し，その後70年代に家族を形成して郊外に移り住んだとすれば，その中心になっていた年代は30年から40年生まれということになる．戦前生まれの最後の世代であり，団塊の世代の少し前の年代ということになる．いわゆる「昭和ひとけた」などと呼ばれた年代である．したがって，この年代に地方出身者として戦後の都市化によって東京に流入し，やがて結婚し

て子どもを持ち，新しく開発された郊外に移り住むようになった人々が多く含まれていたと考えられる．そして，団塊の世代以降の戦後世代には，基本的には同じような軌跡を描きつつも，徐々に東京出身者や郊外育ちという人が増えていくということになる．

戦後日本の急激な高度経済成長とそれにともなう都市化の過程は，ある年代に特定の地域移動とそれにともなう時代的な共通経験を大量現象としてもたらすことになった．東京大都市圏の空間的な構造変動が，特定の時間的秩序を生み出したということである．それでは，次にその具体的な様相を，多摩田園都市に含まれる特定の地区の女性とその配偶者の地域移動経験のデータからみていくことにしよう．

2. 郊外の形成と女性の地域移動

本来ならば，男性ならびに女性について，各年代でいつの時点でどこからどこへの移動が多くみられたかを，東京大都市圏とその他の地域とで確認していくという作業を必要とすることであるが，ここではそれを調査対象地となった菅生あざみ野地区に調査時点で居住していた女性とその配偶者＝夫の移動経験に関するデータから推測してみたい．

調査では，対象者の女性本人とその配偶者について，(1) 義務教育修了時点，(2) 初就職時点，(3) 結婚時点の 3 時点において，どこに住んでいたかを確認している．図 11.2 は年齢層ごとの 3 時点での居住地を，都心部（東京 23 区内），周辺部（その他東京，神奈川，千葉，埼玉），地方（その他）の 3 つの比率で示したものである．必ずしも就職後に結婚するとは限らないが，この 3 区分はだいたい高校・大学への進学前，進学ないし就職後，その後という人生の各時点での居住地を示していると考えてよいだろう．調査実施時 60 歳代以上という人々は，1930 年代から 40 年代にかけての戦前生まれの年代で，ちょうど戦後の東京大都市圏の発展に対応する移動を経験した世代と考えられる．実際，義務教育終了時には地方出身であったものが多く，その後，都心部を経て郊外に移動していったことがわかる．とりわけ男性配偶者の就職時都心居住者の比率が高く，進学ないし就職時に地方から東京へと流入した場合が多かったことを示している．

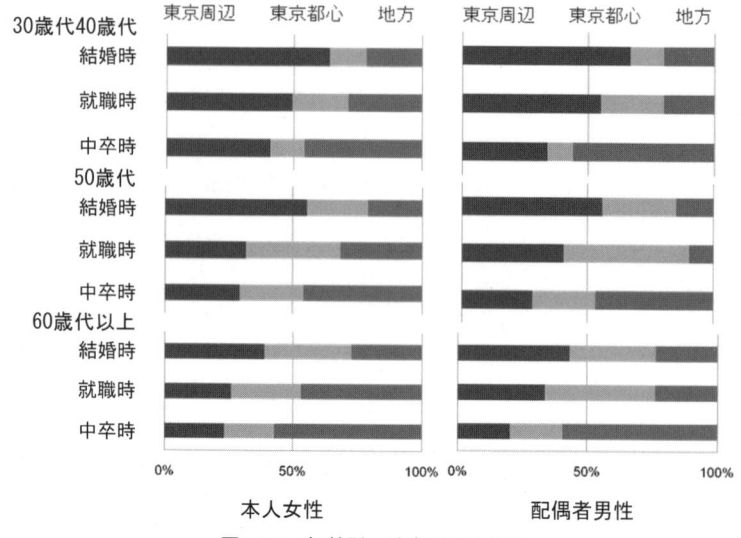

228　第11章　東京圏の都市化と郊外地区の形成

図 11.2　年齢別・時点別の居住地

　ところが，調査実施時50歳代の1940年代後半から50年代にかけてのいわゆる団塊の世代を中心とした年代の場合は，これとは少しちがった様相を示している．この年代は男性も女性も義務教育終了時にすでに都心部に居住していた人の比率が若干高くなり，就職時に都心部に居住するようになる人の比率が非常に高くなっている．この年代は高度成長期に集団就職などで大量に東京に流入した年代であると同時に，大学進学率が上昇し，受験競争の激化が始まった年代でもある．とりわけ女性の場合にも，この年代は就職時に都心部に居住していた人が多い点が注目される．
　さらに，調査実施時30歳代から40歳代の1960年前後生まれ以降の年代になると，むしろ都心部よりも周辺部出身者が多くなり，就職時にはいったん都心部居住者が多くなるものの，結婚時にはすでに郊外に住んでいる人が多数になっている．
　これは，あくまで現時点で菅生あざみ野地区に居住している女性とその配偶者の年齢層ごとでの，特定時点での居住地の構成比率にすぎない．しかし，そこからは東京大都市圏の戦後における形成過程の画期と，そのそれぞれの時期に就職

や結婚というライフイベントを経験することになる年代との組み合わせによって，世代ごとに異なった地域移動とそこでの生活経験を背景とした共通の社会的性格が形成されている可能性を示唆するものである．

すなわち，60年代の中頃までは地方から東京都心部への人口の流入が激しく，この時期に就職ないし進学の時期にあった年代は，それを機に地方から東京圏へと移動することになる．これに対して1960年代中頃から70年代にかけては，都心部から郊外への人口の移動が始まり，すでに述べたように多摩田園都市の開発もこの時期にようやく軌道に乗ることになる．いわゆる郊外化の始まりである．この時期に最初に郊外へと移り住んだのが，すでにその前までに地方から都心部に流入していた世代の人々であり，その後，戦後になって東京都心部に生まれ育った団塊の世代の一部もこれに合流していくことになる．さらに，郊外の人口そのものが非常に大きくなり，「東京」が大都市圏として空間的に成立していくにつれて，地方から東京周辺部に直接流入する人々やそもそも郊外に生まれ育った年代も多くなっていく．

ここで注意しておきたいことは，このような東京大都市圏の形成過程とそれにともなう人口の移動における，男性と女性との間に存在する若干の相違である．もう一度，図11.2をみてほしい．3つの年代に共通して，男性の場合は就職時にはすでに東京都心部に居住していた人の比率が高い．したがって，この時点で地方に留まっている人の比率はすべての年代において低くなっている．これに対して女性の場合は，就職時にもまだ地方に居住していた人の比率が，とりわけ60歳代以上の年代ではあまり低くなっていない．若い年代になると全体として郊外居住者の比率が高くなるために，50歳代のみが就職時に東京都心部に居住していたという人の比率が高くなっている．このことは女性の場合，とくに上の年代において結婚を機に，配偶者の仕事の都合で，東京大都市圏に流入してくるということが多いのに対して，たまたま50歳代の女性だけが就職時東京都心部に居住していて，結婚後，郊外に住むようになるというパターンを示すことが多くなるという結果をもたらしたようである．もちろん，この年代の男性の多くが就職時東京都心部で仕事をしていたので，やはり都心部で働いていた女性と結婚し，多摩田園都市に居住するようになったと考えることもできるだろう．少なくとも菅生あざみ野地区に居住する女性のデータにおいては，このような事情もあって

か，50歳代の女性だけが結婚前に東京都心部で仕事をしていたというケースが多くなっている．そのことが「後続世代」として，大変興味深い傾向を示すことにつながるのである．

それでは，最後に，このような東京大都市圏の空間的な構造変動にともなって生じた年齢層による地域移動経験のちがいが，郊外のローカル・コミュニティの形成過程にどのように影響し，その結果，どのような女性の地域活動が展開し，変容していくことになったかについて，その概要を紹介しておきたい．

3. 郊外の世代的な構成と地域活動の変遷

さて，実際のサーベイ調査データが示す結果は，もう少し複雑で多様ではあるが，その詳細については以下の各章でより詳しく分析していくことにして，ここではそれらの詳細な分析結果が，総体として示す大まかな見取り図を描いておきたい．

すでに述べたような東京大都市圏の形成過程において，多摩田園都市に位置する菅生あざみ野地区では，1960年代の終わりから徐々に人口の流入がみられた．具体的には菅生地区の開発が早く，あざみ野地区の開発は80年代以降のことであるが，ここでは一括して論じておく．図11.3に示したように，居住年数が25年以上とこたえた人には60歳以上の人が多い．つまり70年代に最初にこの地域

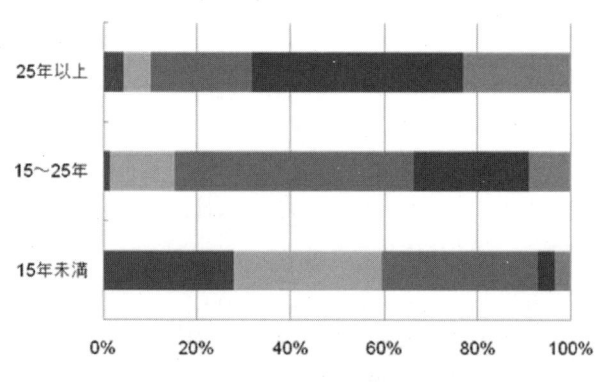

図 11.3　居住年数別の年齢構成

に移住してきた女性は，当時30歳代以上の戦前生まれの年代が多かったということである．さらに居住年数が15年以上25年未満には，50歳代の人が集中していることがわかる．つまり80年代にはやはり当時30歳代だった団塊世代の女性たちが流入してきたということである．そして，この2つの世代があいまって，70年代から80年代にかけて，この地域では非常に活発な女性の地域活動が展開していったのである．

菅生地区では1970年代に高名なこども文化センター建設請願運動や，伊藤三郎川崎革新市政を誕生させることになった流通センター建設反対運動（長尾・加藤 1987），さらには後の章でも紹介する生活学校などの社会教育活動に端を発する市民館の分館建設運動などの住民運動・市民活動がさかんであったことが確認されている（玉野 2003）．他方，あざみ野地区は80年代を中心に生活クラブ生協の活動がさかんであり，これを母体とした生活者ネットによる代理人運動をはじめ，やはり後の章で紹介されるような，さまざまな市民活動を生み出してきた歴史がある．それらはいずれも新興住宅地として新しく開発された郊外の地域が，子どもの教育や環境問題をめぐって，さまざまな地域課題に直面し，それに対する行政等の対処が不十分な中で，母親としての女性たちが自らの手で共同的にそれらの地域課題に対して行動を起こしていったものであった．

それらの住民運動・市民活動は，子育てや家庭生活には母親として女性がおもな責任をもつべきだという性別役割分業に関するある意味では古い観念を前提としつつも，戦後民主主義の理念にもとづき，行政に対しては市民としての権利をはっきりと主張するという性質をもつものであった．それは戦前生まれであると同時に，戦後民主化の洗礼をも受けることになった世代の特徴を示していたのである．また，地方から東京に流入し，誰もが村落での共同的な生活を共通体験としてもっていたという条件も，彼女たちの地域での共同を支えていたと考えられる．

しかしながら，1990年代以降の時代になって，彼女たちの努力もあって行政的なサービスや制度の整備が進んでくると，そのような地域活動にも変化が生まれてくる．その背景には，戦後世代の女性たちにみられる意識の変化が影響していた．まず，以前ほど伝統的な性別役割分業の観念にとらわれない戦後世代は，子育てが一段落すると，地域でのさらなる活動や引き続く家庭的な役割としての

高齢者の介護へと目を向ける前に，まずはもう一度仕事につくことを考えるようになった．たまたまこの地域のこの世代の場合は，結婚前に東京都心部での就業経験をかなり豊かにもっていたこともあって，戦前世代とは少し異なった希望を抱くようになったのである．さらに60年代生まれ以降の世代になると，郊外に生まれ育った女性も多くなり，彼女たちの子育てが一段落する頃になると，さらに状況は流動的になることであろう．

そのような状況の中で，性別役割分業を前提としてジェンダー的に編成されていた郊外住宅地開発も，1990年代以降には若干様相を変化させてきたように思う．50年代にそのような意味での郊外生活のモデルをつくったアメリカの場合には，60年代になってフリーダンの『女らしさという神話』がベストセラーになり，このフリーダン自身がやがて女性解放運動の旗手となっていく（Friedan 1973）．その後は女性も男性と同じように働くことが一般的になり，アメリカの住宅開発は80年代以降，共働き夫婦の女性が就業地の近くで暮らせるような都心部の再開発によるジェントリフィケーションが優勢となっていく．

このような流れは，1990年代以降の日本でも，都心部の再開発として導入されていくが，はたしてそこに暮らしているのは，男性と同じように結婚後も仕事を続けられるようになった女性たちであろうか．第2章の分析では，30歳代前半女性のひとり暮らし未婚者率（ノンパラ率）の高い地域が都心から山の手にかけて拡がっているという指摘がなされている．男女機会均等法によって職場では男性と同じように扱われるようになったにもかかわらず，相変わらず家事役割を男性と分担したり，これを支援するような社会的制度をもたない日本の女性たちは，結婚もしなければ，子どもも生まないという選択をし始めているのではないか．そのことが少子化による人口の減少という，単なる住宅地開発の変化による都市構造の変動という域を超えた問題をもたらすことになっているのである．

ここから先の問題は，本研究の範囲を超えることになる．次章からは，そのような時代へと連なるちょっと前の時代を代表した郊外の女性たちの生活の実態に迫っていくことにしよう．

【文献】

Friedan, B., 1973, *The Feminine Mystique*. （三浦冨美子訳『増補　新しい女性の創造』大

和書房,1986.)

長尾演雄・加藤芳朗,1987,「住民運動の展開と行政対応」,島崎稔・安原茂編『重化学工業都市の構造分析』東京大学出版会,723-765.

玉野和志編,2003,『市民活動団体調査報告書——横浜市青葉区・川崎市宮前区周辺を事例として』,東京都立大学都市研究所・共同研究Ⅰ「大都市における環境と社会経済システムの再編に関する総合的研究」.

第12章　郊外地区における地域移動と地域形成

浅川達人

　郊外住宅地で暮らす人々は，どこで生まれ，これまでどのような生活を営み，どのような地域移動を経て，現在の居住地を選択することとなったのか．どのような地域移動を経たどのような人々によって，郊外住宅地の地域社会が形成されてきたのか．京浜地区内陸部に位置する菅生・あざみ野地区を対象として，この点を明らかにすることが本章の目的である．

　そのためにまず，地域移動のパターンの概略を捉えることを試みる．個々人の地域移動の経路は複雑であり多岐にわたる．そのすべてを正確に捉えることは不可能に近い．そこで，特定のライフステージに達したとき，あるいは特定のライフイベントを経験したときに，どこで暮らしていたのかを尋ねることとした．それらの設問を組み合わせて，比較的共通する移動パターンを析出することをまず試みる．

　次に，析出した移動パターンと対象者の生活実態との関連を検討した．分析にあたってはまず，どこで生活を営むどのような人々が，どのような地域移動パターンを経て現在の居住地に至ったのか．その点を検討するために，あざみ野，菅生という居住地別に対象者の属性と地域移動パターンの関連を検討する．また，現在の居住地に至る地域移動プロセスの差異が，対象者の生活実態に差異をもたらしているのかを検討するために，地域移動パターンと就業などとの関連を検討する．

　これらの手続きを経て，菅生・あざみ野という地域社会が，どのような地域移動を経たどのような人々によって形成されているのかを考察する．

1. 地域移動パターンの析出

　菅生あざみ野調査では，「義務教育を終えたとき」「最初に就職したとき」「結婚したとき」という3つの時期に，それぞれどこに居住していたのかを尋ねてい

1.1 就職までの地域移動

態度決定地と就職時居住地のクロス集計を行った結果,調査対象者の地域移動には,義務教育終了時と就職時ともに神奈川県内に居住していたもの,就職までのいずれかの時期に東京に居住した経験をもつもの,地方都市出身者という,大別すると3つのパターンに分類されることが示唆された.そこで,理論上は11×11通り存在する態度決定地と就職時居住地の組み合わせを,構成比に基づいて整理することにより,就職までの地域移動パターンを求めた.

まず,態度決定地と就職時居住地がともに神奈川県内の地域であったものを,「神奈川県内で移動」したパターンと分類した(22.0%).次に,就職時に東京都に居住していたものを,態度決定地がどこであったかは問題とせず「就職時に東京を経験」したパターンとして分類した(30.6%).また,態度決定地と就職時居住地が両方とも,関東圏以外の政令指定都市,その他の市部,それ以外であったものを,「地方の態度決定地に留まる」パターンとして分類した(23.7%).これらの3パターンで全体の76.3%が占められていたため,これら以外の組み合わせを「その他」と分類し,就職までの地域移動パターンを4つのパターンに整序した(表12.1).

表 12.1 就職までの移動パターン

態度決定地		就職時居住地	移動パターン	人数	%
現住地,宮前区・青葉区 川崎市・横浜市 その他の神奈川県内	and	現住地,宮前区・青葉区 川崎市・横浜市 その他の神奈川県内	神奈川県内で移動	54	22.0
		東京23区内 その他の東京	就職時に東京を経験	75	30.6
関東圏以外の政令指定都市 その他の市部 それ以外	and and and	関東圏以外の政令指定都市 その他の市部 それ以外	地方の態度決定地に留まる	58	23.7
(その他の組み合わせ: 例えば「千葉県・埼玉県」→「千葉県・埼玉県」など)			その他	58	23.7
			合計	245	100.0

表 12.2 結婚までの地域移動パターン

態度決定地	結婚時居住地	移動パターン	人数	%
現住地, 宮前区・青葉区, 川崎市・横浜市 その他の神奈川県内	現住地, 宮前区・青葉区 and 川崎市・横浜市 その他の神奈川県内	神奈川県内で移動	45	18.4
	東京 23 区内 その他の東京	結婚時に東京を経験	67	27.3
東京 23 区内, その他の東京, 千葉県・埼玉県, その他の関東圏, 関東圏以外の政令指定都市, その他の市部, それ以外	and 川崎市・横浜市	結婚時に川崎・横浜を経験	46	18.8
(その他の組み合わせ: 例えば「千葉県・埼玉県」→「千葉県・埼玉県」など)		その他	87	35.5
		合計	245	100.0

1.2 結婚までの地域移動

就職までの地域移動パターンと同様に，まず，態度決定地と結婚時居住地のクロス表を求めた．その結果，調査対象者の地域移動には，義務教育終了時と結婚時ともに神奈川県内に居住していたもの，結婚時に東京に居住したもの，結婚時に川崎市・横浜市に居住したものという，大別すると3つのパターンに分類されることが示唆された．

そこで，態度決定地と結婚時居住地がともに神奈川県内の地域であったものを，「神奈川県内で移動」したパターンと分類した (18.4%)．結婚時に東京都に居住していたものを，態度決定地がどこであったかは問題とせず「結婚時に東京を経験」したパターンとして分類した (27.3%)．態度決定地が神奈川県内の地域ではなかったもので，なおかつ結婚時に川崎市・横浜市に居住したものを「結婚時に川崎・横浜を経験」したパターンとして分類した (18.8%)．これらの3パターンで全体の 64.5% が占められており，これ以外に 20% 前後にまとめられる区分を見出すことができなかったので，これら以外の組み合わせを「その他」と分類し，結婚までの地域移動パターンを4つのパターンに整序した（表 12.2）．

1.3 地域移動パターン

就職までの地域移動と，結婚までの地域移動から得られる 16 通りの組み合わせを構成比に基づいて整理することにより，対象者の地域移動パターンを求め

表 12.3 地域移動パターン

就職時の移動パターン		結婚時の移動パターン	地域移動	人数	%
神奈川県内で移動	and	神奈川県内で移動	神奈川県内で移動	42	17.1
就職時に東京を経験	or	結婚時に東京を経験	就職または結婚時に東京を経験	104	42.4
地方の態度決定地に留まる	and	結婚時に川崎・横浜を経験，その他	地方で就職	47	19.2
（その他の組み合わせ：例えば「その他」&「その他」など）			その他	52	21.2
			合計	245	100.0

た（表12.3）．就職までも結婚までも，ともに神奈川県内の地域であったものを，「神奈川県内で移動」したパターンとして分類した（17.1%）．就職時または結婚時に東京都に居住していたものを「就職または結婚時に東京を経験」したパターンとして分類した（42.4%）．それらに分類されなかったもので，就職時に地方の態度決定地に留まっていたものを「地方で就職」したパターンとして分類した（19.2%）．これら3分類で全体の78.8%が占められたことから，残余の組み合わせは「その他」としてまとめた．

これらの手続きを経て，対象者の地域移動パターンとして4分類を得た．現在，菅生あざみ野地区に居住している対象者の42.4%が，就職または結婚時に東京都に居住していた経験を有している．このことがこれらの地域の形成にどのような影響を及ぼしているのであろうか．地域移動パターンという変数を用いて，さらに分析を進めてみよう．

2. 生活実態と地域移動パターンとの関連

どこで生活を営むどのような人々が，どのような地域移動パターンを経て現在の居住地に至ったのか．その点を検討するために，あざみ野，菅生という居住地別に対象者の属性と地域移動パターンの関連を検討した．また，現在の居住地に至る地域移動プロセスの差異が，対象者の生活実態に差異をもたらしているのかを検討するために，地域移動パターンと就業などとの関連を検討した．

2.1 対象者の基本属性と地域移動パターン

対象者の年齢層（30歳代，40歳代，50歳代，60歳代以上の4区分），世帯構成（単

2. 生活実態と地域移動パターンとの関連

表12.4 対象者の年齢層別地域移動パターン

			神奈川県内で移動	就職または結婚時に東京を経験	地方で就職	その他	合計
あざみ野	30歳代	(16)	31.3	25.0	31.3	12.5	100.0
	40歳代	(29)	10.3	44.8	24.1	20.7	100.0
	50歳代	(54)	11.1	61.1	13.0	14.8	100.0
	60歳代以上	(27)	0.0	63.0	22.2	14.8	100.0
	合計	(126)	11.1	53.2	19.8	15.9	100.0
菅生	30歳代	(19)	36.8	42.1	10.5	10.5	100.0
	40歳代	(19)	15.8	21.1	15.8	47.4	100.0
	50歳代	(31)	32.3	22.6	19.4	25.8	100.0
	60歳代以上	(50)	16.0	36.0	22.0	26.0	100.0
	合計	(119)	23.5	31.1	18.5	26.9	100.0

注:表中の値は%,( )は標本数.
(あざみ野:χ^2=16.0, df=9, $p<0.1$) (菅生:χ^2=12.5, df=9, p=n.s.)

身・その他,夫婦のみ,夫婦と未婚の子ども,3世代の4区分),住居形態(戸建持家,分譲マンション,賃貸・借家の3区分)と地域移動パターンとの関連について,対象者の居住地別にカイ2乗検定を用いて検定した.その結果,いずれの変数についても,地域移動パターンとの関連は統計的に有意な水準(有意水準5%)には達していなかった.ただし,あざみ野における対象者の年齢層との関連は10%水準において有意な関連がみられた.対象者の年齢層と地域移動パターンのクロス集計は,表12.4に示したとおりであった.

あざみ野の女性の地域移動パターンをみると,「就職または結婚時に東京を経験」した女性が半数を超えている.ただし年齢層別にみると,30歳代では「神奈川県内で移動」していた女性の比率が他の年齢層に比べて高く,逆に40歳代以降では,「就職または結婚時に東京を経験」した女性の比率が30歳代に比べて高い値を示していた.また60歳代以上では「神奈川県内で移動」が0.0%と他の年代に比べて低い値を示していた.

一方,菅生では年齢層と地域移動パターンの関連は統計的に有意な水準に達していなかった.「就職または結婚時に東京を経験」した女性は31.1%とあざみ野に比べて低い値を示しており,「神奈川県内で移動」していた女性の比率が23.5%とあざみ野の女性よりも高い値を示していた.

これらの結果は,菅生・あざみ野両地域に暮らす女性の地域移動パターンには,

次のような特徴があることを示唆している．あざみ野サンプルの年齢層別の現住地居住年数の平均値と標準偏差はそれぞれ，30歳代：5.5 ± 6.8 年，40歳代：8.2 ± 6.1 年，50歳代：14.8 ± 8.5 年，60歳代以上：19.8 ± 5.8 年であったことを勘案すると，あざみ野に暮らす女性については，

① 60歳代以降は，その約6割が就職・結婚を機会としていったん東京都内に流入し，1980年代半ごろからあざみ野へと移動してきた．あざみ野の開発が1980年代であったことから，この世代はいわば，この地域の「郊外第一世代」となる．その年代の人々は「神奈川県内での移動」を経験せず，東京からの転出としての郊外化のトレンドの中であざみ野に転入したことが示唆される．

② 50歳代以降は，その約6割が就職・結婚を機会としていったん東京都内に流入し，1980年代後半ごろからあざみ野へと移動してきた．

③ 40歳代は，その約半数が就職・結婚を機会としていったん東京都内に流入し，その後1990年代後半にあざみ野へと移動してきた．

④ 30歳代は，その約3分の1が東京都内ではなく神奈川県内で移動した後に，2000年前後にあざみ野に流入してきた．

ことと，推測される．

一方，菅生はあざみ野に比べて神奈川県内で移動した者の比率が高いという特徴を示している．この点は，菅生地域があざみ野地域よりも開発年度が古く，より東京に近いことと関連していると推測される．これがどのような意味をもつのかは後述する．

2.2　地域移動パターンと就労コース

次に，地域移動パターンと就労コースの関連について検討した．就労コースは，対象者に「学校を卒業後これまでに，どのように仕事をしてきたか」尋ねた設問より，「ずっと仕事を続けている」と回答した者を「一貫就労型」，「結婚や子育てなどでいったん退職したが，現在は仕事をしている」と回答した者を「再就職型」，「結婚や子育てなどでいったん退職し，現在は仕事をしていない」と回答した者を「退職後現在無職」，「結婚や子育てをするまでは仕事をしていなかったが，その後仕事をするようになった」または「それ以外」と回答した者を「その他」

表 12.5 地域移動パターンと就労コース

			一貫就労型	再就職型	退職後現在無職	その他	合計
あざみ野	神奈川県内で移動	(14)	14.3	57.1	28.6	0.0	100.0
	就職または結婚時に東京を経験	(67)	7.5	31.3	50.7	10.4	100.0
	地方で就職	(25)	4.0	32.0	64.0	0.0	100.0
	その他	(20)	15.0	40.0	30.0	15.0	100.0
	合計	(126)	8.7	35.7	47.6	7.9	100.0
菅生	神奈川県内で移動	(14)	25.0	32.1	39.3	3.6	100.0
	就職または結婚時に東京を経験	(67)	27.0	10.8	51.4	10.8	100.0
	地方で就職	(25)	9.1	31.8	50.0	9.1	100.0
	その他	(20)	21.9	31.3	15.6	31.3	100.0
	合計	(119)	21.8	25.2	38.7	14.3	100.0

注:表中の値は%,( )は標本数.
(あざみ野:χ^2=13.3, df=9, p=n.s.) (菅生:χ^2=22.7, df=9, p<0.05)

と再分類し,分析に用いた.

地域移動パターンと就労コースの関連は,あざみ野サンプルについては統計的に有意な水準に達しておらず,一方菅生サンプルについては有意水準5%で統計的に有意な水準に達していた.クロス表は表 12.5 に示したとおりであった.

あざみ野サンプルについては,「退職後現在無職」が 47.6%と最も高く,「再就職型」が 35.7%とそれに次いでいた.約半数の女性が,結婚や子育てなどでいったん退職した後,現在は仕事をしていない.この背景には,女性が就労しなくても家計が賄えるだけの高額の世帯収入が一因となっていると考えられる.菅生・あざみ野両地域の世帯収入を比較すると,世帯収入が 1,000 万円以上である世帯の割合は菅生サンプルでは 22.3%であったのに対し,あざみ野サンプルでは 56.5%を占めるのである.

一方,菅生サンプルについてみると,地域移動パターンと就労コースが有意に関連していた.「神奈川県内で移動」した者では「退職後現在無職」であるものの比率が他に比べて低く,「一貫就労型」と「再就職型」の比率が高い値を示していた.「就職または結婚時に東京を経験」した者では半数が「退職後現在無職」であるが,「一貫就労型」が 27.0%とそれに次いで高い値を示していた.「地方で就職」した者でも半数が「退職後現在無職」であったが,「再就職型」が 31.8%

とそれに次いで高い値を示していた.

この結果は,神奈川県内移動という移動パターンが一貫就職または再就職という就労コースを可能とする要因のひとつとなっていることを示唆している.態度決定地から就職や結婚というライフイベントを経験した時期,そして現在も神奈川県に居住していた人々は,神奈川県内に家族や親族,友人などのネットワークを有する可能性が高く,また職業キャリアも神奈川県内で形成してきた可能性が高い.それらのことが,一貫しての就業を支え,また一時中断が起きても再就職を容易にしていると考えられる.

また,「就職または結婚時に東京を経験」した者は「地方で就職」した者よりも「一貫就労型」の比率が高いことも同様の観点から推測できる.すなわち,就職または結婚時に築いたネットワークや職場という資源が,東京という菅生地域にとっては比較的近い距離にあることが,それらと地理的に隔絶されてしまうことが多い「地方で就職」した者よりも「一貫就労型」を支えているのではないだろうか.一方,「地方で就職」した者は菅生地域に流入することにより就業がいったん途切れ,その後再就職を果たすより無職のままであることの方が多いと推察される.

2.3 事業所規模

分析の最後に,働いた経験のある女性のみを対象として(あざみ野:105名,菅生:74名),地域移動パターンと職場の事業所の規模との関連を検討した.標本数が少ないことを勘案して有意水準を10%として判断すると,菅生サンプル

表12.6 地域移動パターンと事業所規模

			1,000人未満	1,000人以上 または官公庁	合　計
あざみ野	神奈川県内で移動	(12)	50.0	50.0	100.0
	就職または結婚時に東京を経験	(55)	50.9	49.1	100.0
	その他	(38)	42.1	57.9	100.0
	合計	(105)	47.6	52.4	100.0
菅生	神奈川県内で移動	(19)	42.1	57.9	100.0
	就職または結婚時に東京を経験	(23)	73.9	26.1	100.0
	その他	(32)	68.8	31.3	100.0
	合計	(72)	63.5	36.5	100.0

注:表中の値は%,( )は標本数
(あざみ野:$\chi^2=0.7$, $df=2$, $p=$n.s.),(菅生:$\chi^2=5.2$, $df=2$, $p<0.1$)

では両者の関連は統計的に有意な水準に達しており，一方あざみ野サンプルではp=有意な水準に達していなかった．クロス表は表 12.6 に示したとおりであった．

あざみ野では，就業の経験をもつ女性の半数の勤め先である事業所は大企業または官公庁であり，地域移動パターンによる事業所の規模の差が，統計的に有意な水準に達していなかった．一方菅生では，「神奈川県内で移動」した者の 57.9% が大企業または官公庁で就労していたのに対して，「就職または結婚時に東京を経験」した者と「その他」の者では 7 割前後が 1,000 人未満の事業所であった．

2.4 地域移動パターンの整理

これまでの分析結果をまとめておこう．あざみ野地域については，

① 30 歳代では「神奈川県内で移動」した者の比率が 40 歳代以降よりも高く，40 歳代以降では「就職または結婚時に東京を経験」した者の比率が 30 歳代よりも高い，

②「退職後現在無職」と「再就職型」の比率が高く，

③就業経験のある女性の 6 割が大企業または官公庁で就労していた

という特徴がみられた．一方菅生地域については，

①あざみ野地域に比べて「神奈川県内で移動」した者の比率が高く，

②「神奈川県内で移動」した者では「一貫就労型」と「再就職型」の比率が，他の移動パターンとして分類された者よりも高く，

③就業経験のある女性についてみると，「神奈川県内で移動」した者では，大企業で就業していた者の比率が，他の移動パターンとして分類された者よりも高い，

という特徴がみられた．

3. 地域移動と地域形成

3.1 あざみ野地域の場合

あざみ野サンプルの特徴は，就業経験のある女性の 6 割が大企業または官公庁で就労していた経験をもち，世帯収入が 1,000 万円を超える世帯が半数を超え，ほぼ半数が退職後現在無職で生活をしているという点にあった．1980 年代に開

発されたあざみ野地域は，就職または結婚時に東京都に居住していた比較的裕福な世帯（現在の40歳代・50歳代以降）を，この地にひきつけた．あざみ野に流入してきた女性たちの約半数はキャリア女性として働き続け，それに対してもう半数は，キャリア女性としての経験，技能，エートスを有するものの退職し，もっぱら地域社会での生活に費やすことを選択してきたようである．

さらに2000年前後には，神奈川県内で移動していた，現在の30歳代女性の流入も経験した．現在のあざみ野地域は，これらの異なる地域移動経験をもった人々によって形成されてきたといえよう．

3.2 菅生地域の場合

菅生サンプルではあざみ野サンプルに比べて「神奈川県内で移動」した者の比率が高く，「就職または結婚時に東京を経験」した者の比率が低い値を示していた．この「神奈川県内で移動」した者では大企業で就業していたものの比率が相対的に高いという特徴があり，他の移動パターンを示した者に比べて一貫就労型，もしくは再就職という就労コースをとりやすいことが示唆された．

菅生地域は東京都との距離も近く，高度経済成長期から行われた大規模な開発によって造成された住宅地である．高度経済成長期の東京都は急激な人口増加を経験していた．そのためこの地域には，東京から押し出される圧力を受けつつ，豊かな自然と生活を求めた女性たちが流入していた．それとともに，神奈川県内での地域移動を経たうえで，大企業または官公庁での就労経験，技能，エートスを身につけこの地域に流入してきた女性たちもまた存在していた．地域移動のパターンを異にするこれらの女性たちが，開発後の必ずしも生活環境が十分に整備されていない地域社会での生活を充実させるために尽力し，活動を行ってきたのであろう．現在の菅生地域はそのような人々によって形成されてきたのである．このような地域形成のあり方が，住民の生活と意識に多大な影響を及ぼしていることと予想される．

第13章　郊外地区の形成と女性の地域活動の変遷

玉野和志

　本章では，東京大都市圏における郊外地区の形成過程に対応した女性の地域活動の変遷について考察する．菅生あざみ野地区のデータでは，対象となった女性たちが現在参加している集団だけでなく，過去参加したことのある集団についても確認している．現在の集団参加の詳細については次章で検討するので，ここでは過去の参加経験に関するデータから，女性の集団参加や地域活動における変化を検討する．すでに何度か示唆しておいたとおり，そこでは郊外地区の形成過程において生じた生活経験を異にする年齢層に応じた変化が見出されることになった．

1. 都市郊外における地域女性の教育文化運動の展開

　1960年代から70年代までが政治の季節であったのに対して，70年代を経て，80年代に入ると保守回帰の傾向が強まり，90年代以降は新保守主義の時代になったとされる．60年代後半から70年代のはじめにかけては，住民運動や学生反乱が頻発し，革新自治体なども次々と誕生していったので，革新の時代として比較的言及されることが多い．

　ところが，1980年代以降の保守回帰の時代に連なる70年代後半から80年代にかけては，とりわけ住民運動や市民運動という点では言及されることが少なく，80年代以降は総じて住民運動は冬の時代に入ったともいわれる（庄司 1980，町村 1987）．なぜかこのような流れで位置づけられることは少ないが，70年代から80年代にかけての時代は，実は住民運動や革新自治体の誕生とまっすぐにつながるかたちで，地域における女性たちの子育てや食生活，環境問題に関する運動や活動が盛り上がった時代なのである．子ども劇場や親子文庫などの地域の教育文化運動や，代理人運動などを生み出した地域生協の活動，さらにはエコロジーなどの環境運動などがそれである（二宮 1985）．

それらはいずれも都市郊外を舞台とし，家庭の主婦として，そこをおもな生活の場としていた女性たちによって担われることが多かった．彼女たちの運動は，性別役割分業を前提とした「活動専業主婦層」の活動にすぎないという評価もあったが，地域における生命の尊重と生活環境の整備などの課題は，住民運動と革新自治体を生み出した時代の要請をそのまま継承したものであった（玉野 2000），したがって，彼女たちの運動がどのような軌跡を描くかによって，革新の時代からやがて保守の時代へと推移していくことの意味合いが読み取れるのかもしれない．

　本書の検討の対象となっている東急田園都市沿線の地域は，まさにそのような女性の地域活動が活発に展開した代表的な地域としてよく知られている．ここでは直接の対象にはなっていないが，町田市の一部もそうであるし，ここでの調査対象地である菅生地区は，まさに伊藤三郎川崎革新市政を生み出すことになる流通センター建設反対運動のお膝元であり，同時に母親たちによる請願運動によってこども文化センターの建設を実現した地域としても知られている（長尾・加藤 1987）．他に，生活学校による活動や市民館分館の建設請願運動なども行われたことが確認されている（玉野 2003）．

　菅生地区は比較的初期の開発であったこともあり，1960年代から70年代にかけての住民運動も含めて女性の地域活動がある意味で典型的に展開した地域といえる．これに対して，もうひとつの調査対象地であるあざみ野地区は，80年代以降に人口が増加した比較的新しい開発地区であり，こちらではかつて生活クラブ生協を中心とした代理人運動がさかんであった．現在でも高齢者介護の活動など，さまざまな市民活動が展開している．

　ここで，これからの分析の対象となる2つの地域の概要についてふれておきたい．菅生地区は，田園都市線の宮前平駅からバスで15分ぐらいところにあり，溝の口駅までは20分ちょっとかかる．他に小田急線の向ヶ丘遊園駅にも，やはり20分ぐらいかかる場所で，バス路線はいくつかあるが，けっして便利のよいところとはいえない．高速の川崎インターはすぐ近くなので，車で移動するには便利なのかもしれない．バス通りの両側に街区が拡がっているが，一方は計画的に分譲された比較的ゆったりとした敷地の拡がる一戸建ての住宅団地であり，他方は古くからの住宅や農地も含んだやはり一戸建ての住宅地である．一部に賃貸

アパートも含まれているようだが，基本的には一戸建て住宅街である．開発当時は現在ほどバス路線もなかったであろうから，比較的早い時期の開発で入居した人たちには，恵まれた自然環境が残されていることの魅力が大きかったと思われる．ごく初期に入居したある女性は，それ以前は東京23区内に住んでいて，ちょうど環状7号線の開通にともなう環境の悪化で，こちらに引っ越してきたのだという．この地域が比較的初期に開発された背景には，川崎市職員も含めて，市内のいくつかの大企業に通う人の入居を見込んで，それらの大企業や川崎市が後ろ盾になった業者が当初宅地を分譲したという．それなら確かだろうと考えて多くの人が分譲地を購入したそうだが，すぐにその業者が倒産してしまい，宅地内の道路も未整備のまま放置され，一部の地域では自治会が長い年月をかけて権利関係を整理し，砂利道だった道をきれいに舗装していかなければならなかった．その際，業者との関係もあって市や大企業に勤める男性はかかわりにくかったようで，自然と女性が中心になったのだという．

　ところが，まだ豊かに残されていた自然が魅力だったこの地域のすぐ近くに，流通センター建設の計画が持ち上がり，せっかくの緑地が失われるということで反対運動が盛り上がることになる．当然，反対した人には自然を求めて都心部からやってきた人が多く，地元の人には勝手なことをいうなとよくいわれたという．現在ではそこに中央卸売北部市場が建設され，結局幹線道路もかなり拡張されてしまったが，その裏側には広々とした菅生緑地が残されている．

　他方，あざみ野地区は田園都市線のあざみ野駅の西側に拡がる広大な一戸建て住宅地である．バス路線もあるが，駅から徒歩15分前後のところに位置している．やはり駅に連なる幹線道路の両側に拡がっていて，一方には公団のあざみ野団地があり，そこには集合住宅が並んでいるが，周辺にはかなりゆったりとした敷地をもつ一戸建ての住宅街が拡がっている．他方，反対側はやはり農地などもまだ残っている旧来のままの街区のところどころに一戸建ての住宅地が開発され，場所によってはマンションやアパートなどの集合住宅も含まれている．

　あざみ野団地ができたのが1980年で，あざみ野駅ができたのも77年のことであるが，93年には横浜市営地下鉄ともつながって，現在のあざみ野駅は非常に乗降客の多い駅のひとつである．隣接する美しが丘やたまプラーザ駅とともに，今では多摩田園都市を代表する地域となっている．あざみ野団地の中には公団の

地区センターがあり，ほかにも駅の近くにある山内地区センターなどいくつかの公共施設があって，いずれもあざみ野地区の非常にさかんな市民活動の拠点となっている．

　以上のように，厳密にいうとこの2つの地区はそれぞれ別個の検討を必要とするだけの多様性を有している．しかしながら，ここではサンプル数の都合もあって，基本的にはこの2つの地区を合わせたデータを用いて分析を進めることにする．そのうえで，必要に応じて地区ごとのちがいにも言及していくことにする．それでは，このような都市郊外における女性の地域活動の変遷をとらえるために，彼女たちのさまざまな地域集団や地域活動への参加経験のデータを分析していくことにしたい．

2. 菅生あざみ野地区における女性の集団参加経験

　筆者はすでに東京を対象とした一般社会調査の結果から，1970年代に大きな盛り上がりをみせた地域の教育文化運動を担った女性の多くが，引き続き現在の福祉・ボランティア活動を担っていることを示したことがある（玉野 2004）．さらに，それ以前には子どもの教育に対して熱心な東京の中核的な住民層の中には，高階層の東京出身者と地方出身で社会的に活動的な女性が多く含まれ，いずれも改革志向の政治動向に親和的な傾向をもつことを示したことがある（玉野 1994）．ここではそのような東京全体での一般的な知見をふまえたうえで，かつて地域の教育文化運動がさかんに展開し，革新的な政治動向を示してきた地域において，女性たちの地域活動がどのように変遷してきたかを，集団参加経験のデータから分析したみたい．

2.1　分析の方法

　今回のサーベイ調査では，これまでの類似の調査結果やこの地域の過去の経緯もふまえて，非常に多くの項目について，集団参加や地域での活動について確認している．そのうち現在だけでなく，過去の参加経験についても確認したのは，表13.1に示した10項目である．地域の教育文化運動や生活者ネットワークとのかかわりや環境問題，国際交流，行政や労働組合との関係などを意識した項目に

2. 菅生あさみ野地区における女性の集団参加経験

表 13.1 分析に使用した項目

(1) 環境問題や公害に関するボランティア団体
(2) 海外支援や外国人支援に関するボランティア団体
(3) 行政の審議会や委員会など
(4) 労働組合
(5) 生活クラブ生協
(6) それ以外の地域生協や消費者団体
(7) 神奈川ネット
(8) PTAや父母会
(9) 学童保育クラブや幼児保育に関するサークルやクラブなど
(10) その他子ども関係のサークルや団体など 　　　（たとえば地域文庫，読み聞かせの会，子ども劇場など）

なっている．

　これらの項目についての回答を，現在の加入の有無にかかわらず，過去において一度でも加入の経験があるかどうかについての2値変数に変換し，これに基づいてクラスター分析を行った．つまり，加入の経験のある団体についてのパターン分類をしようとしたわけである．その結果，有意味なパターンとして3つのクラスター解を採用し，それぞれの解釈を行っていった．まず，最初の分類に用いた10項目とのクロス表を改めて作成し，3つの区分の意味合いを確認した．そのうえで，他の現在参加している団体とのクロス表などでさらにその意味合いを確定していくことにした．最後に，基本属性とのクロス表による分析から，この地域での女性の集団参加経験のあり様が示すところを，東京圏という大都市地域の歴史的形成過程との関連で考察していきたい．

2.2　集団参加経験のクラスター分析

　すでにあげた10個の変数を用いてケースを分類するタイプのクラスター分析を行った．個々のケースを結びつけていく方法については，パターンの分類に最も適合的なWard法を用いた（原田 2003）．分析の結果，ここでは3つに区分されたクラスター解を採用することにしたい．まず3つに分けられたクラスターの意味を解釈するために，もとの10個の変数との関連を確認したのが，表13.2である．表には3つのクラスターごとで，それぞれの団体への加入経験をもつ人の比率が示してある．

　一見して，クラスター2が全体に参加経験が低いことがわかる．このクラスター

表13.2 3クラスター解の解釈

(%)

	クラスター1	クラスター2	クラスター3
(1) 環境団体	3.2	2.6	81.1
(2) 外国人支援団体	3.2	9.6	40.5
(3) 行政審議会	1.1	0.9	9.8
(4) 労働組合	31.9	1.8	8.1
(5) 生活クラブ生協	55.3	32.5	54.1
(6) その他の生協	31.9	14.0	45.9
(7) 神奈川ネット	3.2	0.0	16.2
(8) PTA・父母会	81.9	59.6	97.3
(9) 学童保育等	60.6	0.9	45.9
(10) 子ども団体	64.9	0.0	56.8

に分類されたケースは114で，全体の半数近くを占めている．とりあえずこれを「非参加型」と名づけておこう．とはいっても，PTAや生協には多くの人が参加経験をもっているので，この地域の場合，とりわけ生協への参加はかなり一般的なものであることがわかる．これに対してクラスター1とクラスター3はそれ以外の団体にも参加経験をもつタイプで，クラスター3が全般に参加経験が高いのに対して，クラスター1は労働組合と学童保育・子ども団体への加入経験が高くなっている．とりあえずクラスター3を「多重参加型」，クラスター1を「子ども参加型」としておきたい．「子ども参加型」は94ケース，「多重参加型」は37ケースからなっている．「多重参加型」は全体の15.1%にすぎないが，「子ども参加型」は38.4%を占め，全体の46.5%を占める「非参加型」でもある程度の生協への参加がみられたことを考えると，この地域が少なくとも活動経験という点ではきわめて活発な女性の地域活動が展開してきたことが改めて確認できる．

次に，これらのクラスターごとで現在の集団参加状況を確認してみたのが，表13.3である．調査で確認したサークルや団体のうち，セルの度数がある程度確保されていて，検定結果がそれなりに意味をもつものだけを表示した．同様に加入率を示したうえで，クロス表によるカイ2乗検定の結果についても付記してある．

結果をみてみよう．やはりクラスター3の「多重参加型」は自治会・町内会も含めていずれの団体にも高い参加率を示している．とりわけ学習サークルへの参加がきわだって高い点が注目される．これに対してクラスター2の「非参加型」は全般に参加率が低い．クラスター1の「子ども参加型」は両者の中間的な位置

表 13.3　集団参加経験と現在の集団参加状況

(%)

	子ども参加型	非参加型	多重参加型
(A)　趣味おけいこ **	42.6	32.5	67.6
(B)　スポーツ *	26.6	23.7	45.9
(C)　学習サークル **	17.0	11.4	45.9
(D)　高齢者ボランティア *	8.5	7.9	24.3
(E)　障害者ボランティア **	5.3	4.4	18.9
(G)　自治会・町内会 *	68.1	56.1	81.1

** : $p<0.01$, * : $p<0.05$

にある．趣味・おけいこごとのサークルと自治会・町内会への参加が，クラスター2の「非参加型」に比べると若干高い程度である．したがって，クラスター1がこの地域の標準的な女性の参加経験のあり方を示していて，クラスター2は若干消極的，クラスター3が非常に積極的と位置づけることができるだろう．

いずれにせよ，集団参加傾向という点では，クラスター2を「非参加型」，クラスター1を「子ども参加型」，クラスター3を「多重参加型」と，とりあえず特徴づけておくことがおおむね妥当であることが示せたと思う．次に，それぞれのタイプの基本属性と行動特性を確認していくことにする．

2.3　各クラスターの属性と行動

それでは，実際にそれぞれのクラスターに属するのはどのような人々であろうか．基本属性とのクロス表をみていくと，次のような全体像が浮かび上がってくる．まず，年齢は「子ども参加型」が30～40歳代，「多重参加型」が50～60歳代，「非参加型」が70歳以上の占める比率が高くなっている．世帯構成は「子ども参加型」が核家族ないし三世代家族が多いのに対して，「非参加型」は単身もしくは夫婦のみ世帯が多く，「多重参加型」は夫婦のみ世帯が多くなっている．家族周期段階でいうと，「子ども参加型」は子どもがまだ小さい養育期ないし教育期であるのに対して，「非参加型」は独身期・新婚期・孤老期が多く，「多重参加型」は空の巣期が多くなっている．つまり，「子ども参加型」が現在子どもをもつ女性であるのに対して，「非参加型」に属するのは若いまだ子どものない女性とすでに高齢になっている女性であり，「多重参加型」はすでに子どもが巣立った後のかつて子どもに関する活動を行っていたであろう年代に集中していることがわ

かる.

次に，就労経験についてみてみると，「子ども参加型」は結婚ないし子育てで退職し，現在は専業主婦という人が多く，「非参加型」には一貫就労ないし退職して現在無職という人が多い．さらに「多重参加型」には結婚ないし子育てで退職後再就職という人が多くなっている．退職前の勤務先については，「子ども参加型」が比較的大きな企業であったのに対して，「非参加型」と「多重参加型」は中小企業が多くなっている．配偶者の従業上の地位については，「子ども参加型」が一般の雇用者であるのに対して，「非参加型」と「多重参加型」は会社役員が多くなっている．また，配偶者の職種については，「子ども参加型」が専門職，「非参加型」は管理職が多いのに対して，「多重参加型」は技能職が多くなっている．

さらに，出身地等移動経験については，「子ども参加型」が関東圏以外の政令指定都市出身者が若干多いが，就職ないし結婚する頃には川崎・横浜など調査対象地周辺にすでに居住している場合が多い．これに対して「非参加型」と「多重参加型」はいずれも地方出身者が多い．このうち「多重参加型」の女性に，就職ないし結婚時にいったん東京23区に居住した人が多くなっている．

また，表13.4にはクラスターごとの施設利用や講座への参加，調査対象地区での代表的な活動や運動とのかかわりなどとの関連を示しておいた．クロス表によって分析した具体的な項目は，各施設の利用経験と講座や講演会への参加経験，

表13.4 集団参加経験とさまざまな活動状況

(%)

		子ども参加型	非参加型	多重参加型
山内地区センター利用		48.9	43.9	54.1
市民館分館利用		29.8	24.6	40.5
国際交流ラウンジ利用 **		2.1	5.3	27.0
こども文化センター利用 **		33.0	12.3	29.7
公共施設講座参加 **		53.2	43.9	81.9
民間講座参加 **		59.6	36.0	67.6
ミニコミ購読 *		37.2	32.5	59.5
フォーラム施設認知		29.2	26.3	52.4
分館建設運動認知 **		37.0	38.6	87.5
市民活動行政役割 *	条件整備	31.1	27.5	45.9
	資金援助	40.0	26.6	16.2
	その他	28.9	45.9	37.8

** : $p<0.01$, * : $p<0.05$

ミニコミ・メーリングリストの利用，あざみ野地区については横浜市の男女共同参画推進施設の建設計画，菅生地区についてはかつての施設建設運動の認知をそれぞれ確認したものである．表には該当する人の比率を表示し，一部セル度数が過少な場合もあるが，参考のためクロス表のカイ2乗検定結果も付記してある．それぞれの調査地区に限定された質問項目については，該当地区だけの集計結果を表示してある．

こども文化センター以外のすべての項目について，「多重参加型」はきわめて高い利用や認知を示していることがわかる．「多重参加型」の女性がこの地域のあらゆる資源を活用しながら，公的な活動や運動にかかわってきた人々であることが確認できる．筆者は別の機会に，東京のある地域での女性の教育文化運動が，社会教育関係の行政職員の企画した講座を契機として拡がっていったこと，そのことが当時の革新自治体を生み出したと同時に，革新自治体の政策によって支えられてもいたことを示したことがある（玉野 2005）．それらは70年代から80年代にかけてどこの地域にもみられたことである．今回の調査対象地でも，それが例外でないことが改めて確認できると同時に，「多重参加型」の人々がそのような時代を中心的に担ってきた人々であったと考えてよいだろう．

この点で興味深いのが，表13.4の最後に示した市民活動に対する支援として行政が果たすべき役割についての意見との関連である．詳しくは第15章で検討されるが，各クラスターでの回答パターンは非常に興味深いものになっている．かつて行政に対して施設建設の請願運動を行ったと思われる「多重参加型」の女性たちは，市民のボランティア活動に対する行政の果たすべき役割については，最近のパートナーシップ論とは異なって，あくまで施設建設などの条件整備に努めるべきだという意見が多くなっている．これに対して「子ども参加型」の女性は，年齢が若いせいか，自主的な活動への委託や補助による資金援助という意見が多くなっている．また，「非参加型」の女性はその他の財団やファンドの設立，税制の優遇，直接の指導と方向づけをすべきだという意見などが多くなっている．

以上の結果から，集団参加経験のあり様によって3つに区分された女性たちは，この地域に生活する女性の類型として，それなりに一貫した性格を示していると解釈できる．

「非参加型」は若年もしくは高齢の女性で，仕事をしていたり，すでに退職し，

子育てを終えているため，地域活動にはあまり参加していない．しかし，それでもPTAや生協にはそれなりにかかわった経験をもっている．

これに対して最も積極的に地域活動等に参加しているのは，全体の15%にすぎないが，趣味，学習，自治会・町内会，公共的な活動や運動など，ありとあらゆる活動に参加してきた「多重参加型」の女性である．彼女たちは現在では50歳代から60歳代になり，子どもが独立しつつある空の巣期に入っているが，70年代の子育て期から地域活動にかかわるようになり，現在では環境問題や福祉・ボランティア，行政の各種委員会などにも参加するようになっている．

彼女たちよりも若干年少の「子ども参加型」の女性たちは現在教育期にあり，生協と子ども関係の団体を中心に活動している．彼女たちが行政の役割として近年の行政と市民の協働という考え方に沿った委託や補助による活動の支援を求めるのに対して，かつて施設整備のための要求運動を行った年長の女性たちがあくまで条件整備を求めているのは興味深いところである．また，「多重参加型」の女性の多くが地方出身者でいったん東京に移住した経験をもつのに対して，「子ども参加型」の女性は比較的近隣の地域に居住してきた経歴をもっている．

以上のような，年代と移動経験，行政とのかかわり方なども含めた女性の地域活動経験のちがいは，いったい何を示しているのであろうか．次に，その点について考察してみたい．

3. 東京大都市圏の発展と郊外の社会的形成過程

すでに紹介したように，われわれが以前に行った調査結果からは，1970年代から80年代にかけて地域における女性の教育文化運動が全国的に展開し，その経験をもった女性がその後の生活クラブ生協による代理人運動や，最近の福祉・ボランティア活動を担っていることが示唆されていた（玉野 2000, 2004）．また，かつてのコミュニティ行政から行政と市民の協働＝パートナーシップ論へと行政側の対応が変化するとともに，そのような女性の活動のあり方や行政との距離の取り方にも大きな変化が生まれてきているということが，われわれが今回の調査の前に行った「市民活動団体調査」の結果から示唆されていた（玉野編 2003）．今回の菅生あざみ野調査の目的のひとつには，このような都市女性の地域活動の

変遷がどのような社会的背景をもっているかを，そのような活動が典型的に展開してきた「東京」の郊外において明らかにしてみたいということがあった．ここでの女性の地域活動経験に基づくクラスター分析の結果は，われわれの想定をある程度裏づけるものであった．そこで，ここではその背景について考察することで，都市の空間構造との関連について考えてみたい．

ただし，ここで今回の調査対象地ゆえに生じた制約についても言及しておきたい．今回の菅生あざみ野調査のデータ全般についていえるのは，その階層要因の影響力の低さである．職業・学歴・収入などによる説明がうまくいかないことが多いのである．それはこの対象地区がもともと階層という点ではきわめて高いという点で同質的であることが主たる理由と考えられる．つまり，結果としてあらかじめ階層要因をコントロールしたようなサンプルになっているのである．したがって，女性の地域活動という点では都市のホワイトカラー層を中心とした高階層の事例であると考えるべきであろう．この点をあらかじめ断っておきたい．しかしながら，ここで問題にしている女性の地域活動が，ある意味でそのような都市女性を典型的な担い手としてきたこともまた事実である．その意味ではそれほど的外れというわけではないだろう．

3.1 年齢層によるちがい —— 50歳代と60歳代を中心に

さて，階層的な要因にあまり差がないこともあって，最もシンプルな関連が見出せたのは，年齢層であった．表13.5は3つのクラスターと5歳刻みに示した年齢層との関連を示したものである．「子ども参加型」が30歳代後半から50歳代前半まで，「非参加型」が30歳代前半と70歳代以上，「多重参加型」が50歳代後半から60歳代に分布していることがわかる．そうすると「子ども参加型」と「多重参加型」はそれぞれ40歳前後と60歳代を中心として年代的に分かれており，とりわけ50代が境界的な性格をもつと判断できる．そこで，とりあえず30〜40歳代，50歳代，60歳代，70歳代以上の4つの年齢層に区分して，改めてさまざまな属性や行動とのクロス集計を行ってみることにした．このように分けた場合は，30〜40歳代が「子ども参加型」，50歳代と60歳代が「多重参加型」，70歳代以上が「非参加型」ということになるが，とりわけ境界的な意味をもつ50歳代と60歳代とのちがいに注目してみることにしよう．

表 13.5 集団参加経験と年齢層との関連

(%)

	30-34歳	35-39歳	40-44歳	45-49歳	50-54歳	55-59歳	60-64歳	65-69歳	70歳以上	合計	(実数)
子ども参加型	6.4	12.8	11.7	13.8	20.2	16.0	8.5	3.2	7.5	100.0	(94)
非参加型	7.9	7.0	10.5	8.8	11.4	19.3	9.8	9.6	15.8	100.0	(14)
多重参加型	0.0	0.0	2.7	2.7	18.9	24.3	29.7	18.9	2.7	100.0	(37)
合計	6.1	8.2	9.8	9.8	15.9	18.8	12.2	8.6	10.6	100.0	(245)

表 13.6 年齢層ごとの集団参加，行動，運動の認知

(%)

	30～40歳代	50歳代	60歳代	70歳以上
スポーツサークル *	22.9	34.1	37.3	7.7
学習サークル *	14.5	20.0	31.4	3.8
高齢者ボランティア **	2.4	10.6	23.5	1,150.0
障害者ボランティア **	3.6	4.7	17.6	380.0
環境団体 **	1.2	2.4	13.7	0.0
外国人支援団体	3.6	8.2	7.8	0.0
行政委員会 **	1.2	8.2	17.6	0.0
生活クラブ生協 *	24.1	25.9	14.0	0.0
その他の生協	21.7	18.8	13.7	770.0
ミニコミ購読 **	43.4	48.2	21.6	23.1
フォーラム施設認知 *	24.4	35.2	52.6	0.0
分館建設運動認知 **	23.7	35.5	68.8	61.1

** : $p<0.01$, * : $p<0.05$

　表 13.6 は集団参加や行動，運動の認知などとの関連について確認した結果である．該当する項目の比率を表示し，やはりセル度数が過少な場合も少なくないので，あくまで参考としてクロス表のカイ2乗検定結果も付記してある．行政委員会だけは度数が少ないので過去の参加経験も含めて集計し，それ以外は現在の参加状況だけを対象にしている．また，特定地区にだけ関連する項目についてはその地区だけの集計結果になっている．

　50歳代と60歳代の微妙なちがいに注目してほしい．60歳代が学習サークル，ボランティア団体，環境団体，行政委員会などへの参加が高く，フォーラムの建設や請願運動などにも詳しいのに対して，50歳代は生協への参加が高く，スポーツサークルや外国人支援団体，ミニコミの購読などにその特徴がよく出ている．つまり70年代から80年代にかけて展開した，活動の公的な意義を確認するための学習活動を中心に，ときには行政への要求活動も辞さないタイプの住民運動的な女性の地域活動を担っていたのは，どちらかというと2004年の段階で60歳以

上の年代(団塊の世代よりも少し年長の戦前生まれの世代＝1935〜44年生まれ)であり，これに対して団塊の世代以降の戦後生まれ(1945〜54年)の年代はその活動の形態が若干異なってきているのである．つまり生協やスポーツサークルへの参加を基盤としつつ，ミニコミの講読などを活用しながらも，外国人支援の活動以外は学習活動も各種ボランティア活動への参加も必ずしも高いわけではない．どちらかといえば，30歳代・40歳代に近い傾向を示すのである．

次に，年齢層ごとでの基本属性のちがいについて確認してみよう．結果を要約したのが，表13.7である．やはりセル度数が過少なので，有意水準はあくまで参考として表示してある．開発年次の古い菅生地区の方が年齢は高く，あざみ野が50歳代，菅生が60歳代を中心としている．世帯構成と家族周期段階も，50歳代がまだ子どもが世帯に残っているのに対して，60歳代はすでに夫婦のみになっていることがわかる．注目すべきは海外赴任などによる外国での生活経験

表13.7　年齢層ごとの属性

(%)

		30〜40歳代	50歳代	60歳代	70歳以上
対象地区	あざみ野	54.2	63.5	37.3	30.8
	菅生	45.8	36.5	62.7	69.2
世帯構成	夫婦のみ	9.6	14.1	41.2	36.0
	核家族	74.7	77.6	41.2	28.0
	その他	15.7	8.2	17.6	36.0
家族周期段階	独身新婚養育期	34.6	2.4	5.9	3.8
	教育前中期	32.1	0.0	0.0	0.0
	教育後期	24.7	21.4	2.0	0.0
	空の巣期	7.4	72.6	82.4	50.0
	孤老期	1.2	3.6	9.8	46.2
海外滞在経験	あり*	10.8	18.8	0.0	11.5
	なし	89.2	81.2	100.0	88.5
外国人の友人	あり**	1.7	28.2	7.8	7.7
	なし	72.3	71.8	92.2	92.3
職業キャリア	一貫就労**	21.7	12.9	11.8	7.7
	再就職型	34.9	43.5	23.5	7.7
	退職主婦型	43.4	43.5	64.7	84.6
学歴	義務教育**	0.0	4.8	9.8	16.0
	高校	18.1	33.3	29.4	56.0
	短大	42.2	17.9	37.3	24.0
	大学	39.8	44.0	23.5	4.0

**：$p<0.01$，*：$p<0.05$，比率は縦パーセントで表示．

258　第13章　郊外地区の形成と女性の地域活動の変遷

表13.8　年齢層ごとの意識や意見

	30〜40歳代	50歳代	60歳代	70歳以上	平均値
性別分業意識 **	3.17	3.09	2.92	2.27	3.00
母親育児専念 **	2.40	2.14	1.98	1.62	2.14
子ども優先 **	2.05	2.46	2.56	2.00	2.29
政治的無力感 **	2.51	3.05	2.51	2.35	2.68
政治理解困難 **	2.37	2.61	2.45	1.85	2.41
地域への愛着 **	2.08	1.87	1.50	1.62	1.84
地域一体感	3.13	2.82	2.70	3.36	2.96
地域貢献意欲 **	2.59	2.01	2.24	2.80	2.34
地域共同感 **	2.34	2.47	1.78	2.80	2.24

** : $p<0.01$, * : $p<0.05$

で，60歳代がないのに対して，50歳代は2割近くの人が経験している．そのためか，外国人の友人がいるとこたえた人が50歳代でとくに多くなっている．このあたりが外国人支援の活動へのかかわり方と関連しているのだろう．また，学歴は50歳代が大卒，60歳代は短大卒が多く，結婚や子育てを終えた後に，50歳代は再就職をし，60歳代はそのまま専業主婦である場合が多い．このようなところにも，世代による女性の活動のあり方のちがいがみてとれるだろう．

　さらに，意識や意見項目について年齢層ごとにみてみたのが，表13.8である．性別役割分業や子育てに関する意見，政治的有効性に関する意見，および地域意識を示す質問項目への回答傾向を分散分析の結果から示したものである．数値が大きくなるほど，そうは思わないという回答になっている．ここでも50歳代と60歳代のちがいに注目してほしい．

「男性は外で働き，女性は家庭をまもるべきである」という性別役割分業観については，70歳以上以外は否定的な意見が多いが，上の年代ほど肯定的な意見が多くなる傾向にある．「子どもが小さいうちは，母親は仕事を持たず育児に専念した方がよい」という意見についても，年代が上がるほど肯定的な意見が多くなる．おもしろいのは「夫や妻は，自分たちのことを多少犠牲にしても，子どものことを優先すべきだ」という意見に対する反応で，30〜40歳代と70歳以上の両方で肯定的な意見が多いのに対して，50歳代・60歳代は否定的な意見が多くなっている．子どもを優先する考え方に対する30〜40歳代の反応は，現在実際に子どもに手をかけざるをえない状況であることを反映しているとすれば，一般

に伝統的な性別役割規範や母親役割についての意識は,やはり年齢が上がるにしたがって強くなっていると考えられる.この点で50歳代よりは60歳代の方が若干家庭役割を優先する傾向があると考えられる.

次に政治的有効性感覚については,「自分のようなふつうの市民には,政府のすることに対して,それを左右する力はない」という意見に対しては,50歳代が非常に否定的な意見をもっており,とりわけ政治的有効性感覚が高いことを示している.また,「政治や政府は複雑なので,自分には何をやっているのかよく理解できない」という意見に対しても,やはり50歳代が否定的な反応を示している.生活者ネットの代理人運動を担った世代としての特徴がよく出ているのかもしれない.

最後に,コミュニティ意識に関する項目との関連をみてみよう.「自分の住んでいる地域に,誇りや愛着のようなものを感じている」という地域への愛着や,「人からこの地域の悪口を言われたら,自分の悪口を言われたような気持ちになる」という地域との一体感,さらには「この地域に住んでいる人は,お互い何かと助け合って生活している」という地域的な共同感覚などの意識については,いずれも60歳代がとくにそう思うという意見が多くなっている.とりわけ地域への愛着感や地域的な共同感について50歳代はけっして肯定的ではなく,60歳代とは顕著なちがいを示している.50歳代の場合は,むしろ「この地域のために,なにか役立つことがした」という地域への貢献意欲が非常に高くなっている.

以上の点から,50歳代と60歳代の微妙なちがいについては,60歳代がやはりどちらかというと伝統的な性別役割分業観や家族意識,政治意識,地域意識などを示すのに対して,50歳代は伝統的な性別役割や母親役割にとらわれることが比較的少なく,高い政治的有効性感覚をもち,地域に対しても共同的な意識よりも,個人として貢献していきたいという意識がより強いという傾向がみられた.

3.2 年齢層ごとでの地域移動経験のちがい――「郊外第一世代」と「後続世代」

さて,以上のような年齢層による地域活動や職業キャリア,家族・政治・地域に対する意識などのちがいについて,ここで個別の詳細な分析を行うことはできない.それらは後の各章のテーマとしてそれぞれ追究されることになる.ここでは,このようなちがいがどのような背景のもとに生まれてきたかを,東京大都市

表 13.9　年齢層ごとの地域移動経験

(%)

		30～40歳代	50歳代	60歳代	70歳以上
義務教育修了時	政令都市 *	53.0	35.3	33.3	23.1
	関東	16.9	32.9	19.8	26.9
	その他	30.1	31.8	47.1	50.0
就職時	政令都市 **	59.8	39.5	34.8	20.0
	関東	24.4	42.0	34.8	40.0
	その他	15.9	18.5	30.4	40.0
結婚時	政令都市 *	68.8	63.5	49.0	34.8
	関東	22.1	28.2	39.2	34.8
	その他	9.1	8.2	11.8	30.4

** : $p<0.01$, * : $p<0.05$，比率は縦パーセントで表示．

圏の発展という都市の空間構造の変動と郊外地区の社会的な形成過程との関連で考察してみたい．

　そこで，年齢層ごとでの社会的な背景のちがいを示唆する，ひとつの事実を指摘しておきたい．表13.9は世代ごとの地域移動経験のパターンを，義務教育を終えた時点，最初に就職をした時点，結婚した時点の3つの時期ごとで，東京以外の政令指定都市，東京と政令指定都市以外の関東圏，その他の地方の3つの地域に分けて示したものである．

　60歳代以上の場合，半数近くが地方出身者で，いったん東京に移住した後で横浜・川崎などの政令指定都市に移動してくるのに対して，50歳代は半数以上がもともと政令指定都市ないし東京の出身者であり，結婚する頃には横浜・川崎に移住している．これに対して40歳代以下の人たちは最初から横浜・川崎の出身であったり，それ以外の政令指定都市から直接移住する人が多くなっている．つまり，戦前の1940年前後に生まれた世代は60年代の高度成長期に就職ないし結婚の時期を迎え，いったん東京に流入してから郊外地区へと移住してくるのに対して，団塊の世代を中心とした50歳代の人々はもともと東京の出身であったり，地方でも比較的大きな政令指定都市の出身であることが多い．これに対して高度成長期以降に生まれた40歳代以下の世代はもともと横浜・川崎の出身であったり，地方の政令指定都市から直接横浜・川崎に流入する場合が多いと考えられるのである．

　すなわち，戦後の高度成長にともなう東京大都市圏の成長や日本全体の全般的

な都市化の中で,地方での生活と東京での生活の両方を経験した世代から,たとえ地方であっても大都市での生活だけを経験している世代,さらには横浜・川崎という対象地周辺での移動に限定される世代というように,地域移動経験のちがいが世代ごとに生じていることが読み取れる.

　これはすでに明らかにしてきたように,東京大都市圏の成長と発展にともなう人口移動の時間的な秩序に対応したものである.つまり,1940年前後に生まれた60歳代の人々は,高度成長にともなう東京への人口流入によって地方から東京へと移動し,70年代にちょうど子育ての時期を迎えて郊外へと移り住んだ「郊外第一世代」にあたっている.彼女たちが移り住んだ都市郊外の新興住宅地は,急激に膨張した人口に対する生活基盤整備がいまだ整っておらず,そのため彼女たちは自ずとそれらの生活課題の解決のために自ら努力していかなければならなかった.とりわけ子育てをめぐる地域の教育文化環境は彼女たちの中心的な関心事であり,それらの改善に向けてさまざまな活動が巻き起こっていった.しかしながら,すでにみたように都心から離れた郊外住宅地の形成は,女性が仕事をやめて家事に専念するという性別役割分業を自明とするジェンダー的に編成された空間として構成されたものであった.まだ戦前生まれで地方出身者が多かったこの世代にとっては,このようなある意味で伝統的な観念はむしろ積極的に受けとめられ,彼女たちを,夫である男性にはけっしてできないこととして,家庭や地域の利害を代表して社会へと働きかけていく活動へと突き動かしていくことになる.その際地域を単位に助け合ったり,共同していくことを当然と考える彼女たちの地方での生活経験は,むしろプラスに働いたと考えられる.

　ところが,彼女たちよりも少し年少の戦後生まれの世代になると,東京をはじめとした都市部の出身者が徐々に多くなっていく.彼女たちは学歴も高く,都心部での就業経験や海外での生活経験をもち,もはや伝統的な性別役割分業や家族意識,地域意識をいだくことも少なく,政治的な有効性感覚も高い世代に属している.1980年代以降,彼女たちが新たに郊外へと「後続世代」として流入していくことになる.彼女たちは子どもに手のかかる間は,第一世代の活動に合流し,生活クラブ生協や生活者ネットの代理人運動を支えることになるが,やがて子どもに手がかからなくなるにつれて,前の世代とは異なり,相変わらず性別役割分業や家庭役割にこだわった地域での活動を続けるという道ではなく,再就職など

別の道を模索するようになる．つまり，アメリカの1960年代がそうであったように，彼女たちの世代にとっては，ジェンダー的に編成された都市郊外という空間をすんなりと受け入れ，それを補強するような対応を自発的に促すような条件は，すでに失われたと考えられる．

もはや地方や東京からの移動も少なくなり，周辺部出身者や郊外生まれの郊外育ちという「郊外第二世代」が多数を占めるようになる今後の東京の郊外地域が，どのような軌跡を描いていくかについては，まだまだ不明な点が多い．しかしながら，アメリカの80年代以降の住宅開発が共働き夫婦の居住を前提とした都心部の再開発へと移行していったのとはかなり異なって，日本の女性たちはそもそも結婚しない，子どもも生まないという選択をしつつあるのかもしれない．この点は，ここでの対象とは異なる都心部の再開発地域に関する同様の研究によって解明されるべき課題というべきであろう．

最後に，次章以降の具体的な分析との関係で，ここでいう「郊外第一世代」，「後続世代」，「郊外第二世代」という用語について，一定の注釈をしておきたい．この3つの区分はあくまで本章のような分析のレベルでごく大まかに設定しているもので，次章以降のより具体的なレベルのデータ分析と必ずしも即応するものではない．つまり，本章のように菅生あざみ野調査のデータをあえて地区ごとに分けずに総計として扱い，東京大都市圏における人口移動のパターンと対応させるようなレベルでの分析においては，地方出身で東京都心部を経て最初に郊外に移り住んだ60歳代以上の「郊外第一世代」と，東京ないし都市部出身で少し遅れて郊外に移り住んだ50歳代の「後続世代」，そして郊外生まれの郊外育ちである40歳代以下の「郊外第二世代」という3つの区分は，ある種の理念型として設定可能であるが，次章以下の具体的な分析においては，必ずしもそのまま当てはまるものではない．

つまり，1970年代から開発の進んだ菅生地区では，確かに60歳代以上の人々がまさに最初に郊外に移り住んで，まだ住宅地としての整備が整わないという生活課題に直面した典型的な「郊外第一世代」といえるのかもしれないが，80年代以降に開発されたあざみ野地区では，50歳代の人々がむしろ最初に移り住んだ年代であり，意識形態としては「後続世代」としての性格をもちつつも，「郊外第一世代」と同様の生活課題に直面したということも十分に考えられる．その

場合には，「郊外第一世代」と「後続世代」という区分は理念型としては意味があったとしても，具体的な分析においてはそのまま適用できるものではない．したがって，次章以下の分析ではそれぞれの分析目的に応じて，年齢区分は微妙に異なっている場合が多い．その場合に混乱を避ける意味で「郊外第一世代」や「後続世代」という用語は使わずに，単なる年齢区分として論じている場合もあれば，大まかな理念型としてそれらに言及している場合もある．同じような事情で，「郊外第二世代」といっても，彼女たちがそのまま「郊外第一世代」の子どもたちであるという意味ではなく，単に出身地が神奈川県であるという意味で操作化されている場合もある．

　つまり，ここで試みに提示した「郊外第一世代」，「後続世代」，「郊外第二世代」という用語は，厳密には年齢や移動経験に基づく意識形態と郊外への移住時期，そこで直面することになった生活課題の有り様によって経験された地域での出来事などの一定の組み合わせによって構成された共通の生活経験を有する一群の人々をそれぞれ指し示している．それは個々の地域と対象者に応じて具体的には個性的な形態をとりながらも，東京大都市圏の空間形成における時間的秩序と空間的秩序のマクロな傾向性に基づき，それらの諸要因の特定の組み合わせがある時代の歴史的個性を描くうえで意味のある，理念型として設定されたものなのである．

　いずれにせよ，都市構造の空間的な変動とそれに応じた人々の移動と定着の結果，新しい住宅地が成立し，その時期に対応した生活課題とそれに対する取り組みが現れる．そして，また次の時期には，それに続く人々の流入と定着によって，またちがった種類の課題が地域において現れ，それに応じてまた人々の対応の仕方も変容してくるということである．東京大都市圏の郊外住宅地で70年代から80年代にかけて展開した女性の地域活動も，やがてその背景を異にする新しい世代を受け入れることで，自ずとその形態を変容させていく．それがまたいずれ新しい動きを生み出していくのかもしれない（西城戸 2008，西城戸・角 2006，2007）．

【文献】

原田謙，2003，「女性の地域集団参加パターンからみた住民層の分化──東京都品川区

の調査より」,『総合都市研究』, 81, 49-60.

町村敬志, 1987,「低成長期における都市社会運動の展開——住民運動と『新しい社会運動』の間」, 栗原彬・庄司興吉編『社会運動と文化形成』東京大学出版会, 157-184.

長尾演雄・加藤芳朗, 1987,「住民運動の展開と行政対応」, 島崎稔・安原茂編『重化学工業都市の構造分析』東京大学出版会, 723-765.

二宮厚美, 1985,『生活と地域をつくりかえる』労働旬報社.

西城戸誠, 2008,「生活クラブ生協北海道における社会運動の成果と連帯のゆくえ——動員構造と運動文化の観点から」,『大原社会問題研究所雑誌』, 592, 18-41.

西城戸誠・角一典, 2006,「転換期における生活クラブ生協運動の現状と課題——生活クラブ生協北海道を事例として」,『現代社会学研究』, 19, 21-40.

西城戸誠・角一典, 2007,「生活クラブ生協再考——生活クラブ生協の『衰退』をめぐる仮説群の整理」,『京都教育大学紀要』, 107, 73-90.

庄司興吉, 1980,「住民運動の社会学」, 青井和夫・庄司興吉編『家族と地域の社会学』東京大学出版会, 231-251.

玉野和志, 1994,「女性の地域・教育観と大都市コミュニティの再編」,『総合都市研究』, 52, 111-126.

玉野和志, 2000,「地域女性の教育文化運動」,『人文学報』(東京都立大学人文学部), 309, 27-57.

玉野和志編, 2003,『市民活動団体調査報告書——横浜市青葉区・川崎市宮前区周辺を事例として』, 東京都立大学都市研究所・共同研究Ⅰ「大都市における環境と社会経済システムの再編に関する総合的研究」.

玉野和志, 2004,「地域で活躍する女性たち——教育文化運動から福祉・ボランティア活動へ」, 松本康編『東京で暮らす——都市社会構造と社会意識』東京都立大学出版会, 177-195.

玉野和志, 2005,『東京のローカル・コミュニティ——ある町の物語一九〇〇‐八〇』東京大学出版会.

第Ⅳ部　郊外に生きる女性たち
──「生活者」のゆくえ

第14章　郊外地区における女性の地域活動の現在
——住民参加型在宅福祉サービス団体の形成と展開

原田　謙

　本章は，郊外地区（菅生・あざみ野地区）における地域活動の現状を明らかにすることを目的とする．具体的には，似かよった集団参加パターンを共有する人々（集団参加クラスター）を析出し，各クラスターの諸特性を検討していく．本分析の焦点は，特定の集団参加を規定する要因を検証することではなく，集団参加クラスターからみた住民層の分化の実態を描くことにある（玉野 1993，原田 2003）．

　さらに，前章で議論された女性の地域活動の変遷をふまえながら，この郊外地区において 1970 年代から活動を展開し始めた「生活クラブ生協神奈川」と，80 年代後半に形成された「住民参加型在宅福祉サービス団体」とのつながり（と断絶）を事例に，福祉領域における生活者運動の展開を検討していく．

1. 集団参加からみた地域活動の現状

1.1　どのような集団に参加しているのか

　現在，郊外地区の女性たちはどのような集団に参加しているのか．この点から確認していこう（表 14.1）[1]．全体でみると，組織率が低下しているとはいえ町内会への参加率が最も高く，続いて趣味，スポーツとなっている．とくにあざみ野地区での趣味，スポーツ，学習活動への参加率の高さがきわだっている．また，あざみ野地区では 3 割近くの者が生活クラブ生協もしくは地域生協に参加してお

表 14.1　現在の集団参加率

(%)

	趣味	スポーツ	学習活動	高齢者	障害者	宗教団体	町内会	政治後援	環境	外国人支援	生活クラブ	地域生協	PTA	学童保育	子ども関連団体
あざみ野	51.6	36.5	27.0	10.3	6.3	7.9	62.7	4.8	5.6	7.9	27.0	27.8	21.4	3.2	9.5
菅　生	30.5	18.6	9.3	10.2	6.8	5.9	66.1	8.5	2.5	3.4	12.7	5.9	21.2	8.5	7.6
全　体	41.1	27.9	18.4	10.2	6.6	7.0	64.3	6.6	4.1	5.7	20.1	17.2	21.3	5.7	8.6

り，今日においても生協がこの郊外地区の日常生活に根づいた組織であることがわかる．ただし，代理人運動で脚光を浴びた神奈川ネットへの参加率は0.8%にすぎなかった．子ども関連の項目をみると，両地区ともPTAへの参加率は2割程度であり，学童保育への参加率は菅生地区の方が若干高い傾向にある．全体的に，東京5区市を対象とした東京版総合社会調査（TGSS2000）の結果と比べてみても（玉野 2004：179），この郊外地区における女性たちの地域活動の活発さがわかる．

1.2 どのような集団に「重複して」参加しているのか

それでは，女性たちはどのような集団に重複して参加しているのだろうか[2]．表14.2に，クロス集計結果に基づく集団参加項目間における関連の強さを示した．ϕ係数の値が0.25以上の集団参加の組み合わせは，趣味とスポーツ，趣味と学習活動，趣味と環境，学習活動と高齢者，学習活動と障害者，学習活動と環境，学習活動と外国人支援，高齢者と障害者，学童保育と子ども関連団体であった．

この結果をみると，まずおけいこごとやスポーツサークルなど趣味愛好的な参加パターンをもつ女性たちがいることがわかる．そして，高齢者や障害者に関す

表14.2 集団参加項目間の関連

	趣味	スポーツ	学習活動	高齢者	障害者	宗教団体	町内会	政治後援	環境	外国人支援	生活クラブ	地域生協	PTA	学童保育	子ども関連団体
趣味		0.28	0.29	0.21	0.11	-0.07	0.10	0.08	0.25	0.15	0.10	0.12	-0.09	0.01	0.04
スポーツ	***		0.13	0.12	0.02	0.01	0.02	-0.02	0.15	0.12	0.08	0.15	-0.08	-0.15	-0.09
学習活動	***	*		0.29	0.30	0.04	0.11	0.05	0.28	0.29	0.08	0.15	-0.02	-0.03	0.04
高齢者	**		***		0.51	-0.09	0.20	0.13	0.20	0.15	0.10	0.10	-0.04	-0.03	0.04
障害者			***	***		-0.07	0.20	0.20	0.20	0.08	0.07	0.06	-0.02	0.01	0.16
宗教団体							0.14	-0.01	-0.06	0.14	0.02	0.17	-0.02	-0.07	-0.03
町内会				**	**	*		0.13	0.07	0.04	-0.01	0.18	0.10	0.07	0.02
政治後援				*	**		*		0.11	0.08	-0.01	0.01	-0.10	0.01	-0.08
環境	***	*	***	**	**					0.22	0.00	-0.04	-0.06	-0.05	0.01
外国人支援	*		***	*		*			**		0.14	0.07	-0.04	-0.06	-0.01
生活クラブ										*		0.12	0.09	0.10	0.10
地域生協		*	*				**	**					0.08	-0.07	0.13
PTA														0.13	0.23
学童保育		*										*			0.36
子ども関連団体					*								*	***	***

(注) 対角線の上側はϕ係数の値，下側はχ^2検定の結果である．*** $p<0.001$，** $p<0.01$，* $p<0.05$.

るボランティア団体への重複加入,学童保育や子ども関連団体といった子育て活動の重なり合いがうかがえる.また,学習活動サークルを結節点とした福祉ボランティア,環境ボランティア,外国人支援ボランティアの展開が示唆される.

1.3 集団参加パターンの析出

このようなクロス集計結果をふまえたうえで,より明確な集団参加パターンを析出するためにクラスター分析をおこなった[3].表14.3に,5クラスター解を採用したクラスター別集団参加比率の結果を示した.

第1クラスターは,ほぼ全員が生活クラブ生協に参加しているので,「生活クラブ参加型」と名づけた.第2クラスターは,総じて集団参加率が低く,趣味およびスポーツのみにある程度参加しているので,低活動的な「趣味・スポーツ参加型」と名づけた.第3クラスターは,趣味,スポーツ,学習活動,高齢者,障害者,環境,外国人支援,地域生協といったさまざまな分野で最も参加率が高いクラスターなので,「多重参加型」と名づけた.第4クラスターは,PTA,学童保育,子ども関連団体への参加率が高いので,「PTA・子育て活動参加型」と名づけた.第5クラスターは,町内会にほぼ全員が参加しており,宗教団体や政治後援への

表14.3 クラスター別集団参加率

(%)

	クラスター1	クラスター2	クラスター3	クラスター4	クラスター5	合計
趣味	44.4	27.7	84.3	20.0	2.6	41.4
スポーツ	33.3	36.9	45.7	0.0	0.0	27.9
学習活動	8.3	13.8	41.4	11.4	0.0	18.4
高齢者	2.8	0.0	30.0	8.6	0.0	10.2
障害者	0.0	0.0	15.7	8.6	5.3	6.6
宗教団体	5.6	0.0	5.7	8.6	21.1	7.0
町内会	50.0	12.3	94.3	82.9	94.7	64.3
政治後援	5.6	0.0	11.4	2.9	13.2	6.6
環境	0.0	0.0	14.3	0.0	0.0	4.1
外国人支援	5.6	3.1	14.3	0.0	0.0	5.7
生活クラブ	94.4	0.0	11.4	20.0	0.0	20.1
地域生協	19.4	9.2	28.6	25.7	0.0	17.2
PTA	27.8	13.8	2.9	88.6	0.0	21.3
学童保育	2.8	0.0	4.3	28.6	0.0	5.7
子ども関連団体	5.6	4.6	2.9	40.0	0.0	8.6
n	36	65	70	35	38	244

参加率も比較的高いので,「伝統的組織参加型」と名づけた.

2. 集団参加クラスターの諸特性

2.1 各クラスターの人口・家族的地位

それでは,この5つのクラスターの諸特性を確認していく.表14.4に,人口・家族的地位を示した[4].年齢をみると,生活クラブ参加型では50歳代,多重参加型では60歳代,PTA・子育て活動参加型では30・40歳代,伝統的組織参加型では70歳代が,それぞれほかのクラスターに比べて多い.世帯構成については,生活クラブ参加型では夫婦と未婚の子ども世帯,多重参加型では夫婦のみ世帯,PTA・子育て活動参加型では夫婦と未婚の子ども世帯,伝統的組織参加型では単身世帯が,それぞれほかのクラスターに比べて多いことがわかる.

2.2 各クラスターの社会経済的地位

表14.5に,各集団参加クラスターの社会経済的地位を示した[5].配偶者の現職雇用形態をみると,生活クラブ参加型とPTA・子育て活動参加型では常勤の雇用者が多い.一方,多重参加型の配偶者はすでに引退している者がそのほかのクラスターに比べて多い.なお,「本人」の現職雇用形態やこれまでの就業パター

表14.4 各集団参加クラスターの人口・家族的地位

(%)

	カテゴリ	生活クラブ参加型	趣味・スポーツ参加型	多重参加型	PTA・子育て活動参加型	伝統的組織参加型	合計	χ^2検定
年齢	30歳代	19.4	16.9	8.6	31.4	0.0	14.3	$\chi^2=64.2$
	40歳代	25.0	26.2	8.6	37.1	7.9	19.7	$df=16$
	50歳代	47.2	29.2	34.3	22.9	44.7	34.8	$p<0.001$
	60歳代	8.3	16.9	35.7	8.6	21.1	20.5	
	70歳代	0.0	10.8	12.9	0.0	26.3	10.7	
	合計(実数)	100.0(36)	100.0(65)	100.0(70)	100.0(35)	100.0(38)	100.0(244)	
世帯構成	単身	2.8	3.1	1.4	0.0	13.2	3.7	$\chi^2=40.9$
	夫婦のみ	5.6	25.0	30.4	0.0	26.3	20.2	$df=12$
	夫婦と未婚の子ども	86.1	64.1	50.7	88.6	47.4	64.5	$p<0.001$
	三世代	5.6	7.8	17.4	11.4	13.2	11.6	
	合計(実数)	100.0(36)	100.0(64)	100.0(69)	100.0(35)	100.0(38)	100.0(242)	

2. 集団参加クラスターの諸特性　271

表 14.5　各集団参加クラスターの社会経済的地位
(%)

	カテゴリ	生活クラブ参加型	趣味・スポーツ参加型	多重参加型	PTA・子育て活動参加型	伝統的組織参加型	合計	χ^2 検定
配偶者現職雇用形態	無職	9.1	19.6	31.3	8.8	21.4	20.0	$\chi^2 = 31.7$
	会社役員	9.1	10.7	14.1	2.9	21.4	11.6	$df = 16$
	常勤雇用	66.7	46.4	39.1	70.6	25.0	48.4	$p<0.05$
	パート	3.0	1.8	6.3	0.0	7.1	3.7	
	自営・家族従業	12.1	21.4	9.4	17.6	25.0	16.3	
	合計（実数）	100.0 (33)	100.0 (56)	100.0 (64)	100.0 (34)	100.0 (28)	100.0 (215)	
学歴	中卒	0.0	1.5	4.4	2.9	21.2	5.4	$\chi^2 = 41.4$
	高卒	22.2	26.2	27.9	25.7	50.0	29.8	$df = 12$
	短大・高専卒	36.1	40.0	27.9	25.7	18.4	30.6	$p<0.001$
	大卒以上	41.7	32.3	39.7	45.7	10.5	34.3	
	合計（実数）	100.0 (36)	100.0 (65)	100.0 (68)	100.0 (35)	100.0 (38)	100.0 (242)	
世帯年収	400 万円未満	3.0	13.6	13.8	17.6	31.4	15.5	$\chi^2 = 36.7$
	400〜600 万円	3.0	18.6	12.3	5.9	22.9	13.3	$df = 20$
	600〜800 万円	27.3	20.3	21.5	17.6	11.4	19.9	$p<0.05$
	800〜1,000 万円	21.2	13.6	4.6	20.6	2.9	11.5	
	1,000〜1,500 万円	36.4	23.7	26.2	29.4	20.0	26.5	
	1,500 万円以上	9.1	10.2	21.5	8.8	11.4	13.3	
	合計（実数）	100.0 (33)	100.0 (59)	100.0 (65)	100.0 (34)	100.0 (35)	100.0 (226)	

ンと集団参加パターンとの有意な関連はみられない．本人の学歴は，趣味・スポーツ参加型では短大・高専卒の者，伝統的組織参加型では中卒・高卒の者がそれぞれほかのクラスターに比べて多い．世帯年収は多重参加型では 1,500 万円以上の高所得者，伝統的組織参加型では 400 万円未満の者が，それぞれほかのクラスターに比べて多いことがわかる．

2.3.　各クラスターの移動・居住特性

表 14.6 に，各集団参加クラスターの移動・居住特性を示した[6]．平均居住年数をみると，多重参加型と伝統的組織参加型では 20 年をこえていたが，生活クラブ参加型と PTA・子育て活動参加型では 10 年程度であった．また，生活クラブ参加型は，平均転勤・転居回数がほかのクラスターに比べて多い．コミュニティ感情の平均得点をみると，多重参加型が最も高い．一方，生活クラブ参加型と趣味・スポーツ参加型では，その得点が低くなっている．居住形態については，生

表 14.6　各集団参加クラスターの移動・居住特性

(%)

カテゴリ		生活クラブ参加型	趣味・スポーツ参加型	多重参加型	PTA・子育て活動参加型	伝統的組織参加型	合計	検定
居住年数		11.6 (36)	17.1 (65)	20.0 (70)	10.1 (35)	22.1 (38)	16.9 (244)	$p<0.001$
転勤回数		3.8 (36)	1.3 (65)	2.8 (70)	2.5 (35)	1.3 (38)	2.3 (244)	$p<0.001$
コミュニティ感情		13.9 (36)	13.5 (65)	15.7 (68)	14.5 (35)	15.1 (38)	14.6 (242)	$p<0.001$
居住形態	戸建(%)	50.0	60.9	61.4	65.7	71.1	61.7	$\chi^2=13.9$
	分譲	38.9	23.4	35.7	20.0	15.8	27.6	$df=8$
	賃貸	11.1	15.6	2.9	14.3	13.2	10.7	$p<0.1$
	合計	100.0 (36)	100.0 (64)	100.0 (69)	100.0 (35)	100.0 (38)	100.0 (242)	

(注) 検定は，連続変量は F 検定，離散変量は χ^2 検定によっておこなった．
　　カッコ内は実数．

活クラブ参加型と多重参加型では，分譲の集合住宅で暮らしている人々がほかのクラスターに比べて多いことがわかる．

2.4. 集団参加クラスターからみた住民層の分化

人口・家族的地位，社会経済的地位，移動・居住特性ごとに検討してきた各クラスターの特徴を整理し，この集団参加クラスターからみた住民層の分化をまとめてみよう．

「生活クラブ参加型」を示す第1クラスターは，人口・家族的地位からみると50歳代，夫婦と未婚の子どもからなる世帯が中心であった．生活クラブ生協神奈川は，生活クラブ生協東京を手本に，1971年に「みどり生活協同組合」という名称で設立された組織である．生活クラブ生協神奈川の組合員活動は，合成洗剤追放請求といった日常生活に密着した運動や，地方議員を送り出す代理人運動，新しい働き方をめざすワーカーズ・コレクティブ事業などで脚光を集めてきた（佐藤・天野・那須編 1995）．本調査でも，あざみ野地区では，生活クラブ生協への加入率が3割にのぼっており，生協活動が地域に根づいていることが裏づけられた．ただし，このクラスターは，生協活動＝専業主婦による活動というイメージとはやや異なっている．移動・居住特性をみると，転勤・転居回数が最も多く，居住年数（11.6年）も比較的短かった．

「趣味・スポーツ活動型」を示す第2クラスターは，「非参加型」と呼んでもよい住民層であった．人口・家族的地位および社会経済的地位について，とくに目

立った点はみあたらない．移動・居住特性をみると，趣味・スポーツ活動型は，転勤・転居回数（1.3回）が少ない定住層であることが示唆された．

「多重参加型」を示す第3クラスターは，人口・家族的地位からみると，60歳代および夫婦のみ世帯の者がほかのクラスターに比べて多かった．また，配偶者がすでに退職している者が多かった．しかし，世帯年収をみると1,000万円以上の者が過半数を占めており，多重参加型が，高階層の人々を中心に構成されていることがわかる．移動・居住特性をみると，転勤・転居回数（2.8回）が比較的多いが，居住年数は20年に達していた．

「PTA・子育て活動参加型」を示す第4クラスターは，人口・家族的地位からみると，30・40歳代，夫婦と未婚の子ども世帯が中心であった．配偶者現職をみると，常勤の雇用者である者がほかのクラスターに比べて多かった．PTA・子育て活動参加型は，居住年数（10.1年）が最も短い流入層であるが，この地区（とくに菅生地区）で築かれた地域文庫や子ども劇場といった子ども関係のサークル・団体活動を前の世代から引き継いでいる人々であるといえよう．

「伝統的組織参加型」を示す第5クラスターは，人口・家族的地位からみると，70歳代，単身世帯の者がほかのクラスターに比べて多かった．学歴では中卒・高卒，世帯年収では400万円未満の者が，それぞれほかのクラスターに比べて多かった．移動・居住特性をみると，伝統的組織参加型は最も居住年数が長く（22.1年），転勤・転居回数が少ない（1.3回）定住層であった．

3．生活クラブ生協神奈川と住民参加型在宅福祉サービス団体の形成・展開

これまで，郊外地区における女性たちの現在の集団参加パターンからみた住民層の分化を描いてきた．本節は，とくに重要なクラスターとして，福祉活動に携わっている女性たちの多くが分類された「多重参加型」と，この多摩田園都市における象徴的な存在である「生活クラブ参加型」に焦点をあてたい．具体的には，1980年代にこの郊外地区で活動を始めた「住民参加型在宅福祉サービス団体」と「生活クラブ生協神奈川」との関連を検討していく．

3.1. 住民参加型在宅福祉サービス団体の形成

　住民参加型在宅福祉サービス団体（以下，「住民参加型」と略称）は，東京や阪神地域などの大都市近郊を中心に設立された．その特徴は，①サービスの担い手も受け手も自主的に参加し相互に助け合うことを基本とする「メンバーシップ」によって成り立っている点，②営利事業とは異なり組織としての「非営利性」を貫いている点，③無償の活動ではなく「有償」の活動である点，④基本的には公の補助を受けずに自主財源による活動である点とされる（日本地域福祉学会編1997:128）．この「住民参加型」の運営主体は，全国社会福祉協議会によれば「住民互助型」「社協運営型」「生活協同組合型」「ワーカーズ・コレクティブ型」「農業協同組合型」「行政関与（福祉公社）型」「施設運営型」に区分されている．

　全国に広まった「住民参加型」のモデルとされた「グループたすけあい」は，本調査対象地を含む横浜市青葉区を拠点に活動を展開している．この団体は，1985（昭和60）年にサービス生産協同組合として設立され，現在は特定非営利活動（NPO）法人として，独自の在宅福祉サービス事業（高齢者・障害者の介助・家事援助，母子・父子家庭の家事援助・子守，産前・産後の世話・子守）とともに介護保険事業（訪問介護）をおこなっている．ここでは，福祉NPOのパイオニアとされる「グループたすけあい」を事例に，東京郊外における「住民参加型」の形成過程をみていこう[7]．

　「グループたすけあい」の代表であるAさんは，1943（昭和18）年生まれである．1970年代，生活基盤がまだ整っていなかったこの郊外地区で子育てをした「郊外第一世代」である（第13章参照）．彼女は，40歳という人生80年時代の半ばにきたとき「子どもにも手がかからなくなり，これからどうしようかな」とまわりを見回して，みんながパートに出ていることを発見した．子どもに手がかからなくなった時期というのは，高校・大学と子どもの教育関係のお金がかかる時期でもある．また，一戸建てやマンションを購入する時期でもあった．彼女は「みんなパートに出るのも当然だ」と考えたが，子どもに手がかからなくなった時期というのは，反対に今度は自分たちの親に手がかかる時期でもあると考えていた．なぜなら彼女は，18年間リュウマチで寝たきりだった祖母の在宅介護の大変さを知っていたからである．祖母の介護をしていたからこそ，「今は元気だが，自分たちの親が具合悪くなったときに自分一人で介護できるだろうか」と心配した

のである．そのことを自分のまわりの友だちに話したら，やはりみんなもそのことを心配していたという．自分の親だけじゃなくて夫の親もいる，そして子どもにお金もかかる．「PTAもボランティア，老人ホームのおむつたたみもボランティアでよかった．だけど子どもにお金がかかるようになって，親も面倒見なくちゃいけなくなってきたときにボランティアっていうのは……．ボランティアっていうのは持ち出しでしょ」と彼女はいう．持ち出しの活動は，やはり限度がある．また，今はこの地域は新しいけれども，これから高齢化していくだろうという思いもあった．そのとき困っている方を地域で助けあう会をつくりたいという彼女の考えの中には，2通りの理由が存在していた．ひとつは「祖母の介護経験があったから」であり，もうひとつは「サービス活動をただではなくて有償にすれば，持ち出しでない活動ができるから」であった．主婦には時間も技術もある．地域のなかで困っていたことは，みんな主婦でできることばかりだったのである．

彼女は，生活クラブ生協神奈川の理事を退任した1984（昭和59）年，「グループたすけあい」の準備会にあたる「地域福祉を考える会」を結成した．その準備会の中で出てきた議論が「福祉活動を有償で行うべきか，無償で行うべきか」という問題であった．第一の立場は「人を助ける活動なのでお金は取れない」「困っている人を助けるのにお金を取るなんてとんでもない」という無償派である．

　　でも，その人たちに，「じゃあ，将来あなたが困ったときに，ボランティアの方にサービスを受けますか」って聞いたら，みなさん「ノー」だったわけ．自分の時は割り切って，お金払って家政婦とかに頼みたいっておっしゃるのね．それはおかしいと思ったんですよ．結局そういう人たちは，相手をかわいそうだと思っているから，ボランティアをやれているんじゃないかという気がしたのね．そういう気持ちの上に立った活動は頼む人と頼まれる人との間に，上下関係をつくることになりはしないかと，私には思えてならなかったんです．そういう関係のもとでは，ケアする側の都合が優先されてしまいますよね．それにそういう活動が長続きするとは，とても考えられなくて[8]．

このように，彼女の立場は有償派だった．しかし同じ有償派の中でも，会の運営財源をめぐって意見の対立があった．ひとつは「福祉というのは行政が担うべ

きだから，何も自分たちでお金を出し合わないで行政から引き出してやっていこう」という意見．もうひとつは彼女に代表される「自分たちの福祉なのだからまず自分たちでお金を出し合って活動を始めよう」という意見である．結局，準備会は会の方針をまとめていく過程で，①無償のボランティアグループ，②有償だが公的補助に拠るグループ，③自分たちで出資して運営する有償のグループの3つに分裂した．こうした議論を経て，サービス生産協同組合「グループたすけあい」は，③のグループとして1985（昭和60）年に発足した．

彼女は，無償のボランティアだけでなく，PTA活動，子ども会の活動，洋裁・お茶・着付けなどの趣味活動，子どものお稽古仲間を通じて，さまざまなネットワークを構築していた．だから会の設立にあたって「この人だったら一緒にやれるという一本釣り」ができたという．まさに「多重参加型」と呼ぶべき集団参加パターンである．また，出資金として設定した「2万円という額はよい意味でのハードルになった，みんな本気で考えてくれたのではないか」と彼女は振り返っている．会の設立当初は，「あまりニーズはないだろう」と思ってつくった部分もあったという．当時は，まだ高齢化率などまったく問題にされておらず，地域は明るく元気にみえたが，実際活動を始めたら次々と依頼がきたそうである．つまり「頼むところ」ができたから頼んできたのである．「元気な者には地域のなかは見えなかった，会をつくってから見えてきた部分がある」．

3.2　生活クラブ生協神奈川／ワーカーズ・コレクティブ／グループたすけあい

生活クラブ生協神奈川は，1971（昭和46）年の設立以降，急速な発展を遂げてきたが，1980年代に入り，班をつくることで組織拡大をはかるという活動方針の限界がみえてきた．当時，生活クラブ生協は，消費材を「班」単位で購入するという原則があった．それ故，1世帯当たりの人数が少なくなり食材の消費量が減ったり，女性の就業化などにより共働き世帯が増えたりすると，班別予約共同購入の継続は困難であるという問題が生じてきた[9]．また，設立当初から活動に携わってきた組合員も歳を重ね，子どもたちも独立していくことなどから，生活クラブ生協内でも高齢者，障害者をめぐる福祉に目が向けられるようになり，班別予約共同購入だけでは対応しきれない状況が指摘されるようになった．

生活クラブ生協神奈川は，「高齢化といった福祉にも目を向ける」という問題

提起を端的に反映したものとして，1989（平成元）年「福祉クラブ生協」を設立した．福祉クラブ生協は「従来の生活クラブ生協が主としてつねに30歳代40歳代の主婦を中心に＜おおぜいの私＞として組織化されてきたことに対する反省として，＜少数者の私＞である高齢者や身障者をも包みこんでかれらに食品宅配，家事，医療，介護などのサービスを提供すること」を目的としている（佐藤1991：96）．

その福祉クラブ生協において，自己資本，自己管理，自己労働で運営される「ワーカーズ・コレクティブ」が導入された．ひとつはセンター作業の請負事業，宅配作業，集計作業を行う「世話焼きワーカーズ・コレクティブ」で，もうひとつは家事手伝いや，産前・産後の世話，高齢者・身障者の介助を行う「家事介護ワーカーズ・コレクティブ」である．こうして組合員とワーカーズ・コレクティブと生協職員の三者で文字どおり協同して新しい生協をつくっていこうという運営スタイルが確立した．ワーカーズ・コレクティブは行政区ごとに組織されており，「グループたすけあい」は，こうした生活クラブ生協による一連の福祉活動への取り組みのさきがけ的存在としても位置づけられる[10]．

だが，福祉クラブ生協とタイアップするかたちで，ワーカーズ・コレクティブが次々と形成され展開するにしたがって，ワーカーズ・コレクティブと「グループたすけあい」の各々の活動理念と組織づくりの方向性をめぐって，微妙な差異が生まれてくる．より明確にいえば，1985年の「グループたすけあい」設立から，仕掛け人としていくつものワーカーズ・コレクティブ設立に携わってきたAさん自身，生活クラブに根ざすワーカーズ・コレクティブと「グループたすけあい」はめざす方向がちがうのではないかということに気づくのである．ここに，地域への活動の広がり／地域福祉の実践という観点からみたときの「生活クラブ運動」と「グループたすけあい」とのスタンスのちがいを読み解く鍵がある．

> やってくうちに，生活クラブに根ざすワーカーズと私たちの目指すたすけあいは，方向が違うと思い，ワーカーズ・コレクティブ連合会を退会したんです．やっぱりワーカーズって働く場なのよ．私たちは参加する場なのよ．だから働けなくてもいいのよ．「グループたすけあい」は，一生のうちに世話をしたり，されたりの関係ができればいいっていう考え方でしょ．働く場

としてではなくてね，地域づくりを推進するひとつの団体として問題提起ができればいい．それは地域に対しても行政にたいしてもね．みなさんが参加できる場にしたいっていうのがあるから，何歳だと定年だっていう考えはいっさいないわけ．

たしかに「グループたすけあい」も，それに続くかたちになる福祉関連のワーカーズ・コレクティブも，「無償（慈善）型」と呼ばれる旧来のボランティアとは異なる系譜として誕生し，「住民参加型」として「有償」で活動を行っている点は同じである．また，横浜市北部において，生活クラブ生協神奈川が「住民参加型」の孵卵器としての役割を果たしたことは間違いない．この点はもっと評価されるべきである．しかし，同じ「住民参加型」でも「グループたすけあい」とワーカーズ・コレクティブでは，その活動理念および組織形態が異なっている．とくに着目すべき点は，「サービス提供者（援助者）と受給者（被援助者）の関係性」である．

ワーカーズ・コレクティブの場合，サービス活動が単なるボランティアではなく，ワーカー（自己資本・自主管理による，雇う雇われるという関係を越えた新しい働き手）によって行われる労働であることを明確化していた．それに対し「グループたすけあい」は，「おしきせで無い，ほどこしで無い，金もうけで無い」を合い言葉に，サービス提供者（援助者）と受給者（被援助者）の区別をなくしてお互い対等な立場で会員登録するという原則をとっていた．実際，産前・産後の世話や老親の介護などで，もともとサービスの受給者であった本人や家族が，今はサービス提供者として活動しているケースや，その逆のケースも存在する．つまり，「グループたすけあい」は，相互扶助もしくは「互酬（reciprocity）」と呼ぶべき側面を重視し，高齢になっても参加できる組織づくりを展開してきたのである．

国広陽子（2006：170）は，生活クラブ生協から「神奈川ネットワーク運動（NET）」へと政治参加した女性たちは，「運動グループ内でのネットワーキングには積極的だが，地域で多様な関係をつくることには消極的な傾向があった」と述べ，生活クラブ運動体の「自己完結性」を指摘している．本章で分析した現在の集団参加パターンにおいても，「生活クラブ参加型」は同地域におけるほかの集団への

参加率が低く,福祉活動に携わっている女性たちの多くは「多重参加型」に分類されていた.そして,生活クラブ生協による福祉の取り組みについても,ワーカーズ・コレクティブの導入という「先駆性」とともに地域に広がりをもてない「自己完結性」が示唆された.事実,「グループたすけあい」の場合,同質的なメンバーによるワーカーズ・コレクティブの枠組みに縛られない組織づくりが,幅広い年齢層にわたる地域住民の活動への参加を可能にし,お互いの生活の重なり合いをつくりだすことになっていたのである.このような経緯で形づくられた,サービス提供者と受給者がともに対等なメンバーシップをとるという組織ガバナンスの原則は,今日の福祉NPOに広くみられる特徴になっている.

【注】

(1) 分析対象者は,以下の集団参加項目に欠測がある者を除いた244人である.
(2) 集団参加は,15項目(趣味・おけいこごと,スポーツ,学習活動,高齢者に関するボランティア団体,障害者に関するボランティア団体,宗教団体,町内会,政党や政治家後援会,環境問題や公害に関するボランティア団体,海外支援や外国人支援に関するボランティア団体,生活クラブ生協,それ以外の地域生協や消費者団体,PTAや父母会,学童保育クラブや幼児保育に関するサークル,その他の子ども関連のサークルや団体)それぞれに現在参加している場合に1,不参加の場合に0として分析に用いた.集団参加項目間の関連は,φ係数(四分点相関係数)を用いて測定した.
(3) 集団参加パターンは,平方ユークリッド距離を用いたクラスター分析(ward法)によって析出した.
(4) 人口・家族的地位は,年齢(10歳区切り),世帯構成(単身,夫婦のみ,夫婦と未婚の子ども,3世代)を用いた.
(5) 社会経済的地位は,配偶者現職雇用形態(無職,会社役員,常勤雇用,パート,自営・家族従業),本人学歴(中卒,高卒,短大・高専卒,大卒以上),世帯年収(400万円未満,400〜600万円,600〜800万円,800〜1,000万円,1,000〜1,500万円,1,500万円以上)を用いた.
(6) 移動・居住特性は,居住年数,転勤・転居回数,コミュニティ感情,居住形態(戸建て,分譲マンション,賃貸マンション・アパート)を用いた.コミュニティ感情は,「愛着」「われわれ感情」「役割感情」「依存感情」の4項目(5件法)を用いて測定した.分析では,これらの項目を単純加算し得点化したものを用いた(クロン

バックのα係数 =0.61）．
(7) 本節の「グループたすけあい」に関する記述は，1997年5，6月，1998年6月におこなった聞き取り調査の記録に基づく．「グループたすけあい」の形成過程と組織特性の詳細については，原田謙・高橋勇悦（1999）を参照．非営利組織のマネジメント・自己評価手法という観点から「グループたすけあい」を取り上げた研究として，宮垣元（2000）が挙げられる．
(8) サービスの有償・無償をめぐる議論の詳細については，グループたすけあい編（1995）を参照．
(9) 生活クラブ生協北海道を事例とした，生活クラブ生協運動の「停滞」の要因については，西城戸誠（2008）を参照．
(10) 生活クラブ生協神奈川の理事長だった横田克己（1992：102）は，自らの著書で「グループたすけあい」をワーカーズ・コレクティブ方式によって福祉活動に取り組んだ最初の団体として位置づけている．

【文献】

国広陽子，2006，「地域形成主体としての女性――主婦のパラドクス」，古城利明監修・新原道信・広田康生編『グローバリゼーション／ポスト・モダンと地域社会』東信堂，160-77．

グループたすけあい編，1995，『横浜発地域福祉のメッセージ』第一書林．

佐藤慶幸，1991，『生活世界と対話の理論』文眞堂．

佐藤慶幸・天野正子・那須壽，1995，『女性たちの生活者運動――生活クラブを支える人びと』マルジュ社．

玉野和志，1993，「都市コミュニティにおける社会層の分化と統合――東京都品川区の調査より」，『流通経済大学社会学部論叢』，4(1)，79-175．

玉野和志，2004，「地域で活躍する女性たち――教育文化運動から福祉・ボランティア活動へ」，松本康編『東京で暮らす――都市社会構造と社会意識』東京都立大学出版会，177-195．

西城戸誠，2008，「生活クラブ生協北海道における社会運動の成果と連帯のゆくえ――動員構造と運動文化の観点から」，『大原社会問題研究所雑誌』，592，18-41．

日本地域福祉学会編，1997，『地域福祉事典』中央法規．

原田謙，2003，「女性の地域集団参加パターンからみた住民層の分化――東京都品川区の調査より」，『総合都市研究』，81，49-60．

原田謙・高橋勇悦，1999，「住民参加型在宅福祉サービス団体の形成過程とその介助関

係——サービス生産協同組合『グループたすけあい』を事例に」,『総合都市研究』, 69, 119-35.
宮垣元, 2000,「あなたの顧客は誰か——グループたすけあい」, ピーター・F・ドラッカー, ギャリー・J・スターン編著, 田中弥生監訳『非営利組織の成果重視マネジメント——NPO・行政・公益法人のための「自己評価手法」』ダイヤモンド社, 146-53.
横田克己, 1992,『参加型市民社会論』現代の理論社.

第15章　女性の市民活動と行政との「距離」
――集団参加経験を通じて形成された感覚・態度をめぐって

小山雄一郎

1. 問題設定

　1995年の阪神淡路大震災をきっかけとして，いわゆるボランティア活動に注目が集まって以来，市民活動がさまざまな文脈で再評価されてきた．そうした中，国や地方自治体では，市民活動との「協働」あるいは「パートナーシップ」を掲げ，行財政システムの再構築を試みてきた．1998年の特定非営利活動促進法（NPO法）施行ともあいまって，多くの市民活動団体が行政の事業領域へ参入し，いわば公的セクターのバックアップを受ける形で市民活動が活発化してきた流れがあるのは確かであろう．

　行政と市民活動団体の協働については，団体の自主的な事業に対して行政が財政的支援をするケースや，両者が実質的に対等な立場で事業をおこなうための制度の施行など，市民側の自立性・自由性を尊重しようとする試みも存在するが（西山 2007：180），最も多くみられるのは，「行政が事業内容・方法マニュアルを決めて民間団体に委託・委任したり，用途をきめて補助金・助成金を出すというもの」（西山 2007:179）であるという．当然，市民活動団体を公共サービスの「下請け」機関化するこうした動向に対しては，批判的意見も散見される（白石 2003, 岡田 2003 ほか）．

　今回調査対象とした川崎市宮前区菅生地区および横浜市青葉区あざみ野地区は，女性による市民活動が比較的さかんにおこなわれてきた地域である．この地域も，市民活動をめぐる前述のような状況と無関係ではなく，協働施策の進展にどのように対応していくかは，一つの重要なテーマとなりつつあると思われる．玉野和志らによって2002年にこの2地区を対象として実施された「市民活動団体調査」によれば，活動の経緯やそれをとりまいてきた社会的背景によって，行政に対する「距離」感が団体ごとに異なっていたという（玉野 2003：96-97）．この郊外地域が開発されてから比較的早い時期に活動を始めた団体は，行政に対してつね

に権利保障や条件整備の要求をしてきたのに対し，それほど長い歴史をもたない団体は，行政との関係自体を重視しない傾向があると，ここでは指摘されている（玉野 2007：97）．前者の団体が，行政へ批判的な目を向けつつ活動を積み重ねてきたとすれば，協働というスタンスに対して多かれ少なかれ懐疑的な態度をとるのは，予想できることであろう．しかしながら，行政に対して一定の「距離」を保ちながら市民活動をおこなうことが，必ずしもいわゆる対抗的相補性に基づく関係に帰着するわけではない．限定的な役割を行政に求めつつも，それを前提としながらあくまでも協力関係を築いていきたいと考えている人や団体も存在するのではないだろうか．その場合でも，彼女らは当然「下請け」機関化やそれに準ずる行政主導型の協働を拒否するであろう．

本章で着目するのは，このようにさまざまな理由から行政と市民活動との間に一定の「距離」をおこうとする人々である．彼女らは，行政主導型の協働施策に対して冷静な，あるいは批判的な感覚を保持しているように思われる．では，そうした感覚や態度はどのような経験と結びついたものなのだろうか．この問いの一端を明らかにするために，今回は個人の集団参加経験というものに着目する．ある種の集団への参加は，その過程において人々に行政とのかかわりをもたらしやすい．それは，たとえば活動場所の整備，活動への経済援助，あるいは規制など，いろいろな形で現れてくる．したがって，集団参加経験のあり方は当人の行政に対する感覚や態度を左右する大きな要素となるはずである．

以下では，行政に対してあえて限定的な役割を求めることで一定の「距離」をおこうとする女性たちが，いかなる集団参加経験をもち，それが彼女らの感覚や態度とどのように関連しているかを，菅生地区とあざみ野地区において実施されたサーベイ調査および若干の聞き取り調査の結果から検討していく．

2. サーベイ調査の結果から [1]

2.1 変数と基本方針

サーベイ調査の調査票には，「市民のボランティアな活動にたいして行政がはたすべき役割」として最も必要だと思うものを回答してもらった設問項目があり，それをここでのおもな分析対象とする．この設問に対する回答は「施設建設など

の条件整備」,「委託や補助による資金援助」,「財団やファンドの設立,税制の優遇など」,「全体としてのとりまとめや調整」,「直接の指導と方向づけ」という5つの選択肢から成っている.

　これらの中では,条件整備が最も限定的な行政役割を示した考え方であり,この回答を選択した人々が本章におけるほぼ中心的な考察対象となるといってよい.資金援助,財団設立,税制優遇は,実態的には行政主導型となりやすい近年の協働の考え方を示したものである.とりまとめ等は介護保険関連の施策において行政が想定していた役割であるが,実質的には最後の直接指導等とそれほど変わらない部分が多く,これら2つは行政による直接コントロールを意味する役割として位置づけられる.したがって,分析に際してはとりまとめ等と直接指導等を合一化し,条件整備,資金援助,財団設立・税制優遇など,とりまとめ・直接指導など,という4項目を扱うこととする.

　この行政の果たすべき役割に関する意見を左右する変数として,今回は集団参加経験に着目する.集団参加経験が異なれば,そこにおける活動内容に応じて行政との関係についても経験が異なると考えられることから,自ずと行政との「距離」の取り方にもちがいがでてくると推察されるからである.

　集団参加経験については,現在の参加状況を回答してもらった9種の団体(趣味・おけいこごと,スポーツ,学習活動,高齢者関連のボランティア活動,障害者関連のボランティア活動,宗教のそれぞれに関する団体,および自治会・町内会,ロータリークラブ等,政党や政治家後援会)と,現在と過去の参加状況を併せて回答してもらった10種の団体(環境問題関連等のボランティア団体,海外支援・外国人支援関連のボランティア団体,行政の審議会等,労働組合,生活クラブ生協,地域生協・消費者団体,神奈川ネット,PTA・父母会,学童保育クラブ等に関する団体,その他子ども関係の団体)を分析の対象としたが,ロータリークラブ等および神奈川ネットに関しては参加経験者がきわめて少数であったため,分析対象から除外した.分析に当たっては,便宜上参加の度合いや経過を無視し,前者の8種では参加の有無のみに,また後者の9種では参加経験の有無のみに回答をリコードした.

　以下では,上記の変数をおもに用いながら,とくに条件整備という限定的な役割を行政に求める層について,その実態を検討していく.

表 15.1　市民活動に対して行政が果たすべき役割

	％	(実数)
条件整備	31.8	(75)
資金援助	30.1	(71)
財団設立・税制優遇など	12.3	(29)
とりまとめ・直接指導など	25.8	(61)
合　　計	100.0	(236)

2.2　分析結果

　行政役割に関する意見の単純集計結果（表15.1）をみると，条件整備という限定的役割と資金援助という行政主導型協働に近い役割が，それぞれ約3割ずつを占めている．限定的役割を支持する層は，目立って多いとはいえないながらも，この地域では決して少数派ではないということが読み取れよう．また，とりまとめ・直接指導などを回答として選択した層も25.8％おり，行政に対してより強いパターナリスティックな役割を求める人々も一定数いることがうかがえる．

　表15.1で確認した単純集計結果を踏まえて，次に行政役割と集団参加経験との関連をクロス集計によって確認してみる（表15.2・表15.3）．どのような集団参加経験をもつ人々が，行政に対してどのような役割を求めているのかを，概略的に探るのがここでの目的である．

　クロス集計結果によると，ほとんどの項目で統計的に有意な関連が確認されなかったものの，条件整備という回答に着目すれば，いくつかの傾向が見出せる．現在の参加状況（表15.2）では，学習活動，高齢者関連ボランティア，障害者関連ボランティアの各団体に参加している場合に条件整備の回答率が比較的高く，参加経験（表15.3）では，環境・公害関連ボランティア，海外・外国人支援ボランティアの各団体や行政の審議会・委員会への参加経験がある場合に同様の傾向がみられる．

あくまでも傾向としてではあるが，行政に限定的役割を求める感覚・態度をめぐっては，このように各種ボランティア活動団体への参加経験の有無が少なからず関連しているようである．同時に，学習活動団体のそれについても同様の傾向がみられることに留意しておきたい．聞き取りによる事例調査の部分にて触れるように，学習活動団体とある種の市民活動団体は密接に関係しており，この結果はそれが反映されたものとして受け取れるのである．

表 15.2 集団参加状況と行政役割との関連

(%)

【集団・団体】	【参加状況】	条件整備	資金援助	財団設立・税制優遇など	とりまとめ・直接指導など	合計	(実数)	χ^2検定結果
趣味等の団体	参加	32.3	32.3	16.2	19.2	100.0	(99)	n.s.
	非参加	31.4	28.5	9.5	30.7	100.0	(137)	
スポーツ等の団体	参加	32.8	26.9	17.9	22.4	100.0	(67)	n.s.
	非参加	31.4	31.4	10.1	27.2	100.0	(169)	
学習活動の団体	参加	45.7	23.9	8.7	21.7	100.0	(46)	n.s.
	非参加	28.4	31.6	13.2	26.8	100.0	(190)	
高齢者関連のボランティア団体	参加	42.3	19.2	19.2	19.2	100.0	(26)	n.s.
	非参加	30.5	31.4	11.4	26.7	100.0	(210)	
障害者関連のボランティア団体	参加	41.2	29.4	17.6	11.8	100.0	(17)	n.s.
	非参加	31.1	30.1	11.9	26.9	100.0	(219)	
宗教団体	参加	35.3	17.6	17.6	29.4	100.0	(17)	n.s.
	非参加	31.5	31.1	11.9	25.6	100.0	(219)	
自治会・町内会	参加	32.9	30.9	11.8	24.3	100.0	(152)	n.s.
	非参加	29.8	28.6	13.1	28.8	100.0	(84)	
政党・政治家後援会	参加	25.0	37.5	25.0	12.5	100.0	(16)	n.s.
	非参加	32.3	29.5	11.4	26.8	100.0	(220)	

** : $p<0.01$, * : $p<0.05$, + : $p<0.1$ n.s. : $p \geqq 0.1$

表 15.3 集団参加経験と行政役割との関連

(%)

【集団・団体】	【参加経験】	条件整備	資金援助	財団設立・税制優遇など	とりまとめ・直接指導など	合計	(実数)	χ^2検定結果
環境・公害関連のボランティア団体	あり	41.7	19.4	19.4	19.4	100.0	(36)	n.s.
	なし	30.0	32.0	11.0	27.0	100.0	(200)	
海外・外国人支援のボランティア団体	あり	48.3	17.2	20.7	13.8	100.0	(29)	*
	なし	29.5	31.9	11.1	27.5	100.0	(207)	
行政の審議会や委員会など	あり	55.0	15.0	10.0	20.0	100.0	(20)	n.s.
	なし	29.6	31.5	12.5	26.4	100.0	(216)	
労働組合	あり	36.4	36.4	12.1	15.2	100.0	(33)	n.s.
	なし	31.0	29.1	12.3	27.6	100.0	(203)	
生活クラブ生協	あり	31.6	32.5	12.3	23.7	100.0	(114)	n.s.
	なし	32.0	27.9	12.3	27.9	100.0	(122)	
地域生協や消費者団体	あり	38.8	28.4	9.0	23.9	100.0	(67)	n.s.
	なし	29.0	30.8	13.6	26.6	100.0	(169)	
PTAや父母会	あり	32.0	30.3	11.8	25.8	100.0	(178)	n.s.
	なし	31.0	29.3	13.8	25.9	100.0	(58)	
学童保育や幼児保育に関する組織	あり	35.6	32.9	6.8	24.7	100.0	(73)	n.s.
	なし	30.1	28.8	14.7	26.4	100.0	(163)	
その他子ども関連組織	あり	36.5	32.9	5.9	24.7	100.0	(85)	n.s.
	なし	29.1	28.5	15.9	26.5	100.0	(151)	

** : $p<0.01$, * : $p<0.05$, + : $p<0.1$, n.s. : $p \geqq 0.1$

288 第15章 女性の市民活動と行政との「距離」

表15.4 参加経験クラスター別にみた集団参加経験比率

(%)

	趣味	スポーツ	学習活動	高齢者	障害者	宗教	町内会	政治後援	環境・公害
第1クラスター	45.9	23.5	7.1	10.6	4.7	5.9	91.8	7.1	5.9
第2クラスター	65.5	54.5	49.1	23.6	14.5	10.9	72.7	10.9	50.9
第3クラスター	24.1	29.6	5.6	1.9	0.0	1.9	11.1	1.9	0.0
第4クラスター	27.5	5.9	19.6	5.9	9.8	9.8	66.7	5.9	5.9

	外国人支援	行政審議会	労働組合	生活クラブ生協	地域生協・消費者団体	PTA・父母会	学童保育等	子ども関連団体	(実数)
第1クラスター	5.9	4.7	15.3	49.4	11.8	71.8	18.8	5.9	(85)
第2クラスター	27.3	23.6	14.5	50.9	74.5	96.4	29.1	72.7	(55)
第3クラスター	13.0	1.9	0.0	22.2	3.7	53.7	0.0	0.0	(54)
第4クラスター	3.9	3.9	27.5	64.7	29.4	80.4	84.3	80.4	(51)

続いて，これら17の集団への参加経験パターンをクラスター化し，それらのパターンと行政役割に関する意見との関連をあらためて見てみることにした．集団参加経験パターンを析出するために，趣味等の団体から政党・政治家後援会までについては現在参加している場合を，またその他の集団については過去および現在のいずれかで参加が確認されれば「参加経験あり」とみなしたうえで，各集団への参加経験を2値で示したものを，平方ユークリッド距離による測定を適用したWard法でクラスター化した．そしてクラスター別の各集団参加経験比率を吟味した結果，4クラスター解を集団参加経験パターンとして採用することとした（表15.4）．

第1クラスターは町内会（91.8％）とPTA・父母会（71.8％）の参加経験比率が高いが，これらが半ば自動加入形式に近い集団であることを考慮すると，生活クラブ生協（49.4％）および趣味関連団体（45.9％）への参加経験比率に着目することが妥当であろう．そこでこのクラスターを「趣味・生協参加型」と名づけた．第2クラスターは多種類の集団に関して相対的に参加経験比率が高いことから「多重参加型」をあらわすクラスターとみなすことができよう．第3クラスターは半自動加入形式のPTA・父母会（53.7％）や町内会（11.1％）についても参加経験比率が低く，他の集団に関しても全般的に同比率が低いことから，「非参加型」クラスターとする．そして第4クラスターは，PTA・父母会（80.4％），学童保

2. 変数と基本方針　289

表15.5　集団参加経験パターンと行政役割との関連

(%)

	施設建設などの条件整備	委託や補助による資金援助	財団やファンドの設立, 税制優遇など	とりまとめ・直接指導など	合計	(実数)
趣味・生協参加型	23.8	37.5	13.8	25.0	100.0	(80)
多重参加型	49.1	23.6	10.9	16.4	100.0	(55)
非参加型	27.5	21.6	17.6	33.3	100.0	(51)
子ども関連集団参加型	30.0	34.0	6.0	30.0	100.0	(50)
合　計	31.8	30.1	12.3	25.8	100.0	(236)

$\chi^2=17.2$, $df=9$, $p<0.05$

育等（84.3％），子ども関連団体（80.4％）の参加経験比率が高くなっていることから，「子ども関連集団参加型」クラスターとして位置づけられる．

集団参加経験パターンを示すこの4クラスターと行政役割に関する意見とのクロス集計結果を示したものが，表15.5である．集団参加経験パターンを示すクラスターと行政役割に関する意見との間には5％水準で統計的に有意な関連が確認された．内容をみてみると，多重参加型において条件整備の比率（49.1％）が比較的高くなっており，趣味・生協参加型（37.5％）と子ども関連集団参加型（34.0％）では資金援助の比率が，また非参加型ではとりまとめ・直接指導などの比率（33.3％）がそれぞれやや高くなっている．つまり，多様な集団参加経験をもつ人の方が，行政に対してあくまでも限定的な役割を求める可能性が高い，ということがここからは読み取れるのである．

また，多重参加型の各集団参加経験比率を今一度確認してみると（表15.4），当然ではあるが，各種ボランティア活動団体および学習活動団体への参加比率が相対的に高くなっている．先の個別のクロス集計結果も踏まえて考えれば，これらの団体へ多重的に参加している層が行政の限定的役割を支持していることが，重要な意味をもってくるとも推測できよう．

ところで，先述の「市民活動団体調査」では，長い歴史をもつ活動団体の方が行政に対して厳しい立場をとる傾向にあることが示されていた．サーベイ調査データの分析においては，集団参加経験の有無だけを対象としているため，その経過のあり方が捨象されてしまうが，調査項目には現在の参加状況のみを尋ねたものと過去も含めてそれを尋ねたものがあるため，すべての集団・団体に関して正確な参加経過を知ることはむずかしい．そこで，ここでは当該地域における集

表15.6 【多重参加型のみ】居住年数と行政役割との関連

(%)

	施設建設などの条件整備	委託や補助による資金援助	財団やファンドの設立, 税制優遇など	とりまとめ・直接指導など	合計	(実数)
20年未満	42.9	28.6	7.1	21.4	100.0	(28)
20〜35年	60.0	20.0	20.0	0.0	100.0	(20)
36年以上	42.9	14.3	0.0	42.9	100.0	(7)
合　計	49.1	23.6	10.9	16.4	100.0	(55)

$\chi^2=10.7$, $df=6$, $p<0.1$

団参加経験の経過の一部を類推できる要素として，居住年数に着目してみる．その際，単に居住年数の長さだけではなく，当該地域への居住開始時期を考慮に入れる必要がある．なぜなら，郊外地域では開発による人口急増期が重要なポイントとなるからである．開発とそれにともなう人口急増は，それまでにはなかった生活課題を地域へともたらしやすい．とりわけ学習活動や各種ボランティア活動といったものはそうした生活課題の出現が契機となって生まれる場合も多く，当該地域へ流入してきた女性たちがその担い手となりやすい．つまり，単に長いスパンで集団参加経験をもつだけではなく，流入層として郊外地域形成の初期から参加経験をもつか否かがここでは大切なのである．

　以上を踏まえ，行政に限定的役割を要求する傾向が比較的強い多重参加型の人々にサンプルを限定したうえで，居住年数と行政役割に関する意見との関連をみてみた（表15.6）．分析に当たっては，郊外開発以前から当該地域に住んでいた層の居住年数を36年以上，急速な郊外開発とともに流入してきた層のそれを20〜35年以下[2]，郊外開発がある程度落ちついてから流入した層のそれを20年未満と，それぞれ大まかに概算し，分析をおこなった．

　統計的な有意差は10％水準で確認されたに過ぎないが，多重参加型の人々の中でも，居住年数20〜35年の層において，市民活動に対する行政の限定的役割を支持する割合がとくに高い（60.0％）ことがわかる．つまり，開発による人口急増期に流入した層で多様な集団参加経験をもつ人々の多くが，現在でも市民活動と行政との間に一定の「距離」をおこうとする態度を保持しているようなのである．

　以上の結果を大まかに解釈すると，人口急増による地域生活課題に直面し，移住後間もない頃からその改善・解決をめざして多様な集団参加あるいは市民活動

をおこなってきた層は,その経過の中で行政とのかかわりあいを意識したり経験したりしながら,行政に対して一定の「距離」をおく感覚・態度を醸成してきたといえるのではないだろうか.とくに各種ボランティア活動や学習活動の団体へ多重に参加してきた層には,少なからずこうした傾向がみられると思われる.

しかし,本章冒頭でも少し触れたように,郊外形成初期から多様な集団参加経験をもつ人々が,行政に対して一様に対抗的な感覚・態度をもっているわけではないはずである.生活課題の改善・解決をめぐる行政と市民活動団体との関係は,いろいろな要素に左右される.行政の施策方針はいうまでもなく,集団・団体の具体的活動経緯,よりマクロな社会的背景,あるいは活動メンバーの社会的ネットワークや階層などによっても影響を受けるであろう.したがって,人々の行政に対する感覚・態度を検討する場合にも,こうした諸要素を考慮する必要がある.それにより,行政に対して限定的役割を要求する感覚・態度の多面的な内実を探ることができるのではないだろうか.

そこで以下では,上述の諸要素も考慮しつつ,多様な集団参加経験がいかにして行政に対する「距離」感へと結びついていくのかを,聞き取りによる事例調査の結果からより具体的に検討していく.いうまでもなく,調査対象は郊外開発直後の人口急増期に移住し,かつ多重参加型の集団参加経験をもっている女性たちである[3].

3. 聞き取り調査の結果から

3.1 Aさん(菅生地区在住)の事例[4]

Aさんは2006年現在で62歳であり,結婚後に菅生地区に転居し,出産後の1970年代初頭から地域における市民活動にかかわるようになった.生活学校におけるさまざまな学習活動に参加することにより,社会教育の意義に感銘を受けるとともに,そこで学習したことを継続的に実践する活動の場の重要性を強く認識し,さまざまな活動団体をつくり,運営してきた.

Aさんがかかわってきた多様な市民活動は,ほぼすべて生活学校での学習を実践するものとして進められてきている.これまでにおもにかかわった市民活動(団体)および運動は,「生活学校連絡会」(1974年〜),「市民館分館建設運動」(1975

〜87年),「こども文庫」(1976年〜),教育問題を考える会である「グループタンポポ」(1979年〜),「子育て講座」(1980年〜)とその学習内容を実践する保育団体「エプロン」,福祉サービス等の活動団体「ぐみの家」(1982年〜)などである.現在,Aさんは活動の中心を「ぐみの家」に置き,これまでのさまざまなノウハウの継承を通じた後進の育成に努めている.

　彼女は,市民が学習し,自発的に自由な活動をする権利をとくに重視する.市民活動が単なる趣味的活動や仲良しグループとなることをよしとせず,行政から施設および予算が提供されるような「公的」な「一般化」された――すなわち公共性をそなえた――活動を行うことに意義を見出している.したがって,その活動は地域のあらゆる人々に開かれたものでなくてはならず,活動成果も地域全体へと還元されるべきであると考えている.こうした理念は,生活学校を設立する以前,PTAのメンバーたちが独自の活動をしていた頃から念頭におかれていたもので,公共的なテーマに関する学習活動とその実践による地域への還元こそが,この地域で展開されてきた市民活動の最も大きな特徴であるともいえる.

　生活学校での学習テーマは,時代によって変遷してきた.1970年代前半は身近な食品や物価といった消費生活問題を扱い,同後半では大気汚染問題や子どもの遊び場問題などの「コミュニティづくり」に焦点を当てた学習活動をおこなっている(高木2003:8).1980年代に入ってからは「自立を目指す活動」がテーマとなり,その学習内容を実践する団体として先述の「ぐみの家」が発足するに至っている.

　学習を経て,女性による活動という点では「自立」という観点が一つの鍵になると,Aさんは考えるようになった.「市民的自立」を中心とした自立概念に基づく公共的な活動をすることが,女性,とりわけ主婦の地位向上にもつながると認識している.また,「経済的自立」という点から,活動メンバーへ十分な賃金を支払えるか否かということも重視する.この点において,Aさんはいわゆる(無償)ボランティア活動との差別化を意識しており,賃金労働としても成り立つ市民活動だからこそ,継続性のある責任をもった活動(＝自立した活動)となる,と考えているようである.この背景には,1980年代以降の生活学校の衰退状況も関係している.というのも,同時期は子どもの手が離れる女性が多くなり,彼女らは生活学校をやめてパートの仕事を始めるようになっていったという.こう

した状況下で，公共的課題を追究する学習活動とその実践を継続していくために議論を重ねた結果，Aさんたちは「自立」という概念に行きついた．

　Aさんの多様な活動経験を特徴づけるもう一つのトピックが，「市民館分館建設運動」である．生活学校が発足した頃，その活動場所は小学校の仮校舎であった．それはプレハブ造りの非常に粗末なもので，部屋も2つしかなく，とても使いづらいものだったという．恒常的に使用するグループも生活学校以外に多数存在したことから，Aさんたちは正式な市民館分館の建設を求め，1975年から川崎市に対して請願運動を開始した．運動の過程では他地域のコミュニティセンター見学にも出かけ，分館建設のもつ意味をいろいろな側面から学習した．そのなかで社会教育受講や市民活動，そしてその拠点となる公共施設の提供を受けることが，地域のすべての人々にとっての権利であることを再確認したとのことである．この点において，分館建設運動はまさしく権利要求運動であったといってよい．この運動では，地域住民の権利保障という公共的課題をテーマに学習と実践がおこなわれたのであり，そこには彼女らの普段からのスタンスが貫かれていたのである．

　その後，運動はいく多の危機を乗り越え，1985年には分館建設が約束され，2年後の1987年には実際にそれが建設された．ただし，運動により行政に対して「認めさせた」という経緯からか，完成した分館はお世辞にもAさんたちが満足できるような施設ではなかった．さらに，これ以降に建設された川崎市内の分館は比較的立派なものが多かったため，運動の当事者たちには内心悔しい思いがあったが，それでも自分たちの権利として公共施設を勝ち取った意義は決して小さくないと考えているようである．

　彼女は，行政の存在について，公共的活動をめざすがゆえに「かかわらざるをえない」ものと考えているが，地域における市民の「自立」を重視することから，行政に積極的にものをいい，活動の権利を認めさせ，活動支援（制度的，金銭的）を勝ち取っていくことに力点をおく．したがって，行政からの委託事業を中心とする現在の協働施策に対しては懐疑的な立場をとっている．

　Aさんは，自由な市民活動の権利を勝ち取っていくためのノウハウ——議会への請願，陳情，議会傍聴，地域でのシンポジウム開催などなど——を，おもに市民館分館建設運動において，いわばO.J.T.の形で習得していったという．それ以

外にも，いわゆる「流通センター建設反対運動」への参加で学んだことも多かったようである[(5)]．

　市民活動で利用できる施設の整備もその自立的な活動自体も，保障されるべき権利なのだから，とにかく行政にははっきりと要求をすべきと，Aさんは考える．しかし，最近の，とくに福祉団体は行政と拮抗するようなことをせず，いいなりになってしまいがちであるとみており，若年層だけではなく，一般的に「お上意識」はまだ強いと感じている．とくに若年世代はトラブルを避けようとする傾向がみられるといい，彼女としては歯がゆい思いをすることも多々あるとのことである．社会教育を受けながら，市民活動の権利が危機的状況にさらされるのを身をもって経験してきたAさんにとって，行政に対する恒常的な権利要求は不可欠のものであり，その過程を通じて市民活動と行政とがいわば対抗的相補性に基づく関係を築くことこそが重要なのである．

3.2　Bさん・Cさん（あざみ野地区在住）の事例[(6)]

　Bさんは2007年現在62歳で，1985年にあざみ野に移ってきている．結婚後は転勤族となり，全国を転々としたが，東京都内（大田区池上）に居住後，現住所へ移住した．1987年に，子どもの中学校のPTAで知り合った仲間とともに，『My Town あざみ野』というタウン誌制作の活動を始めた．タウン誌活動のきっかけは，開発が進むあざみ野の街のさまざまな生活課題を，自治会単位を超えた中学校区というエリア全体で検討する機会をもちたいと考えたことだったという．当初はごみ集積所の汚れや粗大ごみの不法投棄といった「ごみ問題」をテーマとして誌面編集をし，スタッフが住民や商業施設への取材を進めつつ，各自治会長や商店会代表が同一テーブルで地域の課題を話し合うきっかけづくりをしていった．

　タウン誌活動の資金は，各自治会の会費からまかなわれており（1世帯当たり70円），同誌の発行責任者は中学校区内の5つの自治会となっている．しかし，自治会そのものが実質的な活動をしているというよりは，中学校区内のタウン誌活動メンバーが，各自治会のバックアップを受けながら自由に地域の課題を取材・広報しているというのが実情である．自治会を「巻き込んだ」形のこうした活動方式は，郊外開発以前からの住民——いわゆる旧住民——を中心とした自治会との間に無用な軋轢を生まないために考え出されたという．

このタウン誌活動のメンバーが中心となり，1991年に「ホームケアの集い」という勉強会を開催しはじめた．これは，地域の開業医から診療所を会場として借りて，月2回のペースで医師，保健所の職員，社会福祉協議会の職員，その他専門家などを招いて在宅介護に関する実践的学習をするという企画であり，多いときには40～50名の女性が参加したという．先のタウン誌活動と同様，地域全体の生活課題のひとつである高齢化問題に着目し，住民から行政，専門家までがいっしょにその課題を考える機会をもつことをめざした結果，このような勉強会が実現したとのことである．

そして，勉強会の参加者がその成果を具体的な形にしたものが「ぐるうぷ"あざみ野"」という福祉サポート団体である．この団体ではあざみ野中学校区の高齢者の在宅介護支援をする他，食事会の開催，特別養護養老人ホームのサポートなどをおこなっている．Bさんは現在でもこの団体の役員を務めている．この福祉サポート活動をするに当たって，彼女および団体が重視しているのは，「自分たちのできる範囲で無理なく」活動をすることである．こうした活動方針から，団体内でNPO法人化の話が持ち上がった際には，メンバーで話しあった結果，法人化を見送っている．さまざまな面で「荷が重い」NPOになるよりは，現行の活動形態の方が自由度や自主性，また「創造性」を発揮できるのではないか，と考えたゆえのことである．

Bさんは，タウン誌活動や「ぐるうぷ"あざみ野"」の活動を「事業」や「仕事」としてとらえてはおらず，自分たちの地域をよい場所にしていくために，志をともにする仲間とできることをおこなっているだけだと考えている．

この他，彼女は生活クラブ生協や，そこでのつながりから神奈川ネットワーク運動にも参加していた．生活クラブ生協については，あざみ野地区に移る以前から「子どもの食生活」を考えて加入していたというが，移住後は支部委員を務めるなど，より積極的な活動をするようになった．そして，この地域では「女性からの視点」を意識した活動や政治に熱心な人々が周囲に多かったこともあり，比較的自然に神奈川ネットワーク運動にも参加し，同年代の「仲間」である女性議員候補に対してさまざまな支援活動をおこなってきた．これらの活動と先のタウン誌活動との間にほとんど関連はなく，人的ネットワークにもほぼ重なる部分はないが，Bさん曰く，「女性からの視点」で考えるという点では，理念に共通

するものもあるのかもしれないということである．

　タウン誌活動を中心に考えるならば，先述のAさんとは異なり，Bさんは，自分たちの市民活動の公共性をそれほど意識しない．地域全体の生活の質が向上してほしいとは考えているものの，自らの活動が「一般化」可能なものでなければならないとまでは考えない．自分たちは地域の課題を皆で考え，議論したことを活動として反映させているのであり，それ以上でもそれ以下でもないとする．そうしたちがいが，行政との関係に対する態度にも表れていると思われる．彼女は，活動へ行政からの協力が得られるのであれば，利用するのはかまわないと認識している．ただし，「創造性」に欠ける行政サービスの下請けをするのではなく，あくまでも自分たちで自主的に決めた活動を進めていきたいと考えている．それを維持したうえで，行政と連携がとれるのであれば，それはよいことなのではないか，ということである．

　行政に対するこうした「距離」感については，タウン誌活動の代表を務めるCさんもほぼ同様の感覚をもっているようである．Cさんは2007年現在60歳で，あざみ野には1980年前後に移り住んでいる．地域の生活課題を関係者全員が立場を超えて検討する，というタウン誌活動の核となる考え方は，Cさんが中心となって提案したものであった．彼女は，あざみ野の人々が自らの地域をよくするために学習したり何らかの活動をしたりするための，さまざまな「仕掛け」をつくってきたと自負する．自治会での子供会活動の他，日本では初めての女性によるロータリークラブの立ち上げと運営，また先述の「ホームケアの集い」という勉強会の企画運営など，Cさんはこの地域における多くの活動に携わってきた．

　精力的な活動へのモチベーションは，生まれ育った地域（石川県金沢市）で培われた地域貢献意識からくるものであり，それは自然に湧き上がってくるものだと彼女は語っている．異なる地域から移り住んできた人々で構成される郊外地域だからこそ[7]，あらゆる関係者が協力して地域の生活課題に取り組むべきだとし，そのための「仕掛け」の重要性を強調するのである．タウン誌活動はその「仕掛け」の中心となるものであり，実際にタウン誌活動にかかわった人が，それをきっかけとして別の市民活動へと進んでいった例が「ぐるうぷ"あざみ野"」以外にもいくつかあるという．こうして，地域固有の生活課題に関心をもつさまざまな女性たちが，それぞれの能力を活かしながらタウン誌活動やそこから派生した市

民活動へ参加し，あざみ野という地域を支えてきたということである[8]．

　Cさんは先のBさんと同様，市民の自発性・自主性を尊重したうえでの行政と市民活動との連携を歓迎する．むしろ，市民活動に対する行政の消極性を問題視している．行政も地域の生活課題を「共に」考えるべき関係者である以上，同一のテーブルについて地域住民の率直な意見を聞き，適切なアドバイスをして欲しい，という要望を強くもっている．しかしこれは，われわれのサーベイ調査における「とりまとめ・直接指導など」を指すわけではなく，行政側も市民とあくまで対等な立場で地域のことを考え，議論をしたうえで，行政の担当領域から可能な支援をしてほしいという考え方を示している．こうしたスタンスはBさんとCさんに共通してみられるものであった．

　その意味で，たとえば先のBさんは，市民の自発的な地域活動をスムーズに進めるためには，「拠点」となる場所が重要なので，その整備を行政に求めたい気持ちがあると語っており，またCさんも，関係者が集まり議論する機会の持続的バックアップとそこへの積極的な参加，ハード面での整備などについて，行政に対する要望を述べていた．このように，BさんおよびCさんの事例では，行政は権利保障を求める相手として意識されているのではなく，市民による自由な地域活動を対等な立場から必要に応じてサポートする（べき）機関として，とらえられているといえよう．

4．知見のまとめと議論

　以上，今回得られたいくつかの知見をまとめると，まずサーベイの結果では，学習活動や各種ボランティア活動の団体への参加経験をもつ人が行政に対して条件整備という限定的役割を求め，市民活動との間に「距離」をおく傾向がみられた．また，集団参加経験をパターン化したうえで行政役割に対する意見との関連をみてみたところ，多様な集団への参加経験がある多重参加型の特性をもち，かつ郊外開発が急激に進んだ20〜35年前に当該地域に住み始めた人々に，同様の傾向が確認された．

　郊外開発による人口急増期に当該地域に住み始めた人々が，移住直後から地域での生活課題に多く直面してきたことは想像にかたくない．インフラ整備からコ

ミュニティ内の人間関係の調整――たとえばいわゆる地着き層・旧住民と新住民との軋轢など――に至るまで，新たに開発された地域ゆえに起こるいろいろな課題が存在してきたと思われる．そうした状況下において，自発的な市民活動を通じて問題改善・解決を積極的に図ろうとする人々が一定数現れてくるのは，自然なことなのかもしれない．その中でも，複数の活動に参加するような，いわば地域における市民活動の中核となる人間は，活動の経緯で行政との関係を意識する，あるいはせざるをえない機会が多くなってくると考えられよう．そうした機会の経験が，条件整備という限定的役割を行政へ求める志向性に影響を与えていると，ここでは解釈できるのではないだろうか．

しかしながら，事例調査からうかがい知れるのは，行政と一定の「距離」をとろうとする人々が，皆かつての住民運動隆盛期（1960年代後半〜1970年代ごろ）にみられた権利要求型の意識をもっているとは限らないということであり，名目上は条件整備という同じ役割を要求したとしても，その背景にある意識には地域間で差異がみられるということである．確かに，学習活動・勉強会を基点としてその成果が市民活動へとつながる例は，菅生地区，あざみ野地区の双方でみられた．しかし，前者では社会教育を通じて公共性をもつ市民活動が志向されたのに対し，後者で強く意識されていたのはあくまでも地域内におけるアクターの協働性と成果の地域への還元である．

このような地域によるちがいには，各々の開発・発展時期やそれをとりまく社会背景の差異によるところが大きいと推察される．1960年代終盤から開発が進んだ菅生地区では，コミュニティ行政や革新自治体が隆盛した社会背景が色濃く出ており，そうした事情が，社会教育を通じた市民活動や，権利要求を軸とした行政との対抗的相補性に基づく関係というものを生み出してきたのではないだろうか．開発されて間もない頃から居住している層は，市民活動と権利要求運動が不可分であるような社会的経験をすることにより，行政に対して限定的な役割を求める意識を醸成してきたと考えられるのである．

一方，あざみ野地区の開発・発展時期は1980年代以降であり，行財政改革などを理由に，すでに行政が地域コミュニティから「撤退」し始めていたという時代背景から，行政と地域における市民活動との接点自体がはじめから少なかったという事情がある．Bさん，Cさんとも「行政は（タウン誌活動をしている）自

分たちから声をかけてもほとんど反応してくれず，自治会長（および役員）を通じた最低限のコミュニケーションしかしてくれなかった」と語っている．そうした状況下で，彼女らは自分たちで動員可能な資源を活用しつつ地域で活動を続けてきたといえる．

なお，こうした「自前」の活動を考えるうえでは，あざみ野地区居住者の階層特性にも留意すべきであろう．「ホームケアの集い」という勉強会を例にあげるならば，会場を地域の開業医が提供し，医療従事者でもあるCさんのネットワークを介して講師を手配するなど，ある程度高階層の人々に特徴的な資源動員が可能であったからこそ，この地域では行政との関係を意識せずとも自由度・自立性の高い活動が可能であったと思われる．しかし，事例にもあったように，行政側も市民と対等な立場で地域の生活課題を検討したうえで，担当領域からバックアップをしてほしいという要望はつねに持ち続けられてきたのであり，単なる施設整備にとどまらない広義の「条件整備」を求める意識が，ここには存在するのである．言い換えるならば，彼女らは本来的な意味での「協働」をめざす立場から，その役割分業において，行政には市民活動のための条件整備という限定的な役割を要求している，ということではないだろうか．

いうまでもなく，本章では，対象とした郊外地域における市民活動と行政との関係についてその一端を考察したに過ぎない．さらなる知見を得るためには，菅生地区およびあざみ野地区のそれぞれにおいて，事例からうかがわれたような地域特性を考慮した精緻な調査が必要であると思われる．それにより，たとえば協働施策のあり方に関するより具体的な問題点の指摘も可能となるのではないだろうか．

【注】

(1) サーベイ調査の詳細については，第3章を参照のこと．本章では，基本的にあざみ野地区と菅生地区を合わせたエリア全体を早期から市民活動がさかんであった郊外地区として位置づけ，そこに居住する30歳以上の女性全体を理論的な母集団とし，分析を行う．
(2) 後述するが，菅生地区とあざみ野地区では開発時期にずれがあるため，郊外開発による人口急増期をこのように幅広く設定している．
(3) ただし，ここで事例として取り上げるのは，2つ以上の市民活動あるいは運動に参

(4) 聞き取りは，2006年8月28日にAさんが参加する地域福祉サービス団体の事務所にて2時間ほど実施した．
(5) なお，「流通センター建設反対運動」の中心人物がその後共産党の議員となり，後に分館建設運動を支えてくれたとのことである．
(6) Bさんへの聞き取りは2007年6月29日に，Cさんへの聞き取りは2007年7月21日にそれぞれ実施した．前者についてはあざみ野駅近くの山内地区センターのロビーにて2時間ほど，後者についてはあざみ野市街地にあるレストランにて3時間ほどかけておこなった．なお，Cさんに関しては，その後タウン誌活動のメンバーであるDさんも交えてあらためて聞き取りをおこなった．
(7) Cさんは，あざみ野に移り住んで間もない頃，子どもが通う小学校の協力のもと，全学年・全クラスの子どもたちの親の出身地を調査票により調べたそうである．その結果，親の出身地が日本全国に分散していることがわかり，「このような地域がまとまっていくには困難なことが多いだろう」と考えたという．
(8) タウン誌活動やその他市民活動への参加について，Cさんは参加者それぞれの「得意分野」を活かすことが大事であると語っていた．たとえば『My Townあざみ野』の活動でも，広報・交渉，誌面のイラスト制作，主催イベントでの司会といった仕事は，それぞれ経験・知識・技術をもつ人間が自然に担当しているようである．

【文献】

あざみ野地区各自治会長編，1989～2006, 『My Townあざみ野』, 5～47.

原田謙, 2003, 「女性の地域集団参加パターンからみた住民層の分化――東京都品川区の調査より」, 『総合都市研究』, 81, 49-60.

小山雄一郎, 2006, 「市民活動と行政の役割――集団参加経験との関連を中心として」, 玉野和志編『都市の構造転換とコミュニティの変容に関する実証的研究』, 平成15～17年度科学研究費補助金研究成果報告書, 195-204.

三橋弘次, 2003, 「ぐるうぷ　あざみ野」, 玉野和志編『市民活動団体調査報告書――横浜市青葉区・川崎市宮前区周辺を事例として』, 東京都立大学都市研究所・共同研究Ⅰ「大都市における環境と社会経済システムの再編に関する総合的研究」成果報告書, 18-20.

日本版PPP研究会, 2002, 『日本版PPP（Public Private Partnership：公共サービスの民間開放）の実現に向けて――市場メカニズムを活用した経済再生を目指して（中間と

りまとめ)』経済産業省・経済産業研究所.

西山志保, 2007,『[改訂版] ボランティア活動の論理——ボランタリズムとサブシステンス』東信堂.

岡田章宏, 2003,「「公私協働」の政策動向」, 室井力編『住民参加のシステム改革——自治と民主主義のリニューアル』日本評論社, 38-54.

白石克孝, 2003,「パートナーシップと住民参加」, 室井力編『住民参加のシステム改革——自治と民主主義のリニューアル』日本評論社, 96-114.

高木竜輔, 2003,「地域福祉サービス　ぐみの家」, 玉野和志『市民活動団体調査報告書——横浜市青葉区・川崎市宮前区周辺を事例として』, 東京都立大学都市研究所・共同研究Ⅰ「大都市における環境と社会経済システムの再編に関する総合的研究」成果報告書, 7-14.

玉野和志, 2003,「市民活動団体調査の知見と考察」, 玉野和志編『市民活動団体調査報告書——横浜市青葉区・川崎市宮前区周辺を事例として』, 東京都立大学都市研究所・共同研究Ⅰ「大都市における環境と社会経済システムの再編に関する総合的研究」成果報告書, 94-99.

玉野和志, 2005,『東京のローカル・コミュニティ——ある町の物語一九〇〇－八〇』東京大学出版会.

第16章　女性の職業経験と地域活動
―― 郊外後続世代に注目して

三橋弘次

1. 問題の所在

「主婦（女性）」と「労働者（男性）」から成る典型的な家庭像に見出せる性別分業の規範は，きわめて歴史的なものである[1]．近代資本主義の発達以前，まだ職住（職場と生活の場）が一致していた頃には，公私の分離は明確ではなく，「労働」が，今日のように職業労働（ペイド・ワーク）だけを意味するわけでもなかった．だが，近代資本主義の発達とともに，大量生産を目的とし，生活の場から分離させられた職場（典型的なものが工場）ができあがる．こうして，「労働」は職業労働を意味するようになり，職住の分離（公私の分離）が生じたのである．大量生産には長時間労働に耐えうる大量の労働力が不可欠であり，安定的に労働力を供給する仕組みが必要となった．

そこで，女性による「労働」が，母性保護を名目に，法的に規制される[2]．この規制には，女性は「労働」領域と分離された家庭において，家事（労働力の再生産活動，子育てを含む世話）に専従するもの，という規範的な意味が込められていた．同時に家事〈労働〉は職業労働としての「労働」と区別され，無償化されたのである．こうして誕生したのが「主婦」であり，その「主婦」によって維持される家庭こそが，労働力の安定的供給源となっていく．このように，男性が「労働者」として家庭の外に出て稼ぎ，女性が「主婦」として家庭で家事を無償で担うという規範的な性別分業は，職住分離の進んだ近代資本主義の発達以降に成立した，きわめて今日的なものなのである．実際，専業の「主婦」という生き方の大衆化が高度経済成長期の終わり頃であったことは頻繁に指摘されるところではあるし（国広 1993：75），このことを裏返してみれば，日本の戦後の高度経済成長を支えたものこそ，今日的な性別分業の規範にほかならない（瀬地山 1995：231）．

さて，これまで強調されることは少なかったが，実はこうした「主婦」と「労

働者」から成る典型的な家庭像に見出せる性別分業の規範の歴史性は，今日の都市の空間構成（都市開発のあり様）と密接なかかわりをもっている．一見無関係のようにみえるが，両者は相互に影響し合う関係にあるのである．具体的にまず今日の都市の空間構成は，今日的な性別分業の規範を反映して，職住が分離する形をとっている．すなわち，おもな職場は都心部に集中し，家庭生活を営む空間は郊外におかれている．

翻って，そうした性別分業の規範を反映した都市の空間構成は，性別分業の規範に沿った典型的な男女の生き方＝働き方（つまり女性にとっては「主婦」，男性にとっては「労働者」）を助長する．実際，それは，「労働者」が家庭責任の一切を「主婦」に任せ，家庭を離れて過労死するほど働くことを可能にする一方で，家庭責任を背負わされた「主婦」が家庭から離れた都心に出て「労働」することをきわめて困難にしてきたのである．

もちろん，家庭責任を果たすうえで支障にならない程度に近隣でパート労働をする「主婦」という典型像（いわゆる「M字型就労カーブ」を構成してきたもの）も，こうした都市の空間構成によって説明されうる部分が大きい．実際，家庭生活を営む空間としての郊外には，家庭生活を支援するスーパーマーケットをはじめとしたさまざまな商業施設が整えられているのだが，そうした郊外施設が，家庭責任があるため都心でのフルタイム労働は無理だという「主婦」たちに格好の「労働」機会を提供してきたのである．ただし見方を変えれば，そうした郊外施設は「主婦」という安価なパート労働力に依存している面もあり，それゆえ「主婦」という存在なしに郊外も成り立たないともいえよう．

また，（本書に収められている各論考が共通して関心をもってきた）郊外で地域の市民活動の中核を担ってきた「主婦」像についても，単に「高学歴で就労していない」という存在（瀬地山 1995：231）というだけでなく，都市の空間構成が背景にあることを考慮に入れると，より深い理解が得られる．すなわち，都市の空間構成の結果として「労働」から引き離され，性別分業の規範を受け入れた「主婦」だからこそ，地域活動に「労働」と（まったく同じものではなくても）同じだけの価値づけをし，と同時に企業や行政との利害関係をもつ「労働者（男性）」にはできないこととして，それを積極的に担っていったのである．

このように，今日的な都市の空間構成には，近代以降に成立した「主婦（女性）」，

「労働者（男性）」から成る典型的な家庭像に見出せる性別分業の規範が大いに反映していると同時に，彼女ら／彼らの生き方＝働き方の典型的なあり様は，都市の空間構成によって助長されてきたのである．ここから，本書共通の目的，すなわち大都市東京の郊外の形成とそこでの女性の社会的実践を理解するためには，都市に生きる男女の働き方，つまり「労働」経験のあり様にも光を当てる必要があることがわかる．ゆえに本章に課された課題は，とくに郊外で生きる女性の「労働」経験との関連で，そこで彼女たちが中心となって担ってきた地域活動の特徴を明らかにすることである．

本章に課せられた課題について議論を具体的に進める前に，この課題に取り組むえで留意すべき点を述べておこう．既に述べたとおり，今日の都市の空間構成に反映された性別分業の規範は歴史的なものであり，変化する．事実，1985年の男女雇用機会均等法の制定が象徴的だが，近年のさまざまな社会制度的な変化を背景に，男女の「労働」経験は変化しつつある．かつてのように女性が「労働」から（あからさまに）排除されることはなくなった．結婚をしても「労働」を継続する女性が（少なくとも表向きには）当たり前になった．

こうした点を考慮するならば，郊外「主婦」の「労働」経験の変化によって，彼女たちが中核を担う地域活動のあり様も変化してきているのではないかと推測しうる．実際，別の研究でも，郊外で地域の市民活動を中核的に担ってきた「主婦」は，必ずしも世代を超えて画一的な性格を持ち合わせているわけではないことが示唆されている．例えば玉野の論考では，地域活動のあり様について「とりわけ50歳代が境界的な性格をもつ」（玉野 2006:166,本書第13章も参照のこと）と指摘され，世代差の存在が示唆されている[3]．また，高木の分析（同第19章）でも，55歳前後を境として，それより上の世代は，地域での学習活動からやがてより政治的な志向を強めていったのに対し，それよりも下の世代は，職業労働への志向を強めるとともに，地域活動における政治的な志向を弱めていったことが示されている．

つまり，課せられた課題について詳細に論ずるには，郊外で生きる「主婦」の「労働」経験が世代によってどのように現象しているかとの関連で，彼女たちが中心的に担ってきた地域活動のあり様を検討する必要があるのである．具体的に，かつて都市の空間構成によって「労働」から離された結果，地域活動に「労働」と（まっ

たく同じものではなくても）同じだけの価値づけをして，それを積極的に行っていた「主婦」たちを「郊外第一世代」と呼ぶならば，その「後続世代」[4]は「労働」することが当たり前となった時代を生きてきた「主婦」たちであるといえよう．本章では，サーベイ調査のデータ分析と合わせて，そうした「後続世代」の事例を提示し，その「労働」経験に着目して，両世代の地域活動のあり様を考えてみたいと思う．

2. サーベイ調査からみる「主婦」の職業労働経験の世代差と地域活動の特徴

本節では，サーベイ調査のデータ分析結果から，この地域の女性たちの年代ごとの「労働」経験（職業労働経験），ならびにそれらと地域活動との関連を概観しておく．

まず，この地域の女性たちの職業労働の経験をみておこう．データから，次の3つの職業労働経験のパターンを抽出した[5]．すなわち，(1) 現在までずっと就業している「一貫就労型」，(2) もともと不就業，または結婚や子育てなどで不就業だったが，現在は就業している「再就職型」，(3) もともと不就業，または結婚や子育てなどで退職後，現在は不就業である「退職・専業主婦型」，という3パターンである[6]．その単純集計は，「一貫就労型」が15.1%，「再就職型」が32.7%，そして「退職・専業主婦型」が52.2%となっている．

さて，こうした職業経験のパターンは，年代別にどのようなちがいを示しているのであろうか．結果は表16.1のとおりである．具体的に，まず，先進国では日本くらいにしか残っていないといわれる「M字型就業パターン」（典型的には常雇→結婚退職→パートに再就職というパターン）が，このサーベイ調査の対象地域の女性からも明確にみてとれる．すなわち，「再就職型」が，35-39歳から徐々に増加し始め (25.0%)，40-44歳の層で37.5%，45-49歳ならびに50-54歳ではその年齢層のマジョリティを構成し（それぞれ50.0%，46.2%），55-59歳の層でも40%を超えている．一方で，「退職・専業主婦型」は30歳代では50%を維持しているものの，40-44歳で41.7%，45-49歳で29.2%，50-54歳で35.9%と，「再就職型」とほぼ真逆の動きをしている．こうした傾向は，女性にとって結婚・出産・

表 16.1　職業キャリアと年代のクロス表

(%)

	30-34歳	35-39歳	40-44歳	45-49歳	50-54歳	55-59歳	60-64歳	65歳以上	合	計
一貫就労型	26.7	20.0	20.8	20.8	17.9	8.7	20.0	4.3	15.1	(37)
再就職型	20.0	25.0	37.5	50.0	46.2	41.3	23.3	14.9	32.7	(80)
退職・専業主婦型	53.3	55.0	41.7	29.2	35.9	50.0	56.7	80.9	52.2	(128)

子育てというライフイベント効果が依然として大きいことを意味しているのだろう．だから，典型的な「女性のライフコース」に沿った動き（その象徴がM字型就労パターン）が堅固にここに示されているのである．だとすれば，調査時点で30歳代の「退職・専業主婦型」の女性は，結婚や出産を機に仕事を辞めているため「退職・専業主婦型」に属しているにすぎず，その後もずっと「退職・専業主婦型」のままでいるわけではない，と推測しうる．その多くは，40歳代，50歳代で子育ての進展と関連して再就職をし，やがて60歳代で退職するというライフコースをたどる可能性が高い．

さらに，「再就職型」や「退職・専業主婦型」の女性について詳細を見たとき，この地域の女性たちが形作るM字型就業パターンの内実を確かめることができる（表は煩雑ゆえ省略）．まず，「再就職型」の女性についてみてみると，過去に就いていた職の就業形態の81.3%が常勤雇用であったのに対し，現在就いている職の就業形態の69.3%は非常勤・派遣・パートとなっている．また，「再就職型」の女性の過去職勤務地をみると東京23区が多い（46.7%）のに対し，現職勤務地の中心は近隣・横浜・川崎となっている（78.5%）．つまり，この地域で「再就職型」に属する女性は，結婚以前は都心で常勤雇用の形で働き，結婚や出産を契機として，家庭責任を担える範囲内，すなわち家の近くでパートとして働く，M字型就業パターンをとっていることがわかる．同様に，「退職・専業主婦型」の女性が過去に就いていた職についてみても，81.1%が常勤雇用で，46.7%が東京23区で勤務していたと答えており，つまるところ調査対象者の女性は，結婚前は都心の大企業で働き，結婚を契機に退職しそのまま専業主婦となるか，あるいはその後，家の近くでパートタイム「労働」をし始めるという「主婦」の生き方＝働き方を示しているのである．こうした傾向は，女性の職業経験パターンが結婚を契機として大きく方向を変えていることを示している諸先行研究（たとえば，森ほか1999，中井・赤地2000）の示唆とも適合的である．

表 16.2 「一貫就労型」の非／家族従業者と年代のクロス表

(%)

	30-34歳	35-39歳	40-44歳	45-49歳	50-54歳	55-59歳	60-64歳	65歳以上	合計	
家族従業者	0.0	0.0	20.0	40.0	14.3	50.0	60.0	50.0	27.8	(10)
非家族従業者	100.0	100.0	80.0	60.0	85.7	50.0	40.0	50.0	72.2	(26)

　このように，一見すれば現在30歳の女性も，40歳，50歳，60歳の女性と同じライフコースをたどりつつあるようにみえる．つまり，「主婦」の生き方＝働き方が，郊外において，世代を超えてまったく同じように再生産されているようにみえる．だが，世代間には見逃すことができない差異もあった．具体的には次のようなことである．まず，表16.1において「一貫就労型」が各年齢層に一定程度（20％前後）みられる点に注目してほしい．この内実は，現職の就業形態とクロスさせたときに明らかになる（表16.2）．

　すなわち，そこには「家族従業者」の存在があるのである．「一貫就職型」の一部は，おもに結婚で自営業の家に嫁いできた女性なのである．具体的には55歳を境に，55歳未満では家族従業者はわずか16％に過ぎないのに対し，55歳以上では46.7％とほぼ半分にのぼっている．今日の日本では，職業労働のキャリア経験は労働市場参加という意味で考えられがちであることからすれば，調査対象地域の「主婦」たちの「労働」経験のあり様（当事者自身の職業労働経験に対する解釈を含む）が55歳を境として，年代によって質的に異なることがわかり，単純に「主婦」が普遍的に再生産されているわけではないことが推察される．

　また，煩雑さを避けるために表は省略するが，各職業経験のパターンにおける「常勤雇用率」をみたときにも，世代間の差異がみえてくる．具体的には，「再就職型」と「退職・専業主婦型」の女性の過去職における常勤雇用率は，55歳を境に異なっているようにみえる．すなわち，「再就職型」の場合，55歳未満では84.1％が過去職において常勤雇用であったのに対し，55歳以上では77.4％だった．「退職・専業主婦型」の場合も，55歳未満では93.2％が過去職において常勤雇用であったのに対し，55歳以上では72.6％にすぎない．さらに，「一貫就労型」の女性の現職における常勤雇用率をみても，同様の傾向がみられるのである．すなわち，55歳を境として，55歳未満では48％と，ほぼ半数が常勤雇用であるのに対し，55歳以上だと9.1％にすぎない．この結果からも，世代を超えて同じ「主

表 16.3 地域活動参加と年代のクロス表
(%)

	30-34歳	35-39歳	40-44歳	45-49歳	50-54歳	55-59歳	60-64歳	65歳以上	合	計
生活クラブ型	13.3	25.0	20.8	16.7	15.4	23.9	0.0	6.4	14.8	(36)
趣味スポーツ型	46.7	20.0	41.7	29.2	30.8	15.2	20.7	25.5	26.6	(65)
多重参加型	13.3	20.0	8.3	16.7	23.1	32.6	48.3	42.6	28.7	(70)
PTA・子育て型	26.7	35.0	25.0	29.2	10.3	8.7	6.9	2.1	14.3	(35)
伝統的組織型	0.0	0.0	4.2	8.3	20.5	19.6	24.1	23.4	15.6	(38)

表 16.4 地域活動参加と職業キャリアのクロス表
(%)

	一貫就職型	再就職型	退職主婦型	合	計
生活クラブ型	11.1	16.3	14.8	14.8	(36.0)
趣味スポーツ型	41.7	26.3	22.7	26.6	(65.0)
多重参加型	19.4	27.5	32.0	28.7	(70.0)
PTA・子育て型	16.7	16.3	12.5	14.3	(35.0)
伝統的組織型	11.1	13.8	18.0	15.6	(38.0)

婦」の生き方が再生産されているわけではないことが推察される．同じ「一貫就職型」でも，同じ「再就職型」でも，同じ「退職・専業主婦型」でも，55歳を境に，55歳以下ではフルタイムでの「労働」経験をすることが「自然」となっている．このように，職業労働の経験については，世代間に差異が存在することがわかる．

次に，こうした職業経験のパターンにみられる年代差を踏まえて，この地域の女性たちが呈する地域活動参加のパターン[7]，すなわち（1）ほぼ全員が生活クラブ生協に参加する「生活クラブ型」，（2）趣味・スポーツを除き地域活動に積極的ではない「趣味スポーツ参加型」，（3）あらゆる活動に参加している「多重参加型」，（4）子育て活動に積極的に参加する「PTA・子育て活動参加型」，（5）町内会や政治・宗教団体へ参加する「伝統的組織参加型」についてみてみよう．

まず，地域活動参加と年代をクロスした場合（表 16.3），30歳代，40歳代で「PTA・子育て活動参加型」が多く，50歳代以上で「多重参加型」が目立つなど，地域活動参加については年代（女性のライフコース）の効果が強いことがわかる．反面，原田（2006）も指摘しているとおり，職業労働の経験と地域活動参加のパターンに強い関連は見出しにくい（表 16.4）．

とはいえ，例えば「一貫就労型」の女性において，趣味・スポーツ活動を除き

地域活動に積極的ではない「趣味スポーツ型」が顕著であったり（「一貫就労型」の 41.7%），「退職・専業主婦型」の女性において「多重参加型」が多い（「退職・専業主婦型」の 32.0%）など，年代だけでなく，職業労働の経験のパターンを反映した形で地域活動がなされていることも否定することはできない．また，表は省略するものの，「伝統的組織参加型」については，「退職・専業主婦型」の 50 歳代以上が圧倒的な構成メンバーになっている．結局のところ，常勤雇用で働いている者にとって，時間的に考えて，地域活動への「多重参加」は実質的に不可能に近いだろうし，一方で，「退職・専業主婦型」の女性だからこそ，「多重参加」が可能だともいえ，年代効果と相まって職業労働経験のパターンと地域活動経験のパターンは確かに関連しているといえる．

　また，「再就職型」の女性については，50 歳未満の層では「PTA・子育て活動参加型」が目立つ一方で，40-54 歳で「趣味スポーツ型」が多く，また 55 歳以上の年代では「多重参加型」が顕著である点が指摘しうる（表 16.5）．確かに，ここでも年代効果が強くみてとれるが，既述したとおり，55 歳を境として職業労働の経験の質的な差異がみられたことを考慮に入れるならば，「再就職型」の女性においてみられる地域活動のあり様の差を，単なる年代効果とみてしまうのは短絡的に過ぎると思われる．むしろ，そこには直接的にせよ，間接的にせよ，職業労働の経験の世代差が反映されていると疑っても，ひどく的外れではないように思われるのである．とはいえ，残念ながらサーベイ調査のデータ分析だけでは，それを確かめることはむずかしい．

　だとすれば，55 歳を境にして「労働」経験のあり様が異なるという示唆と，それとの関連で，地域活動のあり様の年代差について，別に考察してみる必要があるだろう．すなわち，具体的に年代によってどのように「労働」経験が異なり，それとの関連で，どのように地域活動の特徴が異なるのだろうか．そこで次節以

表 16.5 「再就職型」の地域活動参加と年代のクロス表

(%)

	30-34 歳	35-39 歳	40-44 歳	45-49 歳	50-54 歳	55-59 歳	60-64 歳	65 歳以上	合	計
生活クラブ型	0.0	40.0	11.1	8.3	16.7	26.3	0.0	14.3	16.3	(13)
趣味スポーツ型	0.0	0.0	33.3	50.0	38.9	5.3	28.6	28.6	26.3	(21)
多重参加型	33.3	40.0	11.1	8.3	16.7	31.6	57.1	57.1	27.5	(22)
PTA・子育て型	66.7	20.0	33.3	25.0	11.1	10.5	0.0	0.0	16.3	(13)
伝統的組織型	0.0	0.0	11.1	8.3	16.7	26.3	14.3	0.0	13.8	(11)

降で，若干の事例の検討からこの課題に取り組んでみたい．

3．事例でみる後続世代の「主婦」の職業経験と地域活動の特徴

　前節では，サーベイ調査のデータ分析からみえてきた「労働」経験の世代差との関連で，地域活動の特徴について考えてみる価値があることがわかった．そこで本節では，サーベイ調査対象地域における，後続世代の「再就職型」の事例（Aさん，40歳，2006年8月2日インタビュー）を提示し，第15章で扱われた60歳代の女性（郊外第一世代の「主婦」）の事例との比較から，この世代の「労働」経験に注意をはらいつつ，この世代の「主婦」たちの地域活動の特徴について考えてみたい[8]．なお，以下で取り上げる事例のAさんは，高齢者介護について活動を行っている地域活動団体「あざみ」（仮名）から，同団体のメンバーで，最近「再就職」し活動を離れた方で，この団体における「再就職型」の典型として紹介を受けた．

　　＜就職，そして起業＞
　　Aさんは，普通科高校を卒業した1980年代半ば，地元九州で大手製造業の子会社の事務職に就職する．しばらくして，事務職以外の「別の仕事をしたい」と上司に直訴した結果，企業や役所などの顧客向けにコンピュータを指導する仕事に転属させてもらうことができたという．ちょうど親会社と大手IT企業が共同で新しいOSを開発するプロジェクトが立ち上がり，Aさんはそれにもかかわるようになり，ソフト開発もおこなうようになる．この間に，親会社のコンピュータ関連事業のある首都圏へ転勤となるものの，高卒かつ女性ということで給料が十分ではなく，親元から離れて暮らすには経済的に苦しかったという．こうした事情もあり，まさにバブルの絶頂期に，上司と一緒に起業し（Aさんは副社長就任），そこで複数の大手IT企業の下請けを行うことになる．25歳にして年収1,000万円を超えていたという．
　　＜結婚，そして退職＞
　　仕事がますます忙しくなる中で，Aさんは九州時代に知り合った大手IT企業に勤める男性と26歳で結婚する．結婚直後，夫がアメリカ西海岸に転

勤となり，Aさんは「復帰しようと思えばいつでも復帰できる」，「アメリカ生活もいい経験」と退職する決断をし，3年間アメリカ暮らしをする．アメリカ移住後すぐに長女を出産した．帰国後，夫の勤務先への通いやすさを考えて，あざみ野に居を構える．程なくして（帰国後1年ほどで）子どもが幼稚園に通い始め，この時点で仕事を再開するかどうしようか悩んだという――とくにコンピュータ技術の進歩は早く，再開するなら早い方がよいという焦りもあったそうだ．だが，娘大切さに「自分が〔娘から〕離れられなくて」，そうこうしているうちに（帰国後1年半くらいで），まったく予期せず，関西に住んでいた夫の両親を引き取ることになってしまったという．引き取った際，義父はアルツハイマー，嚥下障害，肺炎，栄養失調，貧血，前立腺癌，前立腺肥大などを患っていて，義母も痩せて歩行困難となっていて，認知症の気もあったという．こうしてAさんの介護生活が突然始まった．この介護生活が，結局約6年間続くことになるとも知らずに．

＜介護生活から地域活動へ＞

当時の高齢者介護事情は，「介護は家庭責任で」というものであり，否応なくAさんが夫の両親をすべて面倒みることになる．しかし，介護の過重な負担のため，介護生活を始めて1，2カ月でAさんは病気になり倒れてしまう．熱が1週間下がらず，地元の病院に行くと，そこで民生委員と高齢者介護の地域活動団体「あざみ」を紹介されたという．こうして「あざみ」から物理的，精神的な支援を得られ，Aさんはずいぶん楽になったという．また，程なくして，義父は特別養護老人ホーム（以下「特養」）に入所することができた．さらに，Aさんの献身的な介護の結果，義母の体調も徐々に回復し，自分の兄弟がまだ存命である関西に帰りたいと言い，義母だけ関西の実家に戻って行ったそうである．一方，義父については，Aさんが毎日のように義父のいる特養を訪問し，亡くなるまで義父のケアを続けたという．

「あざみ」に参加し，地域活動を始めたのは，介護生活も3年ほど経過し，落ち着いた頃だったという．そもそもAさんは介護支援を受ける側だったわけだが，義父の状況が落ち着き，介護生活に役立つのではないかとヘルパー2級の資格を取得する．そして，「あざみ」の活動に参加し始める．「あざみ」でボランティア活動を始めた理由は，義父母のことでの恩返しだったという．

＜地域活動とパートタイム「労働」と＞

「あざみ」でボランティア活動を始めて1年後，Aさんは知り合いに個人的に誘われて，今度は在宅で介護をしている家族介護者の悩みを聞き，手助けをするボランティア活動を始める（インタビューの前年には，そのボランティア団体の副代表も務め，現在も精力的に活動を続けている）．加えて2年前には，別の知り合いに誘われてボランティア・コーディネーター研修を受けた後，ボランティア・コーディネーターのボランティア活動を始め，インタビュー時には月10日ほど無償で活動していると語っていた．

また，Aさんはボランティア・コーディネーターをし始めたのと同じ時期に，パートの仕事を始めている．しかし，自分から有償で働こうとしたのではないという．実は，介護者を助けるボランティアのつながりで知り合った人から，彼が経営するデイケア施設で是非働いてほしいとお願いされ，インタビュー時も，週2回有償で働いていると語っていた．ただし，義父が亡くなった今，被介護者と接する場が必要だと思い，お手伝いしているのであって，決してお金のためにやっているわけではないことを強調していた．今，有償で働いているのは，結果としてそういう形になっているだけであるという．Aさんは25,6歳のときに年収1,000万円以上稼いでいたので，そのくらいもらわないと仕事はしたくないという気持ちもあるのだそうである——「自分の時間をつぎ込んだ代償に見合うものをもらわないと」．

このようにさまざまな活動で多忙ゆえ，「あざみ」の活動は現在休止している．その一方で，現在中学1年生になった娘の帰りの時間には必ず家にいるようにしているなど，今も娘第一だそうである．

以上，Aさんの事例をみてきた．ここから読み取れる後続世代の「主婦」たちの地域活動の特徴については，次節に譲ろう．

4．後続世代の「主婦」たちの職業経験と地域活動に関する考察

本節では，サーベイ調査のデータ分析ならびに事例から後続世代の「主婦」の「労働」経験との関連で読み取れる，地域活動の特徴についての若干の考察を展開し

第 16 章 女性の職業経験と地域活動

たい．

　まず，前節でみた事例 A さんに特徴的なことは，第 15 章で取り上げた郊外第一世代の事例と比較してみたとき，何といっても職業労働の経験のちがいであろう．郊外第一世代の事例では，性別分業の規範を当たり前のこととして受け入れて，子育てを契機として集団で学習活動など地域活動を始め，やがてより政治的な志向を強めていったことがみてとれた．そこでは，地域活動に対して職業労働と（まったく同じものではないとしても）同じだけの価値づけをし，と同時に，企業や行政と利害関係をもつ「労働者（男性）」にはできないこととしてそれを積極的に担うことで，社会の一成員として認知されようと努力する「主婦」たちの姿が示唆されていた．この世代の「主婦」たちは，共同体に対して強い価値を見出していたのである．

　これに対し，A さんから読み取れることは，後続世代では，女性が「労働」することについて否定されることがなく，少なくとも結婚前に職業労働に従事することが「自然」となっている．この点については，サーベイ調査のデータ分析からも読み取れていたことを思い出してほしい——55歳を境として，それ未満の世代の女性は都心での常勤雇用が一般的となっていた——．とはいえ，その後 A さんも，結果だけをみれば，郊外第一世代の女性たちと同じような，典型的な「主婦」の生き方＝働き方をたどっているようにみえる．すなわち，結婚や出産，子育てなど（A さんの場合は結婚による夫の事情）を契機として郊外に移り住み，「主婦」となっているのである．

　だが，A さんは「主婦」であることにアイデンティティを感じることはなく，「労働」世界に戻ることをつねに考えていて，自分に見合った機会さえあればと，それをオプションとしてつねにもっていることを見逃してはならない．しかも，A さんが結果として「労働」世界に戻ることができなかった最たる理由は，かつてのような「女は家で家事を」という日本の戦後の高度経済成長を支えた性別分業の規範というより（もちろんその間接的な作用は間違いなくあろうが），「労働」世界から距離的に分離した郊外に住んでいたことが，それを許さなかったことが大きいと思われる．事実，A さんは，近隣で可能なパートタイム「労働」では，「自分の時間をつぎ込んだ代償に見合うもの」は得られないと感じていた．

　やがて，A さんは個人的なつながりから，地域活動にかかわっていく．しか

し，ここでも郊外第一世代とは決定的に異なっていて，「労働」が当たり前となった後続世代に属するAさんは，地域活動に対して職業労働と同じだけの価値づけをすることはない．共同体に対する価値観も後続世代では希薄である．共同体，地域活動に参加すること自体に価値を見出すことはなく，あくまでも選択的に，自分に見合ったものに個人的に参加しようとする．ゆえに，郊外第一世代とは異なり，後続世代に属するAさんでは，地域活動が個人的に（個人的な動機づけ，個人的なネットワークを通して）展開しているのである．

以上のように，大都市東京の郊外を形成する「主婦」の地域活動の特徴について，彼女たちの「労働」経験のあり様に焦点化してみてきた．結果，サーベイ調査のデータ分析と事例分析をとおして，郊外「主婦」の地域活動のあり様には世代差があり，その差には，職業労働の経験の世代差に由来する地域活動への意味づけのちがいも含まれていることが確かにみえてきた．つまり，職業労働が後続世代の女性たちによって当たり前なものとして経験されることで，郊外のあり様もダイナミックに変化しつつあるのだ．

【注】
(1) 以下の論述について，より詳細な記述，分析は落合（1997），姫岡（2005），山田（1994）などを参照のこと．
(2) 姫岡（2005）は，1911（明治44）年に制定された工場法の果たしたジェンダー秩序構築機能について詳細に論じている．
(3) たとえば矢澤（1993：196-200）も，1989年に横浜市で地域活動をおこなう女性への調査で，仕事への価値づけという点で，世代間の差を指摘している．そこでは，とくに当時40歳代で，仕事を通じた自己実現を重視する傾向が指摘されている．
(4) 「後続世代」の定義については，玉野の議論（第13章）を参照のこと．職業労働に着目している本章においては，キャリア選択が一定程度可能になった男女雇用機会均等法成立前後以降の世代，すなわち40〜55歳前後を，後続世代と想定していると考えていただくとわかりやすい．
(5) 具体的には，問26「対象者就労コース」について，選択肢1「ずっと仕事を続けている」を「一貫就労型」，選択肢2「結婚や子育てなどでいったん退職したが，現在は仕事をしている」および選択肢4「結婚や子育てをするまでは仕事をしていなかったが，その後仕事をするようになった」を「再就職型」，そして選択肢3「結婚や子

育てなどでいったん退職し,現在は仕事をしていない」および選択肢5「それ以外(退職した,仕事をしたことがない,一時的にしていたことがある,など)」を「退職・専業主婦型」に再グループ化し作成した.なお選択肢5において例外的に調査時に短期労働に従事していたケースがひとつだけあったが,ごく短期的なものなので分析では排除せず「退職・専業主婦型」としてある.また,選択肢4「結婚や子育てをするまでは仕事をしていなかったが,その後仕事をするようになった」を「再就職型」とすることについては,そこに含まれる女性が5名であり,影響は最小限に留まるであろうこと,さらに分析上の事情も考慮し,許容の範囲内だと考えた.

(6) 先行研究も同様の分類をしている.たとえば首都圏大卒女性対象の調査を基にした森ほか(1999)では,(1)初職で就労継続型,(2)転職し就労継続型,(3)中断・再就職型,(4)退職型という分類がなされている.SSM95データを用いた中井・赤地(2000:114-115)は,おもに(1)初職時から現在まで就業している「被雇用継続型」,(2)初職時に就業,結婚時・長子出生時・末子出生時に不就業,現在は就業という「再就職型」,(3)初職時の就業を除いて現在まで就業していない「(結婚)退職型」である.とくに「被雇用継続型」の就業形態はフルタイム,そして「再就職型」の再就職後の就業形態はパートタイムが主であるという.

(7) 詳細は原田(2006)ならびに第14章を参照のこと.

(8) 第15章では考察の視点が異なっているため直接の言及はないが,本章ではそこで扱われた菅生在住の60歳代の女性が「郊外第一世代」に属するとみなし,以下の比較考察を進めていく.

【文献】

原田謙,2006,「女性の集団参加の現況」,『都市の構造転換とコミュニティの変容に関する実証的研究』,平成15〜17年度文部科学省科学研究費補助金(基盤研究B)研究成果報告書,東京都立大学人文学部(代表者:玉野和志),153-160.

姫岡とし子,2005,「女性保護法における「かよわき女性」の構築」,姫岡とし子・池内靖子・中川成美・岡野八代編『労働のジェンダー化――ゆらぐ労働とアイデンティティ』平凡社,37-50.

国広陽子,1993,「都市の生活世界と女性の主婦意識」,矢澤澄子編『都市と女性の社会学――性役割の揺らぎを超えて』サイエンス社,69-106.

森ます美・木下武男・遠藤公嗣,1999,『大卒女性のキャリアパターンと就業環境』財団法人東京女性財団.

中井美樹・赤地麻由子,2000,「市場参加/社会参加――キャリア・パターンの多様性

とその背景」，盛山和夫編『日本の階層システム4　ジェンダー・市場・家族』東京大学出版会，111-131.

落合恵美子，1997，『21世紀家族へ——家族の戦後体制の見かた・超えかた』有斐閣.

瀬地山角，1996，「主婦の比較社会学」，井上俊・上野千鶴子・大澤真幸・見田宗介・吉見俊哉編『〈家族〉の社会学』岩波書店，217-235.

玉野和志，2006，「集団参加経験から見た女性の地域活動の変遷」，『都市の構造転換とコミュニティの変容に関する実証的研究』，平成15〜17年度文部科学省科学研究費補助金（基盤研究B）研究成果報告書，東京都立大学人文学部（代表者：玉野和志），161-170.

山田昌弘，1994，『近代家族のゆくえ——家族と愛情のパラドックス』新曜社.

矢澤澄子，1993，「女性の考えるまちづくり」，矢澤澄子編『都市と女性の社会学——性役割の揺らぎを超えて』サイエンス社，179-216.

第17章　後続世代の女性たちと「地域の国際化」
―― 菅生・あざみ野における外国人支援活動参加者の社会的背景

福田友子

1. 横浜市・川崎市の「地域の国際化」

「地域の国際化」とは，国家レベルの「国際化」とは異なり，地域や市民（草の根）レベルにおける国際交流，外国人支援，海外支援を重視する理念である．「内なる国際化」や「民際外交」などとも呼ばれ，1980年代以降，行政施策において積極的に使われてきた用語であるが[1]，近年は「多文化・多民族共生」という用語に代替されることも多い．

　横浜市，川崎市は「地域の国際化」の先進的な地域である（江橋 1993）．横浜市は，国際港・ヨコハマを前面に打ち出した国際交流イベントが得意である．横浜市の国際交流協会（YOKE）も活発に活動している．また市内に国際交流ラウンジという国際交流活動拠点が数カ所あり，そこでの活動もさかんである（福田 2003：48）．一方の川崎市は，外国人の人権教育が有名である．第8章（鶴見）でもみたように，川崎区桜本地区には「ふれあい館」という社会教育施設と児童館の統合施設があり，そこを拠点とした在日韓国・朝鮮人の活動がある．また，「外国人市民代表者会議」のような先進的な施策を実現した実績もある（福田 2003：59-60）．もちろん，㈶川崎市国際交流協会（KIAN）を中心とした国際交流イベントもさかんである．

　菅生の位置する川崎市宮前区，あざみ野の位置する横浜市青葉区もまた，「地域の国際化」の先進的地域のひとつであるといえよう．たとえば，この地域には海外協力や外国人支援の活動に携わる市民団体が多くみられる（玉野 2003：3-4）．青葉区では121団体中13団体（10.7%），宮前区では75団体中8団体（10.7%）が「海外協力・外国人支援」分野に分類され，「福祉・支え合い」分野（2区合算53.1%）とは差があるものの，2番目（2区合算10.7%）に多いカテゴリーとなっている．外国人登録者数が比較的少ない地域であるにもかかわらず[2]，外国人支援の活動が活発で，「地域の国際化」の土壌が形成されている．そして，その

活動の中心となってきたのは主婦層である(福田 2003:49, 55-56).
「地域の国際化」を支える女性たちは,どのような社会的背景をもつのだろうか.本章では,まず「地域の国際化」の担い手である女性たちの特徴を,菅生あざみ野調査の結果から明らかにする(第2節).次に女性たちが外国人支援活動へ参加する社会的背景を探るため,この地域に特徴的な外国人との接触経験のパターンを描き出す(第3節).青葉区・宮前区における「地域の国際化」の先進性の理由を,地域史とヒアリング調査のデータから検討し(第4節),最後に知見をまとめる(第5節).

2.「地域の国際化」を支える女性たち

「地域の国際化」の担い手である女性たちは,どのような特徴をもつのだろうか.本章では,「地域の国際化」の担い手を,海外支援や外国人支援の活動(以下,外国人支援活動と呼ぶ)への参加経験がある人と定義する.2004年の菅生あざみ野調査データから,外国人支援活動の参加経験者たちの特徴をみていこう.

2.1 「地域の国際化」と外国人支援活動参加経験者

外国人支援活動への参加経験(n=245)では,参加経験のある人は11.8%で,参加経験のない人は88.2%である.参加経験者の内訳をみると,「現在も参加している」人は5.7%,「過去に参加していた」人は6.1%である.

では,外国人支援活動の参加経験者の具体的な特徴をみていこう.まず調査地点別(図17.1)($p<0.05$)では,あざみ野に参加経験者が偏っていることがわかる(72.4%).あざみ野の地域特性が反映している可能性がある.本人の学歴(図17.2)($p<0.05$)は,大卒以上の割合が多く(58.6%),全体的に学歴が高いことがわかる.本人の年代(図17.3)をみると,50歳代(41.4%)と60歳代(31.0%)の割合が高く,両年代で72.4%を占める.世帯構成(図17.4)($p<0.05$)は,「夫婦のみ」(37.9%)や「単身」(10.3%)の割合が相対的に高いが,それでも「夫婦と未婚の子ども」世帯が約半数(44.8%)を占めている.家族周期段階(図17.5)は,養育期までの初期段階が相対的に多いが,「空の巣期」が半数(55.2%)を占める.世帯収入(図17.6)は400〜600万円と1,500万円以上の2つの層に

図17.1 外国人支援活動参加経験者の特徴（調査地点）

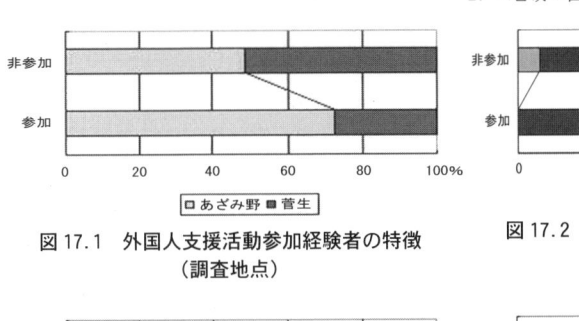

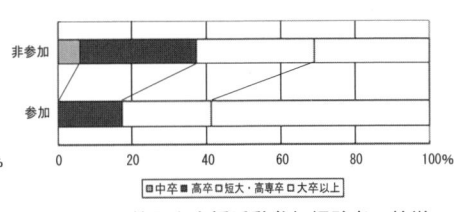

図17.2 外国人支援活動参加経験者の特徴（本人の学歴）

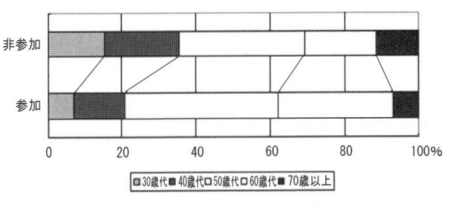

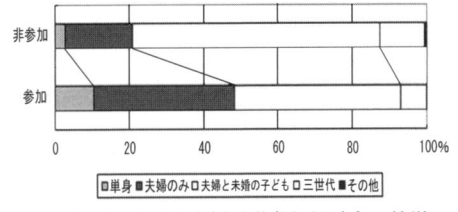

図17.3 外国人支援活動参加経験者の特徴（本人の年代）

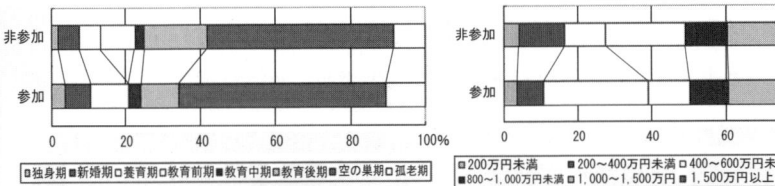

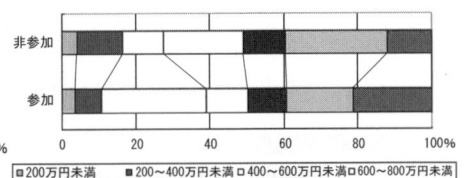

図17.4 外国人支援活動参加経験者の特徴（世帯構成）

図17.5 外国人支援活動参加経験者の特徴（家族周期段階）

図17.6 外国人支援活動参加経験者の特徴（世帯収入）

分かれる．これらのことから，子どもが経済的に独立した定年退職前の高所得世帯と，定年退職後の年金生活世帯の2つの層に属する女性たちが，「地域の国際化」を支えていると考えられる．

2.2 「地域の国際化」と海外滞在経験者

次に，海外滞在経験について考えてみよう．青葉区・宮前区には海外滞在経験者が多いといわれるが（福田 2003：51, 55），菅生あざみ野調査の結果から何が読み取れるだろうか．

本調査で3カ月以上の海外滞在経験について尋ねたところ，経験のある人は全

体の11.4%，経験のない人は88.6%だった．そして海外滞在経験者のうち，前住地を「海外」と回答した人は14.2%だった．もちろん前住地を「海外」と回答した人自体は，わずか4人で回答者全体の1.6%にすぎないが，海外滞在経験者の一定数が，海外から直接この地域に流入していることがわかる．

海外滞在経験者の特徴をみてみよう．まず調査地点（図17.7）（$p<0.01$）をみると，あざみ野に多い（78.6%）ことがわかる．本人の年代（図17.8）（$p<0.05$）をみると，50歳代が6割を占めている一方，60歳代は1人もいない．では，海外滞在経験者の外国人支援活動参加経験（図17.9）（$p<0.05$）をみてみよう．海外滞在経験者は比較的参加率が高く（25.0%），活動の担い手になりやすいことがわかる．

ここで，60歳代以上を「郊外第一世代」，50歳代を「後続世代」，30歳代・40歳代を「郊外第二世代」と定義して整理し直してみよう（定義については，第11章玉野論文を参照のこと）．

外国人支援活動参加経験者は，50歳代（4割）と60歳代（3割）が多く，「郊外第一世代」と「後続世代」の両方にまたがっている．ただし海外滞在経験者は，50歳代が中心（6割）で，「後続世代」にあたる．よって「地域の国際化」の担い手は，「郊外第一世代」と「後続世代」の混成であるが，青葉区・宮前区の地

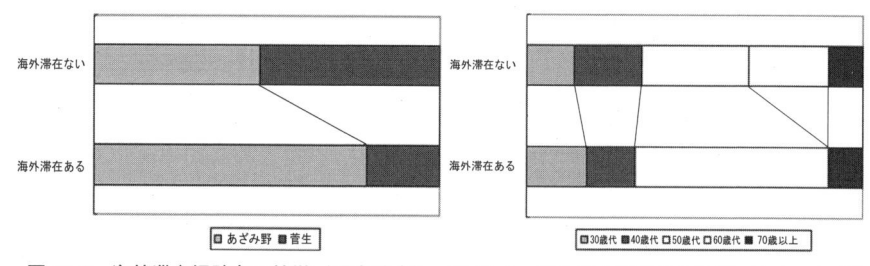

図17.7　海外滞在経験者の特徴（調査地点）　　図17.8　海外滞在経験者の特徴（本人の年代）

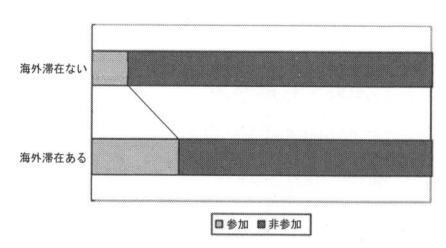

図17.9　海外滞在経験者の特徴（外国人支援活動への参加経験）

域特性をより強く反映しているのは「後続世代」であるといえよう．

3. 外国人との接触経験と「地域の国際化」

　ここでは女性たちが「地域の国際化」の担い手として，外国人支援活動へ参加する社会的背景を探るため，青葉区・宮前区に暮らす女性たちに特有の外国人との接触経験のパターンをみてみよう[3]．アメリカの社会心理学の先行研究では，外国人とある特定の接触経験がある人は，外国人の受け入れに寛容になるといわれている（Allport 1958=1968, Brown 1995=1999）．では，外国人人口比率の低い青葉区・宮前区の女性たちは，どのような接触経験をもつのだろうか．
　まずは先行研究の議論を簡単にレビューした後，全国的な傾向と菅生あざみ野調査の結果を比較し，この地域の女性たちに特徴的なパターンを提示したい．

3.1　外国人との接触経験に関する先行研究
　近年，日本人の外国人に対する寛容性をめぐる分析が次々と報告されている．先行研究に共通する知見として，以下の3つが挙げられる．
　第一に，学歴が高くて年齢が若く（松本 2004 のいう「知的柔軟性」が高く），人づきあいが広い人ほど，外国人に寛容であるという傾向である．たとえば伊藤（2000）は，全国5都市のサーベイ調査の結果から，学歴が高く，遠距離友人数が多く，外国人の友人がいる人ほど，外国人に対して寛容であることを明らかにした．さらに田辺（2002:116-118）は，2000年の東京都民パーソナルネットワーク調査の結果から，女性の場合のみ，年齢が若く学歴が高い人が外国人に寛容であることを明らかにした．加えて女性の場合は，人づきあいの多様性が寛容度を高める一方で，男性の場合は周囲の人々の価値観によって寛容度も影響されやすい，という性別による相違を指摘した．
　第二に，地域特性によってちがいがみられることである．伊藤（2000）は，都市度が高いと，外国人に寛容であることを示した．松本（2004）は，2000年の東京版総合社会調査（TGSS）の結果から，都市度が高いと外国人に寛容になるが，近隣の外国人住民の階層が低い場合は，逆に寛容度が下がるという仮説を提示している．これに対して，田辺（2001：9）は，1999年の日本版総合社会調査

(以下，JGSS)の結果から，地域の外国人人口比率が低いほど外国人に寛容なことを指摘している．大槻（2006）は，2003年のJGSSの結果から，田辺の説を支持している．

第三に，外国人との接触経験には，寛容性に効果のあるものと効果のないものがあるということである．アメリカの社会心理学では，外国人との接触経験が多ければ多いほど，外国人に対する差別や偏見が低くなるが，街中でみかける程度の軽度の接触では効果がなく，一定の条件を満たさない接触は逆の効果を及ぼすという「接触仮説」の研究蓄積がある（Allport 1958=1968：228-231, Brown 1995=1999：242-244）．田辺（2001：11-12）は，1999年のJGSSから，外国人と一緒に就学した経験をもつ人は，その学歴の高さも関連して外国人に寛容であるが，一緒に就労した経験をもつ人は，それほど寛容でないことを明らかにした．これに加えて大槻（2006）は，2003年のJGSSから，外国人との接触機会が希少な日本の場合には，挨拶程度の「軽い接触」を経験した人も，外国人に対して寛容であることを明らかにしている．

本章もまた，これらの先行研究に示唆を受けている．もちろん，外国人への寛容性ではなく，「地域の国際化」を支える人々の社会的背景を探ることを目的としている点，菅生あざみ野調査の対象者が女性のみである点など，留意すべき点もある．ここでは，女性たちの外国人との接触経験のパターンと「地域の国際化」の関連について考えていきたい．

3.2 外国人との接触経験と菅生あざみ野の特徴

菅生あざみ野調査では，2002年のJGSSの「外国人との接触経験」の設問を，そのままの形で利用した．これは全国平均と本調査結果を比較することを意図したものである．その結果（図17.10），「挨拶」を除く6項目で全国平均より接触経験の割合が高く，とくに「友人としてつき合っている／いた」と回答した人の割合が，JGSSの9.3％に対し，菅生あざみ野では21.6％ときわめて高いことが明らかとなった．菅生あざみ野の場合，外国人と友人関係を築いている人々が多いことが，地域の特徴といえよう．では，友人の多い人とはどのような人だろうか．

まず「外国人との接触経験」の7項目間の関連をみてみよう（表17.1）．「友人」は「一緒に就学」や「国際交流活動」と関連が強く，「一緒に就労」や「挨拶」

3. 外国人との接触経験と「地域の国際化」　325

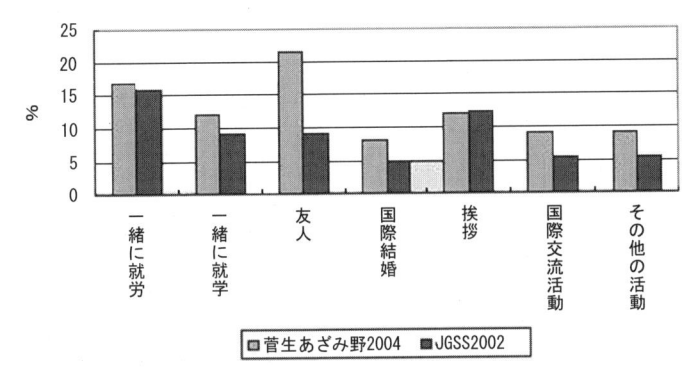

図 17.10　外国人との接触経験（JGSS 調査と菅生あざみ野調査の比較）

表 17.1　外国人との接触経験（7 項目間の関連）

	一緒に就労	一緒に就学	友　人	国際結婚	挨　拶	国際交流活動	その他の活動
一緒に就労		0.29	0.16	-0.02	0.19	0.08	0.04
一緒に就学	***		0.41	-0.02	0.13	0.26	0.14
友　　人	*	***		0.02	0.17	0.24	0.10
国際結婚					0.21	0.16	0.21
挨　　拶	**	*	**	**		0.18	0.22
国際交流活動		***	***	*	**		0.28
その他の活動		*		***	***	***	

(注) 対角線の上側は Pearson の相関係数の値，下側は有意確率である．
　　*** : $p<0.001$，** : $p<0.01$，* : $p<0.05$

とも関連があることがわかる．つまり外国人の友人の多い人は，一緒に就学したり，国際交流活動をしたり，一緒に就労したり，挨拶を交わしたり，といった経験のある人のようだ．

なお，「挨拶」で他の 6 項目すべてと関連がみられるほか，「一緒に就学」，「国際交流活動」（5 項目），「友人」，「その他の活動」（4 項目）も他の項目との関連が多い．それに対して「身近な国際結婚」だけ，「一緒に就労」および「一緒に就学」と逆相関の傾向がみられることから，この項目だけ他の 6 項目とは別の性質をもつものと考えられる．

3.3　外国人との接触経験の 3 つのパターン

以上をふまえて，もう少し詳しく分析してみよう．菅生あざみ野調査の「外国

表 17.2 外国人との接触経験 3クラスター

	一緒に就労	一緒に就学	友 人	国際結婚	挨 拶	国際交流活動	その他の活動	n
クラスター1	10.69	0.00	0.00	6.29	0.00	0.00	5.03	159
クラスター2	26.56	46.88	70.31	6.25	12.50	32.81	15.63	64
クラスター3	36.36	0.00	36.36	27.27	100.00	9.09	22.73	22
全 体	17.14	12.24	21.63	8.16	12.24	9.39	9.39	245

人との接触経験」の回答からパターンを析出した（表17.2）．分析対象者は「外国人との接触経験」に回答した245人であり，欠損値はなかった．使用した方法は，クラスター分析であり，平方ユークリッド距離を用いて，ward法によって行った（接触経験あり=1，接触経験なし=0として投入）．最終的に3クラスター解を採用した．

第1クラスター（159）は，外国人との接触経験がほとんどないパターンであり，全体の約65％を占める．「地域の国際化」の先進地域とはいえ，外国人との接触経験のない人が多数を占めていることは留意しなければならない．以下「無接触型」と呼ぶ．

第2クラスター（64）は，外国人の友人が多いパターンであり，全体の約25％強である．「一緒に就学」と「友人」の割合が高いことが特徴である．以下「友人型」と呼ぶ．

第3クラスター（22）は，近隣の外国人と挨拶することが多いパターンであり，全体の10％弱である．「挨拶」の割合が100％と高いものの「友人」の割合はそれほど高くない．また「身近な国際結婚」の割合が比較的高いのも特徴である．以下「挨拶型」と呼ぶ．

それでは，各パターンの特徴をみていこう．まず調査地点別（図17.11）（$p<0.001$）では，友人型はあざみ野に多い．本人の学歴（図17.12）（$p<0.001$）は，友人型は学歴が高め，無接触型は学歴が低めである．本人の年代（図17.13）（$p<0.01$）は，友人型は50歳代，挨拶型は40歳代が多い．本人の現職就業形態（図17.14）（$p<0.05$）は，友人型はパート，挨拶型は家族従業員が多い．親しい近隣数（図17.15）（$p<0.05$）は，挨拶型が一番多い．海外滞在経験者（図17.16）（$p<0.001$）は，友人型に多い．

友人型の特徴から，菅生あざみ野調査でJGSS調査と比べて「友人」と回答した人が多かったのは，外国人と「一緒に就学」した経験のある，海外滞在経験者

3. 外国人との接触経験と「地域の国際化」　327

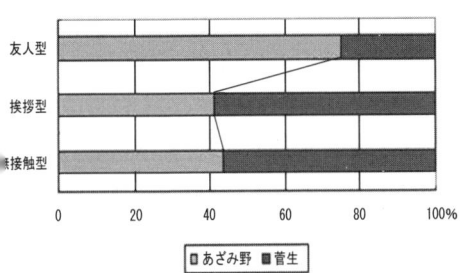

図17.11　3つのパターンの特徴（調査地点）

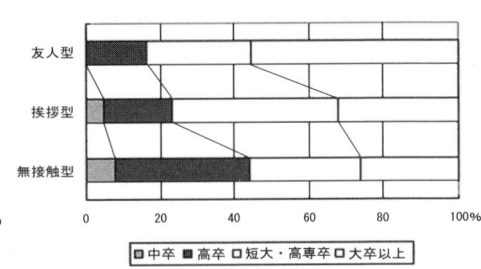

図17.12　3つのパターンの特徴（本人の学歴）

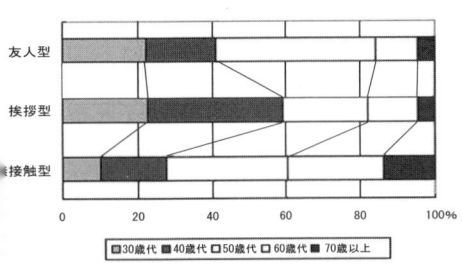

図17.13　3つのパターンの特徴（本人の年代）

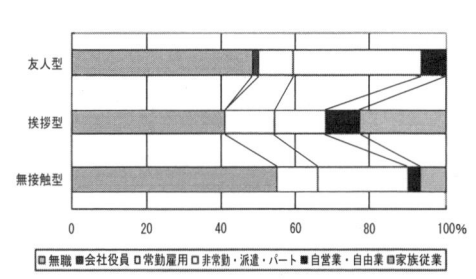

図17.14　3つのパターンの特徴（現職就業形態）

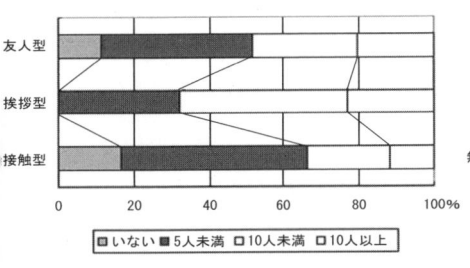

図17.15　3つのパターンの特徴（親しい近隣数）

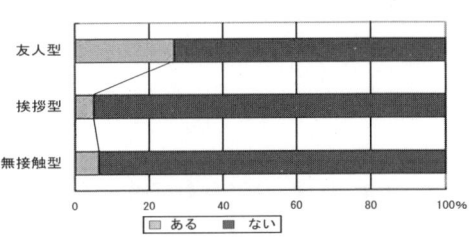

図17.16　3つのパターンの特徴（海外滞在経験）

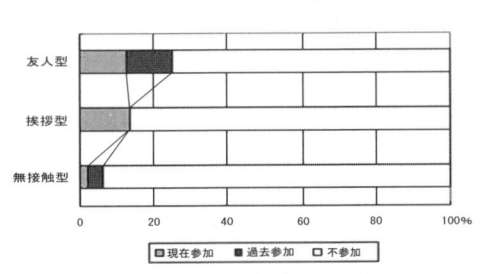

図17.17　3つのパターンと外国人支援活動の関連

が多いためと思われる．別の見方をすると，海外滞在経験者の多いあざみ野の地域特性の反映かもしれない．それに対して，挨拶型は，これといって目立った接触経験はないものの，近隣の外国人と挨拶した経験があり，近隣との人づきあいが多いことから，菅生の地域特性の反映と思われる．さらに，友人型は学歴が高く，挨拶型は年齢が若く，人づきあいが多いという特徴がみられた．これらは学歴，年齢，人づき合いの多さが外国人への寛容性につながるという先行研究にも一致した結果である．実数では無接触型が最も多いものの，友人型と挨拶型が菅生あざみ野地域の「地域の国際化」を特徴づけているものと思われる．

では，「地域の国際化」のおもな担い手は，友人型と挨拶型のどちらのパターンだろうか．外国人支援活動への参加経験（図17.17）（$p<0.01$）をみると，友人型は過去・現在ともに参加経験者が多い．やはり，友人型が菅生あざみ野地域の「地域の国際化」のおもな担い手と捉えてよいだろう．とはいえ，友人型の場合，過去参加の割合が半数を占めることから，将来的にもおもな担い手となるかどうかはわからない．それに対して，挨拶型は，外国人支援活動への参加経験は，友人型ほど多くはない．とはいえ，海外滞在経験者がほとんどいないにもかかわらず，現在参加は友人型と同じ程度いる．年代も40歳代中心で若いので，将来的に外国人支援活動を支えるようになることも予想され，菅生あざみ野地域の「地域の国際化」のもう一つの担い手となる可能性がある．

3.4 外国人との接触経験と「地域の国際化」への意見

次に，「地域の国際化」への意見についてみてみよう（表17.3）．菅生あざみ野調査では，国際化への意見として「国際結婚」賛否と「外国人排斥」賛否の2つを尋ねているが，両意見は関連しており（$p<0.001$），かつ逆相関がみられる（Pearsonの相関係数は，−0.22）．つまり，国際結婚に賛成の人は外国人排斥に反対であり，国際結婚に反対の人は外国人排斥に賛成ということであり，予想通りの結果ともいえよう．

3つのパターンと「地域の国際化」の両意見との関連をみると，いずれも有意差がなかった．外国人との接触経験のパターンが国際化への意見に影響を及ぼさないことは，興味深い知見といえよう．このような結果がでた要因は，どこにあるのだろうか．そこで，外国人支援活動，海外滞在経験，外国人との接触経験7

表 17.3 国際化への意見の特徴

	「国際結婚」賛否	「外国人排斥」賛否	外国人支援	海外滞在経験
「国際結婚」賛否		-0.22	0.14	0.11
「外国人排斥」賛否	***		-0.17	-0.04
外国人支援	*	**		0.13
海外滞在経験			*	

(注) 対角線の上側は Peason の相関係数の値，下側は有意確率である．
*** $p<0.001$，** $p<0.01$，* $p<0.05$

表 17.4 外国人との接触経験と国際化への意見

	一緒に就労	一緒に就学	友人	国際結婚	挨拶	国際交流活動	その他の活動
「国際結婚」賛否	-0.06	-0.04	-0.06	-0.11	-0.05	-0.04	-0.07
「外国人排斥」賛否	0.14 *	0.13 *	0.09	0.20 **	0.00	0.11	0.13 *
外国人支援	-0.23 ***	-0.21 **	-0.29 ***	-0.07	-0.14 *	-0.30 ***	-0.38 ***
海外滞在経験	-0.11	-0.34 ***	-0.22 **	0.01	-0.10		-0.02
本人の学歴	0.09	0.27 ***	0.30 ***	0.05	0.13 *	0.17 **	0.27 ***
本人の年代	-0.14 *	-0.18 **	-0.20 **	-0.04	-0.10	0.02	-0.01

(注) 対角線の上側は Peason の相関係数の値，下側は有意確率である．
*** $p<0.001$，** $p<0.01$，* $p<0.05$

項目それぞれについて，国際化への意見との関連をより詳しくみてみよう．

まず外国人支援活動との関連（表 17.3）では，「国際結婚」賛否（$p<0.05$）も「外国人排斥」賛否（$p<0.01$）も関連がみられた．外国人支援活動参加経験者は，国際結婚に賛成し外国人排斥に反対する人が多く，予想どおりの結果が得られたといえよう．国際化意識の高い人々が「地域の国際化」の担い手となっていることが，改めて確認された．

これに対して，海外滞在経験と両意見との関連（表 17.3）は有意差がなかった．外国人との接触経験が多いはずの海外滞在経験者が，外国人に対して寛容になるとはいえないという結果が出たことは，「接触仮説」を考えるうえで興味深い知見である．この結果を解釈するために，以下のような事例が挙げられる．たとえば，発展途上国に派遣された駐在員は，赴任先の同僚や部下である現地従業員や使用

人に対して偏見を抱き，差別的な言動をとることがある．こうした親の態度をみて育った「海外・帰国子女」もまた，「現地人差別」を内面化する傾向がある[4]（佐藤 1997：99）．「接触仮説」では，対等の立場での接触を条件としている（Allport 1958=1968：241, Brown 1995=1999：249）．大人も子どもも，海外滞在経験があれば自然に国際化意識が高まるというわけではない．

では，国際化の両意見と外国人との接触経験 7 項目の関連（表 17.4）はどうだろうか．「国際結婚」賛否と接触経験との関連はみられない．一方，「外国人排斥」賛否では「身近な国際結婚」（$p<0.01$），「一緒に就労」，「一緒に就学」，「その他の活動」（$p<0.05$）とのあいだに関連がみられた．とくに「身近な国際結婚」は，他の接触経験とは異なる性質をもつことから[5]，この結果には別の解釈が必要かもしれない．表 17.4 をみても，学歴，年代という「外国人への寛容性」を高める項目にも，海外滞在経験や外国人支援活動参加経験にも関連がみられなかった．親族の国際結婚という，ある意味偶発的な出来事が，外国人への偏見や差別意識を低減させる効果を示したものと思われる．

4．郊外住宅地の「地域の国際化」

冒頭でも触れたとおり，横浜市・川崎市は「地域の国際化」の先進地域である．第 8 章でもみたように，鶴見区など産業拠点で外国人支援活動がさかんな理由は，外国人人口比率の高い自治体や地域住民にとってそれが切羽詰った課題であると同時に，当事者側のニーズがあったからといえよう．一方，横浜市・川崎市の中では相対的に外国人人口比率の低い郊外住宅地で，外国人支援活動がさかんな理由はどこにあるのだろうか．

すでにみたように，この地域に海外滞在経験者が多いこと，外国人と友人としてつきあったことのある人が多いこと，そうした女性たちが外国人支援活動の担い手であることが明らかになった．では，そもそもこの地域に海外滞在経験者が多いのはなぜだろうか．また，すべての海外滞在経験者が，高い「地域の国際化」意識をもつわけではないのに，この地域ではそれが外国人支援活動の活発化につながったのはなぜだろうか．地域史とヒアリング調査のデータから，その理由を考えてみたい[6]．

4.1 社宅の集積と海外滞在経験者の流入

　川崎市内陸部の社宅建設の歴史は，第二次世界大戦期にさかのぼる．戦中の1938（昭和13）年，国家総動員法が公布されて戦時体制が強化されると，多くの企業は軍需産業に組み込まれて急速に増産体制を進めたため，各工場は多くの労働者を抱え，1943年頃には南武線沿線に社宅や工員寮が設けられた（小川 2003：80）．戦後は1955（昭和30）年頃に工業再建が進み，幸・宮前区域に公営住宅群，中原・高津区域に社宅アパートが急増した（小川 2005：4）．宮前区・青葉区の社会地区分析（第10章を参照）によると，1970年から1975年の間に小規模社宅が減少し，1975年以降は大規模社宅が増加していることがわかる．とくに1980年代に宮前平駅北部の社宅が増加していることが確認された．こうして，宮前区や青葉区の郊外住宅地は，大企業の社宅や公務員宿舎の集積地域となった[7]．社宅が多いことを受けて，宮前区・青葉区には「転勤族」が流入するようになる．地域にしがらみのない「転勤族」が，市民活動の担い手となっていることは，ヒアリング調査でも指摘されている（福田 2003：51）．

　大規模社宅群の中には，大手商社やNHKの社宅，国家公務員宿舎が含まれるが，これらの社宅には，海外駐在員とその家族が，帰国後すぐに入居する傾向がみられるという（聞き取りE）．こうした海外駐在員の集住現象を促進させてきたのは，行政の施策である．佐藤（1997：51-65）によると，文部省は1967年に「海外勤務者子女教育研究協力校制度」（後に，「帰国子女教育研究協力校」と改称）を開始し，以前から多くの帰国子女を受け入れていた公立と私立の小・中学校を指定して，帰国子女の指導体制づくりを開始した．1983年には「帰国子女教育受け入れ推進地域」として7都道府県11地域を指定し，各地域にセンター校を定めた．宮前区は1984年から，横浜市北部地域（現青葉区）は1987年からこの「受け入れ推進地域」の指定を受けている．また青葉区の榎が丘小学校の場合，1978年に「研究協力校」，1987年に「センター校」の指定を受けており，宮前区の宮前平中学校の場合，1981年に「研究協力校」，1984年に「センター校」の指定を受けている[8]．こうしたセンター校の情報は在外日本大使館へと送られるので，学齢期の子どもを抱える海外駐在員家族が，帰国後にセンター校近辺に直接流入するケースが増えていった．

夫が海外駐在員であったEさんもまた,「帰国子女」となる子どものために,帰国前にセンター校の情報を集め,この地域に直接転入してきた経験をもつ.1986年当時は,宮前平中学校がセンター校だったので,Eさんはその通学圏内に家を探し,子どもを宮前平中学校へ越境入学させて通わせた(聞き取りE).

4.2 国際交流活動の活発化・多様化

その後この地域で,海外滞在経験のある女性たちを中心に,国際交流活動団体が立ち上げられた.宮前区では,1986年頃にセンター校に通う「帰国子女」の母親たちが,「帰国子女の親の会」を結成した.当初は自助グループとして活動していたが,子どもの卒業後もネットワークを維持するため,1990年に国際交流活動団体を立ち上げた.参加者の中には,海外で自分が「外国人」として苦労した経験や,北米でボランティア活動に助けられた経験をもつ人もいて,それが活動の原動力となった(聞き取りE).

また,当時の時代的背景も重要である.1980年代は留学生やインドシナ難民の受け入れが始まり,地域で日本語教育や生活相談が必要とされていた.青葉区(旧緑区)では,そうした問題に関心をもつ人々を中心に,国際交流団体が次々と設立された(聞き取りA).これらの活動の担い手となったのは,地方から転入し,仲間作りの機会を求めていた「転勤族」の配偶者女性たちであった(聞き取りA).

1980年代後半は,国際交流を施策の目玉として打ち出したい行政側の思惑もあり,郊外住宅地に国際交流の活動拠点が整備された(聞き取りA,B).たとえば横浜市では,行政担当者が周辺の国際交流団体に声をかけ[9],1989年に住民主導型の青葉(旧緑)国際交流ラウンジを開設した(聞き取りA).独自の活動拠点を確保したことで,この地域の国際交流活動はより活発化・多様化した.また,川崎市では1989年に中原区に国際交流センターが設置されたほか,1990年から1995年の間に,各市民館に行政主導の日本語教室(識字教室)が順次開設された.宮前市民館では,1994年に日本語教室が開設されている(聞き取りB).国際交流活動へ参加する主婦たちの年代は幅広い.たとえば,青葉区の国際交流団体の場合,参加者の年代は10歳代から80歳代までという(聞き取りA).他の団体でも若い年代の参加者は多いようで,次世代への活動の継承を楽観的に捉

えている（聞き取りE, F, G）．たとえば，宮前区の国際交流団体の場合，会の運営はおもに「団塊の世代」の女性たちが担っているが，傘下のサブ・グループの日常的な活動を維持しているのは，30歳代から40歳代の若い女性たちであるという（聞き取りE, F）[10]．

5. 考察——後続世代の女性たちと「地域の国際化」

　本章で得られた知見は，以下のとおりである．
　第一に，「地域の国際化」の担い手を，外国人支援活動参加経験者と定義して，その特徴を検討した．外国人支援活動参加経験者は全体の1割程度で，あざみ野に多く，学歴は高く，海外滞在経験者が多い．世代でみると，50歳代の「後続世代」（4割）と60歳代の「郊外第一世代」（3割）の両方にまたがる．ただし，海外滞在経験者は50歳代の「後続世代」中心（6割）である．よって「地域の国際化」の担い手は，「郊外第一世代」と「後続世代」の混成であるが，青葉区・宮前区の地域特性をより強く反映しているのは50歳代の「後続世代」であることが明らかになった．
　第二に，菅生あざみ野地域の「地域の国際化」をより詳しく分析するために，この地域の女性たちに特有の，外国人との接触経験について検討した．外国人との接触経験7項目から，友人型，挨拶型，無接触型の3つのパターンを析出した．友人型は，50歳代の「後続世代」が多く，学歴が高く，海外滞在経験者が多く，あざみ野に特徴的な型である．挨拶型は，40歳代の「郊外第二世代」が多く，自営業の家族従業員が多く，親しい近隣数が多く，菅生に多い型である．接触経験と海外滞在経験は強い関連があり，とくに友人型で海外滞在経験者が多い．接触経験と外国人支援活動への参加も関連しており，友人型と挨拶型で外国人支援活動への参加経験が多く，両パターンが「地域の国際化」を支えている．ただし，今までは50歳代の「後続世代」中心の友人型がその担い手だったが，今後は40歳代の「郊外第二世代」中心の挨拶型にシフトする可能性もある．
　第三に，「国際結婚」賛否と「外国人排斥」賛否を「地域の国際化」への意見と定義して，他の項目との関連について分析した．「国際結婚」賛否と「外国人排斥」賛否が関連し，かつ逆相関すること，両意見と外国人支援活動参加経験に

関連があることが明らかになった.ところが,両意見は外国人との接触経験の3つのパターンと関連せず,接触経験7項目でも1項目しか関連しなかった.「国際結婚」賛否については「挨拶」に弱い関連がみられたことから,近隣の外国人へ挨拶するという行為が,実はそれほど「軽い接触」ではない可能性があることを指摘した.また,「外国人排斥」賛否については,「身近な国際結婚」に弱い関連がみられた.「身近な国際結婚」という接触経験は,他の接触経験と異なる特徴がみられることから,親族の国際結婚という,ある意味偶発的な出来事が,外国人への偏見や差別意識を低減させる効果を示したものと思われる.

第四に,外国人比率の低い郊外住宅地である青葉区・宮前区で,「地域の国際化」が先進的な理由は,社宅の集積地域である青葉区・宮前区に海外滞在経験者や「転勤族」が流入し,その配偶者女性たちが国際交流団体を次々と立ち上げたことにある.行政もまた施設整備でその活動を下支えしてきた.若い世代への活動の継承も順調である.

では,他の社宅の多い郊外住宅地でも,行政が活動拠点を設置さえすれば,国際交流活動は活発化し,「地域の国際化」が実現するのだろうか.残念ながらそうではあるまい.筆者は,横浜市・川崎市における産業拠点と郊外住宅地の並存という地域特性を最後に指摘しておきたい.たとえば,川崎市では郊外住宅地の国際交流活動が,産業拠点(川崎区)の人権運動や労働運動と連携して,「外国人市民代表者会議」という先進的な施策を実現させた経緯がある(聞き取りE).また横浜市では,郊外住宅地の国際交流活動と産業拠点(鶴見区,中区)の外国人支援活動が教育,住宅,多言語情報といったさまざまな分野で連携してきた(聞き取りD, G).

横浜市・川崎市では,産業拠点を「東部」もしくは「南部」と呼び,郊外住宅地を「北部」と呼ぶことがある.第8章でもみたとおり,地域の特徴(社会構造)と地理(空間)を結びつける言説が日常化している.しばしば「東・南部」と「北部」は切り離され,異なる文脈で語られるが,2つの特徴がひとつの行政単位に並存し,人権運動・労働運動と市民活動が連携しうるような歴史的背景があったからこそ,横浜市・川崎市は「地域の国際化」の先進地域となり得たのではないだろうか.

【注】

(1) 1982年には「自治体の国際交流」をテーマとした「地方の時代シンポジウム」が開催され，各自治体の事例報告において「内なる国際交流」(芦屋市)，「民際外交」(神奈川県)といったキーワードが使用されている（長洲・坂本 1983）．

(2) 横浜市全体の外国人人口比率は1.9%であるが，青葉区は1.1%（3,155人）と少ない．また川崎市全体は1.9%であるが，宮前区は1.2%（2,464人）と少ない．これに対して，第8章でも紹介した横浜市鶴見区は3.0%（7,886人），川崎市川崎区は4.4%（8,886人）と外国人人口比率が高く，青葉区・宮前区とは対照的な地域であることがわかる．外国人人口は『在留外国人統計』平成18年版（2005年末現在），総人口は『国勢調査統計』平成17年（2005年10月1日現在）を使用して算出した．

(3) 詳細については，福田（2006）を参照のこと．

(4) これは貧困への憐れみ，物不足や質の悪さへの不満，現地人の使用人に対する親の態度，日本人学校での日本文化偏重教育など，大人のもつ差別や偏見が子どもに大きく影響したものであるという（佐藤 1997 : 99）．

(5) 表17.1において，「身近な国際結婚」のみ他の2項目と逆相関を示したことを思い出して欲しい．

(6) ヒアリング調査の概要は以下のとおりである．調査に協力していただいた方々に感謝します．

聞き取りA　2002年9月2日　青葉区　日本語ボランティア　代表
聞き取りB　2002年9月10日　宮前区　日本語ボランティア　代表
聞き取りC　2002年10月5日　宮前区　当事者団体代表　（韓国人）
聞き取りD　2007年3月13日／5月21日　鶴見区　外国人支援ボランティア
聞き取りE　2007年4月26日　宮前区　国際交流ボランティア　代表
聞き取りF　2007年5月14日　宮前区　国際交流ボランティア　サブグループ担当
聞き取りG　2007年5月15日　青葉区　施設運営ボランティア　元代表

(7) 『ゼンリン住宅地図』2003年版の青葉区・宮前区の住宅地図をみると，大企業の社宅としては，三菱重工，三菱ふそう，ジャパンエナジー，NTT，ニコン，野村證券，日商岩井，東陶機器，鈴与，日本ユニシス，NHK，富士通，リコー，ニチロ，伊藤忠商事，昭和電工，いすゞ自動車，京セラ，山本山，キャノン等が確認できた．また公務員宿舎としては，郵政宿舎，国家公務員宿舎団地がある．

(8) 川崎市教育委員会，2003，『川崎市における「帰国・外国人児童生徒と共に進める教育の国際化推進地域」中間報告書（平成14・15年度指定）』および，横浜市教育

委員会，2003，『平成14年度帰国・外国人児童生徒と共に進める教育の国際化推進地域最終報告書（横浜市）』を参照のこと．
(9) 横浜市青葉（旧緑）国際交流ラウンジの設立経緯は，『10年のあゆみ』が詳しい．
(10) とはいえ，これまで神奈川県内の外国人支援活動を牽引してきたのは，一部の「できる主婦層」であり，彼女たちに多くを依存してきた分，今後は「できる主婦層」の高齢化にともなう活動の停滞が懸念されるという指摘もあった（聞き取りD）．

【文献】

Allport, Gordon W., 1958, *The Nature of Prejudice*, New York : Doubleday & Company.（＝1968，原谷達夫・野村昭訳『偏見の心理』培風館.）

Brown, Rupert, 1995, *Prejudice : Its Social Psychology*, Oxfrd : Blackwell Publishers.（＝1999，橋口捷久・黒川正流編訳『偏見の社会心理学』北大路書房.）

江橋崇，1993，『外国人は住民です——自治体の外国人住民施策ガイド』学陽書房．

福田友子，2003，「国際交流に関する市民活動」，玉野和志編『市民活動団体調査報告書——横浜市青葉区・川崎市宮前区周辺を事例として』，東京都立大学都市研究所・共同研究，I，48-62．

福田友子，2006，「外国人との接触経験と『地域の国際化』」，玉野和志編『都市の構造転換とコミュニティの変容に関する実証的研究』科研費報告書，207-219．

伊藤泰郎，2000，「社会意識とパーソナルネットワーク」，森岡清志編『都市社会のパーソナルネットワーク』東京大学出版会，141-159．

松本康，2004，「外国人と暮らす——外国人に対する地域社会の寛容度」，松本康編『東京で暮らす——都市社会構造と社会意識』東京都立大学出版会，197-219．

長洲一二・坂本義和，1983，『自治体の国際交流——ひらかれた地方をめざして』学陽書房．

小川一朗，2003，『川崎の地誌——新しい郷土研究』有隣堂．

小川一朗，2005，「川崎——京浜コナベーション都市」，『有隣』，433，4．

大槻茂実，2006，「外国人接触と外国人意識——JGSS-2003データによる接触仮説の再検討」，大阪商業大学比較地域研究所・東京大学社会科学研究所編『JGSSで見た日本人の意識行動』，日本版 General Social Survey 研究論文集，5，149-159．

佐藤郡衛，1997，『海外・帰国子女教育の再構築——異文化間教育学の視点から』玉川大学出版部．

玉野和志，2003，「調査の意図と課題」，玉野和志編『市民活動団体調査報告書——横浜市青葉区・川崎市宮前区周辺を事例として』，東京都立大学都市研究所・共同研究，I，1-6．

田辺俊介，2001，「外国人への排他性と接触経験」，『社会学論考』（東京都立大学社会学研究会），22，1-15.

田辺俊介，2002，「外国人への排他性とパーソナルネットワーク」，森岡清志編『パーソナルネットワークの構造と変容』東京都立大学出版会，101-120.

横浜市青葉国際交流ラウンジ，1999，『10年のあゆみ』横浜市青葉国際交流ラウンジ．

〔謝辞〕
　調査やインタビューに協力してくださった方々に深く感謝したい．

第18章　都市郊外の子育て活動
―郊外第二世代に注目して[1]

中西泰子

1. 郊外の変容と子育て活動

　本章の目的は，郊外地域の変容を視野に入れて，子育て活動の地域的背景を考察することにある．地域の活動は，おもに女性によって支えられてきたといわれるが，その女性が地域にかかわる重要な契機として「子育て」がある．子育て活動参加の現状を捉えることは，母親ネットワークの充実をはかるために必要なことであるとともに，人々がどのようにして地域に参加していくのかを考えるうえでも重要であると考える．郊外における子育て活動の隆盛は注目されてきたが，どのような人々が参加しているのかなど，その実態については，実証的に明らかにされていない点も多い．また，郊外という地域の特徴は，時間の経過によって変化する．本章では，郊外で生まれ育った郊外第二世代の視点も取り入れて，郊外地域における子育て活動の現状を把握する．

　郊外地域において子育て活動がさかんになった背景として，近住親族の不在が指摘されてきた．郊外に流入してきた女性たちは，近住親族もいない，慣れない土地での孤立した子育てを余儀なくされる．そうした環境での孤立的な子育てとそこから生じる育児不安やノイローゼ，児童虐待といった問題を防ぐため，母親同士の地域ネットワークが形成されてきた．子育て期の女性のネットワーク構成の地域差について，先行研究では「親族ネットワークと地域ネットワークの代替性」（落合 1989）が指摘されてきた．落合（1989）は，育児をめぐる近所づきあいが，郡部よりも都市部でさかんであり，祖父母との距離が遠いほどそうした近所づきあいがさかんであることを指摘している．また，松田（2002）によれば，都心部と郊外部のネットワーク構成のちがいとして，「郊外部では父親や親族に頼れない場合が多く，その分非親族ネットワークを発達させ，それらの人々との交流が盛んになる」（松田 2002：46）という傾向がみられる．

　見知らぬ土地で，近くに親など頼る親族のいない状況で，地域の非親族ネット

ワークを頼みとする子育て環境は，郊外に流入してきた第一世代の状況そのものであったと思われる．しかし，郊外第二世代の母親たちの場合，生まれ育った地域の中で，近くに両親ら親族がいる環境での子育てが可能である．育児をめぐる親族ネットワークと地域ネットワークの代替性を仮定するならば，郊外第二世代の母親が占める割合が多くなれば，当該地域での子育て活動の需要は低減するか，もしくは流入層の母親たちを中心とした活動になっていくとも考えられる．

郊外での子育て事情は，流入層を中心に想定され，郊外第二世代の視点は取り入れられてこなかった．しかし，「かつて大都市圏に流入した第一世代から，郊外で生まれ育ち郊外を故郷とする第二世代へと世代移行が進んでいる．流動の民であった第一世代が切り開いた郊外が，郊外に根づかざるをえない第二世代によって今後どう変貌してくのか……今後の大都市圏，ひいては日本の姿を見通すうえで見逃せない課題である」（川口 2002：91-92）といわれている．郊外における人々の地域とのかかわり方は，第二世代の視点を入れてあらためて捉えなおされる必要がある．

以降ではまず，サーベイデータをもとに，当該地域における郊外第二世代の割合を推定したうえで，育児期女性のうち，どのような人々が子育て活動に参加しているのかを示す．次いで，インタビュー・データをもとに，人々がどのような経緯で活動に参加し，参加することにどのような意義を見出しているのかを探索する．

調査対象地域は，川崎市宮前区菅生地区および横浜市青葉区あざみ野地区である．当該地域は，「典型的な郊外地区」（厚生省 1998）とされる郊外地域の中に位置しており，子育て活動をはじめとする女性の市民活動がさかんなことで知られている（矢澤ほか 2003）．サーベイ調査は，菅生地区とあざみ野地区在住の30歳代以上の女性を対象として，2004年9月10月にかけて行われた．サンプル数400のうち，回収数は245，回収率は61.3％である．

なお，聞き取り調査は，対象2地区において現在子育て活動に参加している子育て期の母親を対象に行った．聞き取り調査の対象者は，任意の協力者であり，サーベイ調査の対象者とは重なっていない．

表 18.1　年代別郊外第二世代の割合
(%)

<あざみ野地区>	郊外第二世代	それ以外	合計	(実数)
30歳代	37.5	62.5	100.0	(16)
40歳代	13.8	86.2	100.0	(29)
50歳代	11.3	88.7	100.0	(53)
60歳代以上	100.0	0.0	100.0	(18)
合　計	13.8	86.2	100.0	(116)
<菅生地区>				
30歳代	36.8	63.2	100.0	(19)
40歳代	38.9	61.1	100.0	(18)
50歳代	35.7	64.3	100.0	(28)
60歳代以上	21.4	78.6	100.0	(28)
合　計	32.3	67.7	100.0	(93)

2. 菅生・あざみ野地区における郊外第二世代

　まず，調査対象地域における郊外第二世代の割合を，推定する．態度決定地と初職時居住地がともに市内であるケースを，郊外第二世代として操作的に定義し[2]，地区別に年代ごとの郊外第二世代の割合をみると（表18.1），あざみ野地区では年代による差が大きく（5％水準で有意），郊外第二世代が3割を越えるのは30歳代のみだが，菅生では40歳代，50歳代にも3割近く含まれている．年代別の郊外第二世代の割合が地区によって異なるのは，人口増加時期のずれと対応しているためと考えられる．対象2地区のうち，菅生地区は1960年代後半，あざみ野地区は1980年代に入ってから人口が増加した（玉野 2006）．郊外地区の形成時期によって，郊外第二世代が層として登場する時期は異なる．形成時期が相対的に遅いあざみ野地区では，子育て期に相当する年代（30歳代）にようやく第二世代が含まれるようになった段階にある．
　郊外地域において母親同士のネットワークがさかんに形成されるようになった背景として，流入層の子育て事情が想定されてきた．しかし表18.1が示すとおり，調査対象となった郊外地域においては，郊外第二世代が30歳代女性の4割近くを占めるようになっている．子育てをする母親のうち，郊外で生まれ育った第二世代が占める割合は，今後さらに多くなってくるとも考えられる．彼女たちは，子育て活動の担い手となるのだろうか．

3. 郊外第二世代の子育て活動参加

　本節では，対象を育児期女性に限定したうえで，郊外第二世代と流入層の子育て活動への参加比率のちがいや，近住親族と子育て活動との代替性について検討する．未就学の子どもをもつ場合を育児期として定義し，30歳から45歳の女性23名を分析対象サンプルとした．なお，対象者23名のうち，郊外第二世代の女性は8名（3割強）含まれている．

　子育て活動参加の有無は，「学童保育クラブや幼児保育に関するサークルやクラブなど」「その他子ども関係のサークルや団体」のどちらかもしくは双方に，過去もしくは現在参加している／いたかどうかによって把握した．23人中14人に参加経験があり，約6割の母親が子育て活動参加経験をもっていることになる．対象地域における子育て活動の浸透を，本調査からもうかがうことをできる．

　子育て活動参加経験の割合が，郊外第二世代と流入層とで，どのようにちがうかを比較したところ（表18.2），むしろ郊外第二世代の方が参加割合が高いという傾向がみられる．

　郊外第二世代は，流入層と比べて近住親族がいる可能性が高い．郊外第二世代の子育て活動への参加割合が低くないとすると，近住親族と子育て活動との代替性は想定しにくい．親との居住距離と子育て活動参加割合との関連はどうなっているのだろうか．

　ちなみに親との居住距離の分布は，妻方（対象者）親の4割弱，夫方親の3割程度が同一市内（川崎市もしくは横浜市内）に居住しており，さらに，夫方妻方どちらかの親が市内に居住している割合は，6割強にのぼる．近住親族がいないなかでの子育てという，これまで想定されてきた郊外での子育て事情は，対象地域においては現在では主流ではないことがわかる．

表18.2　郊外第二世代の子育て活動参加

(%)

	参加	非参加	合計	(実数)
郊外第二世代	75.0	25.0	100.0	(15)
流入者	53.3	46.7	100.0	(8)
合計	39.1	60.9	100.0	(23)

表 18.3 親との居住距離と子育て活動への参加
(%)

	参　加	非参加	合計	（実数）
市内居住	77.8	22.2	100.0	（9）
市外居住	46.2	53.8	100.0	（13）
合　計	59.1	40.9	100.0	（22）

　表18.3は，近住親族の有無を，同一市内に妻方親が居住しているかどうかによって把握し，子育て参加比率との関連を示したものである．親が同一市内に居住している場合に参加割合が高いという傾向がみられた[3]．ケース数が非常に少ないため，その差は確定的ではないが，少なくとも近住親族がいない人の方が子育て活動に参加しやすいとはいえない．つまり，当該地域において，子育て活動への参加が，近住親族の代替として選択されているわけではないということである．これまで，子育てをめぐる地域ネットワークと親族ネットワークの代替性が想定されてきたが，今回の分析結果はそれとは異なる傾向を示した．生まれ育った地域で子育てをする郊外第二世代の母親たちも，流入層の母親たちとともに活動に参加しているのである．
　郊外第二世代と地方からの流入層の双方の参加割合が高いことが示されたが，郊外第二世代の母親たちの参加の背景は，地方出身者の参加の背景とは異なっているのか，それとも地方出身者の母親と同様の事情によって参加しているのだろうか．

4. なぜ参加するのか

　本節では，異なった移動経歴をもつ母親の比較を軸として，子育て活動への参加がもつ意義を探る．データして用いるのは，聞き取り調査によって得た母親2名の事例である．1人は地方からの流入者であり，もう1人は郊外第二世代に該当する女性である．どちらもサーベイ調査の対象地区となっている菅生もしくはあざみ野に在住しており，当該地域における子育て活動に参加している．聞き取り調査は，2006年10月（事例B氏）と2007年6月（事例A氏）に行った．インタビュー内容は，対象者の許可を得て録音し，逐語録をもとに考察を行った．

4.1 地方からの流入者の場合

Aさんは（30歳代女性）は，あざみ野地区の集合住宅に，夫と2人の子ども（2人とも未就学）の4人暮らしをしている．結婚後に退職，出産し，現在まで専業主婦を続けている．関東圏以外の市部で生まれ育ち，結婚して現住地に移るまでは，関東圏以外の政令都市に在住していた．Aさんの親はすでに亡くなっており，出産の際には夫方の母親（東京都内在住）が助けにきてくれたという．調査時点で，2つの子育て活動に参加していた．

4.1.1 孤立状況から重層的な母親ネットワークの獲得へ

Aさんは，夫の転勤によって，生後数カ月の乳児をつれて現住地に移り，知り合いもいない地域で子育てをすることになった．母親友だちが欲しかったが，小さな子どもと2人で慣れない土地を出歩くことがむずかしかったため，子育てサークルに入るまでは，なかなか知り合いができなかったという．

とはいえ，Aさんの場合，完全に地域から孤立していたというわけではなく，表面的なつきあいはあったようである．Aさんは社宅住まいで，その中での母親同士のつきあいはそれなりにあるという．子どもたちが夕方にマンションの駐車場で遊ぶのを，周りで母親たちが見守っているという状況もみられ，普通のマンション居住者よりはつながりがある方だと認識されている．自治会にも加入しており，適当なイベントがあれば参加している．ただし，「自治会の中の誰かを知っているというわけではないので，ただ入っているだけ」という感覚である．近隣の公園で集まっている母親同士のグループにも，抵抗なく入っていくことはできている．ただし，そうしたつきあいでは満足できない面も大きかったという．

> 公園にいけばお母さんたちには会えるけど，深い友だちにはなかなかなれなかったですね．グループに入るのは苦手じゃないので入るんですけど，そのあと何も残らない感じっていうのがあまり好きではなかった．なんというのか，本心があまりいえないというか，さらさらっとしているのが苦手だったですね[4]．

公園でのつきあいでは，それ以上の知り合いにはなれないと考えたAさんは，区役所に近隣の子育てサークルを紹介してくれるよう依頼した．区役所に子育

4. なぜ参加するのか

てサークルCを紹介されて，入会することにした．サークルCは，幼稚園入園前の子どもをもつ母親が集まっているサークルで，週1回イベントを行っている．イベントの企画は月ごとの持ち回りで行うが，一緒に企画をたてる中でメンバーと仲良くなっていくのが楽しくて，調査時点ですでに5年近く続けている．公園での母親同士のネットワークと子育てサークルを通じたネットワークにはちがいがあり，そのちがいは，イベントの企画をとおして生じると考えられている．

> （公園での母親グループは）みんなが同じゴールをもっていないじゃないですか．めざすところが別々で自分の子どもとのつながりで接しているので，接点が1個しかないみたいな感じなんですよね．サークルでやってるのがなんでこんな好きかというと，みんなで何かこれをめざしていこうというのが軽いものであれ重いものであれいろんな重さがあるけど，そのときにじゃあどうしたらいい？って考えたりするのが楽しくて．「オムツがはずれたのはいつ？」っていう話ばかりをしていると飽きちゃう．そういう話がしたいときもあるし，そういうのも必要なんですけど，そればかりだとちょっと．

子育てサークルCで，1週間に1回はイベントに参加するということが，毎日の生活のはりになったという．しかし，何年か続けるうちに，子どもが成長し，自由になる時間も徐々に増えてくると，それだけでは物足りなくなってくる．子どもを預けて，ちょっと離れて何かをする時間がほしいという気持ちで，子育ての仕方にかかわる講座に参加するが，それをきっかけにもうひとつの子育て活動（子育て支援サークルT）にかかわることになる．

一緒に講座を受けた仲間同士で継続して勉強会を開いていこうということになり，そこからサークルTが生まれてきた．Tは，子育て支援に重点をおいた活動を行っている．直接に子どものためにというよりは，子育てをする母親を支援することを主眼とし，間接的に子どもを支援しようというものである．サークルCが，産後1カ月や2カ月といった体力のない母子も参加できるような形式のものであるのに対して，サークルTはより積極的に活動し，子育てに関するフェスタを主催するなど，地域への発信も行っている．Aさんは，調査時点でどちらのサークルにも所属しているが，それぞれのサークルでのネットワークに対して，

異なったサポート期待を寄せている．

> サークル T はここまで発展してきているので，自分の元気な部分で活動をやっていて，弱みはそんなにはみせられないんですよね．自分の素をさらけだしているというよりは，仕事にいくときにちょっとちがう自分でいきますよね，そんな感じなんですよ．子育てサークル（C）は，（子どもが）0 歳のときからで自分の素を知っているので，困った時とか何も言えないときとかはそちらに言っていますね．子育ての個人的な悩みは，子育てサークルのお友だちの方がお話できているきがしますね．

同じ子育てサークルのなかでもちがいもあり，A さんは自分のニーズにあわせて重層的なかかわりをもっている．子育て期の母親が抱えるニーズはさまざまである．とくに情緒面でのサポートが重要視されているが，具体的にはどのような形でのかかわりが情緒的なサポートになるのかは一律ではない．ただなんとなくその場で立ち話をする程度が心地よいこともあれば，あえて弱みをみせずに元気にふるまうことが気持ちに張りをもたせることもあり，とはいえ，素の自分をみせられる濃い関係も必要とされている．A さんの場合，地域の母親同士のネットワークが重層的であることが，それぞれからのサポートの効果をさらに高めているといえる．A さんは，子育てサークルだけでなく，公園，社宅，幼稚園の母親グループにかかわっており，それぞれに対して異なった効果を期待している．

野沢（1999）は，ネットワークには，「資源」としての側面と「拘束」としての側面があり，ネットワークの構造特性によって，どちらかの側面がより強くあらわれうると指摘している．1 種類の固定的な母親同士の集まりだけでは，ネットワークの「拘束」的な側面があらわれる可能性も高いと考えられる．A さんの事例からは，それぞれのサポートの特質を生かし，その効果を高めるために，母親同士のネットワークが重層的に構築されている様子がうかがえる．

4.1.2 親族サポートの位置づけ：地方からの流入者の場合

一方，親族サポートについては，どのように考えられているのだろうか．A さんは自身の母親を亡くしているため，東京都内に在住の夫方の母親が最も有力な親族サポートである．他には，遠くに住んでいる自身の姉がいるが，親族サポー

トに対する期待は低い.

> （夫方の親と会うのは）月1回程度．サポートをしてもらうためにというわけではないですね．私が働いているわけではないので，（自分が）病気になっても助けてもらわなきゃいけないわけではないですね．（緊急時には）お友だちがいま一番心強いですね．子どもを産んだ時も姉とか遠くにいたので，それよりも近くにいる友だちがご飯をつくりにきてくれたりとか，その支えあいがすごかったですね．

近住親族がいないAさんは，親族サポートに対する期待が低く，地域での母親同士のネットワークを重層的に築いている．しかし，Aさんのような地域ネットワークの形成は，近住親族の代替として位置づけることができるのだろうか．この問いに答えるために，次に近住親族がいる状態で子育てをしている郊外第二世代の母親の事例を示す．

4.2 郊外第二世代の場合

Bさん（20歳代後半女性）は，菅生地区の集合住宅に，夫と2人の子ども（どちらも未就学）の4人暮らしをしている．長子を妊娠したときに退職し，その後専業主婦を続けている．Bさんの両親はどちらも地方の出身者で，結婚時に地方から川崎市内に移り住んだ．現在も隣接地区に住んでいて，1週間に1回程度顔をあわせている．Bさんは川崎市内で生まれ育ち，市外での居住経験はない．典型的な郊外第二世代といえる．調査時点で，2つの子育て活動に参加していた．

4.2.1 地域からの孤立と子育てに対する不安

Bさんは，生まれ育った地域で，両親も近くにいる状況で子育てをはじめた．しかし当初は，地域とのかかわりもなく，子育てに対する不安があったという．そもそも生まれ育った地域とはいえ，子育てをするまでは地域とのかかわりも関心もなかったという．

> 結婚してここのマンションに越してきて2年の間は，子どもがいなかったんですけど，このマンションの中に子ども会があることも知らなかったし，

夏祭りがあることも知らなくて．子どもができてから，そういうことをやってるんだということが，目につくようになりましたね．それまでは全然かかわってなかったですね．自治会にも入ってなくて．恥ずかしい話ですけど，自治会のちらしがはいってくるんですけど，こういうことが決まりましたというような．どこか他人事でしたね．朝仕事に出て，夕方に戻ってきてって感じなので，コミュニケーションがここではなく，職場だったり，学生時代の友だちだったんですけどね，変わりましたね．

　最初（の妊娠時）って情報がないですし，周りにまだお母さん方の知り合いもいないので，本やテレビの評論家がいうことっていうのが耳に入ってきて，ちょっとなにかあると大丈夫なのかな？と．近くに母親がいても，不安はありました．

　都市化の進展によって，子育てを教えてくれる親族が近くにいなくなったことが，育児不安を生じさせる要因のひとつと考えられてきた．しかしBさんの場合，すぐ近くに母親が住んでいても，子育てに関する不安は解消されなかったという．そのようななかで，「子どもを抱いて散歩していたら同じマンションの人に声をかけてもらった」というきっかけから，まず近隣の3つほどのマンションを対象とした子育てクラブAに入ることになった．子育てクラブAは，未就学園児を対象とした集まりで，1週間に1回程度集まって，公園にいったり誕生日会を開いたりといった簡単な活動を，子どもと一緒に行っている．その後，子育てクラブのメンバーの中に子育て講座Kに参加している人がおり，その人から勧められたことをきっかけとして，子育て講座Kにも参加するようになった．子育て講座Kは，親子分離を原則としている子育て活動で，親がなんらかの講座を受けている間は保育ボランティアが子どもをみる形式をとっている．子育て講座の内容は，委員になった母親が企画して運営しており，Aさんも委員の経験がある．

　先述の地方出身層のAさん同様，Bさんも2つの子育てサークルに同時に参加している．子育てクラブAと子育て講座Kは，活動の性質もメンバーの居住範囲も異なる．子育てクラブAが近隣のマンションを対象とした，Bさんいわく「子ども会の幼児版」といわれるようなものであるのに対して，子育て講座K

は区全域から人を受け入れている．そして，それぞれの活動でのネットワークから得られるサポートのあり方も，また異なっている．子育てクラブAでは，普段からお互いの家でお茶を飲んだり，緊急のときには子どもを預けたりすることができる，日常生活にとけこんだつながりが形成されている．一方，子育て講座Bの場合，同期で委員を経験した母親たちとはたまにお茶を飲んだりするが，それ以外は，講座の場のみでのつながりだけだという．しかし，Bの場合にも，独特の心のつながりが生じているという．

　　（子育て講座Kについて）はじめ，こんなにママたちが，冊子をつくったりしてきちんと活動をしているのかと驚いたんですよ．（企画をたてたりする活動の中で）言葉でいいあらわせないような信頼感もできました．「一緒にやってきたね」っていうような．自信にもなるし，励みにもなるし．

4.2.2 親族サポートの位置づけ：郊外第二世代の場合

　Bさんは，「もともと積極的な性格ではなく，何かないかなと探していたわけではないが，たまたま声をかけられて自然な形で入った」という経緯で参加したが，子育て活動への参加によって，変わったことは多かったという．

　　子育てについてとか，自分の感情について，取り繕ったりしなくなりました．大変なことを大変といっても受け入れてくれる場所だというのがすごくありがたくて．一時期は本当に忙しくて，打ち合わせがある日だと，夜は出前だったりして，子どもためにやっているサークルなのに，気がついたらなんのためにやっているんだろうと思い悩むこともありましたが，気がつけばいい時間になったなあと思います．

子育て活動をとおして得た地域の母親同士のネットワークに意義を感じているBさんだが，親族サポートについては，次のような認識を示している．

　　近すぎても逆に面倒くさいことが……．いつでも行き来できる関係や何かあったときにというのは，とても心強いんですが，あまり深く介入されて

も. やっぱり親は私で, (父母には) おじいちゃんおばあちゃんでいてほしい. ああなんじゃない, こうなんじゃないといわれると, 重荷やプレッシャーになったりするので, 面倒くさいなあと. やっぱり家族をつくってからは, 私のうちはこっち. 銀行や保険のことなんかは, 親に相談したりしますが, 子育てのことは, そのとき悩んでいるお母さん方に話したほうが心が軽くなる. 解決したいというよりは, 同じ悩みを共有してくれるのがうれしいし, すごく救いになるので.

親が近くに住んでいるということ自体が, サポートになっている. しかし, 日常的なサポートの提供者としては, 期待していない. むしろ, 親からの日常的なサポートは, ネガティブサポートになりかねないとさえいわれている. 親族からの, とくに妻の母親からのサポートが重要な育児サポート資源となっている現状で, このような意見がきかれるのは, 一見意外なことでもある. しかし母親同士のネットワークを基盤として核家族単位で子育てを行うことが浸透している地域のなかでは, 専業主婦でありながら親からのサポートに日常的に頼ることは, 望ましくないことと考えられるのかもしれない.

中西 (2005) では, 妻方母親からのサポートが育児期女性の生活満足度をむしろ下げる効果が示されるという分析結果に対して, 妻方親族サポートを頼りにしない人は, それを頼りにできない人ではなく, 頼りにしなくてもすむ余裕のある人である可能性が高いという解釈を行っている. また, 妻方親族とのつきあいが, きがねのないものである一方, 適度な距離感がとりにくく, 葛藤を生じやすくなることも想定される.

5. 郊外地域における子育て活動の現在

本章では, 郊外第二世代の視点を取り入れて, 郊外地域における子育て活動の背景と意義を再検討してきた. 対象地の子育て活動は, 地方出身層とともに, 郊外第二世代にも支えられている. 事例をとおして両者の参加の経緯を比較してみると, 差異よりも類似性が目立つように思われる. どちらも, 地域からの孤立を意識しており, また, 母親同士のネットワークから得るものの大きさを主張して

いる．郊外第二世代も，地方からの流入層と同じ不安とニーズを抱えているといえる．

若者は，地域とのかかわりが薄いといわれる．現住地の周辺地域で生まれ育った第二世代も，乳幼児を抱えて，狭い範囲内での生活を余儀なくされてはじめて，自分が生まれ育ってきた地域に目が向けられるという状況が想定される．

そして，子育てをする母親たちにとって，情緒・情報面におけるサポートの必要性が強く認識されており，同じ環境の中で子育てを行う母親同士のネットワークは，母親にとっては欠かせない情緒（情報）的サポート源として認識されている．また，子どもに同世代の友だちと遊ぶ場所を確保するうえでも，地域の母親同士のつきあいは欠かせないと考えられている．郊外地域で子育てをする母親たちにとって，最も大事にしているのは友だち同士の関係という先行知見（矢澤 2003）があるが，今回の聞き取り調査事例からもそうした認識を読み取ることができる．こうしたニーズは，親が近くにいるかどうかにかかわらず存在している．親族サポートが，母親同士のネットワークから得られるサポートを代替できるとは認識されていない．子育て活動をとおした母親同士のネットワーク形成は，近住親族の代替としての消極的な選択肢というよりは，むしろその地域での生活様式や人々の価値観にあった積極的な選択肢となっていると考えられる．

松田は，育児ネットワークの再編成に向けてどのようなネットワークが母親の心理状態にとって望ましいのかを検討した結果，緊密で付き合いも濃い人たちで構成されたかつてのムラ的なコミュニティよりも，適度にゆるやかな「中庸なネットワーク」が母親の育児不安を低減させると指摘している（松田 2008）．これは，育児期の母親が，親族だけでなく非親族からのサポートも必要としていること，さらに非親族サポートにおいても，ひとつの閉じた集まりのみからサポートを得るのではなく，公園で出会う仲間や育児サークルで出会う仲間，職場の仲間など，複数の集まりをとおしてサポートを獲得できる状態が望ましいということを示唆する結果である．今回の聞き取りからも，母親たちが親族だけでなく非親族サポートも必要としていること，さらには非親族サポートを重層的に構築し，使い分けている様子がうかがえる．近住親族からのサポートが期待しやすい郊外第二世代の母親たちも，流入層の母親たちと同様に，地域における重層的な非親族ネットワークを求めていると考えられる．そのために，郊外第二世代の母親た

ちも，流入層の母親たちと同程度に育児活動に参加するという現状が生じているのではないだろうか．

6．子育て活動の地域文化的背景

最後に子育てにかかわる地域ネットワークの代替性と地域文化的背景について仮説的考察を加えておきたい．

郊外地域の独自性について考えてみるために，地方における子育て事情を想定してみると，地方では，祖父母を中心とした親族による育児支援が慣習であり，またある種の規範としても残っていると考えられる．そうした地域では地元出身者は，同居もしくは近隣親族からの支援を基盤として子育てを行い，子育て活動などをとおして地域ネットワークを形成しようとするのは，転勤族など流入層の母親同士に限られるのかもしれない．そうした場合，親族ネットワークと地域ネットワークの代替性が確認される可能性はある．

一方，本章で扱った郊外地域では，母親同士のサポートが基盤となっている．こうした傾向は，近隣親族がいる郊外第二世代にとっても同様であった．つまり，当該地域においては，地域の母親同士のサポートの重要性が強く認識され，親族サポートはプラスアルファとして位置づけられていると考えられる．

近隣親族による育児支援が慣習となっている地域と，今回取り上げた郊外地域とでは，異なった地域文化的背景があり，そのために非親族サポートがもつ意味も異なる可能性がある．親族ネットワークと地域ネットワークの代替性という命題も，地域文化的背景によって左右されるものと考えられる．

本章が対象とした郊外地域には，郊外第一世代が築いてきた子育てネットワークの蓄積がある．こうした蓄積が，現在の郊外地域の特性（高い専業主婦率，表面的な近所づきあいなど）と結びついて，地域の母親同士のサポートを重要視する地域文化的背景をつくりあげているのではないだろうか．こうした地域文化的背景について，本章では仮説的な考察を行うにとどまっているが，地方都市や郡部との比較をとおして，今後深めていくことを課題としたい．

また，今回の聞き取りが専業主婦の女性のみを対象としている点は，本章の大きな限界であるといえよう．母親の就労状況が，郊外第二世代と流入層とのちがが

いにどう影響するのかは，重要な検討課題として，今後取り組んでいきたい．

【注】

(1) 本章論稿は，明治学院大学社会学部付属研究所の研究所年報 38 号に掲載された中西 (2008) に加筆修正を行ったものである．
(2) この操作的定義では，横浜や川崎の都心部出身者も含まれてしまうため，厳密には，郊外生まれ郊外育ちの人々だけを把握しているわけではないという限界はある．菅生・あざみ野以外の隣接地区も含めて郊外地域として把握するために市内で括ったが，今後厳密な操作的定義を行うために，回答選択肢を工夫する必要がある．
(3) 親と同居しているケースは 3 ケースのみだったが，そのすべてが子育て活動に参加していた．また，夫方親との居住距離と子育て活動参加割合との関連についても同様に検討したが，夫方親が市内居住の場合とそれ以外の場合とでは，参加割合の数値にはほとんどちがいがみられなかった．
(4) 対象者の発言内容の抜粋は，逐語録を基にしているが，筆者による編集を行っている．

【文献】

川口太郎, 2002,「大都市圏における世帯の住居移動」, 荒井良雄・川口太郎・井上　孝編:『日本の人口移動　ライフコースと地域性』古今書院．

厚生省, 1998,『厚生白書平成 10 年度版　少子社会を考える——子どもを産み育てることに「夢」を持てる社会を』．

松田茂樹, 2002,「育児ネットワークの構造とサポート力　＜密度のカーブ効果＞の再検証」,『家族研究年報』, 27, 37-48.

松田茂樹, 2008,『何が育児を支えるのか——中庸なネットワークの強さ』勁草書房．

中西泰子, 2005,「育児期女性のサポートネットワークと生活満足度——妻方親族サポート効果に注目して」,『社会学論考』, 26, 25-36.

中西泰子, 2008,「都市郊外の子育て活動——郊外第二世代に注目して」,『研究所年報』, 38, 51-62.

落合恵美子, 1989,『近代家族とフェミニズム』勁草書房．

野沢慎司,1999,「家族研究と社会的ネットワーク論」, 野々山久也・渡辺秀樹編:『家族社会学入門——家族研究の理論と方法』文化書房博文社, 162-191.

玉野和志, 2006,「菅生あざみ野調査の方法と概要」, 玉野和志編『都市の構造転換とコミュニティの変容に関する実証的研究』, 平成 15 年度～平成 17 年度科学研究費

補助金（基盤研究 C）研究成果報告書，103-118.
矢澤澄子，2003,「都市環境における子育ての困難」，矢澤澄子・国広陽子・天童睦子『都市環境と子育て——少子化・ジェンダー・シティズンシップ』勁草書房，60-76.
矢澤澄子・国広陽子・天童睦子，2003,『都市環境と子育て——少子化・ジェンダー・シティズンシップ』勁草書房.

第 19 章　女性の政治意識と政治参加

高木竜輔

　これまで社会学で語られてきた「郊外」は，基本的にはその多様性よりも共通性が語られてきた．しかし，第Ⅳ部のこれまでの各章を読んでいただければわかるとおり，女性郊外居住者の考え方や活動が多様であることを指摘せざるを得ないし，そのことがもっと強調されるべきである．郊外に居住していることがただちにある共通の人格類型をもった「郊外人」を生み出すわけではないのである．大規模なニュータウン開発が始まってほぼ半世紀になろうとした現在，都市郊外を「郊外」としてまとまりのあるもの，単一の特性をもつものとして特徴づけることは疑問が付されるべきである．

　この章では，これまでの各章で注目してきた流入時期に注目して，郊外居住者の多様性をあらためて整理してみたい．その際注目するのは，郊外居住者の政治意識と政治行動についてである．

　政治意識や政治行動に注目するのはなぜか．それは，郊外開発によって必然的に登場してきた都市問題の発生と関連してくる．当時，郊外ニュータウン開発によって病院や学校，図書館や公民館などの都市インフラストラクチュアが不足し，施設要求の住民運動が主婦を中心に各地で展開された．この本が対象としている青葉区・宮前区も例外ではない．とくに宮前区では公民館の分館建設運動がなされたのは第 15 章でみたとおりである．その後，都市インフラストラクチュアの整備が進み，1980 年代に入ると住民運動の時代は終了することとなる．

　本章で明らかにしたいのは，開発初期に流入した第一世代の社会的活動へのかかわりが，その後の世代にどのように受け継がれているのか，という点である．第 15 章でみたとおり，開発初期に流入した郊外第一世代は，1970 年代にさまざまな住民運動にかかわり，現在もなお市民活動という形で地域への社会的かかわりを継続している．それに対して第 16 章で確認した，少しだけ遅れてきた後続世代は，市民活動へのかかわりを志向しつつも，最終的には仕事を選択した．第 18 章でみた郊外第二世代は，第一世代がつくりあげた子育て活動の文化を積極

的に活用しているようにみえる．このような各世代の地域活動や子育て活動への態度のちがいはどのように解釈すればいいのか．本章では，政治意識や投票行動などを物差しとして，郊外第一世代（55〜64歳），後続世代（45〜54歳），郊外第二世代（44歳以下）に分け，その世代間での継承の様相を明らかにしたい[1]．

1. 郊外開発と女性による活動

ここであらためて，郊外開発と女性による活動との関係について確認しておこう．これまでの各章で紹介しているとおり高度経済成長期に入って大規模宅地開発が始まり，東急電鉄田園都市線沿線のこの地域においても1960年代後半より宅地開発が進んでゆく．このような宅地開発は急激に進むとともに，それゆえに自然環境の破壊や公共施設の不備をめぐって住民運動を引き起こしてゆくこととなる．

ここでは1970年代に川崎市北部で生じた流通センター反対運動の事例を簡単に確認しておこう．流通センター建設問題とは，川崎市が立案した青果・花・魚などを扱う北部中央総合市場の建設計画をめぐって生じた地域紛争のことである．この計画は70年に政府決定され，翌年から住宅公団が事業を進めることとなった．そのような中で，71年から地元自治会を中心に反対運動が起こり，請願活動を展開してゆくこととなる．

当初は反応が鈍かったものの，次第に住民運動は主婦層や文化人を中心として活動参加者を増やし，幅広い市民から署名を集めてゆく．市議会でこの請願は否決されたものの，これをきっかけに住民団体は新たに川崎市の自然環境を守るための自然環境保護条例，いわゆる「緑の憲法」の制定をめざして署名活動をおこなうこととなる．この新しい条例が制定されれば，その趣旨に従って流通センターの建設は阻止できると考えられたからである．12万4722人分の署名とともに条例請求されたが，このとき革新市長であった伊藤市長は，議会と市民との間で対応に苦慮することとなった．市民提案の条例案は市議会で否決されたものの，市長提案による自然環境保護をめざした審議会の設置案を上程し，議会を可決した．そして，審議会がまとめた条例案は議会を通過し，緑の憲法には及ばないものの，1973年に「市民の申し出権」を中心とした自然保護条例が制定されることとなる．

結果として流通センター建設計画は1975年に立ち消えしてしまうが，そのほかにもこの運動において初めて南部と北部の住民団体が緑の憲法制定をめざしてともに運動するなど，全市的な市民のネットワークがつくられることとなった（川崎市史 1988，長尾・加藤 1987，大澤 2000）[2]．

ここでは川崎市北部の事例をみたが，対象地である青葉区，さらには町田市まで含めて，この地域では1970年代に多数の住民運動が展開され，とくにこのような住民運動を支えたのは主婦層であった．宅地開発の初期に流入した第一世代にとって，一番の問題は子育ての環境をめぐるものであった．そのため子育てグループが各地につくられてゆく[3]．この子育てグループは自らの子育て理念のもとに活動ならびに講座をおこない，また活動する施設がないときには公民館や児童館などの建設を要求して運動した．また，生活クラブ生協への参加も多数みられ，のちに神奈川ネットワーク運動による代理人運動が展開されてゆくこととなる．生活クラブ生協への参加をきっかけに発展していったのが青葉区のグループたすけあいである．このように，郊外開発の初期には子育てを中心として女性の活動がさかんにおこなわれた．

そこでまず，子ども関係の活動と生活クラブ生協への参加の経験割合を世代別に確認しておこう（表19.1，表19.2．参加経験には，現在参加している人に加え，過去に参加したことのある人も含まれている）．世代別にみた子ども関係の集団への参加経験率は，有意な差はみられなかったものの，後続世代が一番高くなっており，続いて第二世代が続く．世代別にみた生活クラブ生協への参加経験率についても後続世代が一番高く，郊外第一世代が次ぎに続く．

このように宅地開発の直後に子ども関係の活動や生活クラブ生協への参加を支えたのが郊外第一世代と後続世代であった．しかし，第15章と第16章で確認したとおり両者のちがいは，第一世代が子ども関係の活動から学習活動を継続させてゆき，現在は福祉・介護ボランティアへと自らの活動を展開させているのに対し，後続世代は子育てが一段落したあと，職場へと復帰してゆく傾向がみられる，という点である．そこで次に，世代別にみたキャリアパターンについて確認しておきたい（表19.3，キャリアパターンについては第16章を参照）．第一世代では退職主婦型が52.6％と一番高い．郊外第二世代もほぼ似たようなパターンを示しており，退職主婦型が49.2％となっているが，この世代は現在も子育ての最中で

表 19.1 世代別にみた子ども関係の集団参加比率

(%)

	参加あり	参加なし	合計	(実数)
44歳以下（第二世代）	39.0	61.0	100.0	(59)
45-54歳（後続世代）	42.9	57.1	100.0	(63)
55-64歳（第一世代）	32.9	67.1	100.0	(76)
65歳以上	23.4	76.6	100.0	(47)
合　計	35.1	64.9	100.0	(245)

$\chi^2=5.0$, $df=3$, $p=$n.s.

表 19.2 世代別にみた生活クラブ生協の参加比率

(%)

	参加あり	参加なし	合計	(実数)
44歳以下（第二世代）	42.4	57.6	100.0	(59)
45-54歳（後続世代）	61.9	38.1	100.0	(63)
55-64歳（第一世代）	54.7	45.3	100.0	(75)
65歳以上	19.1	80.9	100.0	(47)
合　計	46.7	53.3	100.0	(244)

$\chi^2=22.5$, $df=3$, $p<0.01$

表 19.3 世代別キャリアパターン

(%)

	一貫就労	再就職型	退職主婦型	合計	(実数)
44歳以下（第二世代）	22.0	28.8	49.2	100.0	(59)
45-54歳（後続世代）	19.0	47.6	33.3	100.0	(63)
55-64歳（第一世代）	13.2	34.2	52.6	100.0	(76)
65歳以上	4.3	14.9	80.9	100.0	(47)
合　計	15.1	32.7	52.2	100.0	(245)

$\chi^2=27.3$, $df=6$, $p<0.01$

あり，今後退職主婦型から再就職型へと移動する人も出てくると思われる．第一世代において退職主婦型が多いのに対し，後続世代では再就職型が47.6％と多数を占めている．子育てをきっかけに地域活動にかかわり，その活動を現在も継続している第一世代と，子育て終了後に仕事に復帰してゆく後続世代というちがいがあらためて確認できた．

さらに，郊外第一世代と後続世代に限定して，キャリアパタン別に子ども関係の活動への参加経験をみたのが表19.4である．第一世代では退職主婦型において参加経験者が多いのに対し，後続世代では，有意な差はみられなかったものの，再就職型において参加経験者が多い傾向が確認できる．この表からあらためて，

表 19.4 キャリアパターン別にみた子ども関係の活動への集団参加（第一世代と後続世代に限定）
(%)

	第一世代（55-64歳）				後続世代（45-54歳）			
	参加あり	参加なし	合計	（実数）	参加あり	参加なし	合計	（実数）
一貫就労	20.0	80.0	100.0	(10)	25.0	75.0	100.0	(12)
再就職型	15.4	84.6	100.0	(26)	53.3	46.7	100.0	(30)
退職主婦型	47.5	52.5	100.0	(40)	38.1	61.9	100.0	(21)
合　計	32.9	67.1	100.0	(76)	42.9	57.1	100.0	(63)

$\chi^2=8.2$, $df=2$, $p<0.05$　　　　$\chi^2=3.1$, $df=2$, p=n.s.

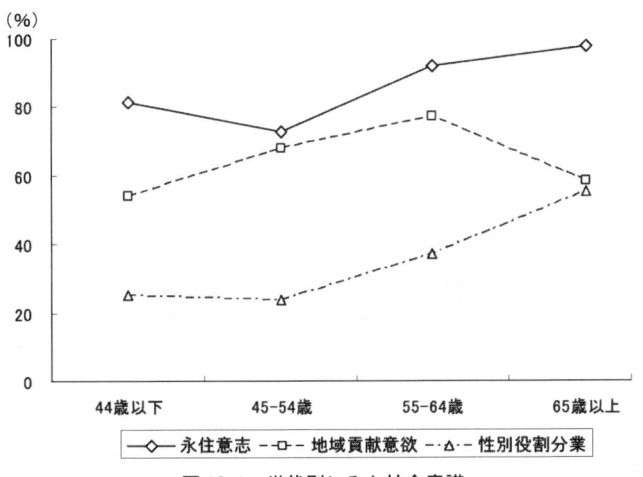

図 19.1　世代別にみた社会意識

　第一世代は専業主婦として子育て活動に専心し，後続世代は子育て活動に参加するものの，その後子育てが終わると活動の場を仕事へと求めていることがみてとれる．

　最後に世代別にみた社会意識を確認しておきたい（図19.1）．ここでみるのは永住意志，地域貢献意欲，性別役割分業，の3つである[4]．前2者が地域への意識，最後がジェンダーをめぐる意識である．永住意志は後続世代を谷として世代が上昇するにつれて高まる軌跡をとっている．第一世代と，65歳以上の世代はともに永住意志は高いが，地域への貢献意欲という点で決定的に異なり，65歳以上の世代において地域貢献意欲は低い．後続世代は，相対的にみて永住意志は低いものの，地域貢献意欲は第一世代と同程度に高い．性別役割分業意識は世代が高まるにつれ高くなってゆく．

2. 郊外女性の政治意識と政治行動

　郊外開発により流入した女性たちは子ども関係の活動や生活クラブ生協へ参加するなかで，地域活動や住民運動にかかわっていった．そしてこのような活動を通じて郊外第一世代ならびに後続世代は政治的な主体へと変わってゆく．神奈川ネットワーク運動による代理人運動はその成果であろう．

　ここではそれぞれの世代の政治意識がどのようになっているのかを，政治的有効性感覚という指標を用いて明らかにしたい．政治的有効性感覚とは，人々が自らの力で政治に影響を及ぼすことができると感じる程度を指標化したものである（山田 1994）．ここでは，調査対象となった地域の人々の政治意識の高さを，本調査と同時期におこなわれた 2003 年の日本版総合社会調査（JGSS2003）のデータを用いて日本人女性一般と比較してみたい（図19.2）[5]．

　政治意識1は政治参加の無力感についての設問で「いいえ」と回答した人の割合である．言い換えると自らの活動で政治が変わると信じている人の割合であり，政治的有効性感覚をもっている人のことである[6]．調査データと JGSS2003 のデータを比較した場合，第一世代と後続世代において調査対象者の政治的有効性感覚の高さが確認できる．また政治の不透明感についての設問についても確認しておこう（政治意識2）[7]．これは，政治で何が行われているか理解していると答えている人の割合である．政治参加の無力感ほどではないが，ここでもやはり第一世代と後続世代における政治的有効性感覚の高さが確認できる．

　これらのことから，郊外開発期の初期に流入した第一世代とその後続世代は，日本人女性一般と比較した場合，政治意識が高いことが明らかになった．第二世代と 65 歳以上の世代では，日本人女性一般との差はほとんどみられない．なぜ第一世代と後続世代において政治意識が高いのか，その理由をこの地域において両者がかかわった住民運動や地域活動に求めたい．

　そのため次に，子ども関係の活動と生活クラブ生協への参加が，政治意識の高さとどのような関係にあるのかをみておこう．表19.5 は政治的有効性感覚の有無を世代別，子ども関係活動参加別にみたものである．第一世代と後続世代においては，子ども関係の活動へ参加した層は非参加層と比較して有効性感覚がある

2. 郊外女性の政治意識と政治行動　361

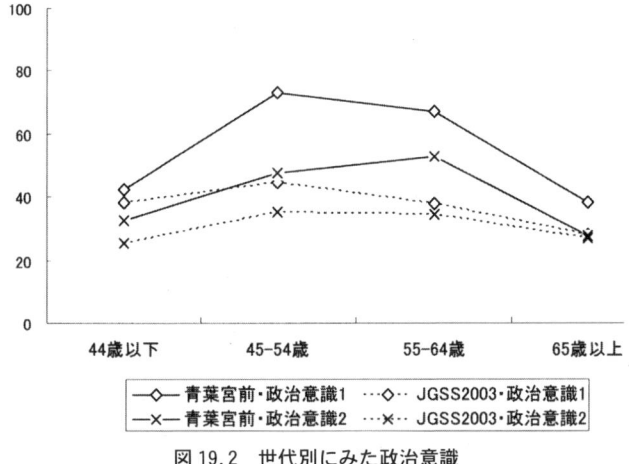

```
凡例:
─◇─ 青葉宮前・政治意識1    ⋯◇⋯ JGSS2003・政治意識1
─×─ 青葉宮前・政治意識2    ⋯×⋯ JGSS2003・政治意識2
```

図 19.2　世代別にみた政治意識

割合が高くなっている．それに対して 44 歳以下の郊外第二世代と 65 歳以上の世代においては参加層と非参加層に差はみられない．第一世代と後続世代においては，子ども関係の活動へ参加することによって政治意識が高くなっていると推測される．

次に生活クラブ生協への参加が政治的有効性感覚を高めるかどうかを世代別にみたのが表 19.6 である．郊外第一世代においては，生活クラブ生協での活動経験が政治的有効性感覚を高めている．後続世代も第一世代ほどではないが，参加層で高まっている．

このように，第一世代と後続世代においては，子ども関係の活動や生活クラブ生協での活動参加を通じて政治的な主体になっていると思われる．しかし両者の間には決定的な差異が存在する．それが性別役割分業をめぐる意識である．図 19.3 は世代別，子ども関係の活動参加別にみた性別役割分業意識をみたものである．非参加層においては郊外第二世代，後続世代，郊外第一世代，65 歳以上の世代と，世代が上昇するにつれて分業意識が高くなっている．それに対し参加層では世代によって分業意識に高低がみられる．第一世代においては子ども活動参加層の方が非参加層よりも分業意識が高くなっている．それに対して後続世代においては，子ども活動参加層の方が非参加層よりも分業意識が低い．郊外第一世代と後続世代とでは，子ども関係の活動参加と性別役割分業意識との間の関係に

表 19.5　世代別・子ども関係集団参加別にみた政治的有効性感覚の有無

(%)

		あり	なし	合計	(実数)
44歳以下（第二世代）子ども関係の集団参加経験	あり	39.1	60.9	100.0	(23)
	なし	44.4	55.6	100.0	(36)
	合計	42.4	57.6	100.0	(59)
45-54歳（後続世代）子ども関係の集団参加経験	あり	85.2	14.8	100.0	(27)
	なし	63.9	36.1	100.0	(36)
	合計	73.0	27.0	100.0	(63)
55-64歳（第一世代）子ども関係の集団参加経験	あり	84.0	16.0	100.0	(25)
	なし	58.8	41.2	100.0	(51)
	合計	67.1	32.9	100.0	(76)
65歳以上　子ども関係の集団参加経験	あり	36.4	63.6	100.0	(11)
	なし	38.9	61.1	100.0	(36)
	合計	38.3	61.7	100.0	(47)

44歳以下：$\chi^2=0.2$, $df=1$, $p<$n.s., 45-54歳：$\chi^2=3.6$, $df=1$, $p<0.10$, 55-64歳：$\chi^2=4.8$, $df=1$, $p<0.05$, 65歳以上：$\chi^2=0.02$, $df=1$, $p=$n.s.

表 19.6　世代別・生活クラブ生協参加別にみた政治的有効性感覚の有無

(%)

		あり	なし	合計	(実数)
44歳以下（第二世代）子ども関係の集団参加経験	あり	40.0	60.0	100.0	(25)
	なし	44.1	55.9	100.0	(34)
	合計	42.4	57.6	100.0	(59)
45-54歳（後続世代）子ども関係の集団参加経験	あり	76.9	23.1	100.0	(39)
	なし	66.7	33.3	100.0	(24)
	合計	73.0	27.0	100.0	(63)
55-64歳（第一世代）子ども関係の集団参加経験	あり	78.0	22.0	100.0	(41)
	なし	52.9	47.1	100.0	(34)
	合計	66.7	33.3	100.0	(75)
65歳以上　子ども関係の集団参加経験	あり	22.2	77.8	100.0	(9)
	なし	42.1	57.9	100.0	(38)
	合計	38.3	61.7	100.0	(47)

44歳以下：$\chi^2=0.1$, $df=1$, $p=$n.s., 45-54歳：$\chi^2=0.8$, $df=1$, $p=$n.s., 55-64歳：$\chi^2=5.3$, $df=1$, $p<0.05$, 65歳以上：$\chi^2=1.2$, $df=1$, $p=$n.s.

ついて逆の関係がみられるのである．この点については結論のところで考えてみたい．

　これまでの議論を通じて，子ども関係の活動参加ならびに生活クラブ生協への参加によって政治的有効性感覚が高まっていることを確認した．それではそれが実際の投票行動においてどのように現れているのだろうか．

　図19.4は世代別にみた参院選での投票行動をみたものである．このときの参

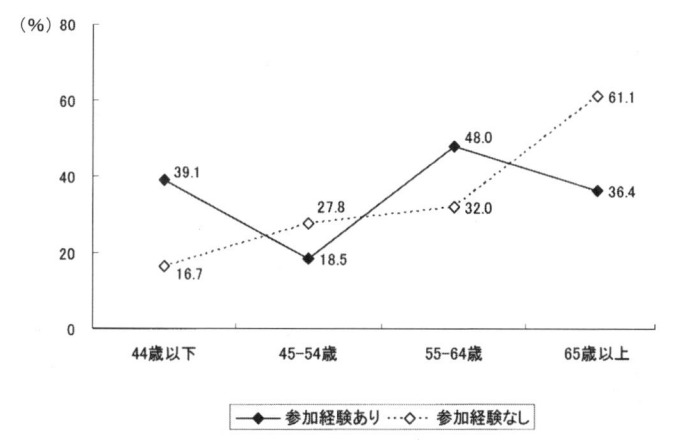

2. 郊外女性の政治意識と政治行動　363

図 19.3　世代別・子ども関係集団参加別にみた性別役割分業意識

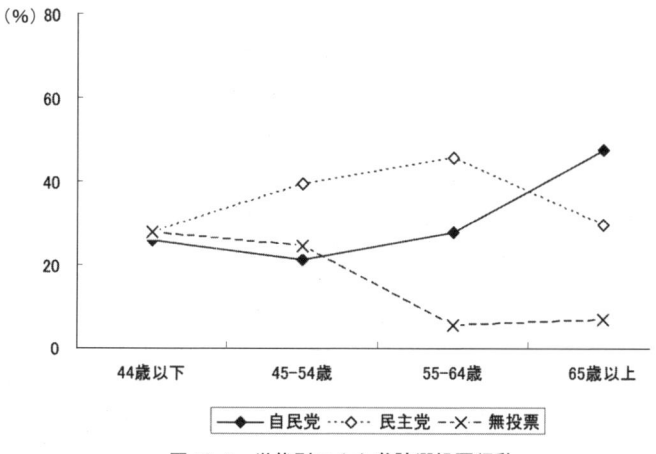

図 19.4　世代別にみた参院選投票行動

議院選挙（2004年）はおもに年金制度改革が主な争点となり，民主党が38から50へと議席を伸ばし，二大政党制による選挙が定着した選挙であった．神奈川県選挙区においても3議席中2議席を民主党が獲得している．分析の結果をみると，65歳以上においては自民への投票が民主への投票を上回っているが，第一世代と後続世代において民主党への投票が高くなっている．第一世代と後続世代とのちがいは，後者において無投票の割合が多くなっていることである．

(%) 80

```
         44歳以下    45-54歳   55-64歳   65歳以上
```

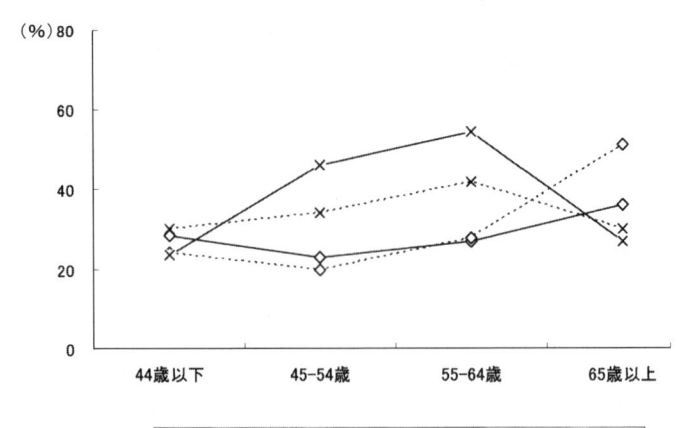

―◇― 自民あり ⋯◇⋯ 自民なし ―×― 民主あり ⋯×⋯ 民主なし

図 19.5　世代別・子ども関係集団参加別にみた参院選投票行動

図 19.5 は自民党への投票と民主党への投票に限定し，世代別に子ども関係の活動参加と投票率との関係をみたものである．自民党への投票についていうと，活動参加層と非参加層ともに 65 歳以上をのぞくと同じ投票比率である．それに対して民主党への投票についていうと，第一世代と後続世代においては子ども活動への参加者の方が非参加者と比べ高くなっている．第一世代と後続世代においては現在においても，子ども関係への活動参加が民主党投票へとつながっていることが明らかになった．

3．女性の地域活動と都市空間のジェンダー的編成

これまで世代別に政治意識や政治行動のちがいをみてきた．そして，それらが子ども関係の活動や生活クラブ生協への参加経験とどのような関係にあるのかをみてきた．ここまでの議論を整理しておきたい．

郊外第一世代，後続世代においては，子ども関係の活動への参加，生活クラブ生協への参加が政治意識を高めていることが明らかとなった．両者はそれらの活動への参加を通じて，そのときどきに地域が抱える課題にかかわるようになり，その結果として政治的な主体として立ち現れていた．

しかし，両者のその後の地域社会へのかかわり方は対照的な様相を示している．

子育て活動を出発点に地域での活動を継続している郊外第一世代に対し，後続世代はある程度子どもが大きくなった時点で職場へと復帰していった．

両者の間のこのようなちがいについて，ここでは性別役割分業意識に注目した．郊外第一世代においては，分業意識の高さと子ども関係の活動参加経験が結びついていたが，後続世代においてはその関係が逆になっていた．つまり，第一世代の地域活動参加者は分業意識が高く，後続世代の地域活動参加者は分業意識が低いのである．そして，そうであるが故に，第一世代はその後も活動をつづけ，後続世代は職場へと復帰したのではないか．

ではなぜ，性別役割分業意識が両者の地域活動の履歴のちがいに影響を及ぼすのか．ここでは国広陽子の整理を参考にして考えてみたい．

> 日本の高度経済成長は女性を「主婦」として社会的・経済的・政治的に周辺化する社会システムの強化によって促進された．企業および国家の家父長制構造と家族領域における家父長制の結びつきによる性別役割分業システムの完成こそが大企業主導の急速な経済成長を可能にしてきたのであるが，同時にそれが女性の政治参画を抑制したのである（国広 2001：210）．

本書のこれまでの議論（第13章）でも明らかにしてきたように，高度経済成長は職場労働を担う男性と家事労働を担う女性からなる核家族をモデルとしてきており，それが空間的に現れるのが郊外住宅地である．郊外住宅地は性別役割分業システムに基づいてつくられた空間なのである．それゆえに，性別分業意識が高い第一世代は，性別分業システムによって編成された郊外住宅地での活動にかかわり続けた．他方で分業意識の低い後続世代は，第16章でも確認したとおり，性別分業システムと結びついた郊外住宅地での生活に違和感を感じ，職場生活へと戻っていったのである．このような郊外住宅地のジェンダー的編成への距離感が，郊外第一世代と後続世代の子育て後のキャリアにおける分岐を導いているのである．

ただし，誤解を招くかもしれないが，このことは決して性別役割分業を前提として地域活動を継続させている郊外第一世代を否定しているわけではないし，性別役割分業を乗り越え仕事へ復帰した後続世代を肯定しているわけでもない．郊

外第一世代にとって郊外は生活スタイルも生活課題を解決する方法も存在しない未知の空間であり，あらゆるものを自分たちがつくりだしていかざるを得なかった．子育て後も郊外地域のあらゆる問題にかかわり続けなければならなかった．それに対し後続世代は，郊外第一世代の後ろ姿をみつつ，郊外におけるジェンダー的編成が政策的に解かれる1980年代後半を契機として都心部における雇用労働へと再編成されていったのである．このこともまた後続世代を否定するものではない．

　ここで重要なのは，郊外における女性の活動やキャリアを方向づける，郊外空間におけるジェンダー的編成の力の存在である．郊外住宅地において女性による地域活動の次世代への再生産が困難であることがしばしば指摘されるが，それはそのことと無関係ではないだろう．今後はこのジェンダー的編成のメカニズムを詳細に明らかにしていくことが求められる．

【注】
(1) 年齢について，本章ではこれまでの章とは異なる区切り方を採用している．それは1970年時点で第一世代の年齢が21歳から30歳，後続世代が11歳から20歳に該当しており，第一世代が流入するタイミングにあわせているためである．ご了承いただきたい．
(2) 現在，川崎市宮前区水沢に川崎市中央卸売北部市場が建設され，1982年から開場している．
(3) この点については，東京都立大学都市研究所・共同研究Ⅰ（2003）を参照．
(4) それぞれの項目の設問は次のとおりである．永住意志：「あなたは，これからもずっとこの町に住んでゆきたいとお考えですか．つぎのうちからあてはまるものを1つだけ選んでください」，地域貢献意欲：「この地域のために，なにか役立つことがしたい」，性別役割分業：「男性は外で働き，女性は過程を守るべきである」，子ども中心主義：「夫や妻は，自分たちのことを多少犠牲にしても，子どものことを優先すべきだ」．
(5) データは2003年度版のものを用いており，調査時期とほぼ同時期である．
(6) 具体的な設問は「自分のようなふつうの市民には，政府のすることに対して，それを左右する力はない」であり，「そう思う」から「そう思わない」まで4点法で尋ねた．
(7) 設問は「政治や政府は複雑なので，自分には何をやっているのかよく理解できない」

であり,「そう思う」から「そう思わない」まで4点法で尋ねた.

【文献】

川崎市,1988,『川崎市史　通史編　第4巻上』.
国広陽子,2001,『主婦とジェンダー』尚学社.
国広陽子,2006,「地域形成主体としての女性——主婦のパラドクス」,古城利明編『地域社会学講座2　グローバリゼーション／ポスト・モダンと地域社会』東信堂.
長尾演雄・加藤芳朗,1987,「住民の主体形成と市民意識」,島崎稔編『重化学工業都市の構造分析』東京大学出版会.
大澤善信,2000,「革新自治体と都市経営(5)　伊藤三郎の都市自治思想」,吉原直樹編『都市経営の思想』青木書店.
東京都立大学都市研究所・共同研究Ⅰ,2003,『市民活動団体調査報告書』.
山田一成,1994,「政治的疎外意識と政治行動」,飽戸弘編『政治行動の社会心理学』福村出版.

〔謝辞〕

　日本版 General Social Surveys(JGSS)は,大阪商業大学比較地域研究所が,文部科学省から学術フロンティア推進拠点としての指定を受けて(1999-2003年度),東京大学社会科学研究所と共同で実施している研究プロジェクトである(研究代表:谷岡一郎・仁田道夫,代表幹事:佐藤博樹・岩井紀子,事務局長:大澤美苗).東京大学社会科学研究所附属日本社会研究情報センター SSJ データアーカイブがデータの作成と配布を行っている.

終章　大都市圏研究の課題

浅川達人

　本研究の目的は，東京大都市圏の空間形成過程を素描したうえで，産業拠点としての京浜地区臨海部と，「東京」の郊外住宅地としての京浜地区内陸部，そのそれぞれで展開された住民の生のありようを詳細に描き出すことにあった．そして本研究の特徴は，東京大都市圏の形成過程の時間的・空間的秩序という文脈を踏まえつつローカル・コミュニティの生きられ方を読み解いていくという，社会地区分析とコミュニティ・スタディとを架橋する試みにある．ここでは，そのことにより何が得られたのか，何が課題として残されているのかを検討する．

1. 都市空間の形成とコミュニティの社会的編成

1.1　都市空間形成の理論

　東京大都市圏の空間形成過程の素描／概観．それは，社会地区分析を用いることにより実現可能となった．しかしながら，空間形成過程を理解し説明するためには，空間についての社会学理論が必要とされる．本書では，東京大都市圏の空間形成の主要な要因として，「産業組織」「労働力編成」「不動産市場」「国家・自治体」「交通体系」などを取り上げ，それらが相互に関連しあいながら，東京大都市圏の社会的・空間的な秩序を形づくるプロセスを明らかにした．

　戦後の復興期から高度経済成長期を経て，東京大都市圏は工業型都市として発展した．その工業化を支えた産業集団は城東・城北地区，城南地区から京浜地区に集積し，そこを産業拠点とするとともに，それに連なる労働者住宅街を形成した．1980年代以降の脱工業化において，量産工場などは東京の郊外地域をとりまく外延部にあたる地域に分散し，代わりに金融・情報・サービス業のオフィスビルが都心に集中し，都心の中心業務地区を面的に拡大した．

　このような産業の空間構成の変化は，産業活動の担い手である労働市場を再編し，流入してくる人々が生活を展開する空間を規定する．都心部の住宅不足

は，人々を郊外へ押し出すことになるが，郊外住宅地の整備は不動産資本の動きと，交通体系の整備により可能となった．脱工業化にともなう産業構造の変換は，サービス産業や情報産業などの企業活動による都心の再利用を促した．と同時に，都心およびその近郊でマンションなどの建設ブームを引き起こした．このような不動産市場の変化は，むろん国家や自治体の政策によって方向づけられていた．

東京大都市圏は，住民や企業の個別の活動の集積によって形成される．そのエコロジカルなプロセス，すなわち住民や企業が互いに競争しあうことによって振り分けられ，ある種の空間的な秩序／パターンが生じる過程は，社会地区分析によって捉えることができ，描き出すことができる．一方，秩序形成を説明するためには，産業組織，労働力編成，交通体系，不動産資本の動きや不動産市場，政治行政システムとしての地方自治体や国家の都市計画・都市政策などの秩序形成の要因群を明らかにし，それらの相互作用に注目することが必要である．

1.2 ローカル・コミュニティの生きられ方

工業化時代，産業拠点として東京大都市圏の発展を牽引した京浜地区臨海部と，「東京」の郊外住宅地として開発された京浜地区内陸部．特徴を異にする2つの地域を取り上げ，そこでのローカル・コミュニティの生きられ方を，東京大都市圏の形成過程の時間的・空間的秩序という文脈を踏まえつつ読み解いていく．第II・III・IV部に収録された論文は，そのようなコンセプトで描かれている．

菅生地域は東京都との距離も近く，高度経済成長期から行われた大規模な開発によって造成された住宅地である．高度経済成長期の東京都は急激な人口増加を経験していた．そのためこの地域には，東京から押し出される圧力を受けつつ，豊かな自然と生活を求めた人々が流入していた．それとともに，神奈川県内で地域移動を経たうえで，大企業または官公庁での就労経験，技能，エートスを身につけこの地域に流入してきた人々もまた存在していた．地域移動のパターンを異にするこれらの人々が，開発後の必ずしも生活環境が十分に整備されていない地域社会での生活を充実させるために尽力し，活動を行ってきたと考えられる．

一方，1980年代に開発されたあざみ野地域は，就職または結婚時に東京都に居住していた比較的裕福な世帯をこの地にひきつけた．この地域へと初めに流入した人々，すなわち郊外第一世代は現在，60歳代以上となっている．あざみ野

1. 都市空間の形成とコミュニティの社会的編成　371

に流入してきた女性たちの約半数は働き続け，もう半数は退職しもっぱら地域社会での生活に費やすことを選択してきたようである．さらに2000年前後には神奈川県内で移動していた現在の30歳代女性の流入も経験した．現在のあざみ野地域は，これらの異なる地域移動経験をもった人々によって形成されてきたといえる．

1.3　空間形成とコミュニティをつなぐ

　本書では，大都市圏全体の空間的な構造を捉える社会地区分析の方法と，大都市圏内部のローカルな世界を捉えるコミュニティ・スタディの方法を有機的に結びつけることが試みられた．そのことにより，3点の主要な知見を得ることができた．

　第一点は，東京大都市圏の発展は，2つの時間的秩序のなかで生み出されてきたという点である．工業化による製造業の集積と，脱工業化にともなうその拡散にかかる時間，交通体系の整備と開通までの時間など，都市空間の物理的な形状の変更や利用形態の変化によって生み出される都市発展の時間的秩序が一方にはある．それに対して，ある地域に引き寄せられ，そこで世帯をなし，家族を形成し，子どもを育て，やがて老いていくという人間の一生という意味での生活の再生産という時間的秩序が存在している．この2つの時間的秩序のなかで，東京大都市圏は発展し，ローカル・コミュニティは生きられている．

　第二点は，工業化時代に東京大都市圏でみられた郊外住宅の開発は，当時の性別役割分業観とあいまって，空間のジェンダー的編成をもたらしたという点である．「東京」の郊外住宅地の典型例のひとつである京浜地区内陸部で展開された住民運動の主たる担い手は，女性たちであった．開発当初，必ずしも生活環境が十分に整備されていない地域社会での生活を充実させるために尽力し，活動を行ってきたのは，女性たちであった．郊外住宅地で家族を形成するということは，長い通勤時間を強いられるため，夫婦のうちどちらかが，もっぱら女性がその選択を行う結果となったが，仕事をあきらめざるを得ない．また，両親や親戚などが必ずしも近くに居住していないためそこからの支援も期待できず，社会的支援がまさに必要となるが，それらは開発当初から十分には整備されていない．そのような状況の中で，女性たちが住民活動の担い手となっていったのである．工業

化,郊外化は,このような空間のジェンダー的編成をもたらしたのである.

第三点は,都心の機能を,中心性と先端性という2点から捉えるという視点の有効性である.これまで,都心は中心業務地区であると捉えられ,中枢管理機能がもつ中心性だけが強調されてきた.しかしながら,東京大都市圏についてみると,工業化時代の都心は,製造業が集積する産業拠点でもあり,中心性とともに先端性を備えていたと捉えることができる.そして,脱工業化にともない製造業が東京大都市圏内に広く拡散していくなかで,都心は中枢管理機能に特化していくことになる.そのような都心のもつ中心性への一元化の進行が,東京大都市圏を以前にも増して同心円構造に改変していったと考えることができる(浅川 2006).

2. ヴァーチャル・コミュニティとローカル・コミュニティ

2.1 残された2つの課題

最後に,東京大都市圏の研究として残された2つの課題について論じておきたい.第一点はローカル・コミュニティが固有の意味をもち続けることができるのかという点についてであり,第二点は不可逆的な社会変化をもたらす可能性がある世代交代の影響を,いかにして抑えるかという点についてである.

国境や大陸を超えて人やモノや情報が移動しあうグローバル化した今日,「社会」という境界の意味が薄れつつあると,J. アーリは指摘する(Urry 2000=2006).経済的・社会的諸問題が個々の「社会」のレベルにおいて生じるとともに解決できると考えることができたのは,組織資本主義の時代に限られていたのではないか.また,そこでの「社会」とは国民社会であり,「せいぜいのところ十数の北大西洋環帯の諸社会(日本も含む)にしかあてはまらなかった」ような社会組成的モデルに過ぎなかったのではないかと指摘されている(ibid : 20).そして「コミュニティ」についても,それを「横断する身体の運動を無視している」「よその人やモノが時間と空間を越えて感じ取られることについても無視している」と批判されている(ibid : 235).

このような批判は,ヴァーチャル・コミュニティ/コミュニケーション・コミュニティという概念によって語られることが多く,B. ウェルマン,H. ライン

ゴールド，M. カステル，C. キャルホーンなどの言説が有名である（G. Delanty 2003=2006）．これらの言説が説くように，社会関係を組織する手段としての地理的近接性の意義が減少するのにともなって，コミュニティはコミュニケーションなど地理的近接性以外の要素によって形成されるようになっているという前提に立つならば，地理的近接性に基づいたローカル・コミュニティは果たして固有の意味をもち続けることができるのであろうか．これが第一の課題である．

近年，語られることが多くなった概念のひとつに，社会関係資本（Social Capital）が挙げられる．この概念を広めたひとりである R. D. パットナムは，社会関係資本とは「個人間のつながり，すなわち社会的ネットワーク，およびそこから生じる互酬性と信頼性の規範である」としている（Putnam 2000=2006）．パットナムによると，今日のアメリカでは市民参加と社会関係資本の衰退が著しく，そのような変化の要因は，「時間面と金銭面でのプレッシャー（10％）」「郊外化，通勤とスプロール現象（10％）」「電子的娯楽－とりわけテレビ（25％）」「世代的変化（50％）」であると分析している（ibid : 346-347）．世代的変化とは，「長期市民世代が，関与の少ない子や孫によって取って代わられるという，ゆっくりとではあるが着実で不可避の置き換え」（ibid : 46）であると指摘されている．

そのような世代的変化が，東京大都市圏でもみられるのではないか．「東京」の郊外住宅地でみられた活発な住民運動は，郊外第一世代の女性たちによって担われていた．しかしながら，第一世代の住民運動は必ずしもその後続世代に継続されているわけではなかった．ある時代の共同性や共有された想いなどが，世代を超えて継承されるしくみやきっかけは得られないのであろうか．これが第二の課題である．

2.2 世代を超えて共同性が継承されるしくみの解明

これらの課題に対する筆者なりの見解は，拙稿（浅川 2008）を参照していただくこととして，ここではポイントだけを指摘しておきたい．

個々人の関心に基づいて形成されるコミュニケーション・コミュニティは，地理的近接性に基づいて形成されるローカル・コミュニティとは異なり，社会関係の形成を比較的容易に行うことができるという特徴をもつ．日常的に接触不可能なほど遠方に居住している人びと，そしてまだ出会ったことすらない人びととのな

かから，興味関心が一致する他者を見つけ出し，それらの人びととの間に社会関係を形成することは，近年のIT技術の飛躍的な発達により，容易に実現可能となった．しかしながら，興味関心が一致することに基づいて形成された社会関係は，どちらかの興味関心が変化するに伴い解消され得るという特徴を同時に有している．そして，興味や関心を異にする他者との葛藤や軋轢を回避することができるという特徴をもつものの，葛藤や軋轢が生じたときには関係を解消するという方法でしか対処できない脆弱な関係にならざるを得ない．

その反対に，地理的近接性に基づいて形成されるローカル・コミュニティにおいては，転居しない限り興味や関心はおろか，それまで生活してきた時代背景すら異なる他者との間で社会関係を形成・維持していかなければならない．個々人の相違なり相互に矛盾するような複雑な欲求を，互いに切り捨てあうのではなく，複眼の解法によって調整するなかで鍛えられるローカル・コミュニティは，コミュニケーション・コミュニティによって代替されず，今後も固有の意味を持ち続けるであろう．

ただし，ローカル・コミュニティにおいても，隣近所に暮らしているという素朴な事実だけでは社会関係形成への同意が得られにくくなっている今日，人と人とのつながりを生み出す別の要因を見出さなければ，断片化された個の群れという意味しかもたないだろう．人と人のつながりを生み出すものは，パークが看破したように共同性である．田中は，祭礼・雪処理・交通・災害に，地域社会における共同性を見出している（田中 2007）．玉野は，祭礼に加えて宗教も，地域社会における共同性の契機であることを指摘している（玉野 2005）．本研究においても，菅生地区の女性たちのように，開発後の必ずしも生活環境が十分に整備されていない地域社会での生活を充実させよう積み重ねてきた活動が共同性の契機となり得ることが指摘された．

したがって，今後考えねばならないのは，その共同性が世代を超えて継承されるしくみやきっかけの解明にあると考えられる．それが明らかにされれば，ローカル・コミュニティはグローバル化の時代にあっても固有の意味をもつといえるのではないだろうか．今後も地道に，実証研究を積み重ね，ひとつずつ明らかにしていくことが必要である．

【文献】

浅川達人, 2006,「東京圏の構造変容——変化の方向とその論理」,『日本都市社会学会年報』, 24, 57-71.

浅川達人, 2008,「多様性に寛容なコミュニティ——社会的つながりを構築するために」,『社会学・社会福祉学研究』, 第129号, 163-175.

Delanty, G., 2003=2006,『コミュニティ——グローバル化と社会理論の変容』NTT出版.

Putnam, R. D., 2000=2006,『孤独なボウリング——米国コミュニティの崩壊と再生』柏書房.

玉野和志, 2005,『東京のローカル・コミュニティ——ある町の物語一九〇〇‐八〇』東京大学出版会.

田中重好, 2007,『共同性の地域社会学』ハーベスト社.

Urry, J., 2000=2006,『社会を超える社会学』法政大学出版会.

付録1　鶴見調査の調査票と単純集計結果

地域移動と地域社会形成に関する調査

2004年1月
「都市構造研究会」
都立大学人文学部社会学科
助教授　玉野　和志

お願い

該当する選択肢の番号を1つだけ○で囲んでいただくか，必要な数字ないし地名をご記入ください．不明な点があれば，余白に具体的にご記入いただいても結構です．

問1　現在，鶴見区のどちらにお住まいですか．
   1．生麦　16.7%(54)　2．獅子ヶ谷　22.3%(72)　3．鶴見中央　22.9%(74)　4．平安町　18.9%(61)
   5．潮田町　19.1%(62)

問2　あなたの世帯は次のうちどれにもっとも近いですか．
   1．単身（ひとり暮し）　　　　　　　　　　　　　24.8%(80)
   2．夫婦のみ　　　　　　　　　　　　　　　　　　19.5%(63)
   3．夫婦と未婚の子ども（ひとり親と未婚の子どもを含む）44.9%(145)
   4．三世代（親と子ども夫婦のみの場合を含む）　　10.8%(35)

ご家族のうち，世帯主とその配偶者（夫または妻）にあたる方についておたずねします（世帯主に配偶者がいらっしゃらない場合は，世帯主の項目についてのみおこたえください）．

問3　それぞれの方の性別と年齢を教えてください．　　　　　0．配偶者はいない　31.0%(100)

	世帯主の方		配偶者の方	
性別	1．女性 19.7%(62)	2．男性 80.3%(253)	1．女性 66.9%(216)	2．男性 1.5%(5)
年齢	20代以下 5.2%　30代 19.4% 40代 20.1%　50代 21.4% 60代 20.7%　70代以上 13.3%		20代以下 4.6%　30代 19.9% 40代 24.1%　50代 22.1% 60代 19.9%　70代以上 8.8%	

問4　次のa，b，cの時期にそれぞれどちらにお住まいでしたか．あてはまる番号を下の点線内の選択肢のなかから選んで，太線内の回答欄の数字に○をつけるか，具体的な地名をご記入ください．

回答欄

	世帯主の方						配偶者の方					
a．義務教育を終えたとき	1	8.8%	2	14.0%	3	6.8%	1	3.2%	2	16.2%	3	10.6%
	4	4.5%	5	2.6%	6	10.4%	4	6.9%	5	3.2%	6	7.9%
	7	1.3%	8	3.9%	9	47.7%	7	3.2%	8	5.6%	9	43.1%
b．最初に就職したとき	1	10.3%	2	16.2%	3	10.9%	1	4.0%	2	15.5%	3	15.0%
	4	10.9%	5	5.0%	6	19.2%	4	9.5%	5	3.5%	6	22.5%
	7	2.6%	8	4.0%	9	20.9%	7	4.0%	8	4.5%	9	21.5%
	0．就職したことはない(3)						0．就職したことはない(115)					
c．結婚したとき	1	21.9%	2	27.1%	3	11.2%						
	4	8.4%	5	1.2%	6	10.0%	1	18.6%	2	28.2%	3	14.5%
	7	2.0%	8	2.8%	9	15.5%	4	6.4%	5	1.8%	6	10.9%
	0．結婚したことはない(60)						7	2.3%	8	4.1%	9	13.2%

選択肢

   1．現住所と同じ　　　　　　2．鶴見区内　　　　　3．鶴見区以外の横浜市　　4．川崎市
   5．川崎市・横浜市以外の神奈川県内　6．東京都23区内　7．それ以外の東京都（島しょ部は除く）
   8．千葉県・埼玉県　　　　　　　　　9．その他（具体的な地名を回答欄にご記入ください）

問5　鶴見区にお住まいになって（通算で）何年になりますか。

世帯主の方		配偶者の方	
1．生まれてからずっと	7.3%(23)	1．生まれてからずっと	9.1%(20)
2．5年未満	15.3%(48)	2．5年未満	15.1%(33)
3．5〜10年未満	16.9%(53)	3．5〜10年未満	14.6%(32)
4．10〜20年未満	17.3%(54)	4．10〜20年未満	14.2%(31)
5．20〜30年未満	14.1%(44)	5．20〜30年未満	21.0%(46)
6．30年以上	29.1%(91)	6．30年以上	26.0%(57)

問6　現在の住所にお住まいになって（通算で）何年になりますか。

世帯主の方		配偶者の方	
1．生まれてからずっと	3.5%(11)	1．生まれてからずっと	1.4%(3)
2．5年未満	29.2%(92)	2．5年未満	25.5%(56)
3．5〜10年未満	21.9%(69)	3．5〜10年未満	21.8%(48)
4．10〜20年未満	13.0%(41)	4．10〜20年未満	16.4%(36)
5．20〜30年未満	14.9%(47)	5．20〜30年未満	18.2%(40)
6．30年以上	17.5%(55)	6．30年以上	16.8%(37)

問7　あなたのお住まいは次のうちどれですか。あてはまるものを1つだけ○で囲んでください。

1．一戸建て持ち家	35.9%(115)	4．賃貸のマンション・アパート	26.3%(84)
2．分譲マンション	32.5%(104)	5．社宅・官舎・寮	4.4%(14)
3．一戸建ての借家	0.9%(3)	6．その他（	）

次に、世帯主とその配偶者（夫または妻）の方のお仕事についておたずねします。

問8　それぞれの方は現在、お仕事をしていますか。　　　　0．配偶者はいない(100)

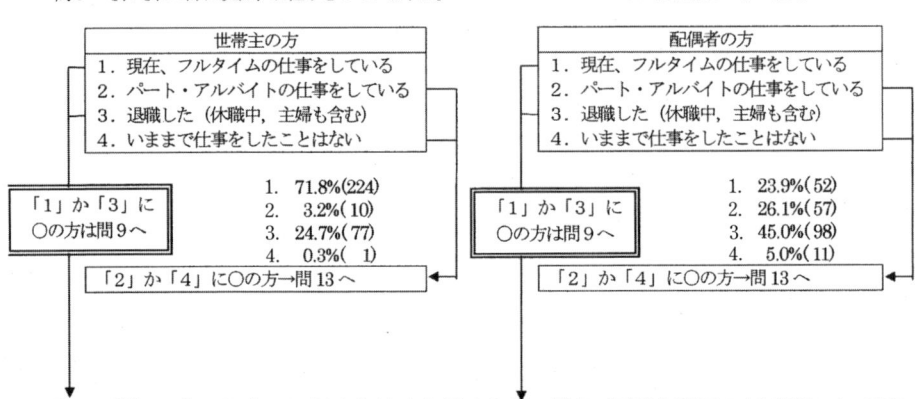

世帯主の方	配偶者の方
1．現在、フルタイムの仕事をしている	1．現在、フルタイムの仕事をしている
2．パート・アルバイトの仕事をしている	2．パート・アルバイトの仕事をしている
3．退職した（休職中、主婦も含む）	3．退職した（休職中、主婦も含む）
4．いままで仕事をしたことはない	4．いままで仕事をしたことはない

「1」か「3」に○の方は問9へ
1．71.8%(224)
2．3.2%(10)
3．24.7%(77)
4．0.3%(1)
「2」か「4」に○の方→問13へ

「1」か「3」に○の方は問9へ
1．23.9%(52)
2．26.1%(57)
3．45.0%(98)
4．5.0%(11)
「2」か「4」に○の方→問13へ

問9　【問8で「1」か「3」に○をした方におたずねします】　現在の仕事または過去の主な仕事についておこたえください。どのような形でお仕事をしていますか／していましたか。

世帯主の方		配偶者の方	
1．会社役員	8.4%(25)	1．会社役員	2.8%(4)
2．自営業	15.2%(45)	2．自営業	15.2%(22)
3．勤め人	76.4%(226)	3．勤め人	82.1%(119)

付録1　鶴見調査の調査票と単純集計結果　379

問10　主な通勤先はどちらですか／でしたか。

世帯主の方		配偶者の方	
1．鶴見区内	26.6%(79)	1．鶴見区内	31.7%(45)
2．鶴見区以外の横浜市	13.8%(41)	2．鶴見区以外の横浜市	8.5%(12)
3．川崎市	14.5%(43)	3．川崎市	12.7%(18)
4．横浜市・川崎市以外の神奈川県内	5.1%(15)	4．横浜市・川崎市以外の神奈川県内	2.1%(3)
5．東京都23区内	33.7%(100)	5．東京都23区内	33.8%(48)
6．それ以外の東京都	0.7%(2)	6．それ以外の東京都	0.7%(1)
7．千葉県・埼玉県	1.3%(4)	7．千葉県・埼玉県	2.1%(3)
8．その他	4.4%(13)	8．その他	8.5%(12)

問11　勤め先の規模は全体で（支店や営業所だけでなく）、どれくらいですか。

世帯主の方		配偶者の方	
1．従業員4人以下	11.6%(34)	1．従業員4人以下	14.6%(20)
2．従業員5人～99人	29.7%(87)	2．従業員5人～99人	32.8%(45)
3．従業員100人～999人	22.9%(67)	3．従業員100人～999人	26.3%(36)
4．従業員1000人以上・官公庁	35.8%(105)	4．従業員1000人以上・官公庁	26.3%(36)

問12　どのような仕事をなさっていますか／いましたか。もっとも近いものをおこたえください。また、ここでは世帯主の父親の主な仕事についてもおこたえください（すでに退職ないしお亡くなりの場合は過去の主な仕事についておこたえください）。

世帯主の方		世帯主の配偶者		世帯主の父親	
1．事務・管理・専門	48.4%(140)	1．事務・管理・専門	66.9%(93)	1．事務・管理・専門	30.0%(63)
（総務・企画事務、経理事務、弁護士、会社役員、医師、看護師、技術者など）					
2．販売・サービス	20.1%(58)	2．販売・サービス職	23.7%(33)	2．販売・サービス職	16.7%(35)
（小売店主、販売員、営業マン、料理人、ウェイトレス、タクシー運転手など）					
3．技術・技能・労務・保安	31.1%(90)	3．技術・技能・労務・保安	8.6%(12)	3．技術・技能・労務・保安	35.7%(75)
（大工、職人、工場作業者、建築作業者、トラック運転手、警官、警備員など）					
4．農林漁業	0.3%(1)	4．農林漁業	0.7%(1)	4．農林漁業	17.6%(37)

最後に、ご家族のことについておたずねします。

問13　（両親や祖父母の方も含めた）ご家族の方が、鶴見区に最初にお住まいになったのはいつですか。

1．戦前（～1945年）	20.9%(58)	5．1970年代（1971年～1980年）	11.5%(32)
2．戦後まもない頃(1945年～1950年)	7.9%(22)	6．1980年代（1981年～1990年）	10.8%(30)
3．1950年代（1951年～1960年）	11.2%(31)	7．1990年代以降（1991年～）	31.3%(87)
4．1960年代（1961年～1970年）	6.5%(18)		

問14　それ以前はどちらにお住まいでしたか。「6．その他」の方は具体的な地名をご記入ください。

1．鶴見区以外の横浜市	20.8%(55)	4．東京都（島しょ部を除く）	23.4%(62)
2．川崎市	15.1%(40)	5．千葉県・埼玉県	5.7%(15)
3．川崎市・横浜市以外の神奈川県内	4.9%(13)	6．その他	30.2%(80)

問15　世帯主のご両親はどちらにお住まいですか。亡くなられている場合は過去の主な居住地でおこたえください。

1．同居している　　　　　　　　　17.7%(56)	6．それ以外の横浜市に住んでいる　　　　　　　5.4%(17)
2．同一敷地内に別居している　　　　2.5%(8)	7．川崎市・横浜市以外の神奈川県に住んでいる　3.5%(11)
3．歩いていけるところに住んでいる 5.7%(18)	8．東京都・千葉県・埼玉県に住んでいる　　　 13.3%(42)
4．それ以外の鶴見区に住んでいる　　3.5%(11)	9．その他　　　　　　　　　　　　　　　　　 44.0%(139)
5．それ以外の川崎市に住んでいる　　4.4%(14)	（具体的に：　　　　　　　　　　　　　　　　　　）

問16　世帯主にお子さんはいらっしゃいますか。いらっしゃる場合は<u>一番上のお子さん</u>について、その年代と居住地をおこたえください。

1．いない 30.0%(95)				
2．いる　70.0%(222)	子どもの年代		子どもの居住地	
	1．就学前	13.0%(28)	1．同居している	62.5%(135)
	2．小学生	10.6%(23)	2．同一敷地内	0.5%(1)
	3．中学生	5.1%(11)	3．歩いていけるところに別居	8.3%(18)
	4．高校以上で未婚	38.4%(83)	4．それ以外の鶴見区に別居	3.2%(7)
	5．すでに結婚している	32.9%(71)	5．それ以外の川崎市に別居	1.9%(4)
			6．それ以外の横浜市に別居	9.3%(20)
			7．川崎市・横浜市以外の神奈川県内に別居	2.8%(6)
			8．東京都・千葉県・埼玉県に別居	7.4%(16)
			9．それ以外	4.2%(9)

問17　世帯主の方はこれからもずっと現住所で暮らしていきたいとお考えですか。

1．ぜひそうしたい	31.3%(98)	3．できればよそに移りたい	24.3%(76)
2．できればそうしたい	37.4%(117)	4．ぜひよそに移りたい	7.0%(22)

問18　ご家族全体で年間だいたいどれくらいの収入（税込み）がありますか。

1．200万円未満	9.5%(30)	4．600万円〜800万円未満	19.3%(61)
2．200万〜400万円未満	20.3%(64)	5．800万〜1000万円未満	11.4%(36)
3．400万〜600万円未満	23.7%(75)	6．1000万円以上	15.8%(50)

問19　世帯主とその配偶者の方が、それぞれ最後に出られた学校は次のうちどれですか。

世帯主の方		配偶者の方	
1．中学校（旧制小学校を含む）	12.6%(40)	1．中学校（旧制小学校を含む）	9.5%(21)
2．高校（旧制中学校を含む）	34.9%(111)	2．高校（旧制中学校を含む）	46.4%(102)
3．短大・高専・専門学校	12.9%(41)	3．短大・高専・専門学校	29.5%(65)
4．大学・大学院	39.6%(126)	4．大学・大学院	14.5%(32)

付録2　菅生あざみ野調査の調査票と単純集計結果

女性の市民活動に関する調査

2004年 9月
都立大学人文学部社会学科
助教授　玉野　和志

<調査の趣旨>
　この調査は、文科省の科学研究費の補助を受け、川崎市の菅生地区と横浜市のあざみ野地区にお住まいの女性を対象に、様々な地域活動にかんするご経験やご意見についておうかがいするものです。早くから住民活動が非常にさかんであったこれらの地域の社会的背景と市民活動の今後の展開を検討するための基礎資料をえることを目的としています。対象者は選挙人名簿の閲覧によって、くじ引きの要領で選ばせていただき、結果は「○○な方が、△△パーセント」というかたちでまとめますので、**個人のお名前が外に出たり、ご迷惑がかかるようなことは全くありません。**また、調査は純粋に学術的な目的で行うもので、**民間企業や他の公共機関などとは一切関係がありません。**
　なお、今回おうかがいした内容にもとづく調査票の原票そのものは、数値によるコンピュータへの入力が完了し研究費の補助期間が終了する2006年3月以降には、すべて廃棄する予定でおります。お忙しいところ誠に恐縮ではありますが、なにとぞご協力のほどお願い申し上げます。

お願い

　この調査は原則として学生調査員が直接訪問して面接するかたちで行っておりますが、どうしても時間のとれない方については調査票を一定期間お預けし、ご自分でご記入をいただいたうえで、郵送もしくは調査員が回収する方法も併用しています。その際には以下の点にご注意いただければ幸いです。

① 必ず(　　　　　　　　　)さんご本人がご記入ください。
② 回答は一部の質問を除いてすべて選択肢の中から**1つだけ**選んで、その番号を○で囲んで下さい。2つ以上○をつけることのないようお願いします。どうしても選べない場合は、余白に具体的にご記入いただいても結構です。**特別の指示がある場合にだけ、複数ご回答ください。**なお、直接ご記入をいただく部分もあります。
③ 確認の必要が出る場合もありますので、もしよろしければ、電話番号をご記入願います。

対象者	

はじめに、近隣の公共施設の利用についておたずねします。

問1 あなたは，次にあげる公共施設を利用したことがありますか．利用したことのある**もののすべてに〇をつけてください【複数回答】．**

| 1.山内地区センター 47.3% 2.市民館分館 29.0% 3.国際交流ラウンジ 7.3% 4.こども文化センター 22.9% |

問2 あなたは，そのような公共施設などで行われる講座や講演会に参加したことはありますか．

| 1. ある 53.1%(130) 2. ない 46.9%(115) |

問3 あなたは，そのような公共施設ではなく，民間で行われている講座や講演会に参加したことはありますか．

| 1. ある 49.8%(122) 2. ない 50.2%(123) |

次に、地域での活動についておたずねします。

問4 あなたは次にあげる団体や組織に参加していますか。それぞれについてあてはまるものに**1つだけ〇をつけてください．**

Ⅰ．まず，次のような団体はどうですか．

(A) 趣味・おけいこごとのサークルや団体

| 1. 積極的に参加している 14.7%(36) 2. 参加している 26.9%(66) 3. 参加していない 58.4%(143) |

(B) スポーツのサークルや団体

| 1. 積極的に参加している 9.4%(23) 2. 参加している 18.8%(46) 3. 参加していない 71.8%(176) |

(C) 学習活動をするサークルや団体

| 1. 積極的に参加している 4.9%(12) 2. 参加している 13.9%(34) 3. 参加していない 81.2%(199) |

(D) 高齢者に関するボランティア団体

| 1. 積極的に参加している 1.6%(4) 2. 参加している 9.0%(22) 3. 参加していない 89.4%(219) |

(E) 障害者に関するボランティア団体

| 1. 積極的に参加している 1.2%(3) 2. 参加している 5.7%(14) 3. 参加していない 93.1%(228) |

(F) 宗教団体

| 1. 積極的に参加している 2.9%(7) 2. 参加している 4.1%(10) 3. 参加していない 93.1%(228) |

(G) 自治会・町内会

| 1. 積極的に参加している 9.0%(22) 2. 参加している 55.5%(136) 3. 参加していない 35.5%(87) |

(H) ロータリークラブやライオンズクラブなど

| 1. 積極的に参加している 0.4%(1) 2. 参加している 1.2%(3) 3. 参加していない 98.4%(241) |

(I) 政党や政治家後援会
　1. 積極的に参加している　2.0%(　5)　2. 参加している　4.5%(　11)　3. 参加していない　93.5%(229)

　II. 次に，以下のような団体はどうですか．過去の経験も含めておこたえください．

(J) 環境問題や公害に関するボランティア団体
　1. 現在参加している　4.1%(　10)　2. かつて参加していたが、今は参加していない　10.6%(　26)
　3. 今まで一切参加したことはない　85.3%(209)

(K) 海外支援や外国人支援に関するボランティア団体
　1. 現在参加している　5.7%(　14)　2. かつて参加していたが、今は参加していない　6.1%(　15)
　3. 今まで一切参加したことはない　88.2%(216)

(L) 行政の審議会や委員会など
　1. 現在参加している　1.2%(　3)　2. かつて参加していたが、今は参加していない　6.9%(　17)
　3. 今まで一切参加したことはない　91.8%(225)

(M) 労働組合
　1. 現在参加している　1.6%(　4)　2. かつて参加していたが、今は参加していない　12.7%(　31)
　3. 今まで一切参加したことはない　85.7%(210)

　III. 同様に，次のような団体はどうですか．現在および過去について<u>それぞれ</u>おこたえください．

(N) 生活クラブ生協

【現在】		【過去】	
1. 積極的に参加している	4.9%(12)	1. 積極的に参加していたことがある	11.0%(27)
2. 参加している	15.2%(37)	2. 参加したことがある	33.5%(82)
3. 参加していない	79.9%(195)	3. 参加したことはない	55.5%(136)

(O) それ以外の地域生協や消費者団体

【現在】		【過去】	
1. 積極的に参加している	2.9%(7)	1. 積極的に参加していたことがある	4.9%(12)
2. 参加している	14.7%(36)	2. 参加したことがある	20.8%(51)
3. 参加していない	82.4%(202)	3. 参加したことはない	74.3%(182)

(P) 神奈川ネット

【現在】		【過去】	
1. 積極的に参加している	0.4%(1)	1. 積極的に参加していたことがある	0.8%(2)
2. 参加している	0.4%(1)	2. 参加したことがある	2.9%(7)
3. 参加していない	99.2%(243)	3. 参加したことはない	96.3%(236)

(Q) PTAや父母会

【現在】		【過去】	
1. 積極的に参加している	5.3%(13)	1. 積極的に参加していたことがある	22.0%(54)
2. 参加している	15.9%(39)	2. 参加したことがある	51.8%(127)
3. 参加していない	78.8%(193)	3. 参加したことはない	26.1%(64)

(R) 学童保育クラブや幼児保育に関するサークルやクラブなど

【現在】		【過去】	
1. 積極的に参加している	1.2%(3)	1. 積極的に参加していたことがある	11.0%(27)
2. 参加している	4.5%(11)	2. 参加したことがある	19.6%(48)
3. 参加していない	94.3%(231)	3. 参加したことはない	69.4%(170)

(S) その他子ども関係のサークルや団体など(たとえば地域文庫、読み聞かせの会、子ども劇場など)

【現在】		【過去】	
1. 積極的に参加している	1.6%(4)	1. 積極的に参加していたことがある	7.3%(18)
2. 参加している	6.8%(17)	2. 参加したことがある	26.1%(64)
3. 参加していない	91.4%(224)	3. 参加したことはない	66.5%(163)

(T) その他、参加している地域の集団や活動などありましたら、具体的にご記入ください。

問5 あなたは、これまでに自分の関心のある事柄について、ミニコミを購読したり、メーリングリストを利用したりしたことはありますか。

1. 運営や編集に関わった 4.1%(10)　2. 購読したり、利用した 34.3%(84)　3. ない 61.6%(151)

問6 【あざみ野地区の方だけにおたずねします】あなたはこの地域の近くに男女共同参画の推進を目的とした横浜市の施設(仮称北部方面フォーラム・北部市民ギャラリー)の建設が予定されていることをご存知ですか。

1. 知っていて準備に関わったことがある 0.8%(1)　2. 知ってはいる 31.0%(39)　3. 知らない 68.3%(86)

問7 【菅生地区の方だけにおたずねします】あなたはかつてこの地域でこども文化センターや市民館の分館建設の運動があったことをご存知ですか。

1. 知っていて実際に関わったことがある 10.9%(13)　2. 知ってはいる 33.6%(40)　3. 知らない 55.5%(66)

問8 市民のボランティアな活動にたいして行政がはたすべき役割について、あなたは次のうちどれが一番必要だと思いますか。もっとも重要と考える役割を1つだけ選んで、番号に○をつけてください。

1. 施設建設などの条件整備	31.8%(75)
2. 委託や補助による資金援助	30.1%(71)
3. 財団やファンドの設立、税制の優遇など	12.3%(29)
4. 全体としてのとりまとめや調整	11.4%(27)
5. 直接の指導と方向づけ	14.4%(34)

次に、ご家族や地域との関わりについて、おたずねします。

問9 あなたは結婚なさっていますか。あてはまるものに1つだけ○をつけてください。

1. 未婚　2.9%(7)　2. 既婚 88.2%(216)　3. 離死別 9.0%(22)

問10 あなたの年齢についておこたえください．配偶者（夫）のいらっしゃる方は配偶者の年齢もおこたえください．

あなた	30代 14.3%(35) 40代 19.6%(48) 50代 34.7%(85) 60代 20.8%(51) 70才以上 10.6%(26)
配偶者(夫)	30代 8.3%(18) 40代 19.4%(42) 50代 34.7%(52) 60代 24.1%(52) 70才以上 13.4%(29)

（2004年4月1日現在）

問11 あなたの世帯は次のうちどれにあたりますか。あてはまるものに1つだけ○をつけてください。

1. 単身（ひとり暮らし） 3.7%(9)
2. 夫婦のみ 20.5%(50)
3. 夫婦と未婚の子ども（片親と未婚の子どもを含む） 63.9%(156)
4. 三世代（親と子ども夫婦のみの場合を含む） 11.5%(28)
5. その他（具体的に　　　　　　） 0.4%(1)

問12 あなたのお住まいは次のうちどれにあてはまりますか。

1. 一戸建て持ち家 59.4%(145)
2. 一戸建て借家 2.5%(6)
3. 分譲マンション 27.5%(67)
4. 賃貸のマンションやアパート 10.7%(26)
5. その他（具体的に：　　　　　　　　　　　　　）

問13 あなたは，親や配偶者（夫）の転勤などで、これまで何回ぐらい転居したことがありますか。

1. ある →（　　　）回　58.4%(143)　　2. ない　41.6%(102)

問14 海外に長期滞在したことはありますか。

1. ある　11.4%(28)　　2. ない　88.6%(217)

問15 現在の住所にお住まいになって何年になりますか。

5年 24.5%(60) 10年 17.1%(42) 15年 7.8%(19) 20年 11.8%(29)
25年 13.1%(32) 30年 11.0%(27) 35年 4.9%(12) 36年以上 9.8%(24)

問16 現在の住所にお住まいになる前は、どちらにお住まいでしたか。具体的な地名でおこたえください．

都道府県	市町村	区

青葉区，緑区	19.2%(47)
宮前区	18.0%(44)
中区，西区，保土ヶ谷区	1.6%(4)
鶴見区，神奈川区	1.2%(3)
川崎区，幸区，中原区	6.5%(16)
その他の横浜市	5.7%(14)
その他の川崎市	13.5%(33)
東京23区	18.8%(46)
その他の東京都	2.4%(6)
その他の日本	11.4%(28)
海外	1.6%(4)

問17 あなたは，下の A, B, C の時期にそれぞれどこにお住まいでしたか．次の選択肢の中からあてはまる番号でおこたえください．配偶者（夫）のいらっしゃる方は，配偶者についてもおこたえください．

<選択肢>
1. 現住地
2. 宮前区・青葉区
3. 川崎市・横浜市
4. その他の神奈川県内
5. 東京23区内
6. その他の東京都
7. 千葉県・埼玉県
8. その他の関東圏（栃木県・茨城県・群馬県・山梨県）
9. 関東圏以外の政令指定都市
　　（札幌市、仙台市、名古屋市、京都市、大阪市、神戸市、広島市、北九州市、福岡市）
10. その他の市部
11. それ以外

0. 配偶者はいない(19)

	あなた	あなたの配偶者（夫）
A. 義務教育を終えたとき	1 3.3%　2 3.7%　3 15.1%　4 3.3% 5 19.2%　6 1.6%　7 4.5%　8 3.3% 9 9.8%　10 22.0%　11 14.3%	1 1.8%　2 3.1%　3 13.0%　4 4.0% 5 19.7%　6 0.4%　7 4.5%　8 5.4% 9 10.8%　10 25.6%　11 11.7%
B. 最初に就職したとき	1 5.2%　2 5.7%　3 17.9%　4 3.1% 5 30.6%　6 2.2%　7 4.4%　8 1.3% 9 7.9%　10 15.7%　11 6.1% 0. 就職したことはない(16)	1 2.7%　2 4.9%　3 25.1%　4 3.1% 5 41.3%　6 1.8%　7 3.6%　8 0.9% 9 7.2%　10 7.2%　11 2.2% 0. 就職したことはない (0) N.A. (3)
C. 結婚したとき	1 6.4%　2 10.6%　3 29.2%　4 3.0% 5 24.6%　6 3.8%　7 2.1%　8 0.8% 9 8.1%　10 6.4%　11 5.1% 0. 結婚したことはない(7)　N.A.(2)	1 5.3%　2 10.2%　3 30.5%　4 2.7% 5 27.4%　6 3.1%　7 1.3%　8 0.4% 9 8.8%　10 6.2%　11 4.0%

問18 あなたのご両親はどちらにお住まいですか．下の選択肢の中からあてはまる番号をおこたえください．配偶者（夫）のいらっしゃる方は，配偶者のご両親についてもおこたえください（両親が別にお住まいの場合は近い方でおこたえください）．

<選択肢>　　　　　　　　　　　　　　　　　　　　　　本人　　　　　配偶者
0. 両親ともいない　　　　　　　　　　　　　　　　　（ 90）　　　（111）
1. 同居している（同じ住居内の別世帯を含む）　　　 0.3%(16)　11.2%(15)
2. 近隣（同じ敷地内の別棟を含む徒歩圏内）　　　　 1.3%(2)　 3.7%(5)
3. 川崎市・横浜市　　　　　　　　　　　　　　　　18.1%(28)　12.7%(17)
4. その他の神奈川県内　　　　　　　　　　　　　　 4.5%(7)　 5.2%(7)
5. 東京23区内　　　　　　　　　　　　　　　　　　11.6%(18)　 9.7%(13)
6. その他の東京都　　　　　　　　　　　　　　　　 3.2%(5)　 0.7%(1)
7. それ以外　　　　　　　　　　　　　　　　　　　51.0%(79)　56.7%(134)

あなたの両親	0	1	2	3	4	5	6	7
配偶者（夫）の両親	0	1	2	3	4	5	6	7

問19 それぞれの父親、母親とどの程度お会いになりますか。下の選択肢の中からあてはまる番号をおこたえください。
<選択肢>
0．該当者はいない　1．ほとんど毎日　2．少なくとも週1回　3．少なくとも月1回
4．年に数回　　　　5．年1回以下

あなたの父親	0(147)　1 17.3%　2 7.1% 3 24.5%　4 32.7%　5 18.4%	あなたの母親	0(104)　1 13.5%　2 10.6% 3 21.3%　4 36.9%　5 17.7%
配偶者(夫)の父親	0(165)　1 13.8%　2 5.9% 3 8.8%　4 43.8%　5 28.8%	配偶者(夫)の母親	0(121)　1 12.9%　2 10.5% 3 12.1%　4 41.1%　5 23.4%

問20 あなたが日頃から何かと頼りにし、親しくしている近所の方は、何人くらいでしょうか(親戚の方はのぞいておこたえください)。

　いない 13.5%(33)　5人未満 45.7%(112)　10人未満 26.1%(64)　10人以上 14.7%(36)

問21 あなたは，お隣とどの程度のおつきあいがありますか．次の中から，**あてはまる事柄すべてに○をつけてください【複数回答】**．敷地内は除いた右隣の方についておこたえください．右隣がいない場合は、左隣の方についておこたえください．

1．あいさつや立ち話をすることがある	10.2%(25)
2．お互いに行き来がある	22.4%(55)
3．ちょっとした物の貸し借りをすることがある	18.0%(44)
4．連れだって出かけることがある	13.5%(33)
5．旅行のお土産のやりとりをすることがある	48.2%(118)
6．泊まりがけの旅行に一緒に行くことがある	6.9%(17)
7．困り事や悩み事の相談をしたり，受けたりすることがある	17.6%(43)
8．世帯主の仕事を知っている	50.2%(123)
9．家族構成を知っている	74.3%(182)
10．親族である	1.6%(4)
11．どれもあてはまらない	4.1%(10)
12．隣はいない，隣には家がない	0.4%(1)

問22 あなたは日頃、外国人と顔を合わせる機会がありますか。**あてはまるものすべてに○をつけてください【複数回答】**。

1．一緒に働いたことがある	17.1%(42)
2．学校で一緒に勉強したことがある	12.2%(30)
3．友人としてつき合っている／つき合っていた	21.6%(53)
4．自分または家族や親せきが、日本に住んでいる外国人と結婚している	8.2%(20)
5．近くに住んでいる外国人とあいさつをしている／していた	12.2%(30)
6．国際交流などを目的としたサークルや地域の活動に一緒に参加したことがある	9.4%(23)
7．その他のサークルや地域の活動に一緒に参加したことがある	9.4%(23)
8．どれもあてはまらない	50.6%(124)

問23 現在、お住まいの地域について、あなたはどのようにお感じになられていますか．次のそれぞれについておこたえください．

A．自分の住んでいる地域に、誇りや愛着のようなものを感じている。

1．そう思う 49.6%(121)　2．どちらかといえばそう思う 27.0%(66)　3．どちらともいえない 16.4%(40) 4．どちらかといえばそう思わない 3.7%(9) 5．そう思わない 3.3%(8)

B. 人からこの地域の悪口を言われたら、自分の悪口を言われたような気持ちになる。
　　1. そう思う 16.7%(41)　2. どちらかといえばそう思う 27.6%(67) 3. どちらともいえない 23.5%(57)
　　4. どちらかといえばそう思わない　6.9%(17)　5. そう思わない 25.1%(61)

C. この地域のために、なにか役立つことがしたい。
　　1. そう思う 22.4%(55)　2. どちらかといえばそう思う 43.2%(105) 3. どちらともいえない 21.0%(51)
　　4. どちらかといえばそう思わない　4.1%(10)　5. そう思わない　9.1%(22)

D. この地域に住んでいる人は、お互い何かと助け合って生活している
　　1. そう思う 28.4%(69)　2. どちらかといえばそう思う 34.6%(84) 3. どちらともいえない 26.7%(65)
　　4. どちらかといえばそう思わない　4.9%(12)　5. そう思わない　5.3%(13)

問24　あなたは、これからもずっとこの町に住んでゆきたいとお考えですか。次のうちからあてはまるもの
　　　を1つだけ選んでください。
　　1. ぜひそうしたい　2. できればそうしたい　3. できればよそにうつりたい　4. ぜひよそにうつりたい
　　　32.5%(79)　　　　53.1%(129)　　　　　　12.3%(30)　　　　　　　　2.1%(　5)

次に，あなたのご意見についておたずねします．

問25　つぎのような意見について、あなたはどのように思いますか。あなたのお気持ちにもっとも近いも
　　　のをそれぞれ1つずつ選んでください。

A. 男性は外で働き、女性は家庭をまもるべきである
　　1. そう思う　2. どちらかといえばそう思う　3. どちらかといえばそう思わない　4. そう思わない
　　　10.7%(26)　　　23.8%(58)　　　　　　　20.9%(51)　　　　　　　　　44.7%(109)

B. 子どもが小さいうちは、母親は仕事を持たず育児に専念した方がよい
　　1. そう思う　2. どちらかといえばそう思う　3. どちらかといえばそう思わない　4. そう思わない
　　　36.1%(88)　　　33.2%(81)　　　　　　　11.5%(28)　　　　　　　　　19.3%(47)

C. 親が年をとって、自分たちだけでは暮らしていけなくなったら、子どもは親と同居すべきだ
　　1. そう思う　2. どちらかといえばそう思う　3. どちらかといえばそう思わない　4. そう思わない
　　　11.9%(29)　　　27.9%(68)　　　　　　　26.2%(64)　　　　　　　　　34.0%(83)

D. 夫や妻は、自分たちのことを多少犠牲にしても、子どものことを優先すべきだ
　　1. そう思う　2. どちらかといえばそう思う　3. どちらかといえばそう思わない　4. そう思わない
　　　23.0%(56)　　　43.0%(105)　　　　　　　16.0%(39)　　　　　　　　　18.0%(44)

E. 高齢者の経済的負担は、公的機関よりも家族が担うべきだ
　　1. そう思う　2. どちらかといえばそう思う　3. どちらかといえばそう思わない　4. そう思わない
　　　7.4%(18)　　　17.6%(43)　　　　　　　38.9%(95)　　　　　　　　　36.1%(88)

F. 日本人と外国人との国際結婚が増えることは、日本の国際化のために良い
　　1. そう思う　2. どちらかといえばそう思う　3. どちらかといえばそう思わない　4. そう思わない
　　　25.4%(62)　　　35.7%(87)　　　　　　　25.8%(63)　　　　　　　　　13.1%(32)

G. 日本に外国人が増えると、犯罪が増えるから困る

1. そう思う	2. どちらかといえばそう思う	3. どちらかといえばそう思わない	4. そう思わない
13.9%(34)	28.6%(70)	30.6%(75)	26.9%(66)

H. ホームレスの人々には公的機関が支援すべきだ

1. そう思う	2. どちらかといえばそう思う	3. どちらかといえばそう思わない	4. そう思わない
26.5%(65)	34.7%(85)	26.5%(65)	12.2%(30)

I. 近隣の公共施設にホームレスの人がいるときは退出を求めるべきだ

1. そう思う	2. どちらかといえばそう思う	3. どちらかといえばそう思わない	4. そう思わない
17.6%(43)	38.8%(95)	27.3%(67)	16.3%(40)

J. 自分のようなふつうの市民には、政府のすることに対して、それを左右する力はない

1. そう思う	2. どちらかといえばそう思う	3. どちらかといえばそう思わない	4. そう思わない
18.0%(44)	24.9%(61)	28.6%(70)	28.6%(70)

K. 政治や政府は複雑なので、自分には何をやっているのかよく理解できない

1. そう思う	2. どちらかといえばそう思う	3. どちらかといえばそう思わない	4. そう思わない
19.3%(47)	38.9%(95)	23.0%(56)	18.9%(46)

次に，あなたのお仕事についておたずねします．

問26 あなたは、学校を卒業後これまでに、どのように仕事をしてきましたか。もっとも近いものを1つだけ選んでください。

1. ずっと仕事を続けている（産休・育休で休んだ期間は除く）	15.1%(37)
2. 結婚や子育てなどでいったん退職したが、現在は仕事をしている	30.6%(75)
3. 結婚や子育てなどでいったん退職し、現在は仕事をしていない（その他の退職も含む）	43.3%(106)
4. 結婚や子育てをするまでは仕事をしていなかったが、その後仕事をするようになった	2.0%(5)
5. それ以外（仕事はしたことがない、一時的にしていたことがある, など）	9.0%(22)

上の問で2または3とおこたえになった方だけに過去のお仕事についておたずねします．それ以外の方は問31（現在のお仕事）にお進みください．

問27 あなたは、そのお仕事をどのようなかたちでしていましたか。

1. 会社役員	0.6%(1)
2. 常勤の雇用者	81.2%(147)
3. 非常勤・臨時・派遣・パート・アルバイト・在宅仕事・内職などの雇用者	14.9%(27)
4. 自営業主・自由業	1.7%(3)
5. 家族従業員	1.7%(3)

問28 あなたが働いていた仕事先の規模は全体で（支店や営業所だけでなく）、どれくらいでしたか。

1. 従業員5人未満	5.0%(9)
2. 従業員5〜99人	20.1%(36)
3. 従業員100〜999人	29.1%(52)
4. 従業員1000人以上または官公庁	45.8%(179)

問29 そのお仕事の勤務先のある場所は、どこでしたか。

1. 現住所あるいはその近隣	2.8%(	5)
2. 横浜市	6.1%(	11)
3. 川崎市	16.7%(	30)
4. その他の神奈川県	2.8%(	5)
5. 千代田区、中央区、港区	30.6%(	55)
6. 新宿区、渋谷区、目黒区、世田谷区	7.2%(	13)
7. その他の東京23区	8.9%(	16)
8. それ以外の東京都	1.7%(	3)
9. その他	23.3%(	42)

問30 そのお仕事は、どのようなものでしたか。その職務の内容について具体的におこたえください。

具体的にご記入ください（　　　　　　　　　　　　　　　　）

【調査員記入】

→1. 専門職（弁護士、医師、看護師、薬剤師、教員、研究者、芸術家、記者、スポーツ選手、不動産鑑定士、エンジニアなど）	19.6%(	35)
2. 管理職（会社役員、課長以上の管理職、議員、駅長、船長など）	2.2%(	4)
3. 事務職（総務・企画事務、経理事務、ワープロ・オペレータ、校正事務など）	62.6%(	112)
4. 販売・営業職（小売店主、飲食店主、販売店主、外交員など）	3.9%(	7)
5. サービス職（料理人、理容師、クリーニング職、接客業、ヘルパー、アパート管理人、タクシー運転手など）	5.0%(	9)
6. 技能職・労務職（大工、職人、工場作業者、建築作業者、パン・菓子製造者、電気作業者、清掃員、トラック運転手など）	6.1%(	11)
7. 保安職（警官、自衛官、警備員など）	0.0%(	0)
8. 農林漁業従事者（農業、養畜、林業、造園師、植木職、漁業など）	0.6%(	1)
9. その他（具体的に　　　　　　　　　　　　　　　　　）		

【全員の方に】　次に、現在のお仕事についておたずねします。

問31 あなたは、現在どのようなかたちでお仕事をしていますか。

0. 現在は仕事をしていない　→　問35へ進んでください.	52.0%(	127)
1. 会社役員	0.4%(	1)
2. 常勤の雇用者	10.7%(	26)
3. 非常勤・臨時・派遣・パート・アルバイト・在宅仕事・内職などの雇用者	25.8%(	63)
4. 自営業主・自由業	4.5%(	11)
5. 家族従業員	6.6%(	16)

問32 お仕事先の規模は全体で（支店や営業所だけでなく）、どれくらいですか。

1. 従業員5人未満	30.5%(	36)
2. 従業員5〜99人	27.1%(	32)
3. 従業員100〜999人	16.9%(	20)
4. 従業員1000人以上または官公庁	25.4%(	118)

問33 そのお仕事の勤務先のある場所は、どこですか。

1. 現住所あるいはその近隣	26.5%(31)	
2. 横浜市	23.1%(27)	
3. 川崎市	25.6%(30)	
4. その他の神奈川県	0.9%(1)	
5. 千代田区、中央区、港区	6.8%(8)	
6. 新宿区、渋谷区、目黒区、世田谷区	9.4%(11)	
7. その他の東京23区	5.1%(6)	
8. それ以外の東京都	2.6%(3)	
9. その他	0.0%(0)	

問34 そのお仕事は、どのようなものですか。その職務の内容について具体的におこたえください。

具体的にご記入ください（　　　　　　　　　　　　　　　　　　　　　）

【調査員記入】
→1. 専門職(弁護士、医師、看護師、薬剤師、教員、研究者、芸術家、記者、スポーツ選手、不動産鑑定士、エンジニアなど)　23.3%(27)
2. 管理職(会社役員、課長以上の管理職、議員、駅長、船長など)　1.7%(2)
3. 事務職(総務・企画事務、経理事務、ワープロ・オペレータ、校正など)　34.5%(40)
4. 販売・営業職(小売店主、飲食店主、販売店主、外交員など)　13.8%(16)
5. サービス職(料理人、理容師、クリーニング職、接客業、ヘルパー、アパート管理人、タクシー運転手など)　19.0%(22)
6. 技能職・労務職(大工、職人、工場作業者、建築作業者、パン・菓子製造者、電気作業者、清掃員、トラック運転手など)　7.8%(9)
7. 保安職(警官、自衛官、警備員など)　0.0%(0)
8. 農林漁業従事者(農業、養畜、林業、造園師、植木職、漁業など)　0.0%(0)
9. その他(具体的に　　　　　　　　　　　　　　　　　　　　　)

次に、あなたのお子さんについておたずねします。お子さんがいらっしゃらない方は、問42にお進みください。

問35 お子さんは何人いらっしゃいますか。人数を記入してください。

なし　9.4%(23)　1人　14.7%(36)　2人　51.0%(125)　3人以上　24.9%(61)

問36 一番上のお子さんと一番下のお子さんの年齢についておこたえください。（お子さんが1人の場合には、「一番上のお子さん」の箇所にご記入ください）　　　　（2004年4月1日現在）

一番上のお子さんの年齢	就学前 7.3%　小学 9.5%　中学 2.7%　高校 7.7%　大学 5.9%　20代 23.2%　30代 29.5%　40代 9.1%　50才以上 5.0%
一番下のお子さんの年齢	就学前 8.2%　小学 8.7%　中学 7.1%　高校 6.6%　大学 10.9%　20代 25.1%　30代 23.0%　40代 7.7%　50才以上 2.7%

一番上のお子さんについてお聞きします。

問37 一番上のお子さんの性別についておこたえください。

1. 男性　50.9%(113)　2. 女性　49.1%(109)

問38　一番上のお子さんは、どちらにお住まいですか。
　　1. 同居　58.8%(130)　2. 別居　41.2%(91)

問39　一番上のお子さんは、結婚なさっていますか。
　　1. している　32.4%(72)　2. していない　67.6%(150)

問40　一番上のお子さんは、仕事をなさっていますか。そのお仕事の雇用形態について、あてはまる番号に1つだけ○をつけてください。
　　1. 正社員　45.2%(100)　2. パート・アルバイト　10.0%(22)　3. 無職・学生　44.8%(99)

問41　一番上のお子さんが在学中もしくは最後にお出になった学校は、つぎのうちどれですか。
　　1. 就学前　6.8%(15)　2. 小学校　9.0%(20) 3. 中学校　3.2%(7) 4. 高等学校 15.8%(35)
　　5. 専門学校・各種学校　6.8%(15)　6. 短大・高専　10.8%(24)　7. 大学・大学院　47.7%(106)

最後に，あなたの配偶者（夫）についておたずねします．配偶者のいない方は問49にお進みください．

問42　あなたの配偶者(夫)は家事にどの程度参加されていますか。下の選択肢からあてはまるものを1つだけ選んでください．
　　＜選択肢＞
　　　　1. 毎日　　　　　　　　　2. 週3～4回程度する　　　　　3. 週1～2回程度する
　　　　4. 月1～2回程度する　　　5. まったくしない

(a)　日常の買い物	(b)　部屋の掃除	(c)　洗濯	(d)　炊事
1　6.5%　　2　9.3% 3　42.6%　　4 18.5% 5 23.1%	1　5.6%　　2　2.8% 3 18.1%　　4 21.3% 5 52.3%	1　6.5%　2　1.9% 3　6.5%　4 11.6% 5 73.5%	1　7.4%　2　7.0% 3 14.9%　4 14.4% 5 56.3%

問43　あなたの配偶者(夫)は，現在仕事をしていますか．
　　1. はい　　　　79.6%(172)　　2. いいえ　20.4%(44)

配偶者が現在仕事をしている場合はそのお仕事について、現在仕事をしていない場合は、過去に行った主なお仕事について、おこたえください。

問44　あなたの配偶者は、そのお仕事をどのようなかたちでしていますか／していましたか。
　　1. 会社役員　　　　　　　　　　　　　　　　　　　　　　　　14.7%(32)
　　2. 常勤の雇用者　　　　　　　　　　　　　　　　　　　　　　65.1%(142)
　　3. 非常勤・臨時・派遣・パート・アルバイト・在宅仕事・内職などの雇用者　3.7%(8)
　　4. 自営業主・自由業　　　　　　　　　　　　　　　　　　　　16.1%(35)
　　5. 家族従業員　　　　　　　　　　　　　　　　　　　　　　　 0.5%(1)

問45 あなたの配偶者のお仕事先の規模は全体で(支店や営業所だけでなく)、どれくらいですか ／ どれくらいでしたか。

1. 自分1人	4.7%(10)
2. 家族従業員のみ	6.1%(13)
3. 従業員1～4人	7.0%(15)
4. 従業員5～29人	7.5%(16)
5. 従業員30～99人	3.8%(8)
6. 従業員100～299人	5.6%(12)
7. 従業員300～999人	9.4%(20)
8. 従業員1000人以上または官公庁	55.9%(119)

問46 あなたの配偶者のお仕事の勤務先のある場所は、どこですか ／ どこでしたか。

1. 現住所あるいはその近隣	6.9%(15)
2. 横浜市	10.2%(22)
3. 川崎市	21.8%(47)
4. その他の神奈川県	1.4%(3)
5. 千代田区、中央区、港区	19.9%(43)
6. 新宿区、渋谷区、目黒区、世田谷区	15.7%(34)
7. その他の東京23区	15.3%(33)
8. それ以外の東京都	3.7%(8)
9. その他	5.1%(11)

問47 あなたの配偶者のお仕事の内容は、具体的にどのようなものですか ／ でしたか。

具体的にご記入ください(　　　　　　　　　　　　　　　　　　　　　　　　　　　)

【調査員記入】
→ 1. 専門職(弁護士、医師、看護師、薬剤師、教員、研究者、芸術家、記者、スポーツ選手、不動産鑑定士、エンジニアなど)　　22.1%(48)
2. 管理職(会社役員、課長以上の管理職、議員、駅長、船長など)　　31.8%(69)
3. 事務職(総務・企画事務、経理事務、ワープロ・オペレータ、校正など)　　22.1%(48)
4. 販売・営業職(小売店主、飲食店主、販売店主、外交員など)　　8.3%(18)
5. サービス職(料理人、理容師、クリーニング職、接客業、ヘルパー、アパート管理人、タクシー運転手など)　　3.7%(8)
6. 技能職・労務職(大工、職人、工場作業者、建築作業者、パン・菓子製造者、電気作業者、清掃員、トラック運転手など)　　10.6%(23)
7. 保安職(警官、自衛官、警備員など)　　0.5%(1)
8. 農林漁業従事者(農業、養畜、林業、造園師、植木職、漁業など)　　0.9%(2)
9. その他(具体的に　　　　　　　　　　　　　　　　　　　　)

問48 あなたの配偶者が最後にお出になった学校は、次のうちどれですか。

1. 中等学校(旧制高等小学校をふくむ)	5.5%(12)
2. 高等学校(旧制中学をふくむ)	20.3%(44)
3. 短大・高専・専門学校(旧制高校をふくむ)	7.8%(17)
4. 大学(大学院をふくむ)	66.4%(144)

問49【全員の方に】 あなたが最後にお出になった学校は、次のうちどれですか。

1. 中等学校(旧制高等小学校をふくむ)	5.3%(	13)
2. 高等学校(旧制中学をふくむ)	29.6%(	72)
3. 短大・高専・専門学校(旧制高校をふくむ)	30.9%(	75)
4. 大学(大学院をふくむ)	34.2%(	83)

問50 あなたが同居しているご家族全体で年間だいたいどれくらいの収入がありますか。次のうちからあてはまるものを1つだけ選んでください(税込みの額でおこたえください)。

1. 200万円未満	4.0%(	9)
2. 200万～400万円未満	11.9%(	27)
3. 400万～600万円未満	13.2%(	30)
4. 600万～800万円未満	19.8%(	45)
5. 800万～1000万円未満	11.5%(	26)
6. 1000万～1500万円未満	26.4%(	30)
7. 1500万円以上	13.2%(	30)

問51 先だっての参議院選挙の比例区で、あなたはどの政党に投票することになりましたか:あてはまるものを1つだけ選んでください.個人名で投票された方も、政党名でおこたえください.該当する政党名がわからない場合は、そのまま個人名をご記入ください.

1. 自民党	29.4%(	68)
2. 民主党	36.8%(	85)
3. 公明党	5.2%(	12)
4. 共産党	5.6%(	13)
5. 社民党	3.9%(	9)
6. その他の政党	3.0%(	7)
7. 個人名で投票(具体的に:		)
8. 投票しなかった	16.0%(	37)

ご協力ありがとうございました。

※確認の必要があるかもしれませんので、よろしければ、連絡先のお電話番号をお願いします。

索　引

〔ア　行〕

アーバニズム論　2
アーリ，J.　372
浅野総一郎　88,89,90,91,100
あざみ野　239,240,241,243,247,262,298,
　　370
飛鳥田一雄　106,118
アナゴ延縄漁　138
雨宮敬次郎　94,110
生きられた空間　63
池上電気鉄道　98
一万人集会　119
一括代行方式　204,208,209
伊藤三郎　106,231,246
インナーエリア　67,68
ヴァーチャル・コミュニティ　372
ウィリアムス，M.　2
ウーマン・リブ　70
ウォーナー，L.W.　2
潮田町　175
埋立事業　92,93,101,132
ウルマン，E.L.　2
永住意思　169
沿線開発　96,99,104
近江哲男　2,9
大川平三郎　93
沖縄出身者　173,175,177,178,179,189
奥井復太郎　2,9
奥田道大　55

〔カ　行〕

海外滞在経験　321,322,328,329,330,334
海外駐在員　331
外国人　183,332
外国人市民代表者会議　319,334
学園都市　100
学園誘致　99
学習活動　256,286,290,292
革新自治体　253
カステル，M.　4
家族定着時期　160,163
家族の時間　29
活動専業主婦層　246
川崎市　102
官　106,112
環境問題　104
完全転業　124,131,133,134,138,143
生糸　85,86
帰国子女　331,332
教育文化運動　68,77,245,248,253,254
協働　283,284,285,299
共同性　374
漁業者　118,120,121,124,127,134,138
漁民　13,62,63
近代　61
近代家族　69
近代都市　7,225
金融・サービス業　7,33
金融・情報・サービス業　38,155,369

空間　5,60,62
空間形成　369
空間構成　35,37,304,305
空間構造　21,22
空間論的転回　62,63
国広陽子　278,365
倉沢進　2,9,10,22
クラスター分析　249,269,326
グリーンベルト　203,208,210,222,223
ぐるうぷ"あざみ野"　295
グループたすけあい　274,275,277,278,357
京浜急行　146,147,150,166,211
京浜工業地帯　93,101,102,105,117,168,173,177
京浜地区　10,11,12,47,48,51,53,100,151
京浜電鉄　85,94,95,96,100
郊外　11,12,23,27,63,68,70,225,231,305,339,340,355,366
郊外化　33,36,41,42,43,51,229,372
郊外住宅地　44,67,69,197,202,213,215,216,219,223,224,226,235,263,365,369,370,371,373
郊外第一世代　14,70,77,261,262,263,306,314,315,355,356,357,358,361,364,365,373
郊外第二世代　14,77,262,263,333,339,340,341,342,343,350,351,356
公害問題　106
工場労働者　161,162,163,165
後続世代　70,77,78,230,261,262,263,306,313,314,315,322,333,355,356,357,358,359,361,364,365,373
交通体系　4,6,7,12,13,28,29,30,57,83,369
港北区　145,146

港北ニュータウン　120,213,215,216
高齢化　216,217
国際結婚　328,329,330,334
国際交流ラウンジ　319,332
個人の時間　29
子育て　339,340,342,343,348,349,352,357,365
国家　4,6,28,30
国家・自治体　7,12,29,369
五島慶太　97,203,207,210,211
こども文化センター　75,231,246
小林一三　97,207
コミュニケーション・コミュニティ　372,373,374
コミュニティ・スタディ　2,5,8,63,369,371
コミュニティ形成の理論　55
コミュニティの時間　29,30,59,60,61,62,63
コミュニティの社会的な形成過程　57
子安浜地区　128,129,130,131,138,140

〔サ　行〕
サービス業　151,154
サービス産業　198
サービス産業化　153,154
再開発　65,67,232,262
再都市化　41,46
在日コリアン　173,180,181,183,184,189
産業拠点　7,11,12,53,57,66,67,72,157,168,169,369
産業集団　33,36
産業組織　4,6,12,27,29,30,369
シェヴキー, E.　2
ジェンダー　27,63,69,70,71,77,232,261,262,365,366,371,372

ジェントリフィケーション　65,66,71,232
シカゴ学派　2,20
時間　5,28,30,60,62
時間的秩序　5,6,7,8,47,58,59,263,371
時間的リズム　29
自治体　6,28,30
渋沢栄一　85,91,92,97,207,208
島崎稔　198
市民運動　245
市民活動　248,253,283,284,291,293,294,297,298,304,305,334,340
市民館分館建設運動　293
自民党　364
社会関係資本　372
社会地区分析　2,3,8,9,10,22,65,72146,210,213,223,369,370,371
社会地図　1,2
社会的形成過程　8,11
社会的世界　5,6
社会的な空間　63
社宅　213,214,331,334
住宅地開発　96,102,203
集団参加　245,248,251,267,268,269,271,272,273,284,285,286,288,289,297
集団就職　145,225,228
住民運動　245,246,256,298,355,357,360,371,373
住民参加型在宅福祉サービス団体　274
就労コース　240
首都圏整備法　208,210,223
主婦　303,304,305,308,314,320,357
少子・高齢化　219
少子化　78,216,232
情報化　153,154

情報関連産業　152,153
情報サービス・調査業　152,154
職業経験　309
職業労働経験　306
女性　12,13,14,63,70,305,314,320,339,371
女性解放運動　69,232
女性の地域活動　245,248,250,263,267
白石元治郎　93
新都市社会学　4
新保守主義　245
新横浜　148,149,151,152,153,154,155
菅生　239,240,241,243,244,246,247,262,298,370
菅生あざみ野地区　227,228,229
菅生あざみ野調査　72,74,76
生活学校　292
生活クラブ生協　68,70,75,77,231,246,254,261,267,276,277,295,357,360,362,364
生活者　14,267
生活者ネット　68,70,75,77,231
政治的有効性感覚　259,360,362
製造業　37,38,39,65,149,151,154,155,169,198
性別分業　303,304,305
性別役割分業　27,69,70,71,77,231,232,246,258,261,361,365,371
世界都市　7
世代　60,229,232,374
接触仮説　324,329
遷移地帯　65,67
専業主婦　44,46,69,70,258,307,352
戦後民主主義　231
扇状地帯論　2,6
先端性　6,29,65,66,67,76

398　索　引

先端地区　149
専門サービス業　152,153,154
ソジャ，E. W.　62
その他の事業サービス業　152,153,154

〔タ 行〕
態度決定地　159,236,237,341
代理人運動　11,68,77,231,245,246,254,259,261,268,357,360
多核心理論　2
立川勇次郎　94
脱工業化　7,26,33,38,39,46,66,76,197,369,370,372
多文化　319
玉川電気鉄道　98
多摩田園都市　202,203,207,210,213,223,247
多民族　319
団塊の世代　41,42,44,228,229,257,260
地域移動　235,236,260,261
地域移動パターン　236,237,238,239,240,243
地域活動　254,304,305,310,360
地域の国際化　319,320,323,328,330,333,334
地方出身者　159,173,180,190,260,261,226,343
地方都市出身者　236
中心業務地区　34
中心性　11
中枢性　6,29,65,66,76
朝鮮人　181,182
鶴見川　146,147,149,151,154
鶴見区　145,146,157,171,172

鶴見調査　72,73
鉄道　83,85,202,223
田園都市　98
田園都市株式会社　97,98,207
田園都市線　209,210
転勤族　331,332,334
東急多摩田園都市　72
東急電鉄　98,202,203
東京　9,10,11,22,24,25,26,36,225,369,370
東京圏　22,26,199,200,202,226,249
東京大都市圏　11,12,33,36,39,64,145,197,223,225,228,229,259,261,262,263,369,370,373
同心円構造　372
同心円構造の明確化　22,23,25,39
同心円地帯論　1,2,6,65
東横線　146,147,150,165,211
東横電鉄　85,97
都市化　227
都市空間　63,85,118,121,143
都市空間形成　19,88
都市空間形成の社会学理論　4,5,6
都市空間構造　19,26,28,198,201
都市計画　9,30,57,78
都市形成過程　27
都市再開発　71
都市社会学　1,2,3,4,64,78
都市政策　6,9,30,57,78
都市の時間　29,30,58,62,63
都市発展のリズム　58
利光鶴松　88,110
都心のビジネス地区　67
土地区画整理組合　209,223
土地区画整理事業　208,210,211,213,221,

222

〔ナ　行〕
南武線　101,211,214
南武鉄道　85,89,90,91,100,103
日系ラテンアメリカ人　173,185,186,187,
　188,190
日本版総合社会調査　323,360
ニュー・アーバン・ソシオロジー　3
人間生態学　2,3,22
ネットワーク　339,341,347,349,350,352
年齢層　255
農業者　208,220,223,224
農業世帯　221,222
農民　62,63
ノンパラ率　46,232

〔ハ　行〕
ハーヴェイ，D.　4,62
パーク，R.E.　2
バージェス，E.W.　1,64,65,66
パートナーシップ　283
場所　64
パットナム，R.D.　373
原善三郎　86,87
ハリス，C.D.　2
ハワード，E.　68,98,208
藤岡市助　94
不動産市場　4,12,28,29,30,369,370
不動産資本　4,7,28,29,30,370
フリーダン，B.　69,71
ブルーカラー　172
ブルーカラーゾーン　23,25
ブルーカラーベルト　48

ふれあい館　319
ベル，W.　2
ホイト，H.　2
保守回帰　245
ポストモダン地理学　63
ホワイト，W.H.　2
ホワイトカラー　163,165,166,169,172

〔マ　行〕
町田市　88,211,220,246,357
緑の憲法　356
民　84,85,104
民営社会資本　84
民主党　363,364
目蒲電鉄　98

〔ヤ・ラ・ワ行〕
矢崎武夫　2,9
安田善次郎　91,92
横浜市　157
横浜商人　86,87,88
横浜線　86,87,215
横浜鉄道　85
横浜貿易商人　86
流通センター建設反対運動　75,231,246,
　294,356
リンド夫妻　2
ルフェーブル，H.　62
レヴィットタウン　68
労働力　6
労働力編成　4,7,12,27,29,30,59,369
ローカル・コミュニティ　56,57,373,374
六大事業　118,119,120,121
ワーカーズ・コレクティブ　277,278

ワース，L. 2
渡辺福三郎　86,87,88,93

〔A～Z〕
CBD（中心業務地区）　34,35

GIS（地理情報システム）　3,4,10,65
JGSS（日本版総合社会調査）　324
M字型就労　304,306,307
Social Capital　372

編者紹介

玉野和志（たまのかずし）　　　　はしがき，序章，第3章，第6章，第10章，第11章，第13章
都立大学を卒業後，東京大学大学院社会学研究科博士課程中退．社会学博士．東京都老人総合研究所，流通経済大学をへて，現在，首都大学東京人文科学研究科教授．専攻は都市社会学・地域社会学，著書に『東京のローカル・コミュニティ』，『実践社会調査入門』，『創価学会の研究』，編著に『ブリッジブック社会学』などがある．

浅川達人（あさかわたつと）　　　　　　　　　　　　　　　　　　第2章，第12章，終章
上智大学を卒業後，東京都立大学大学院社会科学研究科博士課程中退．東京都老人総合研究所，東海大学，放送大学をへて，現在，明治学院大学社会学部教授．専攻は都市社会学．編著に『新編　東京圏の社会地図』，共著に『改訂版社会調査』，『現代コミュニティ論』などがある．

執筆者紹介

下村恭広	（しもむらやすひろ）	玉川大学リベラルアーツ学部助教	第1章，第9章
松林秀樹	（まつばやしひでき）	関東学園大学経済学部専任講師	第4章
武田尚子	（たけだなおこ）	武蔵大学社会学部教授	第5章
髙木竜輔	（たかきりょうすけ）	いわき明星大学人文学部助教	第7章，第19章
福田友子	（ふくだともこ）	社会学博士，埼玉大学非常勤講師	第8章，第17章
原田　謙	（はらだけん）	実践女子大学人間社会学部専任講師	第14章
小山雄一郎	（こやまゆういちろう）	玉川大学リベラルアーツ学部助教	第15章
三橋弘次	（みつはしこうじ）	目白大学短期大学部生活科学科専任講師	第16章
中西泰子	（なかにしやすこ）	社会学博士，明治学院大学等非常勤講師	第18章

書　名	東京大都市圏の空間形成とコミュニティ
コード	ISBN978-4-7722-5237-9　C3036
発行日	2009（平成21）年5月25日　初版第1刷発行
編　者	玉野和志・浅川達人 　Copyright　©2009　Kazushi Tamano and Tatsuto Asakawa
発行者	株式会社古今書院　橋本寿資
印刷所	株式会社太平印刷社
製本所	高地製本所
発行所	**古今書院** 〒101-0062　東京都千代田区神田駿河台2-10
電　話	03-3291-2757
FAX	03-3233-0303
振　替	00100-8-35340
ホームページ	http://www.kokon.co.jp/

検印省略・Printed in Japan

いろんな本をご覧ください
古今書院のホームページ

http://www.kokon.co.jp/

★ 500点以上の**新刊・既刊書**の内容・目次を写真入りでくわしく紹介
★ 環境や都市, GIS, 教育など**ジャンル別**のおすすめ本をラインナップ
★ 月刊『**地理**』最新号・バックナンバーの目次＆ページ見本を掲載
★ 書名・著者・目次・内容紹介などあらゆる語句に対応した**検索機能**
★ いろんな分野の関連学会・団体のページへ**リンク**しています

古今書院
〒101-0062　東京都千代田区神田駿河台 2-10
TEL 03-3291-2757　　FAX 03-3233-0303
☆メールでのご注文は　order@kokon.co.jp　へ